Was grünt und blüht
in der Natur?

Was grünt und blüht in der Natur?

Vorwort 7
Einleitung 9
Erklärung der Abkürzungen und Symbole 13
Die Wuchsorte und ihre Zeichen 14
Unkrautfluren 14
Grasland 16
Gehölze 18
Feuchtgebiete 20
Pioniergesellschaften 23

Hinweise für das Erkennen der Pflanzen 25

Bildschlüssel und Bestimmungsteil 27
Pflanzen mit weißen Blüten 32
Blüten höchstens mit 4 Blütenblättern 32
Blüten mit 5 Blütenblättern 48
Blüten mit mehr als 5 Blütenblättern 78
Blüten zweiseitig 94
Baum oder Strauch 104
Pflanzen mit gelben Blüten 118
Blüten höchstens mit 4 Blütenblättern 118
Blüten mit 5 Blütenblättern 132
Blüten mit mehr als 5 Blütenblättern 156
Blüten zweiseitig 178
Baum oder Strauch 198
Pflanzen mit roten Blüten 206
Blüten höchstens mit 4 Blütenblättern 206
Blüten mit 5 Blütenblättern 214
Blüten mit mehr als 5 Blütenblättern 238
Blüten zweiseitig 252
Baum oder Strauch 282
Pflanzen mit blauen Blüten 292
Blüten höchstens mit 4 Blütenblättern 292
Blüten mit 5 Blütenblättern 304
Blüten mit mehr als 5 Blütenblättern 322
Blüten zweiseitig 330
Pflanzen mit braunen oder grünen Blüten 350
Blüten höchstens mit 4 Blütenblättern 350
Blüten mit 5 Blütenblättern 366
Blüten mit mehr als 5 Blütenblättern 370
Blüten zweiseitig 372
Baum oder Strauch 378

Hinweise auf Bücher 382

Register 383

Vorwort

Umweltbewußtsein zu entwickeln ist heute nicht nur modern, sondern auch dringend notwendig, wenn unseren Enkeln eine Heimat erhalten werden soll, die sowohl sichere Arbeits- und gesunde Wohnplätze als auch ausreichend natürliche Erholungslandschaft samt den sinnvollen Verbindungen aufweist. Umwelt, das ist für die meisten von uns zunächst einmal das Pflanzenkleid: der Hochwald, die Heide, das stille Wiesental, das einsame Ried oder die bunten Matten am Berg. Selbst zu unserer Vorstellung von „Fluß" oder „See" gehört neben der offenen Wasserfläche auch das bewachsene Ufer. Wo immer es in der Stadt „Natur" zu vermitteln gilt, werden Grünanlagen und Grünzonen geplant.
Im Gegensatz zum unsteten Tier bilden die ortsfesten Pflanzen den beständigen Faktor im Gesamtbild Umwelt, den Wert, der stets vorzeigbar und meßbar ist. Selbst in der Forschung wird ein bestimmter Lebensraum, ein Biotop, am ehesten und auch sehr exakt durch seine Pflanzenarten charakterisiert.
Was Wunder also, wenn sich viele den Zugang zum Wissen über die Natur anhand des Kennenlernens der Pflanzen erschließen, und zwar über die auffälligsten Formen, die Blumen. Für sie alle ist dieses Buch gedacht, das auf einfachste Weise mit einem Großteil unserer Blütenpflanzen bekannt macht.
Wie in allen KOSMOS-Büchern über Blütenpflanzen ist auch hier die zunächst ins Auge fallende Hauptblütenfarbe das erste Unterscheidungsmerkmal für das Kennenlernen der Pflanzen. Nach der Entscheidung über den Blütenbau, also schon nach Beantwortung der zweiten Frage, wird der Bestimmer auf eine geringe Zahl von Doppelseiten verwiesen (in einem einzigen Extremfall sind es 15). Dort sind zum Vergleich Pflanzenfotografien, die auf Ähnlichkeiten mit der zu erfragenden Pflanze durchzusehen sind – ein einfaches Verfahren, das jedem Fernsehkrimifreund vom Durchblättern der Verbrecherkartei her vertraut ist.
Es liegt hier also ein Bilder-Umblätter-Buch vor. Der weniger Geübte mag schon nach Klärung der Farbfrage mit dem Suchen im entsprechenden Block beginnen. Man kann dieses Verfahren als wenig wissenschaftlich, weil zu einfach, ablehnen, wichtig ist allein der Erfolg, der sich mit höherer Quote einstellen wird als beim Bestimmen nach den dichotomen Schlüsseln in einem wissenschaftlichen Werk. Bevor ein leidlich Geübter damit am Ende angelangt ist, hat der weniger Geübte schon dieses ganze Buch durchgeblättert. Wir anerkennen die Notwendigkeit dichotomer Schlüssel und arbeiten für uns selbst auch nur mit solchen, wir lehren aber auch Laien Pflanzenbestimmen nach beiden Methoden und machen immer wieder die Erfahrung, daß die überwiegende Mehrheit eine Methode nach Art der hier im Buch durchgeführten bevorzugt.
Die Standorte haben wir nicht in den Schlüssel aufgenommen. Das bringt zwar etwas mehr Arbeit beim Blättern, aber in zweierlei Hinsicht eine wichtige Vereinfachung: Einmal läßt sich mancher Standort in der Natur nicht sehr genau bestimmen; zum andern ist fast keine Pflanze standorttreu, so daß sie bei zwei oder drei Standorten aufgeführt werden müßte. Bei der Anlage des Buches würde das bedeuten, daß die Pflanze an mehreren Stellen erschiene (mit Bild und Beschreibung). Wir konnten diesen Platz für andere, neue Pflanzen sparen und auch den Umfang des Buches begrenzen.
Dies kam einmal der Griffigkeit und zum andern auch der Artenzahl des Buches zugute. Es ist handlich geblieben und enthält nicht nur weit über 600 Arten im Bild (nur einige Farbspielarten sind doppelt), sondern auch Hinweise auf ähnliche Formen, so daß die Zahl von nahezu 1000 vorgestellten Arten weit über das übliche Maß einer Anfängerflora hinausgeht.
Die Benutzbarkeit eines solchen Buches hängt nicht zuletzt von der Güte und Brillanz der Fotografien ab, nach denen die Pflanze ja schließlich erkannt werden soll. Wir danken allen Bildautoren sehr herzlich für die Überlassung ihres Materials, aus dessen überreichem Angebot wir unsere Auswahl treffen konnten.

Hochgebirge	Hügelland, Bergland, Mittelgebirge	Tiefland (bis 200 m)
Sandböden vorherrschend (Silikatgebiete)	Kalkgebiete (Böden sehr kalkreich, oft mit Kalksteinbrocken)	

Geographische Übersicht über das Florengebiet

Stauden: ⚃ ; ausdauernde krautige Pflanzen, die mehrere Jahre zur Blüte gelangen. Ihre oberirdischen Teile sterben zwar auf den Winter zu ab, doch entwickeln unterirdische Vorratsbehälter (Wurzelstock, Knolle, Zwiebel usw.) zu jedem Frühling neue Triebe.

Holzgewächse: ♄ ; sie bilden verholzende oberirdische Teile, die bleiben und in jeder Vegetationsperiode weiter aufstocken (Baum, Strauch).

Giftigkeit

Giftpflanzen sind durch + gekennzeichnet.(+)steht bei schwach giftigen oder giftverdächtigen Arten. Es muß darauf hingewiesen werden, daß die Giftempfindlichkeit beim Menschen unterschiedlich ist. Bei manchen Pflanzen führt schon Berührung oft zu allergischen Ausschlägen (Brennessel, Primelarten). Selbst Kauen oder Verzehren harmloser Pflanzen kann Schaden bringen: (tödliche) Strahlenpilzinfektionen, Vergiftung durch vorher aufgebrachte Chemikalien (Dünger, Pflanzenschutzmittel)!

Symbole für Blütenfarbe und Blütenbau

Die bunte Randleiste weist auf die jeweilige Blütenfarbe hin. Das Buch umfaßt 43 Doppelseiten mit weißen Pflanzen, 44 Doppelseiten gelbblühende, 43 mit rotblühenden und 29 mit blaublühenden Pflanzen. Am Ende kommen noch 16 Doppelseiten mit Arten, deren vorherrschende Blütenfarbe grün oder braun ist – gekennzeichnet durch den grün-braun gestreiften Balken.

Diese großen Farbblöcke müssen der besseren Handhabung wegen weiter unterteilt werden. Den Anfang jeder Farbeinheit bilden Pflanzen mit radiärsymmetrischen (strahligen) Blüten (wie Nelke, Rose oder Gänseblümchen), und zwar kommen zuerst die mit bis zu 4 Blütenblättern mit dem Symbol:

danach die mit 5 Blütenblättern oder Zipfeln:

und endlich die mit mehr als 5 Blütenblättern:

Es folgen Pflanzen mit zweiseitig-symmetrischen Blüten (Beispiel: Veilchen, Löwenmäulchen, Frauenschuh):

Am Schluß folgen dann die wenigen auffallend blühenden Holzgewächse. Es sind immer nur wenige Doppelseiten pro Farbblock. Ihrem Blütenbausymbol ist zur raschen Erfassung ein Baumsymbol vorgesetzt:

Über Besonderheiten beim Identifizieren der Pflanzen anhand von Blütenbau und Blütenfarbe sowie über den Gebrauch des Schlüssels informieren die Hinweise auf den Seiten 25/26.

Schutzwürdigkeit

Beachtung der Bestimmungen zum Schutze der Natur sollten heute für jeden selbstverständliches und wichtiges Gebot sein. Der Artenschutz, das ist Schutz der einzelnen Pflanzen- oder Tierart, nimmt hierbei immer noch einen breiten Raum ein. Unter all dem sollte aber nicht vergessen werden, daß selbst die gemeinsten wildwachsenden Pflanzen unter Schutz stehen: Es ist untersagt, sie grundlos niederzutreten, sie niederzuschlagen, ihre Bestände sinnlos zu verwüsten, sie niederzubrennen oder sie mißbräuchlich zu nutzen; darunter versteht man zum Beispiel die Entnahme von mehr als einem Handstrauß. Kurzum, es ist uns aufgetragen, sorgsam mit der uns umgebenden Natur, unserer Umwelt, umzugehen.

Was den Artenschutz anbelangt, ist in den letzten Jahrzehnten eine Besserung dadurch eingetreten, daß mehrere Bundesländer durch eigene Verordnungen und Gesetze die in ihrem Raum gefährdeten Pflanzenarten unter Schutz gestellt haben, wie es im übrigen auch in der Schweiz durch kantonale Gesetze und in fast allen österreichischen Bundesländern geschehen ist. Mitteleuropa ist so großräumig, daß hier wirklich differenziert werden muß, um jeder Einzellandschaft ihre Artenvielfalt zu erhalten: Pflanzen, die in Schleswig-Holstein zu den häufigsten zählen, können in Bayern von der Ausrottung bedroht sein und umgekehrt.

Durch die Vielzahl der Gesetze gibt es aber nun auch ganz unterschiedliche Schutzgrade: Ganze Pflanze geschützt, unterirdische Teile geschützt, Abpflücken aus gewerblichen Gründen verboten, pro Person dürfen jeweils nur 5, 6 oder 10 Pflanzen gepflückt werden. Eine Kennzeichnung der Schutzgrade durch verschiedene Symbole würde dem Buch viel von seiner Handlichkeit nehmen.

Die nächsten Jahre werden mit der Ausarbeitung von Artenschutzprogrammen noch manche Änderung erbringen. Durch die Erstellung der „Roten Listen" wurde in den 70er Jahren ein vorläufiger, zögernder Anfang dazu gemacht. In diesen Listen sind – für verschiedene Ebenen: Land, Staat, Europa, Welt – gefährdete Arten und der Grad ihrer Gefährdung zusammengestellt. Es wird aber noch viel Feldarbeit, organisatorische Arbeit und Arbeit in den Parlamenten notwendig sein, bis sich das alles in Schutzbestimmungen niedergeschlagen hat.

Wir haben uns in dieser Situation entschlossen, „schutzwürdige Pflanzenarten" mit dem dreieckigen, grünweißen Naturschutzsymbol zu kennzeichnen:

Dieses Symbol erhalten alle Pflanzen, die namentlich oder innerhalb einer Gruppenbezeichnung (Polsterpflanzen, Zwiebelpflanzen, Rosettenpflanzen) in den Schutzbestimmungen der Bundesrepublik, ihrer Länder, der DDR, der Schweiz oder ihrer Grenzkantone sowie der österreichischen Bundesländer Vorarlberg, Tirol, Salzburg und Oberösterreich aufgeführt sind.

Ferner die Arten, die noch nicht durch Verordnungen geschützt sind, aber häufig in „Roten Listen" genannt werden, oder Arten aus „Roten Listen", von deren starkem Rückgang wir uns aus nunmehr jahrzehntelanger Geländeerfahrung selbst überzeugt haben.

Erklärung der Abkürzungen und Symbole

A: Allgemein Wissenswertes
G: Getrenntblütenblättrige Pflanze
M: Monokotyle; Einkeimblättrige Pflanze
SK: Sichere Kennzeichen
SV: Standort und Verbreitung
V: Verwachsenblütenblättrige Pflanze
☉   Einjährige Pflanze
☉   Zweijährige Pflanze
♃   Ausdauernde Pflanze
♄   Holzgewächse
+   Giftige Pflanze
(+) Schwach giftige oder giftverdächtige Pflanze

     Blüten strahlig symmetrisch mit bis zu 4 Blütenblättern

     Blüten strahlig symmetrisch mit 5 Blütenblättern

     Blüten strahlig symmetrisch mit mehr als 5 Blütenblättern

     Blüten zweiseitig symmetrisch

     Holzgewächse

     Schutzwürdige Pflanzen

     Unkrautfluren

     Grasland

     Gehölze

     Feuchtgebiete

     Pioniergesellschaften

Die Wuchsorte und ihre Zeichen

Unkrautfluren

 Äcker, Gärten, Weinberge, Wege, Bahndämme, Ödland, Brache, Schuttstellen

Kulturland bietet besondere Lebensbedingungen. Der Mensch hat die ursprüngliche Vegetation vernichtet und Platz geschaffen für seine Nutz- und Zierpflanzen. Der Boden wird durch jährliches Umbrechen gelockert, durch Düngung mit Nährstoffen angereichert und zuweilen auch noch bewässert.

Auf einem so intensiv bearbeiteten Grund stellt sich, unerwünscht, eine Gruppe vorzugsweise einjähriger Arten ein, die Unkrautflora. Unkraut zeichnet sich durch rasches Wachstum und eine starke Vermehrung aus, wobei oft nicht nur die Produktion vieler Samen eine Rolle spielt, sondern auch die ungeschlechtliche Fortpflanzung durch Ableger, Brutkörper und durch ober- oder unterirdische Ausläufer.

In Anpassung an den Düngesalzreichtum des Bodens sind viele dieser Pflanzen zu „Stickstoffzeigern" geworden: Sie wachsen nur noch dort gut, wo die Krume beträchtliche Mengen an Stickstoffsalzen (neben reichlich Phosphaten und Kalisalzen) enthält. Zum Gedeihen benötigen sie ferner mehr oder weniger offene (schütter bewachsene), wenig beschattete und lockere Böden.

Zwar beeinflußt der schwere (lehmig-tonige) oder der leichte (sandige) Boden ei-

Ackerunkrautflur in einer Ausprägung, wie sie heute nur noch selten anzutreffen ist. Aufnahme Schönfelder

Auf Schuttplätzen finden sich Disteln oft in Massenwuchs und in einer Artenvielfalt, die auch Seltenheiten einschließt. Aufnahme Haeupler

nes Ackers schon die Zusammensetzung einer Unkrautgesellschaft, genauso wie ein kalk- oder kieselsäurereicher Untergrund. Jahrelange Bearbeitung, gezielte Düngung und der Einsatz von Unkrautvertilgungsmitteln (Herbizide) sorgen aber für eine gewisse Angleichung.

Stärkere Unterschiede bringt der Anbau (über die Pflegemaßnahmen für die einzelnen Kulturpflanzen) mit sich. Hackfruchtäcker, Kartoffelfelder weisen andere Unkrautgesellschaften auf als die Getreideschläge. Im Roggen finden sich andere Arten als im Mais, und in Sonderkulturen (Tabak, Gemüse) trifft der Kenner auf manch besonderes (Un-)Kräutlein.

Unkrautgesellschaften der (öfter geharkten) Gärten ähneln eher denen der Hackfruchtäcker, doch haben sich mit der Vielzahl der Kulturpflanzen in den Beeten auch ganz spezielle Gartenunkräuter dazwischengesetzt.

Im Weinberg ist die Bodenbearbeitung so intensiv wie im Garten; dazu kommt als zusätzlicher Faktor die sonnenwarme Lage, die manchem südlichen Gast hier gerade noch das Überleben sichert. Sonderstandorte sind die Weinbergmauern, auf denen sich Felspflanzen aus Rohbodengesellschaften einnisten können.

Neben den Lockerbodengesellschaften gibt es im Bereich der Kulturfolger eine zweite Gruppe stickstoffliebender Pflanzen, die auf verdichteten Böden siedelt. Das fängt schon bei den Trampelpfaden an. Wege, Straßenränder, Bahndämme, ungenutzte Winkel, Schuttstellen, Ödland, Viehläger, auch der obere Rand der Uferböschung, der höchstens im Frühjahr überschwemmt (und damit gedüngt) wird, all dies sind typische Fundorte der „Ruderalflora". Dort, wo der Mensch kultiviertes Land aufgegeben hat, wo es „verwahrlost", stellt sich nach einiger Zeit und oft nur als Übergang zum Gesträuch ein wildes Gewucher ein, in dem die ein-

Auf den Fettweiden bestimmen auch die „Gelüste" des Weideviehs die Artenzusammenstellung: Giftiges, rauhes oder stachliges Futter bleibt stehen und kann sich so gegenüber den saftigen Pflanzen ausbreiten. Werden Mähwiesen zu Weiden umgewandelt, gehen viele trittempfindliche Gewächse ein; typisch für Weiden ist oft der hohe Anteil des trittfesten Weiß-Klees. Von den nassen Weiden gibt es wie von den Feuchtwiesen einen gleitenden Übergang zu den Gesellschaften der Feuchtgebiete.

Wo der Boden trockener oder magerer wird, gerät die hochwüchsige Wiese zum Rasen, der oft nur einmal im Jahr gemäht werden kann (Magerrasen, Halbtrockenrasen, Trockenrasen). Mit dem Kunstrasen im Vorgarten hat er nur den niederen Wuchs gemeinsam, der bei jenem aber durch häufiges Mähen erzeugt wird. Er ist meist weniger dicht und mit anderen Blütenpflanzen stark untermischt. Der Naturrasen findet bei den Weiden seine Entsprechung in der Trift, einer mageren, schütteren Weide für das Kleinvieh.

Die „Rasen" im alpinen Bereich sind mit Steinen und Felsbrocken durchsetzt. Bei den Matten überwiegt noch der Graswuchs. Sie erhalten auch Düngung durch das Vieh. Die mageren Steinrasen leiten zu den Geröllfluren über; in Runsen und Schneetälchen finden wir Übergänge zu Feuchtgebieten. Gerade im Gebirge haben wir oft eine sehr engmaschige Biotopverteilung.

Begrenzte oder randliche Grasflächen mit einem gewissen Anteil an Unkräutern sind die Raine – Ackerraine so gut wie Wegraine. Sie sind oft letzte Rückzugsgebiete für Unkräuter. Wo sie regelmäßig gemäht werden, sind sie dem Grasland ähnlich, werden sie öfter verbotenerweise abgeflämmt, tendieren sie eher zur Unkrautflur, und wenn sie sich selbst überlassen bleiben, wandeln sie sich bald zur Hecke und zum Feldgehölz.

Gehölze

 Laub-, Misch-, Nadelwaldforsten; Auwälder, Hangwälder, Schluchtwälder, Bergwälder, Krummholz, Heiden, Gebüsche, Niederwald, Hecken, Waldsäume, Waldschläge.

Ohne den Menschen wäre Mitteleuropa noch heute zu 90% Waldland. Die Rodungen unserer Vorfahren schufen Platz für Äcker, Wiesen und Siedlungen. Nur noch 1/3 der einstigen Fläche ist heute von Wald bedeckt, vielfach zerschnitten durch Verkehrs- und Versorgungsschneisen. Zudem ist aus dem einst wilden Wald durch Pflege und gezielten Anbau der „Forst" geworden, eine nach wirtschaftlichen Gesichtspunkten geplante und betriebene Natureinheit. Trotz alledem ist ihr noch viel Ursprünglichkeit geblieben, selbst dort, wo fremde Hölzer eingebracht wurden. Im Gegensatz zu Acker und Wiese hat selbst der gut geführte Forst jahrzehntelange Phasen relativer Ruhe, in denen er ohne größere Eingriffe durch den Menschen sich selbst überlassen ist.

Kräuter und Stauden, die den Waldboden besiedeln, werden (noch) kaum gejätet oder durch künstliche Düngung und Vernichtungsmittel in ihrer Zusammensetzung beeinflußt. Neben Klima und Boden bestimmen vor allem die Lichtverhältnisse ihr Vorkommen. Laubwälder bieten hierin wesentlich bessere Bedingungen als die dichtschattenden Nadelforsten. Vor allem bis zum Laubaustrieb im Mai haben Blütenpflanzen gute Gelegenheit zur Nährstoffbildung in voller Sonne.

Laubwälder deuten im allgemeinen auf milderes Klima und bessere Böden hin. In niederen Lagen herrschen die Eichen vor, im Bergland die Buchen. An Hängen, die für den Ackerbau zu steil sind, finden wir Linden, Ulmen und Ahorn, letztere vor allem auch auf feuchtem Untergrund, wo Hangdruckwasser austritt oder in den nebelfeuchten Schluchten. Die Auen der Flüsse und Bäche sind von Eschen, Erlen, Pappeln und Weiden bestanden. Auwälder und Auwaldgebüsche leiten über zu den Gesellschaften der Feuchtgebiete.

Sandige, magere Böden in eher trockener, aber sommermilder Lage tragen Kiefernwälder, im Bergland gedeihen die Edel-Tanne und im Gebirge die Lärche. Ein Gebirgsbaum ist ursprünglich auch die Fichte (Rottanne), die wegen ihrer Raschwüchsigkeit verbreitet in die Forste des tiefer gelegenen Bereichs eingebracht wur-

In den mageren Zwergstrauchheiden bildet das Heidekraut oft die beherrschende Komponente. Aufnahme Apel

de. Die Krüppelkiefern (Latschen) der Knie- oder Krummholzzone im Hochgebirge leiten schon zu den Strauchformationen über.
Die Lichtverhältnisse sind im Gesträuch noch besser als im Wald, doch die übrigen Standortfaktoren sind schlechter, zumindest bei den natürlichen Buschgesellschaften. Wo das Klima für den Baumwuchs zu rauh ist oder der Boden zu sandig und zu torfig, bilden sich Heiden. Wenn nur noch niedergestreckte Sträuchlein den Boden decken, sprechen wir von Zwergstrauchheiden. Die norddeutschen, mit atlantischem Charakter, entsprechen den alpinen des Gebirges als Grenzböden für den Bewuchs mit Holzpflanzen. Wo höhere Einzelbüsche sich über den Zwergwuchs erheben, sind die Verhältnisse schon etwas verbessert.
Gebüsche sind mehr oder weniger dicht geschlossene Bestände von hohen Sträuchern. Im Naturgebüsch verhindert entweder zu große Trockenheit oder zu hohe Bodennässe den Baumwuchs, im Niederwald erhält der Mensch durch häufigen Aushieb den Gebüschcharakter.
Hecken sind Gebüsche, die sich in der Entwicklung zum Wald befinden. Selten sind es Naturereignisse, oft ist es der Mensch, der durch gelegentliche Rodung oder durch Abbrennen (verboten!) den Übergangszustand erhält. Die künstlich getrimmten Schnitthecken sind im Gegensatz zur Wildhecke noch stärkerem menschlichem Einfluß ausgesetzt und als Pflanzenstandort für Bodenpflanzen uninteressant. Eine Hecke besonderer Art ist der Waldsaum, vom Forstmann als Windschutz gepflegt, vom Landwirt am Übergreifen auf das Feld energisch gehindert.
Zum Waldstandort zählt auch der Kahlschlag. Zuerst siedeln hier einjährige Pflanzen, die durch Stauden verdrängt werden, die wiederum Sträuchern weichen, bis

19

Vor allem in den lichten Wäldern finden wir noch eine reiche Bodenflora. Aufnahme Schönfelder

nach einigen Jahren Jungwald entstanden ist. Die Schlagpflanzen haben sich diesen Bedingungen so sehr angepaßt, daß viele von ihnen außerhalb der Waldgrenzen kaum anzutreffen sind. Eher kommen gelegentlich, doch recht selten, Unkrautpflanzen aus der Feldflur in den Schlag.

Feuchtgebiete

 Wasser, Ufer, Sümpfe, Feuchtwiesen, Moore

Ein Gewässer als solches zu erkennen bereitet kaum Schwierigkeiten. Grundtyp stehender Gewässer ist der See. Weiher oder Teich sind meist durch künstlichen Stau geschaffen, der Tümpel ist klein und neigt zum zeitweiligen Austrocknen; doch gehen die Begriffe oft durcheinander.

Seen sind recht verschiedenartig, dennoch lassen sich alle nach drei Güteklassen einordnen: Moorseen führen durch Humusstoffe braun gefärbtes Wasser. Es ist sehr nährstoffarm. Bei den (sogenannten) Klarwasserseen unterscheiden wir den nährstoffarmen (oft gutes Trinkwasser) vom nährstoffreichen mit seinem üppigen Pflanzenwuchs. Solche Seen sind immer in Gefahr „umzukippen": Zu hohe Pflanzenproduktion führt nach dem Absterben im Herbst zur Bildung zu großer Faulstoffmengen – Sauerstoffmangel ist die Folge, und das Leben im See kann vergiftet werden.

Oft erkennt man Wuchszonen. Weit außen die Unterwasserpflanzen, dann den Bereich der Schwimmblattpflanzen, auf die Röhricht folgt, das uferwärts in den Großseggengürtel übergeht. Die Schwimmpflanzen innerhalb dieser Zonen können sich manchmal so stark vermehren, daß sie (vorübergehend) die ganze Wasserfläche bedecken.

Fließgewässer, Bach und Fluß, weisen meist ähnliche Gesellschaften auf, doch lange nicht so ausgeprägt und meist kleinräumiger. Nur in stillen Buchten, wo das Wasser träge dahinfließt und somit fast Verhältnisse wie im See herrschen, sind auch die Zonen gut entwickelt.

Am Ufer der Gewässer können schon einzelne Bäume oder Sträucher stehen. Wo das Ufer ansteigt, vollzieht sich ein gleitender Übergang von den feuchtigkeitsliebenden Ufergesellschaften zu trockeneren Formationen. Sind die Ufer flach, kann sich eine weite Sumpflandschaft ausbreiten. Das Grundwasser steht dann so oberflächennah, daß es bei jedem Tritt hervorquillt und in den Spuren stehen bleibt. Ein Sumpf entsteht bei entsprechendem Untergrund auch fern von Gewässern. Die Pflanzenarten sind andere, wenn das Grundwasser steht (stauende = stockende Nässe) oder wenn es langsam weiterfließt (ziehende Nässe), was in Gewässernähe oft der Fall ist. Sumpfland muß nicht mit Gras, Seggen oder Binsen bestanden sein, es kann sich auch Wald bilden (Bruch, Auwald).

Flachmoore sind aus Seen entstandene Sümpfe. Jeder See verlandet allmählich, und wenn es Jahrtausende dauert. Alljährlich wachsen Röhrichtpflanzen und sterben wieder ab. Aus ihren Überresten entsteht nährstoffreicher Schlamm. Der See wächst von den Rändern her zu. Flachmoore zeichnen sich durch hohen Grundwasserstand und – kalkreich oder kalkarm – hohen Nährstoffgehalt aus.

Hochmoore können aus Flachmooren entstehen, meist aber bilden sie sich unab-

Ufernahe Sumpfwiesen mit einem so prächtigen Schwertlilien-Bestand gehören zu den kostbarsten Seltenheiten unserer Flora und verdienen uneingeschränkten Schutz. Aufnahme Schneiders

Einsame Seen zeigen noch eine ungestörte Zonierung in Schwimmblattregion und Röhricht. Aufnahme Bechtle

hängig davon in regenreichen Gebieten. Sie bestehen hauptsächlich aus Torfmoosen, die oben weiterwachsen, während ihre Basis abstirbt und vertorft. Bald bildet sich eine meterdicke Isolierschicht aus Torf zwischen Untergrund und der Oberfläche des Hochmoors. Die Pflanzen können weder Wasser noch Nährstoffe aus dem Boden ziehen. Sie sind vom Regenwasser (und Staub) abhängig. Hochmoorstandorte sind extrem nährstoffarm.

Hochmoor und Flachmoor sind samt ihren Pflanzengesellschaften so verschieden voneinander, daß es besser wäre, sie nicht unter einem einheitlichen Begriff zu führen. Es wäre gut, den Begriff Moor nur für Hochmoore zu verwenden und zum Flachmoor Sumpf oder Ried zu sagen.

Der Übergang vom Sumpf zur Wiese (Grasland) ist gleitend, die Feuchtwiese steht dazwischen. Je mehr Echte Gräser auftreten, desto mehr Wiese ist der Standort. Durch Drainage und Düngung wird derzeit versucht, aus vielen Sumpfwiesen und Feuchtwiesen (Streuwiesen) Wirtschaftswiesen (Mähwiesen) zu machen. Viele seltene Pflanzen gehen dadurch unserer Flora verloren.

Feuchte Standorte gibt es nicht nur im Grasland und im Gehölz. Auch auf Äckern und Rohböden (überrieselte Felsen, Sickerwasserstellen im Steinschutt, Dünentälchen) können Feuchtgebietgesellschaften auftreten. Voraussetzung ist immer, daß Wasser im Überschuß vorhanden ist.

Obwohl nämlich die Pflanzen ohne Wasser nicht leben können, ertragen nur Spezialisten ein dauerndes Überangebot: es beeinträchtigt die Durchlüftung des Bodens und damit die Wurzelatmung. Wasserpflanzen versorgen ihre Wurzeln meist durch ein inneres Lufttröhrensystem mit Sauerstoff.

Pioniergesellschaften

Felsen, Blockhalden, Gesteinsschutt, steinige Steilhänge, Geröll, Sand, Dünen, Schotter, Mauern.

Überall dort, wo Erde, insbesondere Humus, in nur verschwindend geringer Menge vorhanden ist, haben die Rohbodenspezialisten ihren Lebensraum. Sie sind sehr genügsam und schaffen es dennoch, reichlich „Biomasse" zu produzieren. Nach dem Absterben kann diese die Lebensgrundlage für schon etwas anspruchsvollere Pflanzen bilden. Die Erstbesiedler vegetationsfeindlicher Standorte nennt man Pionierpflanzen. Ihre Gesellschaften bilden selten zusammenhängende Überzüge – üblich ist ein sehr schütterer Bewuchs, der stellenweise große Lücken zeigt. Sehr deutlich ist dies beim Fels, wo in feinen Spalten minimale Mengen von Wasser und Mineralien die Lebensgrundlage bilden. Die Pflanzen lösen mit ihren Wurzelausscheidungen sehr oft noch das Gestein etwas mehr auf. Sie erweitern so allmählich ihren Lebensraum und tragen aber auch zur Verwitterung und damit zur Zerstörung desselben bei. Anfangs sind jedoch die Möglichkeiten, Wurzel zu schlagen, sehr gering. Größere Anhäufungen von Grün findet man allenfalls längs der breiten Risse oder auf den waagrechten Abstufungen der Felsbänder.

Im Fels und auf den „Blockmeeren" herrschen die Polster- und Spalierpflanzen vor: halbkugelig, alle Teile eng zum Schutz zusammengerückt oder zwar ausgebreitet, aber ganz flach dem Untergrund angeschmiegt. Im Gesteinsschuttmantel unterhalb der Felsen, wo die mittelgroben, durchschnittlich faustgroßen Brocken übereinanderliegen, ändert sich das Bild. Die Schutthalde ist ja noch nicht zur Ruhe gekommen, ständig rutscht Material ab, zerbröseln die Brocken, und von

Vielfältig und bunt ist die Pflanzenwelt in der alpinen Felsregion. Aufnahme Schönfelder

Steinrasen im Flachland zeigen oft den Übergang zwischen Felsschuttgesellschaften und Trockenrasen. Aufnahme Schönfelder

oben bröckelt es nach. Hier halten sich besser reichverzweigte Ausläufertypen, die jede Überschüttung neu durchwachsen, Schuttkriecher, die erste Arbeit zur Festlegung der beweglichen Masse leisten.

Die feinerde- und humusarmen Grobböden lassen sich in zwei Kategorien einteilen, wobei die Korngröße die geringste Rolle spielt. Ob Grob- oder Feinschutthalden, Kies- und Schotterbänke oder ob Dünen – man kann bewegliche (rutschende) und ruhende Böden am Bewuchs, an ihren Pflanzengesellschaften, erkennen. Dabei kann man von der Faustregel ausgehen, daß stillgelegte Böden dichter bewachsen sind und Unkrautfluren oder auch Graslandgesellschaften ähneln, nur daß hier anspruchslosere Pflanzen (in bezug auf Humus und Nährstoffe) wachsen.

Ein zweiter Unterschied ergibt sich aus der Mineralzusammensetzung des Grobmaterials. Kalkgesteine und Kieselgesteine (Silikate) bieten als Fels, Schutt oder Sand unterschiedliche Bedingungen, wobei aus Kalk viel mehr brauchbare Stoffe auswittern. Trotzdem sind auch die Silikatgesellschaften recht artenreich. Manchmal kommt es vor, daß zwei Arten einer Gattung sich im Bau nur wenig unterscheiden. Die eine wächst aber auf Kalk, die andere auf saurem Gestein (Vikariismus).

An Steilhängen wird der Boden oft rasch abgewaschen, so daß nur unreife, „bergfrische" Erde zutage tritt. Sie ist noch nicht humushaltig, noch nicht „gar", also wird sie eher von Rohbodenpionieren besiedelt werden, die durch die Abschwemmung ähnliche Festhalteschwierigkeiten haben wie am Felsschutthang.

Die Alpen sind starker Abtragung ausgesetzt. So ist es nicht verwunderlich, daß es dort viele Rohbodenpioniere gibt. Dennoch sind nicht alle Felspflanzen auch Alpenpflanzen. Vor allem an den künstlichen Felsen der Menschen, den Mauern, finden sich in tieferen Lagen oft Vertreter der Mittelmeerflora ein. Dies gilt ebenfalls für andere künstlich geschaffene Pionierstandorte: Steinbrüche, Kies- und Sandgruben, das Schotterbett des Bahndamms, Abraumhalden und Schlackenwege.

Hinweise für das Erkennen der Pflanzen

Sie benötigen praktisch nur zwei Daten: Blütenfarbe und Blütenbau

Blütenfarbe

Sie entscheiden sich für Weiß – Gelb – Rot – Blau – Grün oder Braun

Bei mehrfarbigen Blüten gilt die Hauptfarbe (also: weiße Blüte mit roten Tupfen: Weiß – rote Blüte mit weißen Tupfen: Rot)

In 90 von 100 Fällen ist diese Entscheidung leicht zu treffen, es gibt aber zwei Grenzbereiche, in denen die individuellen Auffassungen variieren, welche Farbe vorliege, und da die Blütenfarbe regional ebenfalls um Nuancen variieren kann, sollte man in den wenigen Fällen, in denen man nicht gleich zum Ziel kommt, es mit der anderen Blütenfarbe versuchen.

1. Grenzbereich: Rotviolett – Blauviolett (vgl. z. B. S. 6, S. 305)
2. Grenzbereich: Hellgelb – Cremeweiß – Bleichgrün (vgl. z. B. S. 2)

Frisch aufgeblühte Blumen haben oft noch die grünliche Knospenfarbe oder sind nicht ganz ausgefärbt – abgeblühte Exemplare nehmen zuweilen eine „Verwelkfarbe" an. Man gehe also möglichst von Blumen in Vollblüte aus.

Bei kälterem Wetter kommt es oft vor, daß die Blütenblätter im Knospenstadium rot oder bläulich anlaufen, manchmal ist es nur ein zarter Hauch, dann wieder eine sehr intensive Tönung. Die Farbveränderung zeigt sich aber nur auf der Außenseite (Unterseite) – man gehe stets vom Innenbereich aus.

Blütenbau

Nach der Farbentscheidung bestimmen Sie den Blütenbau. Die Blüte ist entweder deutlich zweiseitig symmetrisch oder mehr oder weniger radiärsymmetrisch (strahlig symmetrisch); in diesem Fall müssen Sie dann noch feststellen, wieviel Blütenblätter oder (bei verwachsener Blütenkrone) wieviel Zipfel die Blüte hat. Es gibt nur 4 Blütenbaugruppen:

 Blüte strahlig symmetrisch mit bis zu 4 Blütenblättern

Es kommen Blüten mit 3 oder 4 Blütenblättern vor (2 Blütenblätter sind sehr selten). Zuweilen sind die Blütenzipfel oder die Blütenblätter etwas ungleich verteilt (Beispiel: Ehrenpreis, Minze), so daß die Blüte strenggenommen nicht ganz radiärsymmetrisch ist. Pflanzen mit solchen Blüten sind dennoch in dieser Gruppe aufgeführt, denn der nicht Vorgeschulte wird die zweiseitige Symmetrie bei den kleinen Blüten kaum erkennen.

 Blüte strahlig symmetrisch mit 5 Blütenblättern

Hier ist nur darauf zu achten, daß manche Blüten 5 zerschlitzte (Pracht-Nelke) oder tief gespaltene (Gras-Sternmiere) Blütenblätter besitzen, die bei oberflächlicher Betrachtung Vielblättrigkeit vortäuschen können.

 Blüte strahlig symmetrisch mit mehr als 5 Blütenblättern

Hierher zählen viele Pflanzen mit 6 Blütenblättern, einige auch mit 7–8. Dazu haben wir die Korbblütler gestellt, da der Laie in der Regel den vielblütigen Blütenstand, das Körbchen, als eine Blüte ansieht. Fortgeschrittene mögen also Korbblütler unter den vielstrahligen Blüten suchen.

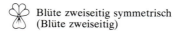 Blüte zweiseitig symmetrisch
(Blüte zweiseitig)

Hier kommt es nicht auf die Blütenblattzahl an. Die Blüten sind meist eindeutig durch Helm, Ober- oder Unterlippe (Schiffchen) als zweiseitig gekennzeichnet (Orchideentyp, Schmetterlingsblütentyp, Lippenblütentyp, Veilchentyp).

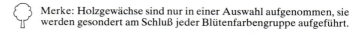 Merke: Holzgewächse sind nur in einer Auswahl aufgenommen, sie werden gesondert am Schluß jeder Blütenfarbengruppe aufgeführt.

Die Gruppierung läßt sich dem Inhaltsverzeichnis auf Seite 5 entnehmen. Noch einfacher ist es, wenn Sie den Schlüssel auf den nachfolgenden 4 Seiten benützen. Hier sind auf jeder Seite sechs typische Blüten für die Blütenbaugruppen abgebildet.

S. 28: Blüten strahlig symmetrisch mit bis zu 4 Blütenblättern
S. 29: Blüten strahlig symmetrisch mit 5 Blütenblättern
S. 30: Blüten strahlig symmetrisch mit mehr als 5 Blütenblättern
S. 31: Blüten zweiseitig symmetrisch

Bitte beachten Sie: Die Farbe der abgebildeten Blüten ist zunächst ganz unwesentlich, es kommt nur auf die Blütenform (den Blütenbau) an.

Die Mittelleiste einer jeden Seite trägt ein fünfteiliges Farbband:

In diesen fünf Abteilungen steht jeweils die Seitenzahl, unter der Sie im Bild/Textteil Pflanzen mit dem jeweiligen Blütenbau und der jeweiligen Blütenfarbe finden können. Die Seitenzahlen nach dem Gehölzsymbol

weisen auf Bäume oder Sträucher mit dem jeweiligen Blütenbau und der jeweiligen Blütenfarbe hin.

Bildschlüssel und Bestimmungsteil

 Blüten strahlig symmetrisch mit bis zu 4 Blütenblättern

S. 32-47	S. 118-131	S. 206-213	S. 292-303	S. 350-365
S. 104-105	S. 198-199	S. 282-285		S. 378-379

 Blüten strahlig symmetrisch mit 5 Blütenblättern

S. 48–77	S. 132–155	S. 214–237	S. 304–321	S. 366–369
S. 106–116	S. 200–201	S. 286–290		S. 379–381

 Blüten strahlig symmetrisch mit mehr als 5 Blütenblättern

S. 78-93	S. 156-177	S. 238-251	S. 322-329	S. 370-371
	S. 202	S. 291		

 Blüten zweiseitig symmetrisch

S. 94-103	S. 178-197	S. 252-281	S. 330-349	S. 372-377
S. 116-117	S. 202-205	S. 291		

Gemeiner Froschlöffel
Alisma plantago-aquatica
Froschlöffelgewächse
Alismataceae

Juni – Okt. 10-100 cm M; ♃

SK: Quirlige Rispe. Blüten dreiteilig, die Blütenblätter bald abfallend, weiß oder rosa, mit gelblichem Grund. Laubblätter eiförmig, derb, langgestielt in grundständiger Rosette.
SV: Im Überschwemmungsbereich der Ufer stehender oder schwach fließender Gewässer, im Röhricht und in Seggenwiesen, auch in Gräben. Häufig. Zeiger für nährstoffreichen Schlamm.
A: Ähnlich einige nah verwandte Formen, die oft als eigene Arten geführt werden. Sie unterscheiden sich durch ihre Laubblätter und den Standort: Lanzett-Froschlöffel (*A. lanceolatum*), Blätter schmal; Gras-Froschlöffel (*A. gramineum*), Blätter bandförmig, untergetaucht; beides Wasserformen.

Spitzes Pfeilkraut
Sagittaria sagittifolia
Froschlöffelgewächse
Alismataceae

Juni – Aug. 30-130 cm M; ♃

SK: Aufrechter, dreikantiger Stengel mit quirliger Blütenrispe. Blüten groß, bis 2 cm breit, eingeschlechtig, die oberen männlich, die unteren (meist deutlich kürzer gestielten) weiblich. Blütengrund rotgefleckt. Blätter alle grundständig, teils bandartig und flutend, teils langgestielt, aufrecht, mit pfeilförmiger Blattfläche.
SV: Sehr selten, zuweilen angepflanzt, im Röhricht stehender oder langsam fließender Gewässer. Liebt nährstoffreiche Schlammböden.
A: Die Seichtwasserform entwickelt Band- und Stielblätter, im Tiefwasser erscheinen nur die Bandblätter, die bei der (kümmernden) Landform fehlen.

Aloëblättrige Krebsschere
Stratiotes aloides
Froschbißgewächse
Hydrocharitaceae

Mai - Aug.   15-40 cm   M; ♃

SK: Blätter derb, starr, dreikantig, lang und schmal, am Rand stachelig gesägt. Sie bilden eine dichte, trichterförmige Rosette, die meist ganz untergetaucht ist. Mit vielen Ausläufern. Blüten sehr groß, bis zu 4 cm breit, auf langen Stielen aus den Blattachseln entspringend, von einer Hochblatthülle umgeben.
SV: In Seen, stillen Buchten, Teichen und Gräben. Meist im Wasser schwebend, das nährstoffreich, aber kalkarm sein sollte. Selten, an seinen Standorten aber oft in Massenwuchs.
A: Männliche und weibliche Blüten stehen auf verschiedenen Pflanzen; nur die männliche Blüte ragt weit aus der Hochblatthülle hervor.

Gemeiner Froschbiß
Hydrocharis morsus-ranae
Froschbißgewächse
Hydrocharitaceae

Mai - Aug.   15-30 cm   M; ♃

SK: Pflanze auf der Wasseroberfläche schwimmend. Blätter rundlich, langgestielt, am Stielansatz herzförmig ausgebuchtet, derbledrig. Blüten eingeschlechtig; die männlichen meist zu dritt, langgestielt, um 3 cm breit, die weiblichen kleiner, einzeln, kurzstielig.
SV: In stehenden oder langsam fließenden Gewässern und in Gräben. Liebt beschattetes, kalkarmes, nicht zu kühles Wasser. Selten.
A: Ähnlich im nichtblühenden Zustand die noch seltenere Radblättrige Seekanne (*Nymphoides peltata*, Blüten gelb, fünfteilig). Beim Froschbiß trägt aber jedes Blatt am Stielansatz 2 große, eiförmige Nebenblätter.

Gefleckter Aronstab
Arum maculatum
Aronstabgewächse
Araceae

April - Juni   15-50 cm   M; ♃; +

SK: Ein weißes Hüllblatt umgibt den Blütenkolben, an dem oben die männlichen, unten die weiblichen Blüten sitzen. Nach oben setzt er sich fort in eine gestielte Keule, die Aasgeruch verströmt. Die ganze Einrichtung dient als Fliegenkesselfalle der Bestäubung. Die grundständigen, gestielten Laubblätter sind pfeilförmig und gelegentlich etwas gefleckt.
SV: Zerstreut von den Niederungen bis ins Bergland auf lockeren, nährstoffreichen Böden in Laub- und Laubmischwäldern sowie in Gebüschen. Bevorzugt nicht zu trockene, lehmhaltige und mullreiche Orte. Wärmeliebend.
A: Die Farbe der Keule variiert von Weiß bis Violett.

Drachenwurz
Calla palustris
Aronstabgewächse
Araceae

Mai - Sept.   15-50 cm   M; ♃; +

SK: Grundachse ober- und unterirdisch kriechend. Blätter gestielt, herzförmig, derb, glänzend. Blüten in rundlichem Kolben, an dessen Grund ein großes auffälliges Hüllblatt. Fruchtkolben mit korallenroten Beeren.
SV: Im Erlenbruchwald und in Riedgrasbeständen, an Tümpeln und Moorgräben. Selten, gegen Norden zu etwas häufiger; vorzugsweise in niederen Lagen, nie im Hochgebirge.
A: Durch ihre auffällige Erscheinung und ihr Vorkommen an oft gefährlichen Sumpfstellen erreichte die Pflanze trotz ihrer Seltenheit einen hohen Bekanntheitsgrad.

Zweiblättrige Schattenblume
Maianthemum bifolium
Liliengewächse
Liliaceae

April - Juni   5-15 cm   M; ♃; +

SK: Meist nur 2 gestielte, herzförmige Blätter am Stengel. Diese derb, ganzrandig, bogennervig. Blüten klein, in unterwärts schwach rispiger Traube. Früchte kugelige, rotglänzende Beerchen (knapp ½ cm dick).
SV: In schattigen Wäldern aller Art, gern in dichtem Moos über zumindest oberflächlich schwach sauren, nährstoffarmen Lehmböden mit dicker, gut zersetzter Humusauflage. Häufig, in Kalkgebieten stellenweise selten.
A: Mancherorts wird diese Pflanze auch Maiblume oder Maiblümchen geheißen. Eine Verwechslung mit der anderen Maiblume, dem Maiglöckchen (S. 82), ist aber kaum möglich. Nur das Gift ist bei beiden dasselbe.

Ähren-Christophskraut
Actaea spicata
Hahnenfußgewächse
Ranunculaceae

Mai - Juni   30-60 cm   G; ♃; +

SK: Stengel aufrecht, wenig verzweigt. Große, doppelt dreizählig gefiederte Blätter; zerrieben von unangenehmem Duft. Blattzipfel handförmig bis fiedrig eingeschnitten, tief und scharf gesägt. Blüten klein, in end- und seitenständigen Trauben, von den Blättern meist überragt.
SV: Dichte Gebüsche und schattige Laubwälder, vor allem Berg- und Schluchtwälder. Liebt lockere, gut durchfeuchtete Steinböden. Selten, im weiteren Alpenbereich zerstreut.
A: Ähnlich: Wald-Geißbart (*Aruncus dioicus,* S. 64), an ähnlichen Standorten; meist viel zahlreicher und mit großen, reichblütigen Rispen. Blätter nicht streng dreizählig.

Weißer Alpen-Mohn
Papaver alpinum ssp. *sendtneri*
Mohngewächse
Papaveraceae

Juli - Aug. 5-20 cm G; ♃; (+)

Gemeines Lauchkraut
Alliaria petiolata
Kreuzblütengewächse
Brassicaceae (Cruciferae)

Mai - Juni 20-100 cm G; ⊙ -⊙

SK: Alle Laubblätter in grundständiger Rosette, gefiedert, mit breiteiförmigen, oft gelappten Zipfeln. Blüten einzeln an unverzweigten, aufrechten, behaarten Stielen, um 4 cm breit, die 2 Kelchblätter früh abfallend. Frucht eine behaarte, eiförmige Kapsel mit sternartiger Narbenscheibe, etwa 1 cm lang.
SV: Nur im Alpengebiet. Auf Felsschutt und Geröll der Kalkalpen, selten; kaum unterhalb 1800 m.
A: Diese Pflanze gehört zu einem ganzen Schwarm eng verwandter und ähnlicher Arten im Alpengebiet, die teils Kalk-, teils Kieselschutt besiedeln. Ihre Blüten sind weiß, gelb oder rot. Bei uns wächst aber nur die weiße Sippe.

SK: Stengel aufrecht, mit trugdoldiger Blütentraube, wechselständig beblättert. Untere Blätter langgestielt, nieren- bis herzförmig, grob gekerbt. Obere Blätter herzeiförmig, buchtig gezähnt. Alle Pflanzenteile riechen beim Zerreiben intensiv nach Knoblauch. Frucht eine lange Schote.
SV: Gebüsche, Waldränder, Wege, Geröll, Schuttstellen, Mauern, Zäune. Stickstoffliebend, luftfeuchtigkeitsbedürftig. Bevorzugt lockere, humusreiche, gut durchfeuchtete Böden. Häufig, in höheren Lagen seltener, im Gebirge fehlend.
A: Wird auch Knoblauchsrauke genannt; der wissenschaftliche Name war früher *A. officinalis*.

Europäischer Meersenf
Cakile maritima
Kreuzblütengewächse
Brassicaceae (Cruciferae)

Juli – Sept.   10–30 cm   G; ⊙

SK: Pflanze blaugrün bereift. Stengel reichverzweigt, aufsteigend. Blätter fleischig, ungeteilt oder fiedrig zerteilt, wechselständig. Blüten duftend, gut 1/2 cm breit mit etwa 1/2 cm langer, nektarerfüllter Röhre; in dichten Trauben. Frucht charakteristisch zweiteilig, unten meißelartig, oben eiförmig, am Übergang mit spießartigen Höckern.
SV: Nur an den Küsten verbreitet; auf sandigen Stränden und in Dünen. Erträgt hohe Salzkonzentrationen, benötigt sie aber nicht zum Gedeihen. Selten ins Binnenland verschleppt und dort sehr unbeständig.
A: Die weißblütige Rasse ist sehr selten, den Typ der Art bilden die rötlichen Formen.

Weißer Meerkohl
Crambe maritima
Kreuzblütengewächse
Brassicaceae (Cruciferae)

Mai – Juli   30–70 cm   G; ♃

SK: Stengel reichverzweigt. Untere Laubblätter groß, lappig und wellig, an langen Stielen. Nach oben zu rasch kleiner werdend, die obersten schmallineal, kurzgestielt. Reichblütige, ausladende, sparrig verzweigte Rispe. Blüten 1–1,5 cm breit. Frucht ein kugeliges, einsamiges Schötchen. Ganze Pflanze blaubereift.
SV: Auf Sand oder zwischen Felsbrocken am Meeresstrand und auf den ersten Dünen. Sehr selten. Nur an der Ostseeküste, an der Nordsee nur gelegentlich eingeschleppt und unbeständig. Salzliebend; erträgt Überflutung.
A: Der Meerkohl wird äußerst selten in einer massigen Kulturform als Gartengemüse gezogen.

Acker-Rettich
Raphanus raphanistrum
Kreuzblütengewächse
Brassicaceae (Cruciferae)

Juni – Aug. 30–60 cm G; ☉

SK: Stengel aufrecht, mäßig verzweigt, steifborstig. Blätter fiedrig zerteilt, nach oben zu einfach, lanzettlich. Doldenähnliche Traube. Blüten weiß oder hellgelb mit gelblichen oder dunkelvioletten Adern. Kelchblätter aufrecht. Frucht eine Gliederschote: mehrfach quer eingeschnürt.
SV: Häufig in Äckern, auch an Schuttstellen und in Gärten. Auf leichten und schweren, gern etwas sauren Böden.
A: Der Hederich, wie die Pflanze gebietsweise auch genannt wird, hat vor allem in seiner gelben Form Ähnlichkeit mit dem Acker-Senf (*Sinapis arvensis,* S. 120), der oft gleiche Orte besiedelt, jedoch waagrecht abstehende Kelchblätter besitzt.

Weißer Ackerkohl
Conringia orientalis
Kreuzblütengewächse
Brassicaceae (Cruciferae)

Mai – Juli 20–50 cm G; ☉

SK: Pflanze kahl, blaubereift. Stengel aufrecht, meist unverzweigt. Blätter länglich-eiförmig, stumpf, stengelumfassend sitzend. Blüten groß, in lockerer Traube; Frucht gestielte, locker abstehende Schote.
SV: Auf Äckern, an Wegrändern und in Unkrautfluren. Liebt nicht zu feuchte, nährstoff- und kalkreiche Böden. Selten und meist unbeständig in wärmeren Gebieten; fehlt im Gebirge.
A: Ähnlich: Kahles Turmkraut *(Arabis glabra = Turritis gl.),* an ähnlichen Standorten, doch auch öfters in Hecken und lichten Trockenwäldern. Seine Blätter sind aber zugespitzt, und die Stiele der aufrechtstehenden Schoten liegen dem Hauptstengel eng an.

Gemeine Pfeilkresse
Cardaria draba
Kreuzblütengewächse
Brassicaceae (Cruciferae)

Mai - Juli   20-50 cm   G; ♃

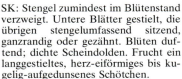

Frühlings-Hungerblümchen
Erophila verna
Kreuzblütengewächse
Brassicaceae (Cruciferae)

März - Mai   5-10 cm   G; ☉

SK: Stengel zumindest im Blütenstand verzweigt. Untere Blätter gestielt, die übrigen stengelumfassend sitzend, ganzrandig oder gezähnt. Blüten duftend; dichte Scheindolden. Frucht ein langgestieltes, herz-eiförmiges bis kugelig-aufgedunsenes Schötchen.
SV: Wegraine, Bahndämme, Schuttstellen, Erdaufschüttungen, Neubaugebiete. Bevorzugt nackte, kalk- und nährstoffreiche Rohböden in trockenwarmer Lage. Zerstreut, aber oft in Massenwuchs.
A: Wird oft zur Gattung Kresse *(Lepidium)* gestellt und hat zu diesen Arten viele Ähnlichkeiten. Ihre Schötchen sind aber meist an der Spitze ausgerandet und seitlich geflügelt.

SK: Alle Blätter in grundständiger Rosette, lanzettlich, ganzrandig. Blütenstand traubig. Blütenblätter vorn tief eingekerbt. Frucht ein flaches, elliptisches Schötchen.
SV: Auf Äckern, Mauern, Kies und Bahnschotter, in schütteren Trockenrasen und Halbtrockenrasen. Hauptverbreitung auf nicht zu feuchten, nicht zu nährstoffarmen, warmen Sandböden. Häufig, doch gern übersehen.
A: Ähnlich: Sand-Bauernsenf *(Teesdalea nudicaulis)*; kräftiger, Rosettenblätter fiederspaltig, Blütenblätter ungleich groß; auf Sand, in Norddeutschland. Acker-Schmalwand *(Arabidopsis thaliana)*, Frucht dünn und lang (Schote); auf Äckern, häufig.

Wiesen-Schaumkraut
Cardamine pratensis
Kreuzblütengewächse
Brassicaceae (Cruciferae)

April - Mai   30-60 cm   G; ♃

SK: Grundblätter rosettig, gefiedert, die Teilblättchen rundlich, das Endblättchen meist größer. Stengelblätter fiederschnittig mit schmalen Zipfeln. Stengel hohl. Blüten in Trauben, groß (um 1 cm breit). Fruchtknoten und Frucht vielmals länger als breit. Blütenfarbe je nach Standort weiß (schattig), rosa, lila oder intensiv blauviolett (trocken).
SV: Hauptvorkommen in feuchten Wiesen und Wäldern auf lehmigen Böden. Zeiger für Nährstoffreichtum und ziehendes Grundwasser. Häufig.
A: Ähnlich: Spring-Schaumkraut *(C. impatiens)*, Blütenblätter nur so lang wie der Kelch (¹/₂ cm), weißlich; Frucht bei Berührung aufplatzend; Wälder.

Rauhhaariges Schaumkraut
Cardamine hirsuta
Kreuzblütengewächse
Brassicaceae (Cruciferae)

März - Sept.   5-15 cm   G; ☉ -☉

SK: Grundblattrosette aus gefiederten Blättchen. Stengel meist zu mehreren, oft vom Grund an verzweigt, aufrecht, nicht oder wenig beblättert. Blüten klein, Blütenblätter unter ¹/₂ cm lang, doch deutlich länger als die Kelchblätter. Frucht eine langgestreckte, dünne Schote.
SV: Hackfruchtäcker, Gärten, Neuanlagen von Zierrasen, Wegränder, Hecken. Bevorzugt sandige, kalkarme, aber nährstoffreiche und nicht zu trockene Böden. Gern im Halbschatten. Selten, doch in Ausbreitung begriffen.
A: Ähnlich: Wald-Schaumkraut *(C. flexuosa = C. sylvatica)*; kräftiger, mindestens 5 Blätter pro Stengel. Nur in feuchtschattigen Wäldern.

Bitteres Schaumkraut
Cardamine amara
Kreuzblütengewächse
Brassicaceae (Cruciferae)

April - Mai   5-30 cm   G; ♃

SK: Stengel markerfüllt, schwach fünfkantig, meist aufsteigend. Blätter einfach bis doppelt gefiedert. Blüten in Trauben, groß, um 1 cm breit. Staubbeutel purpurviolett.
SV: In Bächen und Gräben, auf sickerfeuchten Geröllhalden in Bergwäldern, in Quellfluren, Bruch- und Auwäldern. Liebt nährstoffreiche, gut durchsikkerte oder wasserdurchzogene Böden. Etwas kalkscheu. Zerstreut bis in Hochgebirgslagen über 1800 m.
A: Ähnlich (und oft verwechselt): Echte Brunnenkresse (*Nasturtium officinale*, s. rechts), mit hohlem Stengel und gelben Staubbeuteln. Sie liefert den schärferen und nicht so bitteren Wildsalat.

Echte Brunnenkresse
Nasturtium officinale
Kreuzblütengewächse
Brassicaceae (Cruciferae)

Mai - Sept.   15-50 cm   G; ♃

SK: Stengel hohl, aufsteigend, im unteren Teil oft kriechend und bewurzelt; zuweilen flutend. Unterste Blätter ungeteilt bis 3teilig, obere unpaarig gefiedert, das Endblättchen meist vergrößert. Blüten in trugdoldigen Trauben; Staubbeutel gelb.
SV: In Quellen, Gräben und Bächen mit klarem, kühlem, schnell ziehendem Wasser. Auf nährstoffreichen Sand- oder Schlammböden. Heute selten (wegen Gewässerverunreinigung).
A: Die Nordrasse (ssp. *microphyllum*) ist zierlicher und hat längere Schoten. Ihr Laub ist winters rotbraun überlaufen; das der Südrasse (ssp. *officinale*) bleibt das ganze Jahr über sattgrün.

Gemeines Hirtentäschelkraut
Capsella bursa-pastoris
Kreuzblütengewächse
Brassicaceae (Cruciferae)

März – Okt.   20–40 cm   G; ☉ -☉

SK: Rosette aus länglichen, schrotsägeförmig-fiederteiligen Grundblättern. Stengel ästig. Oberste Blätter ganzrandig, stengelumfassend. Lockere Blütentraube, oben trugdoldig. Frucht dreieckig, schwach herzförmig, flach, aufrecht abstehend.
SV: Sehr häufig auf nährstoffreichen, nicht zu trockenen und nicht zu schattigen Böden aller Art. In Gärten, Äckern, Weinbergen, Trittrasen, an Bahndämmen, Wegen und Schuttplätzen. Kulturbegleiter bis ins Hochgebirge (über 2000 m).
A: Durch Selbstbestäubung sind sehr viele Kleinrassen entstanden, so daß geringe Verschiedenheiten von Ort zu Ort üblich sind.

Acker-Hellerkraut
Thlaspi arvensis
Kreuzblütengewächse
Brassicaceae (Cruciferae)

Mai – Okt.   15–30 cm   G; ☉ -☉

SK: Stengel aufrecht, kantig, oben oft verästelt. Blätter länglich, meist buchtig gezähnt, mit pfeilförmigem Grund. Blüten klein, in anfangs trugdoldigen, später stark verlängerten Trauben. Früchte über 1 cm breit, flach, rundlich-eiförmig, breit geflügelt, an der Spitze tief ausgerandet. Pflanze riecht beim Zerreiben scharf lauchartig.
SV: Äcker, Gärten, Weinberge, Wegraine und Schuttstellen. Häufig. Liebt nährstoffreiche, lockere Lehmböden.
A: Ähnlich: Durchwachsenes Hellerkraut (*T. perfoliatum*); zierlicher, Stengel glatt, Blätter meist ganzrandig, blaubereift. Kalkliebend; Raine, Äcker, Weinberge; zerstreut, im Norden selten.

Rundblättriges Hellerkraut
Thlaspi rotundifolium
Kreuzblütengewächse
Brassicaceae (Cruciferae)

Juni - Sept.   5-15 cm   G; ♃

SK: Nichtblühende Stengel kriechend, blühende einzeln, aufrecht, unverzweigt, alle reich beblättert. Blätter bläulichgrün, rundlich-eiförmig, ganzrandig oder gezähnt. Dichte, kurze Blütentraube. Frucht eiförmig, etwas abgeflacht, am Rand schmal geflügelt, etwa doppelt so lang wie breit.
SV: Nur im Alpengebiet in Höhen über 1000 (1500) m verbreitet. Bei uns nur die Kalkrasse; in Felsschutt und Geröll, die noch nicht ganz zur Ruhe gekommen sind. Bevorzugt nicht zu trockene Standorte.
A: Die vorherrschende Form zeichnet sich durch bläulich überhauchte Kronblätter mit dunkleren Adern aus. Die weißblütige Rasse ist oft selten.

Gemeine Wassernuß
Trapa natans
Wassernußgewächse
Trapaceae

Juli-Aug.   50-300 cm   G; ☉

SK: Stengel im Schlamm wurzelnd, am oberen Ende mit einer Rosette aus vielen, musterartig ausgebreiteten, rautenförmigen Schwimmblättern. Die längeren Blattstiele mit einer Luftblase im Mittelstück. Blüten einzeln in den Blattachseln, wenig auffällig, sehr vergänglich. Frucht bildet mit dem verholzenden Kelch eine 2 bis 4 cm breite, dorntragende Nuß.
SV: In stehenden, nährstoffreichen, aber kalkarmen Gewässern tieferer Lagen. Selten, doch an seinen Standorten meist in größerer Zahl. Oft angepflanzt, aber selten beständig.
A: Nach den Formen der Nüsse unterscheidet man viele Rassen dieser heute weltweit verbreiteten Pflanze.

Großes Hexenkraut
Circaea lutetiana
Nachtkerzengewächse
Onagraceae (Oenotheraceae)

Juli – Aug.　　　20–60 cm　　　G; ♃

Quendel-Ehrenpreis
Veronica serpyllifolia
Braunwurzgewächse
Scrophulariaceae

Mai – Aug.　　　5–30 cm　　　V; ♃

SK: Stengel meist aufrecht, öfters verzweigt, behaart. Blätter gegenständig, eiförmig-lanzettlich, matt, behaart. Blüten in endständigen Trauben, klein, zuweilen rosa überhaucht; die Blütenstiele ohne Tragblätter.
SV: In Wäldern aller Art, auch auf Kahlschlägen, wenn nur der Boden genügend Feuchtigkeit enthält. Liebt schweren, nährstoffreichen Lehmboden. Häufig; meist in größeren Rudeln.
A: Ähnlich: das seltenere und zierlichere Gebirgs-Hexenkraut *(C. alpina)*, mit kahlen, glänzenden Blättern und borstenförmigen Tragblättern unter den Blütenstielen. Fast ebenso häufig der Bastard: Mittleres Hexenkraut *(C. × intermedia)*.

SK: Stengel niederliegend, aufsteigend oder aufrecht. Blätter rundlich bis eiförmig, nach oben zu kleiner und schmäler, höchstens schwach gesägt. Blüten einzeln in den Achseln der oberen Blätter, klein, weiß, mit blauvioletten Adern; ein Blütenblatt kleiner als die andern drei.
SV: Äcker, Wege, Ufer, Trittrasengesellschaften auf Wiesenpfaden und Weiden. Bevorzugt gut durchfeuchtete, schwere (verdichtete), kalkarme, doch stickstoffhaltige Lehmböden. Zerstreut bis in Hochgebirgslagen.
A: Sehr formenreiche Pflanze; die Gebirgsrassen (ssp. *humifusa* = ssp. *nummarioides*) mit armblütigen, langkriechenden Stengeln.

Krähenfuß-Wegerich
Plantago coronopus
Wegerichgewächse
Plantaginaceae

Juni – Sept.   5–30 cm   V; ☉

Wald-Meister
Galium odoratum
Rötegewächse
Rubiaceae

Mai – Juni   10–30 cm   V; ♃

SK: Alle Blätter in grundständiger Rosette, fiederspaltig, zumindest grob gezähnt. Stengel meist zahlreich, aufsteigend, mit endständigen, länglichen Blütenähren. Blüten sehr klein, von den Staubblättern überragt.
SV: Meeresstrand, Dünen, Salzwiesen, Wege. Häufig nur in der Küstenregion, nach Süden immer seltener werdend. Liebt stark verdichtete, salzreiche und gut durchfeuchtete (Ton-)Böden in wintermilder Klimalage.
A: Ähnlich im Blütenstand sind andere Wegerich-Arten (vgl. S. 302, 365), doch unsere Art besitzt fiederspaltige Blätter. Nur bei Kümmerformen (und an Extremsalzstandorten) ist die Zuordnung zweifelhaft.

SK: Aufrechter, unverzweigter, vierkantiger Stengel. Blätter länglich-eiförmig, dunkelgrün, zu 6 bis 8 in Quirlen. Endständige Trugdolden mit trichterförmigen Blüten. Vor allem beim Welken mit typischem Duft nach „Waldmeister" (Bowlenpflanze!).
SV: In Wäldern aller Art, doch mit deutlicher Bevorzugung der Laubforste. Häufig; doch nur auf nährstoffreichen, nicht zu trockenen, lockeren Mullböden. Meist in Herden.
A: Die Pflanze wurde von den Systematikern lange Zeit der Gattung Meister (als *Asperula odorata*) zugeordnet. Davon hat sie noch den altbekannten Volksnamen; „Wohlriechendes Labkraut" wird sich nicht durchsetzen.

45

Wald-Labkraut
Galium sylvaticum
Rötegewächse
Rubiaceae

Juni – Sept.   30–130 cm   V; ♃

SK: Stengel aufrecht, meist verzweigt, rundlich. Blätter länglich-lanzettlich, bläulichgrün, zu 6 bis 8 in Quirlen. Blüten in lockeren und ausladenden Rispen. Pflanze oft rötlich überlaufen, vor allem an Stengelteilen und Blattrippen.
SV: In Laub- und Mischwäldern auf kalkhaltigen, schwach feuchten, aber warmen, mullhaltigen Lehmböden. Häufig; bis gegen 1000 m aufsteigend.
A: Sehr ähnlich (und oft nur als Unterarten geführt): Grannen-Labkraut *(G. aristatum)*, mit durchweg 4kantigem Stengel – selten im Alpenraum – und Glattes Labkraut *(G. schultesii)*, Stengel oben (deutlich!) 4kantig – selten im Osten.

Rundblatt-Labkraut
Galium rotundifolium
Rötegewächse
Rubiaceae

Juni – Sept.   10–30 cm   V; ♃

SK: Stengel niederliegend bis aufsteigend, dünn, vierkantig, selten verzweigt. Blätter stets zu 4 in Quirlen, eiförmig bis rundlich, kurz stachelspitzig. Armblütige, doldige Rispe. Frucht aus zwei kugeligen Teilen, borstig (Klettverbreitung).
SV: In schattigen Nadelwäldern höherer Lagen ursprünglich. Liebt gut durchfeuchtete, kalkarme und eher magere Böden mit reichlich (saurer) Humusauflage. Häufig in den Alpen und Mittelgebirgen, sonst oft eingeschleppt mit Fichtensetzlingen (und beständig). Nur noch im Norden selten.
A: In älteren Florenwerken wird die Art noch mit dem wissenschaftlichen Namen *G. scabrum* geführt.

Kletten-Labkraut
Galium aparine
Rötegewächse
Rubiaceae

Juni – Aug.   30–130 cm   V; ♃

SK: Stengel vierkantig, klettert mit Hilfe hakiger Borstenstacheln. Blätter länglich, schmal-eiförmig, zu 6–8 quirlständig (unterstützen den Stengel beim Klettern), rauh. Blütenstände in den Blattachseln, wenigblütig, länger als die Blätter.
SV: In Äckern, Gärten und Weinbergen, auf Schuttplätzen, auch in Gebüschen, Wäldern und im Ufergestrüpp. Häufig. Stickstoffzeiger; liebt feuchte, nährstoffreiche Lehmböden.
A: Ähnlich, aber stellenweise seltener: Dreihörniges Labkraut *(G. tricornutum = G. tricorne)*. Seine meist nur dreizähligen Blütenstände sind kürzer als die Blätter. Auf Äckern und Schuttplätzen; kalkliebend.

Wiesen-Labkraut
Galium mollugo
Rötegewächse
Rubiaceae

Mai – Aug.   30–100 cm   V; ♃

SK: Stengel aufsteigend oder aufrecht, vierkantig, glatt, meist verästelt. Blätter schmal, spitz, meist zu 8 quirlständig. Reichblütige Rispe. Blütenzipfel vorn abgerundet mit aufgesetzter Grannenspitze.
SV: Wiesen, Wegränder, Gebüsch. Häufig auf fetten Lehmböden.
A: Ähnlich: an nasseren Standorten: Sumpf-Labkraut *(G. palustre)* mit roten, Moor-Labkraut *(G. uliginosum)* mit gelben Staubbeuteln. Beide mit rauhem, häckelndem Stengel. Häufig. Auf mageren, kalkarmen Sandböden: Heide-Labkraut *(G. pusillum)* lockerrasig, Harz-Labkraut *(G. hercynicum)* dichtrasig – bei beiden Blütenzipfel spitz (!), doch ohne aufgesetzte Spitze.

47

Bayerisches Vermeinkraut
Thesium bavarum
Sandelgewächse
Santalaceae

Juni - Aug.   30-80 cm   G; ♃

Feld-Windenknöterich
Fallopia convolvulus
Knöterichgewächse
Polygonaceae

Juli - Okt.   10-100 cm   G; ☉

SK: Büschelig, aber ohne Ausläufer. Stengel aufrecht, oben verzweigt. Blätter schmal, bläulichgrün, mit 3 (5) Längsnerven. Reichblütige Rispe; unter jeder Blüte 3 kleine Blättchen. Früchtchen eikugelig, oben mit einem kurzen Blütenrest.
SV: Sonnige Waldränder, lichte Wälder, Bergheiden. Auf kalkhaltigen, eher trockenen und oft steinigen Böden. Zerstreut, fehlt aber sommerkühlen, regenreichen Gebieten.
A: Andere Namen: Bergflachs, Leinkraut *(Th. montanum)*. Ähnlich: Andere seltene Arten der Gattung, z.B. Pyrenäen-Vermeinkraut *(Th. pyrenaicum),* gelbgrün, Blütenrest am Früchtchen langröhrig; saure Magerwiesen.

SK: Stengel dünn, furchig-kantig, hin- und hergekrümmt oder an anderen Pflanzen emporwindend; seine Haut körnelig-rauh und oft rot gefärbt. Blätter gestielt, dreieckig bis pfeilförmig. Blüten dreikantig, zu 2 bis 5 in den Blattachseln und an der Stengelspitze zu einer lockeren Scheinähre gehäuft.
SV: Äcker, Ödland, Weinberge, Gärten, Gebüsche. Häufig. Liebt nährstoffreiche, nicht zu trockene Lehmböden.
A: Ähnlich: Hecken-Windenknöterich *(F. dumetorum);* kräftiger, 1–3 m, Stengel glatt. Zerstreut in (feuchten) Gebüschen. Beide waren früher bei der Gattung Knöterich *(Polygonum;* auch *Bilderdykia* = Windenknöterich).

Ampfer-Knöterich
Polygonum lapathifolium
Knöterichgewächse
Polygonaceae

Juli – Okt.   20–80 cm   G; ⊙

SK: Stengel aufrecht oder knickig aufsteigend, meist stark verzweigt, an den Knoten verdickt. Blätter eiförmig, im untersten Drittel am breitesten, gern mit dunklem Fleck. Blattscheiden häutig, tütenförmig, nicht oder nur kurz bewimpert. Endständige, reichblütige, dickwalzliche (Schein-)Ähren, weiß- oder rotblütig.
SV: In Unkrautbeständen auf Äckern, an Ufern und Gräben, seltener an Wegen oder im Wasser. Liebt Feuchte und Nährstoffreichtum. Zerstreut.
A: Ähnlich: Floh-Knöterich (*P. persicaria*, s. S. 214), mit langfransigen Blattscheiden, an ähnlichen Standorten oft auch gemeinsam. Blüten ebenfalls weiß oder rot.

Vogel-Knöterich
Polygonum aviculare
Knöterichgewächse
Polygonaceae

Juni – Okt.   10–50 cm   G; ⊙

SK: Stengel niederliegend, stark verästelt, an den Zweigenden aufsteigend. Bis zur Spitze beblättert. Laubblättchen klein, rundlich bis schmal-eiförmig, kaum gestielt. Am Ansatz mit häutigen, stengelumfassenden Scheiden. Blüten einzeln oder zu wenigen in den Blattachseln, grünlich mit weißem oder rotem Rand, klein, kaum 3 mm lang, aber zahlreich.
SV: Äcker, Schuttstellen, Ödland, Wegränder, Straßenpflaster. Überall sehr häufig. Zeiger für Stickstoff.
A: Wird oft übersehen, ist aber unverwechselbar. Besiedelt in mehreren Rassen unterschiedliche Standorte; die früherblühenden roten Formen bevorzugen die fetteren Böden.

Vogel-Sternmiere
Stellaria media
Nelkengewächse
Caryophyllaceae

März - Okt.   8-60 cm   G; ☉

SK: Stengel niederliegend, oft gewunden, stielrund, seine Haare in einer Längsreihe. Blätter eiförmig, gegenständig, untere gestielt. Blüten zu wenigen blattachselständig. Kronblätter meist so lang wie der Kelch, vorn tief eingekerbt.
SV: Äcker, Gärten, Schuttstellen, Wegränder, auch in Wäldern. Liebt gut durchfeuchtete, stickstoffreiche (überdüngte) Böden. Sehr häufig.
A: Variiert je nach Standort: In Auwäldern und Gebüschen var. *neglecta*, 10 Staubblätter, lange Kronblätter; var. *pallida* auf trockenen Sandböden, 1–3 Staubblätter, Blütenblätter verkümmert; var. *media*, der Typus, 3–5 Staubblätter, meist mit Krone.

Gras-Sternmiere
Stellaria graminea
Nelkengewächse
Caryophyllaceae

Mai - Sept.   15-30 cm   G; ♃

SK: Stengel vierkantig, schlaff, aufsteigend oder aufgehängt: klimmt mit Hilfe der spreizenden Blätter. Diese schmallineal-lanzettlich, gegenständig, grasgrün. Endständige, gabelästige Trugdolden. Die 5 Blütenblätter fast bis zum Grund gespalten, etwa so lang wie der Kelch.
SV: Vor allem im Gras: Wiesen, Weiden, Raine, seltener an Ackerrändern, Wegrändern und Gebüschsäumen. Liebt kalkarme, saure, nicht zu feuchte und nicht zu nährstoffhaltige Böden. Zerstreut; steigt bis gegen 1700 m.
A: Ähnlich: Langblättrige Sternmiere *(St. longifolia = St. diffusa)*. Blätter gelbgrün, am Rand rauh; sehr selten in nassen Wäldern.

50

Echte Sternmiere
Stellaria holostea
Nelkengewächse
Caryophyllaceae

April - Mai 15–30 cm G; ♃

SK: Stengel aus meist knickigem Grund aufrecht, kantig. Blätter gegenständig, sitzend, lanzettlich, meist starr und dunkelgrün. Gabelästige Trugdolde; Blüten groß, mit krautigen Tragblättern. Blütenblätter etwa bis zur Mitte gespalten, 1 bis 1,5 cm lang.
SV: Vor allem in Laub- und Mischwäldern, an Waldrändern und in Hecken. Liebt nährstoffreiche, aber kalkarme und saure Lehmböden mit Sandbeimischung. Häufig; fehlt den Alpen.
A: Entfernt ähnlich: Sumpf-Sternmiere *(St. palustris);* Blütenblätter 0,5–1 cm, so lang wie der Kelch, fast bis zum Grund geteilt. Blätter dicklich, blaugrün. Sümpfe; zerstreut.

Wald-Sternmiere
Stellaria nemorum
Nelkengewächse
Caryophyllaceae

Mai - Aug. 15–30 cm G; ♃

SK: Stengel schlaff aufsteigend, rundlich, weichhaarig, sehr brüchig. Oft mit langkriechenden Ausläufern. Blätter gegenständig, herz-eiförmig, die unteren gestielt. Blütenblätter länger als der Kelch, tief längsgespalten. 3 Griffel.
SV: Schattige Laubwälder, feuchte Bergwälder, Legföhrengebüsch. Im Tiefland vor allem im bachbegleitenden Ufergehölz. Kalkscheu, liebt grundwasserdurchzogene, nährstoffhaltige Sumpfböden. Zerstreut, in den Alpen häufig; bis über 2000 m.
A: Ähnlich: Gemeiner Wasserdarm, *Myosoton aquaticum (= Malachium a.),* zerstreut an Ufern, in Feuchtwäldern. Blüte mit 5 Griffeln.

Acker-Hornkraut
Cerastium arvense
Nelkengewächse
Caryophyllaceae

April – Juni   10–30 cm   G; ♃

SK: Pflanze dicht und kurz behaart, dazu etwas klebrig-drüsig. Stengel aus bogigem Grund aufrecht; nichtblühende Triebe niederliegend. Blätter gegenständig, länglich-lanzettlich, in den Achseln meist mit kleinblättrigen Kurztrieben. Endständige Trugdolde. Blüten groß; Blütenblätter knapp 1 cm lang, viel länger als ihr Kelch, vorn tief ausgerandet.
SV: Äcker, Ackerraine, Wegränder, Mauern, Halbtrockenrasen, Dünen. Auf stickstoffarmen, gern sandigen und vor allem warmen Böden. Zerstreut; auf Kalk bis 1700 m.
A: Ähnlich: Filziges Hornkraut *(C. tomentosum)*. Weißfilzig behaart. Steingartenpflanze, öfters verwildert.

Gemeines Hornkraut
Cerastium fontanum
Nelkengewächse
Caryophyllaceae

April – Okt.   10–50 cm   G; ♃

SK: Stengel niederliegend bis aufrecht, dichthaarig, selten kahl. Blätter schmal-eiförmig, gegenständig. Trugdolde. Blütenblätter ausgerandet, so lang wie der Kelch (um 1/2 cm). Pflanze meist sattgrün.
SV: Wiesen, Weiden, Wegränder, seltener auf Äckern. Häufig; bis ca. 2500 m. Meist auf nährstoffreichen, durchfeuchteten (Sand-)Lehmböden.
A: Frühere Namen: *C. caespitosum, vulgatum, triviale, holosteoides*. Andere Arten lassen sich nur schwer unterscheiden: Knäuel-Hornkraut *(C. glomeratum)*, auf Äckern – Sand-Hornkraut *(C. semidecandrum)* und Kleinblütiges Hornkraut *(C. brachypetalum)* in Trockenrasen.

Acker-Spark
Spergula arvensis
Nelkengewächse
Caryophyllaceae

Juni - Okt.   10-50 cm   G; ☉

SK: Stengel aufsteigend bis aufrecht, rundlich, an den Knoten angeschwollen. Die gegenständigen Blätter durch Kurzsprosse in ihren Achseln scheinbar quirlständig, lineal-pfriemlich, unten mit Längsfurche. Gabelige Trugdolde, Blütenblätter ganzrandig, selten rosa angehaucht.
SV: Hackfruchtäcker, Schuttstellen, Wegränder. Zerstreut. Sandzeiger; auf nicht zu trockenen, nährstoffreichen, aber kalkarmen, sauren Böden.
A: Einige bis zu 1 m hoch wachsende Kulturrassen werden gebietsweise als Futterpflanzen angebaut. Ähnlich: Fünfmänniger Spark *(Sp. pentandra);* Blätter ohne Furche; Dünen, Heiden, Sandtriften; zerstreut (im Norden).

Dreinervige Nabelmiere
Moehringia trinervia
Nelkengewächse
Caryophyllaceae

Mai - Juli   15-30 cm   G; ☉-♃

SK: Stengel niederliegend, aufsteigend oder aufrecht, stielrund, ringsum kurz flaumhaarig. Blätter eiförmig, spitz, meist mit 3 parallelen Nerven (seltener 5); gegenständig, untere gestielt. Blüten gestielt, in den Blattachseln; Blütenblätter kürzer als der Kelch, gelegentlich nur zu viert.
SV: In Wäldern aller Art, doch vorzugsweise unter Laubgehölzen. Liebt gut durchfeuchtete, nährstoffreiche, oberflächlich versauerte Lehmböden; kalkscheu. Häufig.
A: Ähnlich: Vogel-Sternmiere *(Stellaria media,* s. S. 50) mit ihren Waldformen. Bei näherem Hinsehen an der Stengelbehaarung zu unterscheiden.

Weißes Leimkraut
Silene alba
Nelkengewächse
Caryophyllaceae

Mai – Okt.   20–100 cm   G; ☉ -♃

SK: Stengel aufrecht, gabelig verzweigt. Blätter gegenständig, eiförmig. Ganze Pflanze kurzhaarig bis drüsigflaumig. Jeweils 3 Blüten in den Blattachseln. Kelch röhrig-bauchig verwachsen. Blütenblätter zweispaltig. Blüten eingeschlechtig.
SV: Unkrautgesellschaften auf Äckern, Schuttplätzen, in Gebüschen und an Wegen. Häufig. Wärme- und stickstoffliebend. Fehlt im Hochgebirge.
A: Früherer Name: Weiße Nachtnelke (Lichtnelke), *Melandrium album.* Ähnlich: Echte Nachtnelke *(S. noctiflorum = Melandrium n.);* Blüten zwittrig, schmutzigweiß, nur 3 (statt 5) Griffel. Zerstreut auf kalkhaltigen, lehmigen Ackerböden.

54

Nickendes Leimkraut
Silene nutans
Nelkengewächse
Caryophyllaceae

Mai – Sept.   30–60 cm   G; ♃

SK: Stengel aufrecht, unten weichhaarig, oben drüsig-klebrig. Blätter gegenständig, schmaleiförmig, untere spatelförmig, gestielt. Doldenrispe mit nickenden Blüten. Kelch verwachsen, röhrig-trichterig, mit 10 Längsnerven. Blütenblätter tief gespalten, erst abends ausgebreitet.
SV: Trockenwälder, Waldränder, Gebüsche, Heiden, Triften, Felsabbrüche. Zerstreut. Meist auf mageren, trockenwarmen, lockeren, oft steinigen Böden – an warmen Südhängen bis beinahe 2000 m steigend.
A: Ähnlich: Gabel-Leimkraut *(S. dichotoma);* Blütenstand deutlich zweigabelig. Selten in Äckern, an Rainen, Schuttstellen und Bahndämmen.

Taubenkropf-Leimkraut
Silene vulgaris
Nelkengewächse
Caryophyllaceae

Juni - Aug.   20-50 cm   G; ♃

SK: Graugrüne, kahle Pflanze. Stengel aufrecht bis aufsteigend. Blätter gegenständig, eiförmig bis lanzettlich, zugespitzt. Lockere Trugdolde (Rispe). Kelch verwachsen, bleich, aufgeblasen, netzadrig mit 20 Längsnerven. Adern meist rötlich oder blaugrün. Blütenblätter tief eingeschnitten.
SV: Äcker, Wegränder, Geröll, Felsen, Trockenrasen, Gebüsche und lichte Wälder. Wärmeliebend, meist auf kalk- und nährstoffhaltigen Böden. Häufig.
A: Zweitnamen: Aufgeblasenes L., Gemeines L., Klatsch-L. (*S. inflata, S. cucubalus*). Bildet viele Standortsrassen, so eine Kriechform auf Alpengeröll und eine hohe Moorsippe.

Echtes Seifenkraut
Saponaria officinalis
Nelkengewächse
Caryophyllaceae

Juli - Sept.   30-60 cm   G; ♃; (+)

SK: Am aufrechten, oft rötlich überlaufenen Stengel sitzen gegenständige, länglich-lanzettliche Blätter. Am oberen Ende meist gegenständige Zweige. Blüten in dichten Büscheln am Stengel und seinen Ästen. Blütenblätter aus langer Kelchröhre flach ausgebreitet, vorne nur schwach ausgerandet, am Schlund mit zwei Zähnchen.
SV: Stellenweise fehlend, doch häufig in den Flußniederungen der Kalkgebiete. Dort nicht nur in unmittelbarer Ufernähe, sondern in Unkrautfluren auf lockeren, grundwasserdurchzogenen Böden der weiteren Umgebung: Auen, Wege, Dämme, Hecken.
A: Oft am selben Standort weiße und rosafarbene Exemplare.

Schwarze Nieswurz
Helleborus niger
Hahnenfußgewächse
Ranunculaceae

Dez. - Feb.   15-30 cm   G; ♃; +

SK: Blüten einzeln; ihr kräftiger, rundlicher Stiel mit 1 bis 3 schuppenartigen Hochblättern. Grundblätter ledrig, immergrün, fußförmig zerteilt; lang gestielt. Blüten groß, um 6 cm breit, nach der Blüte grün oder rötlich verfärbend.
SV: In Mischwäldern oder reinen Nadelwäldern (Kiefern) der Bergregion. Liebt humusreiche Steinböden mit gutem Nährstoff- und Kalkgehalt. Sehr selten. Wild nur in den Ostalpen Deutschlands; selten aus Gärten und Anlagen verwildert.
A: In Gärten wird auch oft die Südalpenrasse der „Schneerose" oder „Christrose" gezogen, die um die 10 cm breite Blüten besitzt.

Narzissenblütiges Windröschen
Anemone narcissiflora
Hahnenfußgewächse
Ranunculaceae

Mai - Juni   30-60 cm   G; ♃; +

SK: Stengel aufrecht, rundlich, behaart. An der Spitze mit einem Quirl aus zerteilten Hochblättern. Daraus entspringen 3 bis 8 gestielte Blüten. Zuweilen 6 Blütenblätter. Grundblätter langgestielt, 3- bis 5teilig, ihr Rand in schmale Zipfel zerschnitten; stark behaart.
SV: Halbtrockenrasen, alpine Matten und Gebüschhänge. Sehr selten. Nur in der SW-Alb und in den Alpen. Kalkliebend; auf gut durchfeuchteten Böden zwischen 700 und 2400 m.
A: Weiterer Name: „Berghähnlein". An felsigen Hängen der Hochalpen wächst die var. *dubia (= oligantha)*, die einblütig, klein und kahl dem Busch-Windröschen (S. 85) ähnelt.

Wald-Windröschen
Anemone sylvestris
Hahnenfußgewächse
Ranunculaceae

April - Juni   15-50 cm   G; ♃; +

Eisenhutblättriger Hahnenfuß
Ranunculus aconitifolius
Hahnenfußgewächse
Ranunculaceae

Mai - Juli   20-120 cm   G; ♃; +

SK: Ganze Pflanze dicht behaart. Stengel aufrecht, oberhalb der Mitte ein Quirl aus 3 handförmig zerteilten Hochblättern. Grundblätter langgestielt, handförmig geteilt, zur Blüte noch wenig entwickelt. Blüte bis zu 7 cm breit, im Zentrum ein Hügel aus eikugeligen Fruchtknoten, von einem dichten Staubblattkranz umgeben. Früchte weißwollig.
SV: Lichte Wälder, Hecken, Halbtrockenrasen. Sehr selten. Liebt kalkhaltige, trockenwarme Böden. Bei uns kaum über 800 m.
A: Ähnlich: Alpen-Küchenschelle (*Pulsatilla alpina*, S. 86). Meist mehr als 5 Blütenblätter, Früchte geschwänzt; kaum unter 1000 m.

SK: Stengel aufrecht, verzweigt. Grundblätter langgestielt, Stengelblätter gegenständig und sitzend. Spreiten 3- bis 7teilig handförmig gelappt. Blüten zahlreich, 1 bis 2 cm breit, gestielt.
SV: Nasse Wiesen, Bachufer, Quellsümpfe, Lägerfluren, Hochstaudengebüsche und lichte Schluchtwälder. Liebt feuchte, stickstoffreiche (gedüngte), gern leicht saure Böden in kühlen, regenreichen Klimaten. Zerstreut in Gebirgsgegenden bis gegen 2000 m.
A: Ähnlich (meist nur als Unterart): Platanen-Hahnenfuß *(R. platanifolius)*. Nicht alle Blätter bis zum Grund geteilt; Blütenstiele kahl. Eher an schattigen Stellen (Wald, Gebüsch).

Flutender Hahnenfuß
Ranunculus fluitans
Hahnenfußgewächse
Ranunculaceae

Juni - Aug.　　1-6 m　　G; ♃; (+)

SK: Nur im fließenden Wasser. Stengel lang flutend, meist ohne Schwimmblätter. Untergetauchte Blätter wechselständig, mehrfach in fädige Zipfel zerteilt; diese 7 bis 15 cm lang, parallel vorgestreckt – außerhalb des Wassers pinselförmig zusammenfallend. Blüten einzeln, an langen Stielen über dem Wasser, 1 bis 2 cm im Durchmesser.
SV: Oft massenhaft in sauberen, sauerstoffreichen Fließgewässern bis zu 3 m Wassertiefe. Zerstreut. Liebt nicht zu warmes Wasser, steigt aber kaum über 1000 m auf.
A: Mit anderen weißblühenden Hahnenfußarten oft in eine besondere Gattung *Batrachium* gestellt.

Gemeiner Wasser-Hahnenfuß
Ranunculus aquatilis
Hahnenfußgewächse
Ranunculaceae

Mai - Aug.　　10-200 cm　　G; ♃; (+)

SK: Meist mit Schwimmblättern. Unterwasserblätter wechselständig, in viele kurze Zipfel zerteilt. Blüten einzeln, langgestielt, oft 2 bis 2,5 cm im Durchmesser.
SV: In stehenden oder nur schwach fließenden, nährstoffreichen (auch gering verunreinigten) Gewässern bis zu 2 m Tiefe. Kalkscheu. Zerstreut; Sonderformen im Hochgebirge (bis 2000 m); selten an Land.
A: Sehr formenreich; oft als eigene Art: Schlaffer Hahnenfuß (*R. trichophyllus*), Blüten unter 1,5 cm breit, Schwimmblätter selten, stets nur 3teilig. Ähnlich: Spreizender Hahnenfuß (*R. circinatus*); kalkhold, Blätter auch außerhalb des Wassers spreizend.

Rundblättriger Sonnentau
Drosera rotundifolia
Sonnentaugewächse
Droseraceae

Juli - Aug.   7-20 cm   G; ♃

SK: Stengel blattlos, aufrecht; entspringt aus der Mitte der grundständigen Blattrosette und ist mindestens doppelt so lang wie diese. Blätter langgestielt, Blattspreite rundlich, mit rötlichen Tentakeln (gestielte, kugelige Köpfchen). Armblütiger, ährenförmiger Wickel.
SV: In Hochmooren, seltener in Flach- und Zwischenmooren. Selten, an seinen Standorten meist zahlreich.
A: Bildet mit nachfolgender Art den Bastard Ovalblättriger Sonnentau *(D. × obovata)*, kenntlich an den eiländlichen Blattspreiten und den mittelständigen, die Blattrosette weit überragenden Blütenstandsstielen. Sehr selten.

Langblättriger Sonnentau
Drosera anglica
Sonnentaugewächse
Droseraceae

Juli - Aug.   10-20 cm   G; ♃

SK: Stengel blattlos, aufrecht; entspringt aus der Mitte einer grundständigen Blattrosette und ist mindestens doppelt so lang wie diese. Blätter gestielt, Spreite länglich-keilförmig, mit rötlichen Tentakeln (gestielte, kugelige Köpfchen). Armblütiger, ährenartiger Wickel.
SV: Nasse Stellen in Hoch- und Zwischenmooren. Sehr selten.
A: Ähnlich: Mittlerer Sonnentau *(D. intermedia);* Blütenstand nur wenig länger als die Blätter, seitlich der Rosette entspringend und bogig aufsteigend. Nasse, sandige und schlammige Moorstellen; im Süden sehr selten, im Norden zerstreut. Vergleiche auch: Ovalblättriger Sonnentau – s. links.

Sumpf-Herzblatt
Parnassia palustris
Steinbrechgewächse
Saxifragaceae

Juli – Sept.   5–45 cm   G; ♃

SK: Stengel kantig, aufrecht mit einer endständigen Blüte und einem herzförmig stengelumfassend sitzenden Blatt im unteren Drittel. Grundblätter gestielt, herzförmig. Ganze Pflanze kahl. Blüten 1 bis 3 cm breit, mit 5 normalen Staubblättern und 5 langdrüsig gefransten Gebilden (Staminodien = umgewandelte Staubblätter; Insektenanlockung).
SV: Sumpfwiesen und wechselfeuchte Magerrasen, im Gebirge auch auf durchsickertem Steinschutt. Kalkliebend. Selten, doch oft in Rudeln.
A: Die Gebirgsform, var. *alpina,* ist nur 5 bis 15 cm hoch und hat Blüten von ca. 1 cm Breite. Die Normalform übertrifft diese Maße stets.

Knöllchen-Steinbrech
Saxifraga granulata
Steinbrechgewächse
Saxifragaceae

Mai – Juni   15–40 cm   G; ♃

SK: Stengel aufrecht, armblättrig, klebrig behaart, am Grund mit zwiebelartigen Knöllchen (Fortpflanzungskörperchen). Grundblätter langgestielt, rundlich-nierenförmig, grob gezähnt, Stengelblätter drei- bis fünfspaltig. Wenigblütige Doldenrispe. Kronblätter um 1,5 cm.
SV: Halbtrockenrasen, nicht zu feuchte Wiesen, Grashänge, seltener auch lichte Wälder und Waldränder. Kalkscheu; bevorzugt nährstoffreiche, schwach feuchte Böden in niederen Lagen. Kaum über 800 m. Zerstreut.
A: In den Alpen ähnliche Arten; z. B. Rundblättriger Steinbrech *(S. rotundifolia);* reichblütiger, Kronblätter punktiert; Bergwälder, selten.

Trauben-Steinbrech
Saxifraga paniculata
Steinbrechgewächse
Saxifragaceae

Mai – Juli 5–45 cm G; ♃

SK: Stengel steif aufrecht, erst oben verästelt, mit kleinen, wechselständigen Blättchen. Grundblätter in dichter Rosette, starr, dicklich, blaugrün, scharf gezähnt und mit weißen Punkten am Rand. Blüten in Trauben, oft rot punktiert.
SV: Felsen, Mauern, Felsschutt und Steinrasen. Bevorzugt trockenwarme Lagen. Kalkhold. Selten; in den Alpen bis über 2500 m, im weiteren Vorland bis Schwarzwald und Alb, Vorposten im Hunsrück.
A: Älterer Name: *S. aizoon*. Einige sehr ähnliche Arten findet man verteilt über die ganzen Alpen, doch liegen die bislang bekannten Standorte außerhalb Deutschlands.

Stein-Brombeere
Rubus saxatilis
Rosengewächse
Rosaceae

Mai – Juni 10–25 cm G; ♃

SK: Stengel aufrecht, kaum verzweigt, dicht mit feinen Stacheln besetzt. Neben dem Blütenstengel noch unfruchtbare, bogig niederliegend bis weitkriechend. Blätter wechselständig, gestielt, dreizählig; Teilblättchen eiförmig, am Rand grob gesägt. Wenigblütige, doldenähnliche Traube am Stengelende. Frucht rot, brombeerartig, aber sehr locker und dürftig.
SV: In Wäldern aller Art auf nicht zu trockenen, kalk- und humusreichen Böden. Selten, in mittleren Gebirgslagen etwas häufiger. Steigt in den Alpen bis nahe 2000 m.
A: Ähnlich: niedrige oder kriechende Formen der Echten Brombeere (*R. fruticosus*, S. 112): Stengel holzig.

61

Knack-Erdbeere
Fragaria viridis
Rosengewächse
Rosaceae

Mai – Juni   5-15 cm   G; ♃

SK: Stengel aufrecht, unten abstehend, oben anliegend behaart. Blätter dreizählig, auch oben seidenhaarig. Teilblättchen eiförmig, am Rand grob gesägt. Scheindolde mit wenigen Blüten. Blütenblätter schwach elfenbeinfarbig, nicht ausgerandet, sich seitlich berührend. Pflanze oft ohne Ausläufer. Die Frucht (Erdbeere) mit anliegenden Kelchblättern (schwer abzulösen).
SV: Trockene Gebüsche, Trockenwälder, Halbtrockenrasen. Auf eher trokkenen, kalkhaltigen Böden. Zerstreut.
A: Ähnlich: Andere Erdbeerarten und Erdbeer-Fingerkraut (vgl. diese Doppelseite). Alle Erdbeerarten bilden leicht Bastarde miteinander.

Wald-Erdbeere
Fragaria vesca
Rosengewächse
Rosaceae

Mai – Juni   5-20 cm   G; ♃

SK: Stengel aufrecht, unten abstehend, oben anliegend behaart. Blätter dreizählig, nur unterseits seidenhaarig: Teilblättchen eiförmig, am Rand grob gesägt. Scheindolde mit 3 bis 10 Blüten. Blütenblätter nicht ausgerandet, sich seitlich berührend. Pflanze oft mit Ausläufern.
SV: Wälder aller Art, Waldwege, Kahlschläge. Liebt nicht zu schattige, schwach feuchte Böden. Häufig.
A: Ähnlich: Nebenstehende Knack-Erdbeere und Erdbeer-Fingerkraut (s. nächste Seite); außerdem: Zimt-Erdbeere *(F. moschata)*: kräftiger, Blütenstiele abstehend behaart. Selten in feuchten Gebüschen und Auwäldern (oft nur verwildert).

Erdbeer-Fingerkraut
Potentilla sterilis
Rosengewächse
Rosaceae

April - Mai   5-10 cm   G; ♃

SK: Stengel schlaff, niederliegend bis aufsteigend, 1- bis 3blütig, abstehend behaart. Blätter dreizählig, insgesamt erdbeerähnlich, oft bläulichgrün, behaart. Blüten um 1 cm breit, ihre Kronblättchen wenig länger als der Kelch, vorn etwas ausgerandet, sich gegenseitig seitlich nicht berührend.
SV: Wälder, Gebüsche, Raine, moosige Grastriften, Mauern. Kalkscheu, etwas feuchtigkeitsbedürftig. Häufig, im Norden seltener, in den Hochalpen fehlend (kaum über 1000 m).
A: Älterer Name: *P. fragariastrum*. Sehr ähnlich: Wilderdbeeren (*Fragaria*, s. linke Seite), Kronblattmerkmale beachten!

Weißes Fingerkraut
Potentilla alba
Rosengewächse
Rosaceae

April - Juni   5-25 cm   G; ♃

SK: Stengel aufsteigend oder schlaff aufrecht, wenig und klein beblättert, meist 3blütig. Grundblätter langgestielt, meist fünfzählig gefingert; Teilblättchen länglich eiförmig, vorne gezähnt, unten dicht silberweiß behaart. Blüten langgestielt, um 2 cm breit.
SV: Lichte Trockenwälder, sonnige Gebüsche. Selten. Wärmeliebend, fehlt in den Alpen.
A: Ähnlich, doch nur in den Alpen zerstreut auf Kalkfelsen und Kalkschutt: Stengel-Fingerkraut *(P. caulescens)*, Stengel meist mehrblütig; Ostalpen-Fingerkraut *(P. clusiana)*, Stengel 1- bis 3blütig; bei beiden überragt der Stengel die Blätter.

Wald-Geißbart
Aruncus dioicus
Rosengewächse
Rosaceae

Mai – Juli   90-200 cm   G; ♃

SK: Stengel steif aufrecht, unbehaart, unverzweigt. Blätter bis 1 m lang, doppelt bis dreifach dreizählig gefiedert, jung meist kupferrot; Teilblättchen eiförmig, spitz, doppelt gesägt. Bis zu 50 cm lange, reichblütige Rispe mit behaarten Stielen und meist nur einer Blütensorte: männliche Blüten elfenbeinweiß, um 4 mm breit; weibliche Blüten milchweiß, um 3 mm breit.
SV: Schluchtwälder, Bergwälder, schattige Wildbachufer. Zerstreut. Liebt nährstoffreiche, kalkarme, sickerfeuchte Böden.
A: Weitere wissenschaftliche Namen: *A. vulgaris, A. sylvestris, A. silvester.* Volksnamen: Bocksbart, Waldbart.

Echtes Mädesüß
Filipendula ulmaria
Rosengewächse
Rosaceae

Juni – Aug.   1-2 m   G; ♃

SK: Stengel aufrecht, kantig, kahl, oben oft verästelt. Stengelblätter zahlreich, einfach gefiedert, unterbrochen, d. h. zwischen den 2 bis 5 großen Fiederpaaren steht jeweils noch ein Paar vielmals kleinerer Teilblättchen. Knäuelig-ästige Trugdolde mit um 1 cm breiten, stark duftenden Blüten. 6zählige Blüten kommen gelegentlich vor.
SV: Sumpfwiesen, Gräben, Bachufer, feuchte Gebüsche und Auwälder. Bevorzugt nasse, nährstoffreiche Böden. Häufig; bis gegen 1500 m.
A: Die Tieflagenform (ssp. *ulmaria*) hat Blätter mit etwas hellerer Unterseite, bei der Bergform (ssp. *nivea*) ist sie weißfilzig behaart.

Wald-Sauerklee
Oxalis acetosella
Sauerkleegewächse
Oxalidaceae

April - Mai   8-15 cm   G; ♃; (+)

SK: Alle Blüten und Blätter langgestielt, grundständig. Blätter kleeähnlich, dreiteilig mit herzförmigen Teilblättchen, die unterseits oft rot überlaufen sind. Blütenstiel im unteren Teil mit einem Paar schuppenartiger Tragblätter. Blütenblätter um 2 cm lang, mehrmals länger als der Kelch, fein violett oder rötlich geadert, am Grund mit gelblichem Fleck.
SV: In Wäldern aller Art auf gut durchfeuchteten, nicht zu mageren, humusreichen und lockeren Böden mit einem schwachen Säuregrad. Schattenliebend. Sehr häufig.
A: Gebirgsform: var. *parviflora;* Kelch bis 3, Kronblätter um 5 mm lang.

Wiesen-Lein
Linum catharticum
Leingewächse
Linaceae

Juni - Aug.   8-30 cm   G; ☉ -☉; +

SK: Stengel aufrecht, dünn, gabelig verästelt. Stengelblätter gegenständig, ungeteilt, schmaleiförmig, etwas rauh; die obersten gelegentlich wechselständig. Lockere Rispe. Blütenblätter ganzrandig, 4 bis 5 mm lang, am Grund gelb.
SV: Nasse Wiesen, Halbtrockenrasen, Wege, Sauergrassümpfe. Liebt magere, winterfeuchte und sommertrockene Böden. Kalkhold. Zerstreut.
A: Könnte für eine Art Sternmiere (*Stellaria,* S. 50, 51) oder Hornkraut (*Cerastium,* S. 52) gehalten werden, die aber meist eingeschnittene und stets einfarbig weiße Kronblätter besitzen. Die Alpenform (var. *suecicum*) ist mehrjährig und dichtrassig.

Wald-Sanikel
Sanicula europaea
Doldengewächse
Apiaceae (Umbelliferae)

Mai - Juni   10-50 cm   G; ♃

SK: Stengel aufrecht, steif, zuweilen etwas verdreht, kantig. Wenige kleine Stengelblätter. Grundblätter groß, derb, langgestielt, handförmig in 3 bis 5 breite Lappen geteilt. Diese wiederum eingeschnitten und ringsum gesägt. Zusammengesetzte Dolde, die einzelnen Döldchen köpfchenartig zusammengezogen. Blüten zuweilen rötlich angehaucht.
SV: Laubwälder, Mischwälder, Auwälder. Häufig. Liebt gut durchfeuchtete, mullreiche Lehmböden. Nur in Schatten- oder Halbschattenlage. Vom Tiefland bis in mittlere Gebirgslagen.
A: Die frühere Heilpflanze trägt viele Volksnamen: Heildolde, Heilkraut, Waldklette, Scharnikel.

Feld-Mannstreu
Eryngium campestre
Doldengewächse
Apiaceae (Umbelliferae)

Juli - Aug.   15-50 cm   G; ♃

SK: Stengel aufrecht, kräftig, fein gefurcht, meist erst im oberen Drittel ausladend verästelt. Blätter derb, hellgraugrün, netzaderig und distelartig fiederspaltig mit stechenden Dornen. Untere Blätter gestielt, obere stengelumfassend sitzend. Fast kugelig zusammengezogene Dolden mit schmalen oder blattartigen, dornigen Hüllblättern an allen Zweigenden.
SV: Trockenrasen, Halbtrockenrasen, Wegränder, Bahndämme. Wärmeliebend, kalkhold. Liebt trockene, oft steinige Böden in voller Sonne. Selten, fehlt in höheren Lagen – im Norden und Osten nur unbeständig eingeschleppt.
A: In der Wuchsform sehr variabel.

66

Zaun-Giersch
Aegopodium podagraria
Doldengewächse
Apiaceae (Umbelliferae)

Juni - Juli   30-100 cm   G; ♃

SK: Stengel aufrecht, etwas verästelt, furchig, hohl, oberwärts wenig beblättert. Grundblätter durch unterirdische Ausläufer zahlreich, dreiteilig oder doppelt dreiteilig mit großen, länglicheiförmigen, scharf gesägten Teilblättchen. Zusammengesetzte, flache Dolden mit etwa 15 Strahlen; Hülle und Hüllchen fehlen.
SV: Auwälder, Schluchtwälder, feuchte Waldstellen und Gebüsche, Parkanlagen, beschattete Unkrautbestände, vor allem in Gärten. Liebt grundwasserfeuchte, stickstoffhaltige Böden. Sehr häufig; bis gegen 1400 m.
A: Frühere Heilpflanze: Podagrakraut, Zipperleinskraut; Geißfuß, Dreifuß.

Wiesen-Kümmel
Carum carvi
Doldengewächse
Apiaceae (Umbelliferae)

Mai - Juni   30-100 cm   G; ☉

SK: Stengel aufrecht, etwas verästelt, wenig beblättert, gerieft. Blätter doppelt bis dreifach fiederteilig mit sehr schmalen Zipfeln. Stengelblätter mit bauchiger Scheide, an deren Grund ein letztes Fiederpaar. Zusammengesetzte Dolde mit 8 bis 16 Strahlen. Hülle und Hüllchen fehlen (oder 1- bis 2blättrig).
SV: Wiesen, Weiden, Wegraine. Bevorzugt nicht zu trockene, nährstoffreiche Böden. Häufig, vor allem im Bergland und den Gebirgen; bis 1800 m.
A: Ähnlich sind andere wiesenbewohnende Doldengewächse (s. nächste Seite), doch ist das Merkmal des „herabgerutschten" Fiederpaares am Blatt eindeutig.

Wiesen-Kerbel
Anthriscus sylvestris
Doldengewächse
Apiaceae (Umbelliferae)

April – Aug.   70–130 cm   G; ♃

SK: Stengel aufrecht, verzweigt, gefurcht, hohl. Blätter doppelt bis dreifach fiederteilig; Zipfel am Rand bewimpert, stachelspitzig. Zusammengesetzte Dolde mit 8–16 Strahlen, Hülle fehlend, Hüllchenblätter bewimpert. Blütenblätter an der Spitze abgerundet oder seicht ausgerandet.
SV: Wiesen, Baumwiesen, Hecken, Wegraine. Bevorzugt schwach feuchte, nährstoffreiche, lockere Böden. In jaucheüberdüngten Wiesen oft in Massenentfaltung. Sehr häufig.
A: Sehr ähnlich: Gold-Kälberkropf *(Chaerophyllum aureum);* Blütenblätter tief ausgerandet, Stengel meist rot gefleckt. Wiesen, Ufer, häufig.

Wiesen-Bärenklau
Heracleum sphondylium
Doldengewächse
Apiaceae (Umbelliferae)

Juni – Okt.   30–150 cm   G; ♃

SK: Stengel aufrecht, kantig gefurcht, dick, steifhaarig. Blätter meist drei- bis vierfach fiederschnittig, rauhhaarig, untere gestielt. Zusammengesetzte Dolde mit 15–30 Strahlen. Hülle fehlend oder wenigblättrig, Hüllchenblätter zahlreich. Randblüten vergrößert.
SV: Wiesen, Ufer, Hochstaudenfluren, feuchte Gebüsche, Auwälder. Bevorzugt feuchte, nährstoffreiche Böden. Sehr häufig. Überdüngungszeiger.
A: Formenreich: Ssp. *flavescens* (= *sibiricum),* Blüten cremeweiß (Nord-)Ostrasse; ssp. *sphondylium,* reinweiß, Westrasse, dazu die Bergrasse, var. *montanum* (= *elegans),* mit wenig geteilten Blättern (bis 2000 m).

Wilde Möhre
Daucus carota
Doldengewächse
Apiaceae (Umbelliferae)

Juli – Okt.   30–60 cm   G; ☉

SK: Stengel aufrecht, oft verzweigt, furchig, behaart, hohl. Blätter zwei- bis dreifach fiederteilig. Zusammengesetzte Dolde, anfangs nestartig, zur Blüte flach, zur Fruchtzeit wieder nestartig zusammengezogen. Hüllblätter fiedrig geteilt. Mittelblüte der Dolde meist schwarzpurpurn („Mohrenblüte").
SV: Halbtrockenrasen, Wiesen, Wegraine, Schuttplätze, offener Boden. Sehr häufig. Wärmeliebend; in den Gebirgen nur bis gegen 1000 m.
A: Ähnlich: Kümmel-Silge *(Selinum carvifolia)*, Hülle fehlt; so auch Große und Kleine Bibernelle *(Pimpinella major* und *P. saxifraga)*, deren Blätter einfach gefiedert sind.

Wald-Brustwurz
Angelica sylvestris
Doldengewächse
Apiaceae (Umbelliferae)

Juli – Sept.   50–200 cm   G; ♃; (+)

SK: Zusammengesetzte Dolde mit 20–40 Strahlen. Hüllchenblätter zahlreich, Hülle fehlt oder nur aus wenigen, verkümmerten Blättchen zusammengesetzt. Stengel kräftig, hohl, weißlich bereift, Grundfarbe bläulich bis rötlich. Blätter mehrfach gefiedert; Zipfel eiförmig, 1 bis 3 cm breit, am Rand gesägt. Blattscheiden auffällig, hellfarbig und bauchig aufgetrieben.
SV: Auwälder, Ufer, feuchte Wiesen oder Gebüsche, auch in Unkrautbeständen auf nährstoffreichen, grundwassernahen Böden. Häufig.
A: Die Wald-Brustwurz (oder Wald-Engelwurz) gehört zu den Doldengewächsen, die weiß oder rosa blühen (s. S. 229).

Wasser-Nabelkraut
Hydrocotyle vulgaris
Doldengewächse
Apiaceae (Umbelliferae)

Juli – Aug.   5–25 cm   G; ♃; (+)

SK: Blätter kreisrund, am Rand gekerbt. Blattstiel entspringt in der Mitte der Blattunterseite. Kopfige, armblütige Dolden aus den Blattachseln. Doldenstiel deutlich kürzer als der Blattstiel. Stengel weitkriechend, 10 bis 50 (100) cm lang.
SV: Moore, Sumpfwiesen, Gräben, Ufer. Liebt grundwasserfeuchten, kalkarmen Boden. Selten, im Norden zerstreut; kaum über 600 m.
A: Die Normalform, var. *major,* auf feuchten, halbschattigen Böden; var. *minor,* auf sonnigen Trockenböden, niedrig und in allen Teilen klein; im Wasser var. *natans* mit Schwimmblättern. Zwischen allen Formen gleitende Übergänge.

Einblütiges Moosauge
Moneses uniflora
Wintergrüngewächse
Pyrolaceae

Mai – Juli   4–10 cm   V; ♃

SK: Einzelblüte auf blattlosem Stengel, nickend. Blütenblätter flach ausgebreitet; Blüte 1,5 bis 2,5 cm im Durchmesser, wohlriechend. Blätter rosettenartig angeordnet, immergrün, derb, rundlich-spatelig, kurzgestielt. In Ausnahmefällen 2–3 Blüten an einem Stiel.
SV: Misch- und Nadelwälder. Selten. Gern auf moosigen, schwach sauren, trockenen bis leicht feuchten Böden. Zuweilen mit Pflanzgut verschleppt (Kiefer, Fichte), doch nicht recht beständig. Hauptverbreitung in der Berg- und Mittelgebirgszone.
A: Früher zur Gattung Wintergrün gestellt: Einblütiges Wintergrün, *Pyrola* (= *Pirola*) *uniflora.*

Einseitswendiges Wintergrün
Orthilia secunda
Wintergrüngewächse
Pyrolaceae

Juni – Juli   15–20 cm   V; ♃

SK: Nickende, glockige Blüten in einseitswendiger Traube. Staubbeutel ein wenig, der Griffel deutlich aus der Blüte hervorragend. Stengel aufsteigend. Blätter immergrün, ledrigderb, eiförmig, zugespitzt, am Rand gekerbt-gesägt. Anfangs nickt die ganze, 20- bis 30blütige Traube.
SV: Misch- und Nadelwälder. Selten, aber an seinen Standorten gesellig. Gern auf mageren, moosig-modrigen, eher trockenen und sauren Böden. In den Alpen bis gegen 1800 m.
A: Das Nickende Wintergrün, wie die Pflanze auch genannt wird, wurde schon anderen Gattungen zugeordnet: *Ramischia secunda, Pyrola secunda, Pirola secunda.*

Rundblättriges Wintergrün
Pyrola rotundifolia
Wintergrüngewächse
Pyrolaceae

Juni – Juli   15–30 cm   V; ♃

SK: Nickende, weitglockige Blüten in allseitswendiger Traube. Nur der Griffel ragt aus der Blüte. Stengel aufrecht, stumpfkantig. Blätter fast rund, gestielt, derbledrig, fein gekerbt, in grundständiger Rosette.
SV: Misch- und Nadelwälder. Selten. Liebt feuchte, etwas saure, kalkarme und humusreiche Lehmböden.
A: Ähnlich die anderen Arten der Gattung *Pyrola* (= *Pirola*), alle seltene Waldbewohner: Grünliches Wintergrün *(P. chlorantha)*, Traube mit nur 3–7 weitglockigen Blüten; Mittleres Wintergrün *(P. media)*, Blüten kugelig-(-glockig), Griffel herausragend; Kleines Wintergrün *(P. minor)*, Blüten kugelig, Griffel versteckt.

Milchweißer Mannsschild
Androsace lactea
Primelgewächse
Primulaceae

Mai – Juli   5–20 cm   V; ♃

SK: Dichte Rosette aus lineal-lanzettlichen Blättchen. Aus ihrer Mitte ein blattloser, aufrechter Blütenschaft mit endständiger, aufgelockerter und armblütiger Dolde. Blüten um 1 cm breit, mit gelbem Schlund und tief ausgerandeten Kronblättern. Rosetten meist zu mehreren in lockeren Rasen.
SV: Kalkfelsspalten der Alpen bis 2200 m. Zerstreut. Ein Vorposten auf der Schwäbischen Alb.
A: An ähnlichen Standorten: Schweizer Mannsschild *(A. helvetica)*, dichte Polster, Blüten ungestielt, einzeln; zerstreut. Zwerg-Mannsschild *(A. chamae-jasme)*, behaart, gestielte, dichte Dolde; zerstreut, auch auf Schutt.

Sumpf-Wasserfeder
Hottonia palustris
Primelgewächse
Primulaceae

Mai – Juli   15–50 cm   V; ♃

SK: Blätter quirlig-rosettig, kammartig fiederteilig, meist untergetaucht. Blütenschaft über der Wasseroberfläche, blattlos, aufrecht. Quirlige Traube. Blüten mit gelblichem Schlund, etwa 2 cm breit, kurzgestielt, aufrecht.
SV: Stehende oder träg fließende Gewässer, Tümpel, Gräben. Im Norden zerstreut, im Süden selten, den Alpen fehlend. Bevorzugt eher nährstoffarme und wenig kalkhaltige und vor allem seichte Gewässer. Oft im Halbschatten.
A: Die Blüten sind zuweilen etwas rötlich überlaufen, vor allem bei den selten blühenden Tiefwasserformen (1–2 m Wassertiefe), bei denen sie untergetaucht sind.

Dreiblättriger Fieberklee
Menyanthes trifoliata
Fieberkleegewächse
Menyanthaceae

Mai – Juni   15–30 cm   V; ♃

SK: Blätter kleeartig dreigeteilt, dicklich-derb, an langen Stielen in grundständiger Rosette. Teilblättchen eiförmig, bis zu 10 cm lang und 5 cm breit. Stengel aufsteigend. Dichte Traube. Blüten am Rand auffallend bebärtet, als Knospe meist rot überlaufen.
SV: Moore aller Art, Ufer, Gräben, Tümpel; dringt oft weit ins seichte Wasser vor. Im Norden zerstreut, sonst selten, an den Standorten aber meist in großer Zahl. Kalkscheu; steigt bis gegen 1800 m.
A: Der Bitterklee, wie die alte Heilpflanze auch genannt wird, war bis vor kurzem der Familie Enziangewächse (*Gentianaceae*) zugeordnet.

Weiße Schwalbenwurz
Vincetoxicum hirundinaria
Schwalbenwurzgewächse
Asclepiadaceae

Juni – Aug.   30–60 cm   V; ♃; +

SK: Stengel aufrecht, oben zuweilen windend (s. unten). Blätter gegenständig, länglich-herzförmig, kurzgestielt. Blattachselständige, gestielte Trugdolden. Frucht schotenartig, mit vielen schopfig behaarten Flugsamen.
SV: Trockenwälder, sonnige Gebüsche, Raine, Felsen und Felsschutthalden. Bevorzugt steinige, aber nährstoff- und kalkhaltige Böden. Zerstreut.
A: Die windende Form (var. *laxum*) hat gelblichweiße Kronblätter mit grünen Spitzen. Sie ist die Bergrasse des Südens. Weitere wissenschaftliche Namen der Gesamtart sind: *V. officinale* und *Cynanchum vincetoxicum*.

Ufer-Zaunwinde
Calystegia sepium
Windengewächse
Convolvulaceae

Juni - Okt.   1-3 m   V; ♃; (+)

SK: Windend. Blätter pfeilförmig, gestielt, wechselständig. Blüten trichterig, bis 5 cm lang; einzeln kurzgestielt in den Blattachseln.
SV: Feuchte Gebüsche, Waldränder, Auwälder, Ufer, Röhricht, Schuttplätze, Zäune. Auf fetten Böden in milden Lagen (bis 600 m) häufig.
A: Für Deutschland fraglich: Ssp. *sylvatica*, Mittelmeerrasse; Krone weiß, 7 cm lang. Selten: Ssp. *pulchra*, Krone um 6 cm, hellrosa mit roten Streifen. Ostseeküste: Ssp. *baltica*, Krone bis 5 cm, hellrosa. Die Strand-Zaunwinde (*C. soldanella*), Blätter nierenförmig, Blüten rosa mit 5 weißen Streifen, findet sich nur auf den Dünen der Nordseeküste.

Acker-Steinsame
Buglossoides arvensis
Borretschgewächse
Boraginaceae

April - Juni   15-50 cm   V; ☉ -☉

SK: Pflanze rauhhaarig. Stengel aufrecht, einfach oder ästig. Blätter wechselständig, lanzettlich, einnervig. Blüten klein, kaum 5 mm breit, blattachselständig.
SV: Getreideäcker, Feldraine. Auf nicht zu trockenen, nährstoffreichen Sand- und Lehmböden. Zerstreut, kaum über 1000 m.
A: Wegen des roten Wurzelfarbstoffes auch „Schminkwurz" oder „Bauernschminke" genannt. Lange bekannt als *Lithospermum arvense*. Ähnlich: Echter Steinsame, *Lithospermum officinale;* Blüten mehr schmutzig- oder grünlichweiß, Blätter mit deutlichen Seitennerven, Pflanze 0,3–1 m; sonnige Raine, Gebüsche; selten.

Mehlige Königskerze
Verbascum lychnitis
Braunwurzgewächse
Scrophulariaceae

Juni – Sept.   50–130 cm   V; ☉

SK: Ganze Pflanze dünnfilzig („mehlig") behaart. Stengel aufrecht, oft etwas verzweigt, kräftig. Blätter eiförmig, die unteren gestielt, die oberen sitzend, wechselständig. Lange, dicke Traube aus 2- bis 5teiligen Blütenbüscheln. Blüten 1–1,5 cm breit, flach. Staubfäden dicht weißwollig behaart.
SV: Trockene, sonnige Raine, Bahndämme, Wegränder, Kahlschläge, Gebüsche und Waldsäume. Kalkholder Stickstoffzeiger. Häufig; bis 1000 m.
A: Gelegentlich treten auch Formen mit mehr oder weniger gelblichen Blüten auf. Sehr oft handelt es sich dabei um Bastarde mit den gelbblühenden Arten der Gattung (s. S. 154, 155).

Schwarzer Nachtschatten
Solanum nigrum
Nachtschattengewächse
Solanaceae

Juni – Okt.   30–100 cm   V; ☉ ; +

SK: Stengel ästig, niederliegend bis aufrecht, meist kahl. Blätter eiförmig bis rautig, am Rand lappig-buchtig, wechselständig, gestielt. Krone zumindest flach ausgebreitet, Staubbeutel groß, kegelig zusammenneigend. Frucht eine Beere, meist schwarz (selten grün oder weißlich-gelb).
SV: Unkrautbestände in Gärten, Äckern, an Ödstellen, Schuttplätzen und Mauern. Auf lehmigen, nährstoffreichen Böden. In niederen Lagen häufig. Kaum über 700 m.
A: Hauptformen: Ssp. *nigrum*, anliegend behaart bis kahl; ssp. *schultesii*, locker abstehend behaart. Ähnlich: Gelber Nachtschatten *(S. luteum)*, dichtzottig, Beere gelb bis rot.

Zwerg-Holunder
Sambucus ebulus
Geißblattgewächse
Caprifoliaceae

Juni - Juli   50-150 cm   V; ⚁; +

SK: Stengel steif aufrecht, unverzweigt, kräftig aber bis zum Grund krautig. Blätter gegenständig, einfach bis doppelt gefiedert. Fiederblättchen eilänglich, am Rand gesägt. Endständige, vielblütige Trugdolde mit 3 Hauptästen. Früchte schwarze, eikugelige Beerchen.
SV: Waldränder, Waldwege, Kahlschläge, Gebüsche, Staudenfluren in Auen und auf Rainen. Braucht feuchte, nährstoffreiche Böden. Kalkhold. Im Süden zerstreut bis Mittelgebirgshöhen, im Norden selten.
A: Ein sehr alter Volksname für die Pflanze ist „Attich". Ähnlich: Schwarzer Holunder (*S. nigra*, s. S. 115), meist verzweigt, vor allem holzig.

Stein-Baldrian
Valeriana tripteris
Baldriangewächse
Valerianaceae

April - Juli   10-50 cm   V; ⚁

SK: Blätter matt, die oberen dreiteilig und gegenständig, die unteren ungeteilt, herzförmig, entfernt gezähnt. Stengel aufrecht, unverästelt. Reichblütige Doldenrispe.
SV: Felsspalten, Gesteinsschutt, steinige Wälder und Gebüsche im Bergland. Kalkhold, feuchtigkeitsbedürftig; Licht- und Halbschattenpflanze. Nur im Alpengebiet und dem weiteren Vorland (Alb, Schwarzwald, Hochebene). Zerstreut. Bis gegen 2200 m.
A: Mehrere Unterarten, die sich vor allem in der Behaarung unterscheiden (Normalform kahl!). Blüten zuweilen rosa getönt. Ähnlich (auch Standort): Berg-Baldrian (*V. montana*, s. S. 236), glänzende, einfache Blätter.

Rote Zaunrübe
Bryonia dioica
Kürbisgewächse
Cucurbitaceae

Juni – Sept. 0,5–4 m V; ♃; +

SK: Stengel klettert mittels einfacher Ranken, die zu den Laubblättern gegenständig sind. Blätter rauh behaart, fünfeckig bis fünflappig. Männliche und weibliche Blüten auf gesonderten Pflanzen, die männlichen beinahe doppelt so groß (um 1 cm breit), langgestielt. Beeren rot; selten 6zählig.
SV: Wege, Zäune, Mauern, Hecken, Waldränder. Bevorzugt nicht zu trockene, nährstoff- und kalkreiche Böden in warmer Klimalage. Im Süden zerstreut, im Norden selten.
A: Ähnlich: Weiße Zaunrübe *(B. alba)*; männliche und weibliche Blüten auf derselben Pflanze, Beeren schwarz. Ähnliche Standorte; im Norden zerstreut, im Süden selten; fehlt im W.

Ährige Teufelskralle
Phyteuma spicata
Glockenblumengewächse
Campanulaceae

Mai – Aug. 30–100 cm V; ♃

SK: Blüten in walzlichen Köpfchen, vor dem Aufblühen (krallenartig) gekrümmt. Pflanze kahl. Stengel aufrecht, einfach. Blätter wechselständig: Grundblätter lang gestielt, kaum länger als breit, gekerbt; die obersten schmal eiförmig, sitzend.
SV: Laub- und Mischwälder, seltener reine Nadelwälder und Bergwiesen. Bevorzugt nicht zu trockene, nährstoffreiche, lockere Mullböden. Häufig, im Nordwesten selten; im Gebirge bis über 2000 m.
A: Früher als Salatpflanze gesammelt und daher oft mit den Namen „Rapunzel" belegt. Eine Spielart mit auffällig stahlblau getönter Blüte im Bergland: var. *coerulescens;* selten.

77

Weißer Germer
Veratrum album
Liliengewächse
Liliaceae

Juni - Aug.   50-150 cm   M; ♃; +

SK: Dicker, steif aufrechter Stengel mit wechselständigen, bogennervigen Blättern, die unterseits dichtflaumig behaart sind. Reichblütige, endständige Rispe, oft über 1/2 m lang. Blüten 1 bis 1,5 cm breit.
SV: In der alpinen Lägerflur häufig, seltener in Flachmooren und Auwäldern. Stickstoffzeiger, etwas kalkliebend. Nur in den Alpen und im Vorland bis zu den Mittelgebirgen.
A: Die alpine Form, ssp. *album*, mit innen weißen, außen grünlichen Blüten. Daneben selten, im Vorland häufig ssp. *lobelianum:* Blüten ± grünlich.
Nichtblühend sehr ähnlich: Gelber Enzian (*Gentiana lutea,* S. 152) mit gegenständigen, kahlen Blättern.

Doldiger Milchstern
Ornithogalum umbellatum
Liliengewächse
Liliaceae

Mai - Juni   10-25 cm   M; ♃

SK: Lockere Trugdolde auf starrem Schaft. Blütenstiele bis 8 cm lang. Blütenblätter mit grünem Rückenstreif, um 2 cm lang und mindestens 4 (bis 8) mm breit. Die grasartigen Grundblätter mit dem weißen Mittelstreifen erscheinen erst im Herbst.
SV: Weinberge, Hackfruchtäcker, Baumwiesen, Gebüsch, Parkanlagen, Gärten. Selten und unbeständig, aber allerorts, bis gegen 700 m und oft sehr zahlreich. Bevorzugt lockere, nährstoffreiche Lehmböden in Licht- oder Halbschattenlage.
A: Ähnlich: Schmalblättriger Milchstern (*O. gussonei*), Blütenblätter um 3 mm breit, Pflanze 5-10 cm hoch; Sehr selten auf sonnigen Rainen.

Ästige Graslilie
Anthericum ramosum
Liliengewächse
Liliaceae

Juni - Aug.　　30-80 cm　　M; ♃

SK: Stengel leicht schräg bis aufrecht, oft unverzweigt und bis zum Blütenstand blattlos. Grundblätter grasartig. Blütenstand eine (aus mehreren Trauben zusammengesetzte) Rispe, an deren Anfang oft ein kleines Laubblatt sitzt. Blüten bis 3,5 cm breit, weittrichterig ausgebreitet, mit langem, geradem Griffel.
SV: Trockenrasen, lichte Wälder und Gebüsche. Auf kalkreichen, sonnenwarmen Böden. Selten, aber meist zahlreich. Bis über 1500 m.
A: Zuweilen treten (Kümmer-)Formen mit traubigem Blütenstand auf. Diese var. *fallax* ähnelt der nächsten Art, unterscheidet sich aber durch geraden Griffel und kleine Blüte.

Astlose Graslilie
Anthericum liliago
Liliengewächse
Liliaceae

Mai - Juli　　30-60 cm　　M; ♃

SK: Stengel aufrecht bis aufsteigend, meist astlos und selten beblättert. Grundblätter grasartig. Blütenstand eine einfache Traube. Blüten 4 bis 5 cm breit, trichterig. Griffel gekrümmt, aufgebogen, höchstens so lang wie die Blütenblätter.
SV: Trockenrasen, lichte Wälder und Gebüsche. Auf meist kalkarmen, sonnenwarmen Böden. Selten; Fehlt in den Alpen, sonst bis über 1200 m.
A: Sehr selten an mineralreichen Standorten und bei gutgedüngten Gartenformen im unteren Teil des Blütenstandes kurze Verzweigungen. Diese var. *fallax* hat aber gegenüber nebenstehender Art größere Blüten und einen gekrümmten Griffel.

Bären-Lauch
Allium ursinum
Liliengewächse
Liliaceae

April - Juni   15-30 cm   M; ♃

SK: Oft schon von weitem, zumindest aber beim Zerreiben durch Knoblauchduft gekennzeichnet. Wenige grundständige, länglich-lanzettliche Blätter mit kurzem Stiel. Reichblütige Scheindolde auf stumpf dreikantigem Schaft, vor dem Aufblühen von hellen Hüllblättern schmalzwiebelig umschlossen.
SV: Wälder, Parkanlagen, Gebüsche. Häufig. Auf humusreichen, lockeren und gut durchfeuchteten Böden mit hohem Nährstoffgehalt. Oft dichte und ausgedehnte Bestände.
A: Nichtblühend ähnlich: Maiglöckchen, *Convallaria majalis* (s. übernächste Seite), mit dunkleren, derberen Blättern ohne Knoblauchgeruch.

Stengelumfassender Knotenfuß
Streptopus amplexifolius
Liliengewächse
Liliaceae

Mai - Juli   20-80 cm   M; ♃; +

SK: Stengel schwach zickzackartig verbogen, aufrecht. Blätter wechselständig, eiförmig, mit herzförmigem Grund stengelumfassend. Blüten tief 6teilig, einzeln in den Blattachseln, durch ihren gebogenen und geknieten Stiel unter dem jeweiligen Blatt hängend. Frucht: rote Beere.
SV: Gebirgswälder, Bergheiden, alpine Gebüsche. Auf feuchtschattigen, humussauren Böden. In den Alpen häufig, in den Mittelgebirgen selten; kaum unter 700 m.
A: Ähnlich: Vielblütige Weißwurz (*Polygonatum multiflorum,* s. nebenstehende Seite), mit geradem, oft übergebogenem Stengel und am Grund verschmälerten Laubblättern.

Vielblütige Weißwurz
Polygonatum multiflorum
Liliengewächse
Liliaceae

Mai - Juni   30–60 cm   M; ♃; +

SK: Stengel stielrund, meist etwas übergebogen. Blätter wechselständig, eiförmig, mit verschmälertem Grund sitzend, oft wie Flügel nach zwei Seiten und etwas aufwärts gerichtet. Blattachselständige, hängende Doldentrauben aus wenigen, schmaltrichterigen Blüten. Beeren kugelig, blauschwarz.
SV: In Wäldern, vor allem unter Laubbäumen. Häufig. Bevorzugt kalkhaltige, lockere und humusreiche Lehmböden. Steigt bis gegen 1800 m.
A: Ähnlich: Gemeine oder Echte Weißwurz (Salomonssiegel, Springwurz) *Polygonatum odoratum* (= *officinale*). Stengel kantig, Blüten meist einzelstehend. Sonnige Wälder, zerstreut.

Quirlblättrige Weißwurz
Polygonatum verticillatum
Liliengewächse
Liliaceae

Mai - Juni   30–70 cm   M; ♃; +

SK: Stengel dicklich, steif aufrecht, kantig, kahl. Blätter schmallanzettlich, zu 3 bis 8 quirlständig. Krugförmige, hängende Blüten in den Blattachseln. Beere erst rot, reif schwarzblau, kugelig.
SV: Wälder aller Art, Hochstaudenfluren im Gebirge. Zerstreut, in Norddeutschland selten. Braucht humusreiche, gut durchfeuchtete, steinig-lockere Lehmböden in Schattenlage. Selten auf Kalk. In den Alpen bis gegen 2000 m.
A: Im nichtblühenden Zustand entfernt ähnlich: Schmalblättriges Weidenröschen (*Epilobium angustifolium*, s. S. 211); die Blätter sind unterseits deutlich fiedernervig.

Gefleckte Schachblume
Fritillaria meleagris
Liliengewächse
Liliaceae

April - Mai   10-40 cm   M; ♃; +

Maiglöckchen
Convallaria majalis
Liliengewächse
Liliaceae

Mai - Juni   15-25 cm   M; ♃; +

SK: Stengel aufrecht, mit 3 bis 6 sehr schmalen Laubblättern, diese rinnig, schwach blaugrün. Blüten einzeln oder zu 2 bis 3, nickend, glockig, bis zu 4 cm lang und 2 cm breit, schachbrettartig weiß-purpurbraun gemustert.
SV: Sehr selten in nährstoffreichen, zur Schneeschmelze oft überschwemmten Wiesenauen der Niederungen, bis ins Bergland. Kaum über 800 m Meereshöhe, oft nur ausgepflanzt. Auf nährstoffreichen, nassen Lehmböden.
A: Oft in Gärten gezogen und daraus verwildert. An den natürlichen Standorten überwiegen zuweilen die Exemplare mit dem größeren Weißanteil. In den Alpen nimmt nach Süden der Anteil der dunkleren Exemplare zu.

SK: Meist 2 (selten 1 oder 3) kurzstielige Grundblätter, länglich-eiförmig, fein bogennervig, langscheidig. Blütenschaft wenig länger als die Blätter, aufrecht, mit endständiger, einseitswendiger, armblütiger Traube. Blüten nickend, glockenförmig, mit 6 spreizenden Zipfelchen. Frucht eine kugelige, rote Beere.
SV: Wälder, vor allem mit Laubbäumen, Gebüsche, alpine Matten. Liebt lockere, humusreiche Böden in warmer Lage. Häufig; an seinen Standorten meist in größeren Beständen, doch manchmal nur mit wenigen blühenden Exemplaren. Vereinzelt bis 1800 m.
A: Beliebte Frühlingsblume mit vielen Namen: Maiblume, -röschen, -lilie.

Schneeglöckchen
Galanthus nivalis
Amaryllisgewächse
Amaryllidaceae

Feb. - März   8-20 cm   M; ♃; (+)

SK: Blüten einzeln, nickend; 3 äußere Blütenblätter groß, abstehend, 3 innere kleiner, gerade, grünlich. Pro Stengel 2 grasartige, etwas fleischige, blaugrün bereifte Laubblätter, die zur Blütezeit noch nicht voll ausgewachsen sind. Dicht daneben meist andere Exemplare, die nur Blätter entwickeln.
SV: Laub- und Mischwälder, vor allem in Auen und Schluchten. Braucht nährstoff- und mullreiche, grundwasserfeuchte Böden. Sehr selten. Öfters aus Gärten verwildert in Obstwiesen und Weinbergen, auch auf Rainen.
A: Verwilderte Pflanzen gehören oft zu Zuchtsorten mit größeren, gelblichen oder ganz weißen Blüten usw.

Frühlings-Knotenblume
Leucojum vernum
Amaryllisgewächse
Amaryllidaceae

Feb. - April   10-30 cm   M; ♃; +

SK: Stengel 1- bis 2blütig. Blüten nickend, 2 bis 3 cm lang; alle 6 Blütenblätter gleichgestaltet, an der Spitze mit gelbgrünem Fleck. Blätter grasartig, dunkelgrün, unbereift, oft schon zur Blüte länger als der Stengel.
SV: Feuchte Laub- und Laubmischwälder, Ufergehölze, Gebüsche, Wiesen. Bevorzugt nährstoffhaltige, mullreiche Lehmböden. Sehr selten, aber an ihren Standorten meist zahlreich. Oft nur verwildert.
A: Dem „Märzenbecher" ähnlich ist die verwandte Sommer-Knotenblume *(L. aestivum)*, mit 3 bis 6 Blüten pro Stengel; ab Mai blühend. Sehr selten; bei uns nur verwildert.

Frühlings-Krokus
Crocus albiflorus
Schwertliliengewächse
Iridaceae

März – April   5–15 cm   M; ♃

SK: Blätter grasartig, mit weißem Mittelstreifen, kurz nach der Blüte erscheinend. Diese mit sehr schmalen, mindestens 4mal längeren als breiten Blütenblättern. Narben kürzer als die Staubblätter; Blüten im Schlund kaum behaart.
SV: Bergwiesen; fehlt in Norddeutschland, im Süden sehr selten, doch an seinen Standorten in großen Rudeln. Liebt nährstoffreiche, kalkhaltige, frühjahrsfeuchte, lehmige Böden.
A: Die violett blühenden Formen sind viel seltener (ca. 5%) als die weißblütigen Exemplare. Doch kann ihr Anteil am gleichen Standort von Jahr zu Jahr schwanken.

Weiße Teichrose
Nymphaea alba
Teichrosengewächse
Nymphaeaceae

Mai – Aug.   0,5–2,5 m   G; ♃; (+)

SK: Große rundliche Schwimmblätter mit tief herzförmigem Einschnitt an seilartigen Stielen. Blüte vielblättrig, weit offen, 10 bis 20 cm breit. Narbe gelb.
SV: Stehende oder träg fließende, etwas nährstoffhaltige, warme Gewässer. Selten. Öfters angepflanzt.
A: Andere Namen: Seerose, Wasserrose. In nährstoffarmen, kühlen (Moor-) Seen die var. *minor* mit 5 bis 10 cm breiter Blüte; selten. Zuweilen werden auch rotblühende Ziersorten ausgesetzt. Ähnlich: Glänzende Teichrose (*N. candida*), Blüte halboffen, Narbe rot; sehr selten. Die ähnlichen Blätter der Mummel (*Nuphar*, S. 132) ohne Querverbindungen der Seitennerven.

84

Busch-Windröschen
Anemone nemorosa
Hahnenfußgewächse
Ranunculaceae

März – April   15–25 cm   G; ♃; +

SK: Die Blüten entspringen einzeln aus einem dreiteiligen Hochblattquirl, der den sonst blattlosen Stengel abschließt. Blüte 1,5 bis 4 cm breit, kahl oder spärlich behaart, außen oft – wie auch die Stengelteile – rötlich überlaufen. Meist noch 1 gestieltes Grundblatt, handförmig geteilt, den Hochblättern ähnlich.
SV: Wälder, Gebüsche, Bergwiesen, Raine. Braucht nährstoffhaltige, mullreiche Böden. Sehr häufig.
A: Durch die große Individuenzahl sind viele Formen bekannt, die jedoch meist nicht erbfest sind. Vor allem variieren Größe, Behaarung, Blütenblattzahl und -farbe (rötlich, bläulich, grünlich).

Frühlings-Küchenschelle
Pulsatilla vernalis
Hahnenfußgewächse
Ranunculaceae

März – Juni   5–35 cm   G; ♃; (+)

SK: Blüten einzeln, mehr oder weniger aufrecht, glockig geöffnet, außen meist blauviolett überlaufen. Am Stiel ein scheidig verwachsener, vielzipfliger Hochblattquirl. Blüte und Stiel pelzig behaart, meist goldgelb, seltener weiß. Blätter derb, wintergrün, einfach gefiedert.
SV: Sandige Magerrasen, lichte Kiefernwälder, alpine Matten. Sehr selten. Bevorzugt humusreiche, etwas saure und lockere Böden.
A: Die Tieflandrasse (var. *vernalis*) ist kräftig und hat eine um 4,5 cm breite Blüte. Die Alpenrasse (var. *alpestris*) ist gedrungen, mit um 5,5 cm breiter Blüte. Dazwischen liegt die Bergrasse (var. *bidgostiana*).

Alpen-Küchenschelle
Pulsatilla alpina
Hahnenfußgewächse
Ranunculaceae

Mai - Juli   10-40 cm   G; ♃; (+)

SK: Die Blüten entspringen einzeln aus einem Hochblattquirl, der den sonst blattlosen, zottig behaarten Stengel abschließt. Blüte 4 bis 7 cm breit. Grundblätter gestielt, dreigeteilt, die Abschnitte doppelt gefiedert und gezähnt. Früchtchen mit zottig behaartem Schwanz, zahlreich.
SV: Fast nur in den Kalkalpen. Auf Bergwiesen, steinigen Matten, Felsen; auch im Gebüsch und in Legföhrenbeständen; zerstreut, selten unter 1500 m.
A: Nur noch an wenigen Punkten der europäischen Mittelgebirge: Ssp. *alba*, kleiner, Blüten um 3-4 cm breit (Vogesen, Harz, Riesengebirge, Karpaten); wohl aussterbend.

Achtblättrige Silberwurz
Dryas octopetala
Rosengewächse
Rosaceae

Mai - Aug.   3-15 cm   G; ♄

SK: Stengel und Zweige dem Boden angedrückt, verholzt. Blütenstiele aufrecht, krautig. Blüten einzeln, um 3 cm breit. Meist 8 bald abfallende Blütenblätter. Laubblätter ledrig, immergrün, unten weißfilzig, länglich-eiförmig, am Rand gekerbt und eingerollt. Früchtchen mit langem, zottig behaartem Schwanz.
SV: Nur in den Alpen auf Felsen, Felsschutt, Moränen, steinigen Matten, Strauchheiden. Zerstreut. Kalkhold.
A: Im Fruchtstand sehr ähnlich: alpine Nelkenwurzarten (*Geum*, s. S. 139), Alpen-Küchenschelle (nebenstehend); die Pflanzen können aber durch die gut unterscheidbaren Blätter sicher identifiziert werden.

Kleines Mädesüß
Filipendula vulgaris
Rosengewächse
Rosaceae

Juni - Juli   30-80 cm   G; ♃; (+)

SK: Stengel aufrecht, höchstens oben schwach verästelt. Blätter größtenteils grundständig, einfach gefiedert; Fiederblättchen etwa 2 cm lang, gesägt bis fiederspaltig, pro Blatt 8–30 Paare. Reichblütige, ästige Trugdolde. Blüten meist 6blättrig, selten 5zählig.
SV: Feuchte Wiesen, Halbtrockenrasen, Heiden, lichte Wälder; besonders auf Böden, die zeitweilig feucht und dann wieder einige Zeit trocken sind. Kalkhold. Zerstreut, in Sandgebieten (Nordwestdeutschland) fehlend.
A: Die alte Heilpflanze heißt auch noch Filipendelwurz oder Knollen-Mädesüß. Ein weiterer wissenschaftlicher Name ist *F. hexapetala*.

Europäischer Siebenstern
Trientalis europaea
Primelgewächse
Primulaceae

Mai - Juni   10-20 cm   V; ♃

SK: Stengel aufrecht, im unteren Teil mit krautigen Schuppen, am oberen Ende ein Schopf aus 5–10 großen eilanzettlichen Laubblättern. Blüten einzeln auf dünnen, langen Stielen, bis 1,5 cm breit. Krone tief in 7 Zipfel gespalten, am Grund gelb.
SV: Feuchte Nadelwälder, Moore, nasse Bergweiden. Bevorzugt magere, moorig-torfige Böden mit saurer Reaktion. In Norddeutschland zerstreut, im Süden selten.
A: Einzige Pflanze unserer Flora mit fast ausschließlich 7zähliger Blüte. Bei anderen Arten sind solche nur zufällig und auch sehr selten. So beim Busch-Windröschen (S. 85), das aber kaum verwechselt werden kann.

Weiße Pestwurz
Petasites albus
Korbblütengewächse
Asteraceae (Compositae)

März – April   15–35 cm   V; ♃

SK: Kräftiger, aufrechter Stengel mit hellgrünen Blattschuppen besetzt. Blüten in traubig angeordneten, schmalen Körbchen. Laubblätter erscheinen erst gegen Ende der Blütezeit; sie sind gestielt, rundlich-herzförmig, unten weißfilzig, ungleich stachelspitzig gezähnt.
SV: Bergwälder, Schluchtwälder, Auwälder, meist mit Laubholzanteil. Gern an Steilhängen und Böschungen auf nässenden, nährstoffreichen Böden. Zerstreut, im Tiefland selten.
A: Ohne Blüten ähnlich: Rote Pestwurz (*P. hybridus,* S. 243): Blätter größer, unten grün. Gemeiner Huflattich (*Tussilago farfara,* S. 165): Blätter kleiner, Zähnchen kurz, schwärzlich.

Kanadischer Katzenschweif
Conyza canadensis
Korbblütengewächse
Asteraceae (Compositae)

Juni – Okt.   30–100 cm   V; ⊙ – ⊙

SK: Blüten in zahlreichen kleinen schmal-eiförmigen Körbchen zu einem rispigen Gesamtblütenstand vereinigt. Stengel aufrecht, borstig bewimpert, oft verzweigt, wechselständig beblättert. Blättchen lineallanzettlich, borstig gewimpert.
SV: Unkrautbestände auf Höfen, Bahnschotter, Schuttplätzen, Wegen, sowie an Mauern und Zäunen. Gerne auch in Gärten und Kahlschlägen, seltener auf Äckern. Sehr häufig. Stickstoff- und wärmeliebend, deshalb in Gebirgen nur unbeständig.
A: Der um 1700 aus Nordamerika eingeschleppte Neusiedler war bei uns lange Zeit als Kanadisches Berufkraut (*Erigeron canadensis*) bekannt.

Wald-Ruhrkraut
Gnaphalium sylvaticum
Korbblütengewächse
Asteraceae (Compositae)

Juli – Sept.   20–40 cm   V; ♃

SK: Blüten in schmal-eiförmigen, spitzen Körbchen. Hüllblätter graugrün mit breitem (meist) goldbraun glänzendem Hautrand. Gesamtblütenstand ährig-rispig, mit Blättern durchsetzt. Stengel aufrecht, unverzweigt, wechselständig beblättert. Blätter lanzettlich, behaart, unterseits weißfilzig, oben verkahlend.
SV: Lichte Wälder, Heiden, Kahlschläge, Waldwege, alpine Magerrasen. Bevorzugt wenig kalkreiche, oberflächlich versauerte und nicht zu trokkene Böden. Häufig.
A: Die Alpenrasse (var. *alpestris*) mit fast schwarz berandeten Hüllblättern und niedrigerem, stark gedrungenem Wuchs im Hochgebirge.

Kleinblütiges Knopfkraut
Galinsoga parviflora
Korbblütengewächse
Asteraceae (Compositae)

Mai – Okt.   10–70 cm   V; ⊙

SK: Stengel buschig-ästig, oben kahl oder spärlich kurzborstig. Blätter eiförmig, spitz, sägezähnig; gegenständig. Kugelige, trugdoldig angeordnete Blütenkörbchen; außen 4–6 weiße, vorn dreizähnige Zungenblüten, innen gelbliche Röhrenblüten. Körbchenstiele borstenhaarig, höchstens mit vereinzelten rotbraunen, gestielten Köpfchendrüsen.
SV: Hackfruchtäcker, Gärten, Weinberge, Schuttplätze. Bevorzugt stickstoffreiche, lockere Böden in milder Klimalage (frostempfindlich!).
A: Ähnlich: Behaartes (Vierstrahliges) Knopfkraut, *G.ciliata* (= *quadriradiata*), zottig behaart, viele rotbraune Stieldrüsen. An ähnlichen Orten.

Echte Kamille
Matricaria chamomilla
Korbblütengewächse
Asteraceae (Compositae)

Mai – Aug.   15–30 cm   V; ☉

SK: Rispig angeordnete Körbchen; außen weiße Zungenblüten, innen gelbe Röhrenblüten. Blütenboden gewölbt, hohl, ohne Spreublätter. Stengel aufrecht, verzweigt, kahl. Blätter doppelt fiederteilig, Zipfel lang und schmal, unter 0,5 mm breit. Ganze Pflanze riecht stark aromatisch.
SV: Unkrautbestände auf Äckern und Wegen. Auf nährstoffreichen Lehmböden. Häufig. Auch auf Salzböden.
A: Ähnlich: Strandkamille (nebenstehend) und Acker-Hundskamille *(Anthemis arvensis)*: Blütenboden markhaltig, mit Spreublättern. Laubblätter doppelt fiederteilig, Zipfel dichterstehend, kürzer, breiter (0,5–1 mm). Äkker. Zerstreut.

Geruchlose Strandkamille
Tripleurospermum inodorum
Korbblütengewächse
Asteraceae (Compositae)

Juni – Aug.   25–60 cm   V; ☉ - ♃

SK: Trugdoldig-rispig angeordnete Körbchen; außen weiße Zungenblüten, innen gelbe Röhrenblüten. Blütenboden gewölbt, markig, ohne Spreublätter. Stengel aufrecht, oben stark verästelt. Blätter fein mehrfach fiedrig zerteilt. Pflanze riecht nur schwach aromatisch.
SV: Unkrautbestände auf Schuttplätzen, Wegen und Äckern, auch auf Bahnschotter. Braucht stickstoffreiche Böden. Häufig.
A: Weitere Namen: Falsche Kamille *(Matricaria inodora)*. Ähnlich (oft zu einer Art vereinigt): Meer-Strandkamille *(Tripleurospermum maritimum)*, Blätter etwas fleischig, Stengel niedergestreckt. Auf Salzböden.

Mehrjähriges Gänseblümchen
Bellis perennis
Korbblütengewächse
Asteraceae (Compositae)

Feb. - Nov.   3-10 cm   V; ♃

SK: Alle Blätter in grundständiger Rosette, verkehrt-eiförmig bis spatelig, in einen kurzen, breiten Stiel verschmälert, am Rand meist gekerbt. Blüten in einzeln gestielten Körbchen, außen reinweiße oder rötlich überlaufene Zungenblüten, innen gelbe Röhrenblüten.
SV: Grasplätze aller Art: Wiesen, Weiden, Raine, Parkanlagen, Wegränder und Feldwege. Braucht nährstoffreiche, nicht zu trockene Lehmböden in warmer, heller Lage. Sehr häufig.
A: Das alte Heilkraut ist auch als Zierpflanze (f. *hortensis*) mit vielen Sorten in Kultur (meist gefüllt, d.h., Körbchen nur zungenblütig) und verwildert so gelegentlich.

Große Eberwurz
Carlina acaulis
Korbblütengewächse
Asteraceae (Compositae)

Juni - Sept.   3-40 cm   V; ♃

SK: Blätter stachelig, tief fiederspaltig. Blüten in einem 5–10 cm breiten Körbchen. Nur weiße bis bräunlichweiße Röhrenblüten. Innere Hüllblätter lineal, strahlend weiß, täuschen Zungenblüten vor. Stengel mehr oder weniger kurz, niederliegend bis aufsteigend, beblättert.
SV: Halbtrockenrasen, Heiden, Weiden. Auf trockenwarmen, gerne kalkhaltigen, steinigen Böden. Zerstreut, im Norden sehr selten, in den Alpen bis über 2000 m. Durch Beweidung begünstigt.
A: Bekannte Volksnamen: Wetterdistel, Silberdistel. Hochstengelige oder stark verzweigte Pflanzen sind wie die stengellosen nur Standortformen.

Gemeine Schafgarbe
Achillea millefolium
Korbblütengewächse
Asteraceae (Compositae)

Juni – Okt.   15–50 cm   V; ♃

SK: Stengel aufrecht, wechselständig beblättert. Laubblätter doppelt gefiedert, Teilblättchen zwei- bis fünfspaltig. Blüten in trugdoldig angeordneten Körbchen: innen gelblichweiße Röhrenblüten; außen meist nur 4 bis 5 weiße oder rote Zungenblüten. Pflanze mit aromatischem Geruch.
SV: Sehr häufig vom Tiefland bis über 1700 m in Wiesen, Halbtrockenrasen, Rainen, Weiden, Äckern und an Wegen. Bevorzugt lockere, nährstoffreiche und nicht zu feuchte Lehmböden.
A: Die Farbe der Zungenblüten variiert von Schmutzigweiß über Reinweiß bis zu Rosarot und Tiefrot. In tieferen Lagen dominieren die weißen, in den Alpen oft rotblütige Formen.

Sumpf-Schafgarbe
Achillea ptarmica
Korbblütengewächse
Asteraceae (Compositae)

Juli – Sept.   30–70 cm   V; ♃

SK: Blüten in trugdoldig angeordneten, bis zu 1,5 cm breiten Körbchen. Außen 8–13 breite, kurze Zungenblüten, reinweiß bis elfenbeinfarben, innen schmutzigweiße Röhrenblüten. Stengel aufrecht, vielblättrig. Blätter ungeteilt, lanzettlich, gesägt.
SV: Feuchtwiesen, Gräben, Ufer. Bevorzugt zumindest zeitweilig grundwassernasse (wechselfeuchte), lehmige und nicht zu nährstoffarme Böden. Zerstreut, im Bergland selten, in höheren Lagen fehlend.
A: Alte Heilpflanze, auch als „Bertram" oder „Orant" bekannt. Diese Namen sind aber, von Gegend zu Gegend verschieden, auch für andere Kräuter gebräuchlich!

Weiße Wucherblume
Leucanthemum vulgare
Korbblütengewächse
Asteraceae (Compositae)

Mai – Okt.   30–60 cm   V; ♃

Trauben-Wucherblume
Tanacetum corymbosum
Korbblütengewächse
Asteraceae (Compositae)

Juni – Aug.   50–100 cm   V; ♃

SK: Stengel aufrecht, wenig verzweigt. An jedem Astende ein einzelnes Blütenkörbchen. Außen lange, schmale weiße Zungenblüten, innen gelbe Röhrenblüten. Duft unangenehm. Untere Blätter gestielt, grob gezähnt, obere sitzend gesägt.
SV: Wiesen, Wege, Ödland, Raine, alpine Steinrasen; auch in lichten Trockenwäldern und Gebüschen. Sehr häufig. Auf unterschiedlichen Böden; in den Alpen bis über 2200 m.
A: Weitere Namen der beliebten Pflanze: Orakelblume, Margerite (*Chrysanthemum leucanthemum*). Vielgestaltig. Die Alpenrasse, ssp. *montanum*, einköpfig, großkörbig mit schwarzgerandeten Hüllblättern.

SK: Meist 5 bis 10 Blütenkörbchen in flacher, lockerer Trugdolde. Körbchen 2 bis 3 cm breit, außen weiße, schmale Zungenblüten, innen gelbe Röhrenblüten. Duftlos. Stengel steif aufrecht, vor allem oben armblättrig. Blätter derb, doppelt gefiedert, Fiedern oft wieder fiedrig gesägt.
SV: Lichte Eichen- und Buchenmischwälder, Gebüsche, Waldränder, Strauchheiden. Braucht sommerwarme, nährstoff- und kalkhaltige, nicht zu feuchte Böden. Zerstreut; im Norden sehr selten, in den Alpen fehlend.
A: Systematisch schwierig einzuordnen, daher mit reichhaltiger Namensliste: *Chrysanthemum corymbosum, Leucanthemum cor., Matricaria cor.*

Sumpf-Sitter
Epipactis palustris
Orchideengewächse
Orchidaceae

Juni – Aug.   30–50 cm   M; ♃

SK: Blüten ohne Sporn, leicht hängend; Lippe deutlich zweigliedrig, am Rand wellig gekerbt, oft rosa geadert; übrige Blütenblätter abstehend, leicht grünlich bis bräunlich. Einseitswendige Traube. Stengel aufrecht. Blätter länglich-lanzettlich, scheidig, parallelnervig.
SV: Flachmoore, feuchte Gebüsche. Sehr selten. Braucht zumindest zeitweilig nasse, kalkhaltige, humose Böden.
A: Ähnlich: Andere Arten der Gattung mit zuweilen weißer Lippe, z.B. Breitblättrige Sitter (*E.helleborine*, S. 372). Doch sitzt bei allen das Vorderglied der Lippe ungestielt und damit kaum beweglich am hinteren Glied an.

Zweiblättrige Waldhyazinthe
Platanthera bifolia
Orchideengewächse
Orchidaceae

Mai – Juli   20–40 cm   M; ♃

SK: Stengel aufrecht, trägt nur 2 große, ovale, einander genäherte Laubblätter im unteren Teil. Reichblütige Traube. Blüten duftend. Sporn gerade, dünn und lang, fast waagrecht, erst am Ende etwas abgebogen.
SV: Lichte Laub- und Nadelwälder, Heiden und sonnige Raine. Zerstreut. Zeigt leichte oberflächliche Versauerung an. Wärmeliebend, doch im (Kalk-)Gebirge bis über 1800 m.
A: Sehr ähnlich: Grünliche Waldhyazinthe (Berg-Kuckucksstendel), *P. chlorantha*, auf feuchteren Böden; in Laubwäldern und nassen Wiesen. Selten. Sporn walzlich, am Ende verdickt, bogig nach unten gekrümmt. Blüten mehr grünlichweiß.

Bleiches Waldvögelein
Cephalanthera damasonium
Orchideengewächse
Orchidaceae

Mai – Juli   20–50 cm   M; ♃

SK: Blüte ohne Sporn, elfenbeinweiß, durch die zusammenneigenden Blütenblätter eiförmig, spitz. 3- bis 8blütige Ähre. Laubblätter eiförmig, spiralig wechselständig.
SV: Wälder aller Art, doch mit deutlicher Vorliebe für Bergwälder. Bevorzugt lockere, kalkhaltige Böden in nicht zu kalter Klimalage. Zerstreut; bis gegen 1200 m, im Norden sehr selten.
A: Weitere Namen: Großblütiges oder Weißes Waldvögelein *(C. grandiflora, C. alba, C. pallens, C. latifolia)*. Ähnlich: Langblättriges Waldvögelein *(C. longifolia = C. ensifolia)*; 10 bis 20 reinweiße Blüten, Blätter schmal, zweizeilig. Wälder; selten.

Kriechendes Netzblatt
Goodyera repens
Orchideengewächse
Orchidaceae

Juli – Aug.   10–30 cm   M; ♃

SK: Oberflächlich kriechender Wurzelstock. Blätter eiförmig, dicklich, auffällig netznervig; am Grund des aufsteigenden bis aufrechten Blütenstengels rosettig gehäuft. Stengel oberwärts scheidig-schuppig beblättert, wie der Blütenstand drüsig-filzig behaart. Schwach spiralig gedrehte Ähre. Blüten klein, weißlich, flaumhaarig, süßlich duftend.
SV: Moosige Nadelwälder. Bevorzugt sandige, humussaure, nicht zu feuchte Böden mit wenig Kalkgehalt. Selten, doch mit Nadelholzsetzlingen verschleppt und in Ausbreitung begriffen. Bis über 2000 m.
A: Auch Mooswurz oder Kriechstendel genannt. *Peramium r., Satyrium r.*

95

Brand-Knabenkraut
Orchis ustulata
Orchideengewächse
Orchidaceae

Mai - Juni   15-30 cm   M; ♃

Blattloser Widerbart
Epipogium aphyllum
Orchideengewächse
Orchidaceae

Juli - Aug.   10-25 cm   M; ♃

SK: Dichte, kugelige bis kurzwalzliche Blütenähre. Blüten sehr klein, um 5 mm lang, anfangs braunrot, später durch die weiße, rotpunktierte Lippe kontrastiert. Übrige Blütenblätter helmförmig zusammenneigend. Laubblätter lanzettlich.
SV: Sehr selten auf grasigen Hügeln und in trockenen Wiesen des südlichen Deutschlands. Bevorzugt kalkreiche, nährstoffarme, aber warme Lehm- oder Lößböden.
A: Ähnlich: Wanzen-Knabenkraut *(O. coriophora)*, äußerst selten in feuchten, nährstoffarmen Wiesen. Die braunrötlichen Blüten riechen intensiv nach Wanzen, der Mittellappen der dreizipfeligen Unterlippe ist ungeteilt.

SK: Blattgrünfreie Moderpflanze. Stengel aufrecht, durchscheinend rötlich bis gelblich; mit wenigen Blattschuppen. Lockere Traube aus 2 bis 8 Blüten. Diese hängend, weißlich-gelblich-zartrötlich, mit Sporn und 3lappiger, nach oben gerichteter Lippe, wachsartig-durchscheinend.
SV: Nadel- und Buchenmischwälder. Sehr selten. Bevorzugt schattige, moosreiche, gut durchfeuchtete und nährstoffhaltige Mullböden. Hauptverbreitung in den Bergwäldern zwischen 500 und 1000 m. Erscheint oft jahrelang nicht.
A: Weitere Namen: Oberkinn, Bananen-Orchis (die Blüten duften deutlich nach Bananen!).

Europäische Korallenwurz
Corallorhiza trifida
Orchideengewächse
Orchidaceae

Juni – Juli   10–25 cm   M; ♃

Hohler Lerchensporn
Corydalis cava
Mohngewächse
Papaveraceae

März – Mai   15–30 cm   G; ♃; +

SK: Bleichgrüne Moderpflanze. Stengel schmal, aufrecht, kahl, mit meist 3 etwas bauchigen, gelblichgrünen Scheiden. Echte Laubblätter fehlen. Etwa 10 gelblichweiße, ungespornte Blüten, aufrecht abstehend in lockerer Traube. Lippe abwärts zeigend, dreilappig, weiß mit rotem Punkt- oder Linienmuster.
SV: Schattige Laubwälder, moosige Nadelforsten, Erlenbrüche, Torfmoorgebüsche. Gern im Moder zerfallender Baumstümpfe. Sehr selten, im Norden fehlend, im Gebirge bis über 1600 m. Kalkfliehend, stickstoffmeidend. Ausgesprochene Schattenpflanze.
A: In älteren Werken unter dem wissenschaftlichen Namen *C.innata*.

SK: Stengel aufrecht, unverzweigt, mit 2 wechselständigen Laubblättern. Diese doppelt dreizählig, blaugrün, kahl. Zipfel eiförmig, oft nochmals eingeschnitten. 10 bis 20 Blüten bilden eine dichte Traube, ihre Tragblätter sind ganzrandig. Meist stehen am selben Platz Pflanzen mit rötlichen und solche mit weißen Blüten beieinander.
SV: In Laub- und Auwäldern, Gebüschen, Obstwiesen und Weinbergen auf warmen, lockeren und mullreichen Lehmböden mit guter Wasserführung. Selten, doch meist in großen Herden.
A: Ähnlich: Gefingerter Lerchensporn (*C. solida*, s. S. 262); Mittlerer Lerchensporn *(C. intermedia)*, nur 1–5 hellrote, oft nickende Blüten.

Hasen-Klee
Trifolium arvense
Schmetterlingsblütengewächse
Fabaceae (Leguminosae)

Juli – Okt.   8–30 cm   G; ☉

SK: Blätter dreizählig; Teilblättchen länglich-schmal. Stengel aufsteigend bis aufrecht, verästelt. Blüten weiß, im Abblühen rosa; zylindrische Blütenköpfchen mit hervorstehenden rötlichen, fedrig behaarten Kelchzähnen.
SV: Trockenrasen, Äcker, offene Sandböden, Wege, Ödland, Felsen. Nur auf kalkarmen oder kalkfreien, etwas sauren, lockeren und sonnenwarmen Böden. Meidet Kalkgebiete und Hochgebirge, daher im Norden häufig, im Süden zerstreut; fehlt in den Alpen.
A: Unkraut und wertloses Futter, doch alte Heilpflanze mit vielen Volksnamen: Hasenpfote, Hasenfuß, Katzenklee, Mäuseklee, Acker-Klee.

Weiß-Klee
Trifolium repens
Schmetterlingsblütengewächse
Fabaceae (Leguminosae)

Mai – Sept.   20–50 cm   G; ♃

SK: Stengel niederliegend, wurzelnd. Blüten in gestielten, aufrechten, rundlich-eiförmigen Köpfchen. Blätter gestielt, aufstrebend, dreizählig; Teilblättchen keilig-verkehrteiförmig mit fast herzförmig ausgerandeter Spitze, unterseits kahl.
SV: Weiden, Wiesen, Rasen aller Art – oft ausgesät. Sehr häufig. Trittfest, stickstoffliebend, verjüngungsfreudig und deshalb weidebeständig, aber auch sehr schwer aus Zierrasen fernzuhalten. Bis über 2200 m.
A: Sehr formenreich; zum Teil verwilderte Kultursorten. Eng verwandte Arten im Alpenraum. Die osteuropäischen Rassen mit rosa Blüten zeigen bei uns wenig Einfluß.

Berg-Klee
Trifolium montanum
Schmetterlingsblütengewächse
Fabaceae (Leguminosae)

Mai – Okt.　　　15–60 cm　　　G; ♃

SK: Stengel aufrecht-aufsteigend, wollhaarig, verästelt. Blätter dreizählig, Teilblättchen länglich, am Rand gesägt, unterseits behaart. Blüten in kurzwalzlichen Köpfchen, gestielt, weiß oder elfenbeinweiß.
SV: Raine, Gebüsche, lichte Trockenwälder. Braucht kalkhaltige, trockene, aber hin und wieder gut durchfeuchtete, nährstoffarme Böden. In den Kalkgebieten zerstreut, im Gebirge bis 1800 m, in Sandgebieten (Nordwestdeutschland) fehlend.
A: Entfernt ähnlich: Schweden-Klee, *(Tr. hybridum)*, kahl oder schwach behaart, Teilblättchen eiförmig, Blüten erst weiß, dann rosa. Zerstreut; (feuchte) Wiesen, Wege, Ödland.

Weißer Steinklee
Melilotus alba
Schmetterlingsblütengewächse
Fabaceae (Leguminosae)

Juli – Sept.　　　30–130 cm　　　G; ☉

SK: Stengel aufrecht, vielästig. Viele lange, schmale, leicht einseitswendige Blütentrauben, aufrecht und reichblütig. Blätter dreizählig; Teilblättchen verkehrt-eiförmig, gezähnt. Am Grund des Blattstieles 2 borstliche Nebenblättchen.
SV: Unkrautbestände an Wegrainen, Böschungen, Bahndämmen, Kiesbänken. Braucht eher trockene, nährstoffreiche, oft steinige, aber auch reine Lehmböden in sommerwarmer Lage. Häufig, doch kaum über 1000 m.
A: Schlechtes Futter, doch als Bienenweide und besonders zur Bodenfestigung und -verbesserung geschätzt. (Vor allem) Handelsnamen: Bucharaklee, Riesenklee, Wunderklee.

Wald-Wicke
Vicia sylvatica
Schmetterlingsblütengewächse
Fabaceae (Leguminosae)

Juni - Aug.   50-200 cm   G; ♃

Weiße Taubnessel
Lamium album
Lippenblütengewächse
Lamiaceae (Labiatae)

April - Okt.   30-60 cm   V; ♃

SK: Laubblätter einfach gefiedert, mit 5–10 Paar eiförmiger Fiederblättchen und verzweigten Kletterranken an der Spitze. Blüten weiß mit violetten Adern, um 1,5 cm lang, nickend. Vielblütige aufrechte Traube. Stengel schlaff, vierkantig.
SV: Lichte Laub- und Mischwälder, Waldsäume, Gebüsche, alpine Strauchheiden. Auf trockenwarmen, kalk- und nährstoffreichen, lockeren, gern steinigen Lehmböden. Im Osten zerstreut, gegen Westen selten oder fehlend. Steigt bis gegen 2000 m.
A: Ähnlich: Heide-Wicke *(V. orobus)*; ohne Ranken, Stengel aufrecht, kaum über ½ m, behaart. Sehr selten. Nur im Westen; sonnige Heiden und Wälder.

SK: Brennesselartiges Aussehen, aber ohne Brennhaare. 5–8 Lippenblüten in blattachselständigen Scheinquirlen. Stengel vierkantig, aufrecht. Blätter kreuzgegenständig, eiförmig, gesägt; mit Stiel.
SV: Wege, Schuttplätze, Bahndämme, Mauern, Zäune, Gebüsche. Stickstoffliebend, daher gern auf gedüngtem Boden, doch selten in Äckern. Sehr häufig; bis etwa 1500 m.
A: Verwechslungsmöglichkeiten sind gegeben mit den nicht zu seltenen weißblütigen Spielarten der gelb- S. 192) und rotblühenden (S. 274f.) Verwandten. Der „Weiße Bienensaug" hat stets ungefleckte, 4–6 cm lange, lang zugespitzte Laubblätter.

Berg-Ziest
Stachys recta
Lippenblütengewächse
Lamiaceae (Labiatae)

Juni – Okt.   20–60 cm   V; ♃

Sommer-Ziest
Stachys annua
Lippenblütengewächse
Lamiaceae (Labiatae)

Juni – Okt.   10–30 cm   V; ☉

SK: Stengel aufrecht oder aufsteigend, vierkantig. Kreuzgegenständige Blätter, ganz kurz gestielt, schmal eiförmig. Endständige Scheinähre aus einzelnen Blütenquirlen, deren Blätter nach oben kleiner werden. Blüten gelblichweiß, um 1,5 cm lang; pro Scheinquirl 6–10.
SV: Trockene, sonnige Raine, Gebüsch und lichte Trockenwälder. Gern auf kalkhaltigen Steinböden. Selten; in Silikatgebieten und im Gebirge oberhalb 1000 m fehlend.
A: Alte Heil- und Zauberpflanze mit vielen Volksnamen: Rufkraut, Beschreikraut, Vermeinkraut, Abnehmkraut, Fußsparrkraut. Ähnlich: Sommer-Ziest (s. nächste Abbildung).

SK: Stengel meist aufrecht und verzweigt, vierkantig. Kreuzgegenständige Blätter, schmal eiförmig, alle kurz gestielt. Endständige Scheinähre aus einzelnen Blütenquirlen. Blüten gelblichweiß, um 1,5 cm lang; pro Scheinquirl 2–6.
SV: Äcker und Weinberge. Gern auf kalk- und stickstoffhaltigen Lehmböden in eher trockenwarmer Lage. Selten, derzeit immer mehr zurückgehend. In Norddeutschland nur gelegentlich auftretend.
A: Äußerst schwer – für den Laien am ehesten durch den Standort – vom sehr ähnlichen Berg-Ziest (vorige Abbildung) zu unterscheiden, mit dem er die Volksnamen gemein hat.

Melissen-Immenblatt
Melittis melissophyllum
Lippenblütengewächse
Lamiaceae (Labiatae)

Mai - Juni   20–50 cm   V; ♃

Gottes-Gnadenkraut
Gratiola officinalis
Braunwurzgewächse
Scrophulariaceae

Juni - Aug.   15–30 cm   V; ♃; +

SK: Stengel vierkantig, aufrecht, wenig verzweigt. Laubblätter kreuzgegenständig, gestielt, eiförmig, auffallend runzelig, am Rand grob gekerbt. Ganze Pflanze dicht weichhaarig. Blüten zu wenigen in den Achseln der oberen Blätter, oft alle nach einer Seite gerichtet; honigduftend.
SV: Lichte Laubwälder, Gebüsche und sonnige Heiden. Bevorzugt lockere, kalkhaltige, warme, doch nicht zu trockene Böden. Selten, an seinen Standorten aber meist zahlreich.
A: Der Blütenfarbe nach unterscheidet man eine weiße, eine rosafarbene und eine rote Rasse. Im Gegensatz zu anderen Ländern finden sich bei uns oft alle drei am selben Ort.

SK: Stengel aufsteigend bis aufrecht, rundlich, hohl. Blätter kreuzgegenständig sitzend, lanzettlich, am Rand gesägt. Ganze Pflanze kahl. Blüten einzeln in den Blattachseln, gestielt; Krone oft rötlich geadert oder an der Oberlippe rötlich behaucht.
SV: Im Röhricht stehender oder träg fließender Gewässer, an Ufern, in Gräben und Sumpfwiesen. Bevorzugt schlammige, kalkreiche und verdichtete Böden. Erträgt sommerliche Trockenheit und Versalzung. Nur in tieferen Lagen. Sehr selten.
A: Vom früheren Ruf als (giftige!) Heilpflanze zeugen noch die Namen: Allerheiligenkraut, Gichtkraut, Gallenkraut, Purgierkraut.

Wiesen-Augentrost
Euphrasia rostkoviana
Braunwurzgewächse
Scrophulariaceae

Juli – Okt.   5–25 cm   V; ☉ ; (+)

SK: Stengel aufsteigend, meist verzweigt, kreuzgegenständig beblättert. Blätter eiförmig, klein, grob gekerbtgezähnt. Endständige Blütenähre mit laubblattartigen Hochblättern. Diese und der Kelch drüsig behaart. Blüten meist über 1 cm lang, weiß, mit gelben, schwarzvioletten, bläulichen oder rötlichen Malen im Schlundbereich.
SV: Wiesen, Weiden, Raine; etwas kalkscheu und empfindlich gegen Düngung. Häufig; bis über 2300 m.
A: Sehr formenreich, schwer gegen andere Arten der Gattung abzugrenzen: Steifer Augentrost *(Eu. stricta)*, häufig an ähnlichen Orten; Vertreter der Gruppe ohne Drüsenhaare.

Alpen-Fettkraut
Pinguicula alpina
Wasserschlauchgewächse
Lentibulariaceae

Mai – Juni   5–15 cm   V; ♃

SK: Blätter in grundständiger Rosette, gelblichgrün, länglich, mit aufgebogenem Rand, auf der Oberseite klebrig. Blüten einzeln gestielt, waagrecht hängend, Sporn nach abwärts gekrümmt, mit weit offenem, gelblich geflecktem Schlund.
SV: Flachmoore, Quellfluren, überrieselte oder grundwasserdurchsickerte alpine Matten, Felsspalten. Bevorzugt nasse, kalkhaltige Böden. Im Alpengebiet bis 2300 m zerstreut, im Voralpenraum sehr selten.
A: Das blaublütige Echte Fettkraut (S. 347) zeigt gelegentlich weißgefleckte Blüten. Auch wenn beide Arten nebeneinander wachsen, liegt hier keine Bastardierung vor.

Weiße Waldrebe
Clematis vitalba
Hahnenfußgewächse
Ranunculaceae

Juni – Juli   bis 10 m   G; ♄; +

SK: Liane mit verholztem, kletterndem Stengel. Blätter gegenständig, gefiedert; Teilblättchen ei-herzförmig; Blattstiele ranken. Blattachselständige Doldenrispen. Kronblätter fehlen, Kelchblätter blumenblattartig. Früchte mit langem, fedrig behaartem (Flug-) Schwanz.
SV: Auwälder, Waldränder, Gebüsche. Bevorzugt kalk- und nährstoffreiche Böden. Stickstoffliebend, daher oft in Dorfnähe. Zerstreut. Da wärmeliebend, nur bis in Mittelgebirgslagen.
A: Selten unter Handelsnamen zur Bodenfestigung angepflanzt, doch sind auch die sonst üblichen Namen wohl künstlich: Echte, Gemeine, Gewöhnliche Waldrebe.

Stech-Hülsen
Ilex aquifolium
Stechhülsengewächse
Aquifoliaceae

Mai – Juni   1–7 m   G; ♄; +

SK: Immergrüne, glänzende Blätter, eiförmig, 3–7 cm lang, dornig gezähnt, etwas wellig. Blattstiel sehr kurz. Blüten klein, in blattachselständigen Büscheln. Beeren kugelig, rotglänzend.
SV: Laub- und Nadelwälder. Auf kalkarmen, nährstoffreichen Böden. Gedeiht wild nur im wintermilden und sommers regenreichen Meeresklima. Bei uns deshalb selten und nur im äußersten Westen. Gelegentlich aber in Gärten als Hecke oder zur Gewinnung von Schmuckreis angepflanzt.
A: Weitere Namen: Stechdorn, Stechpalme. Im Laub ähnlich: Mahonie *(Mahonia aquifolium);* gelbblühend, blaufrüchtig. Zierstrauch, selten verwildert.

Roter Hartriegel
Cornus sanguinea
Hartriegelgewächse
Cornaceae

Mai - Juni 3-5 m G; ♄

Gemeiner Liguster
Ligustrum vulgare
Ölbaumgewächse
Oleaceae

Juni - Juli 1,5-3 m V; ♄; +

SK: Zweige oft rötlich überlaufen (im Herbst und Winter blutrot). Blüten in ebenen Trugdolden. Blätter gegenständig, bogig-fiedernervig, eiförmig, ganzrandig. Früchte beerenartig, kugelig, schwarz.
SV: Laubwälder, Mischwälder, Hecken. Bevorzugt nährstoffreiche, kalkhaltige, nicht zu feuchte Böden in sonnenwarmer Lage. Sehr häufig, aber kaum über 1000 m aufsteigend.
A: Wird auch Hornstrauch oder Blutrute genannt und wurde schon der Gattung *Swida* zugeordnet *(Sw. sanguinea)*. In Gärten werden Formen mit panaschierten Blättern gepflanzt (selten, da andere Hartriegelarten eher in Zucht sind).

SK: Blätter gekreuzt-gegenständig, derb, ei-lanzettlich, ganzrandig und kahl. Kurzer Blattstiel. Reichblütige Rispen. Blüten trichterig, unangenehm riechend. Beeren klein, kugelig, schwarzglänzend, sehr saftig.
SV: Lichte Laubwälder, Gebüsche, Hecken, Waldränder. Gern auf lockeren, oft etwas steinigen, kalkhaltigen Böden. Häufig. Wärmeliebend, daher kaum über 1000 m. Oft in Gärten als Hecke, schnittverträglich, aber nur relativ frosthart.
A: In wärmeren Gegenden mit überwinternden Laubblättern. In Gärten aber sehr oft ersetzt durch den wintergrünen Japanischen Liguster, *L. ovalifolium* (frostempfindlich).

Wilder Birnbaum
Pyrus communis
Rosengewächse
Rosaceae

April – Mai 1-20 m G; ♄

Wilder Apfel
Malus sylvestris
Rosengewächse
Rosaceae

April – Mai 1-10 m G; ♄

SK: Zweige kahl oder früh verkahlend, an der Spitze, oder durch kurze Seitenzweige, dornig. Blätter gestielt, rundlich-eiförmig, am Rand klein gesägt, oberseits glänzend, derb-ledrig. Wenigblütige Dolden aus den Enden der Kurztriebe. Staubbeutel rot. Frucht eine kleine, holzige Birne. Oft nur als Strauch wachsend.
SV: In warmen Laubwäldern, an Waldrändern und in Trocken- und Felsgebüschen. Selten. Bevorzugt kalk- und nährstoffreiche Lehmböden; kaum über 800 m ansteigend. Oft nur verwilderte alte Zuchtsorten.
A: Auch Holz- oder Wild-Birne genannt. Frühere Gattungsschreibweise: *Pirus*.

SK: Zweige oft dornig. Blätter gestielt, breiteiförmig mit schiefer Spitze, unterseits kahl. Wenigblütige Dolden. Staubblätter gelb, Blütenblätter weiß oder rosa, 1 bis 2 cm lang. Frucht ein (kleiner) Apfel von 2–3 cm Durchmesser, herb und sauer, etwas holzig.
SV: Laubwälder, lichte Gebüsche. Gern auf nährstoffreichen, kalkhaltigen und gut durchfeuchteten Böden. In der reinen Form sehr selten.
A: Dem „Holzapfel" ähnlich und auch zum Teil von ihm abstammend: der sortenreiche Garten-Apfel (*M. domestica*). Verwilderte Altrassen kann man nur schwer von unserer Art trennen (Blattunterseite filzig).

Deutsche Mispel
Mespilus germanica
Rosengewächse
Rosaceae

Mai - Juni 1-3 (6) m G; ♄

SK: Dornige, jung filzig behaarte Zweige. Blätter länglich eiförmig, fein gesägt, unterseits weichhaarig. Blüten einzeln an den Zweigspitzen; die schmalen, krautigen Kelchzipfel länger als die Kronblätter und später noch die rauhe, lederbraune (Schein-)Frucht krönend. Meist strauchartig wachsend.
SV: Wälder, Gebüsche, Felshänge. Sehr selten. Auf trockenwarmen Kalkböden im Weinbaugebiet.
A: Mittelalterliche Obstpflanze, nur noch selten geduldet: Birnmispel (var. *pyriformis*); Dornstrauch mit birnartiger Frucht, Urform. Apfelmispel (var. *maliformis*); dornloser Kleinbaum mit kugeliger Frucht, Zuchtform.

Gemeine Felsenbirne
Amelanchier ovalis
Rosengewächse
Rosaceae

April - Mai 1-2 m G; ♄

SK: Kleinstrauch mit dornenlosen Zweigen. Blätter rundlich-eiförmig, gekerbt, 2-4 cm lang, gestielt. Endständige, aufrechte, büschelige Trauben. Blütenblätter schmal, 1-2 cm lang, außen zottig behaart. Früchte erbsengroß, kugelig, blauschwarz.
SV: Felshänge, steinige Waldränder, sonnige Gebüsche. Sehr selten. Auf steinigen, gern kalkreichen, flachgründigen Trockenböden. In Sonnenlagen bis weit über 1500 m.
A: Andere Namen: *A. vulgaris, A. rotundifolia*. Als Ziersträucher in Park- und Vogelschutzanlagen gepflanzte Arten der Gattung (aus Amerika) verwildern häufig. Ihre Kronblätter sind kahl oder bewimpert.

Elsbeere
Sorbus torminalis
Rosengewächse
Rosaceae

Mai – Juni   5–20 m   G; ♄; (+)

SK: Mittelgroßer Baum. Blätter 3- bis 7fach fiederlappig, oberseits kahl, unten graufilzig, später verkahlend. Lappen spitz, grob gesägt; die unteren fast waagrecht, die vorderen aufrecht abstehend. Doldenrispen. Kronblätter um 5 mm lang. (Schein-)Frucht eirundlich, braun, hell gepünktelt. Herbstlaub auffällig rot gefärbt.
SV: In sonnigen, sommerwarmen und mäßig trockenen Laub- und Mischwäldern. Zerstreut. Kaum über 700 m. Kalkhold, stickstoffliebend.
A: Nicht selten: *S. latifolia;* Bastard mit (nebenstehender) Mehlbeere: Elsbeerblätter, unten weißfilzig. Meist im (tieferen) Elsbeergebiet.

Mehlbeere
Sorbus aria
Rosengewächse
Rosaceae

Mai   3–9 m   G; ♄; (+)

SK: Strauch oder kleiner Baum. Blätter unterseits weißfilzig, doppelt gesägt bis schwach gelappt. Schirmförmige Doldenrispe. Kronblätter um 5 mm lang. (Schein-)Frucht ei-kugelig; orangegelb bis rot.
SV: Trockenwälder, Bergwälder, felsige Gebüschhänge. Auf meist kalkhaltigen Steinböden. Hauptvorkommen zwischen 500 und 1000 m. Fehlt im Norden, gegen Süden zerstreut.
A: Formenreich und oft bastardierend. Var. *aria:* 20–24 Nerven, gesägt. Var. *incisa:* Ebenso, vorne gelappt. Var.*cretica:* unter 20 Nerven. × *hybrida:* Fast gefiedert. × *mougeotii:* Fiederlappig, um 20 Nerven. × *intermedia:* Weniger Nerven, fiederlappig.

Vogelbeere
Sorbus aucuparia
Rosengewächse
Rosaceae

Mai – Juni 5–15 m G; ♄; (+)

#

Eingriffliger Weißdorn
Crataegus monogyna
Rosengewächse
Rosaceae

Mai – Juni 1–10 m G; ♄

SK: Meist kleiner Baum. Blätter unpaarig gefiedert; 9–15 kurz gestielte, länglich-lanzettliche Teilblättchen mit spitzzähnigem Rand. Vielblütige Doldenrispe. Blütenblätter um 5 mm lang. (Schein-)Frucht kugelig, erbsengroß, rot.
SV: Wälder, Gebüsche, Heiden, Magerrasen, auch Hochmoore. Auf trockenen und feuchten, schwach sauren, meist kalkfreien, nährstoffarmen Böden. Zerstreut; bis gegen 2000 m.
A: Wird verbreitet auch Eberesche genannt. Bastardierfreudig und sehr formenreich. Neben der Wilden Vogelbeere werden Sorten der Süßen Vogelbeere (var. *edulis*), ausgepflanzt (Früchte groß, eßbar).

SK: Meist Strauch mit hellgrauer Rinde und dornigen Zweigen. Blätter tief gelappt; Lappen meist 3–5, spitz, vorn gesägt. Aufrechte Doldenrispen. Blüten riechen stark. 1 Griffel pro Blüte, 1 Steinkern in jeder eiwalzlichen roten (Schein-)Frucht. Blütenstiele behaart.
SV: Wälder, Gebüsche, Felsen. Auf flachgründigen, gern steinigen Böden. Sehr dürrefest. Häufig. Oft als Hecke gepflanzt.
A: Ähnlich: Zweigriffliger Weißdorn (*C. laevigata* = *C. oxyacantha*), Blütenstiele kahl, Blüte mit 2–3 Griffeln, Frucht mit 2–3 Kernen, Blätter schwach gelappt. Häufig. Neuerdings in mehrere Arten zerlegt.

Kriechende Rose
Rosa arvensis
Rosengewächse
Rosaceae

Juni – Juli   50–200 cm   G; ℏ

SK: Zweige grün, bogig niederliegend oder kriechend, selten anderes Gesträuch überkletternd; kräftig bestachelt. Blätter unpaarig gefiedert, 5- bis 7teilig; Teilblättchen eirundlich, gezähnt. Blüten einzeln, gestielt, 3–6 cm breit. Griffel deutlich gestielt. Kleine Hagebutte.
SV: Lichte Laub- und Laubmischwälder, Waldränder, Waldwege, Lichtungen, auch in Felshecken. Auf nicht zu trockenen, schwach sauren, humusreichen Böden. Im Süden häufig, gegen Nordosten seltener.
A: Früherer Name: *R. repens*. Der Kriechwuchs und die vorstehende Griffelsäule sind eindeutige Kennzeichen gegen andere Wildrosen.

110

Gemeine Vogelkirsche
Prunus avium
Rosengewächse
Rosaceae

April – Mai   2–18 m   G; ℏ

SK: Baum, Zweige graubraun. Blätter meist mit den Blüten erscheinend, verkehrt-eiförmig, zugespitzt, am Rand gesägt. Blattstiel im oberen Teil mit 1 bis 2 braunen, halbkugeligen Drüsen. Blüten zu 2–4 in doldigen Büscheln, lang gestielt, 2–3 cm breit. Frucht: kleine Kirsche.
SV: Wälder, Waldränder, Feldgehölze, Gebüsche, seltener im Auwald. Auf nährstoffreichen, gut durchfeuchteten Böden. Zerstreut. Meist in wärmeren Lagen. Oft nur verwildert.
A: Wird als *Cerasus avium* einer anderen Gattung zugeordnet. Wildform: ssp. *avium*; Herz-Kirsche (ssp. *juliana*) und Knorpel-Kirsche (ssp. *duracina*) mit über 1 cm großen Früchten.

Traubenkirsche
Prunus padus
Rosengewächse
Rosaceae

Mai　　　3–15 m　　　G; ♄

Schwarzdorn
Prunus spinosa
Rosengewächse
Rosaceae

März – Mai　　　2–3 m　　　G; ♄

SK: Strauch oder kleiner Baum. Blüten in vielzähligen hängenden Trauben am Ende beblätterter Zweige; stark duftend. Blätter wechselständig, eiförmig, zugespitzt, etwas runzelig, am Rand doppelt gesägt. Früchte erbsengroß, kirschartig, schwarz.
SV: Auwälder, feuchte Laubwälder, Ufergehölze. Auf nährstoffreichen, tiefgründigen Lehmböden. Häufig, an Ufern z.T. gepflanzt (Bodenschutz).
A: In alpinen Gebüschen die Berg-Traubenkirsche (ssp. *borealis*); Trauben eher aufrecht, Blätter derbnervig, unten bleich. Nicht verwechseln mit: Späte Traubenkirsche *(P. serotina);* die Blätter ledrig, glänzend, gekerbt; in niederen Lagen Zier- und Forstbaum.

SK: Knorriger Strauch mit schwärzlicher Rinde und dornigen Ästen. Blüten meist vor den Blättern erscheinend, einzelstehend (aber zahlreich), kurzgestielt. Blätter elliptisch, am Rand scharf gesägt. Steinfrucht kugelig, gut 1 cm lang, blaubereift, schwarz, herbsauer.
SV: Gebüsche, Waldränder, Heiden, Weiden, Wegränder. Auf nicht zu trockenen, mineralreichen Böden. Häufig, aber selten über 1000 m.
A: Die „Schlehe" bildet gelegentlich mit der verwandten Pflaume den Bastard *P. ×fruticans*, der den Bestimmer narrt. Er hat das Aussehen der Schlehe, trägt keine Dornen, und die Früchte sind groß und süß.

Himbeere
Rubus idaeus
Rosengewächse
Rosaceae

Mai - Aug.   50-120 cm   G; ♄

SK: Stengel feinstachelig, aufrecht oder übergebogen. Blätter wechselständig, unterseits dicht weißhaarig, oberseits hellgrün, 3- bis 7zählig gefiedert. Teilblättchen eiförmig, oberseits runzlig, am Rand gezähnt. Wenigblütige, etwas nickende Rispe. (Sammel-)Frucht rot.
SV: Lichtungen, Kahlschläge, Waldränder; lichte, schwach feuchte Stellen in Wäldern aller Art. Stickstoffliebend. Sehr häufig. Bis über 1800 m. Meist in großen Herden auftretend.
A: Von den Arten und Rassen der Brombeeren (s. S. 61 und nebenstehende Spalte) nicht immer leicht im blühenden Zustand zu unterscheiden. Es sind alle Merkmale zu prüfen.

Echte Brombeere
Rubus fruticosus
Rosengewächse
Rosaceae

Juni - Aug.   20-200 cm   G; ♄

SK: Stengel meist grob bestachelt, bogig überhängend, aufsteigend oder kriechend. Blätter wechselständig, 3- bis 5(7)fach gefingert, unterseits kahl bis weißfilzig. Traube, seltener (aufrechte) Rispe. (Sammel-)Frucht schwarz – (-rot).
SV: Wälder, Waldränder, Hecken, Wegraine, Äcker, Gärten, Brachland, Heiden. Sehr häufig. Meist auf nicht zu trockenen, kalkarmen, aber nährstoffhaltigen Böden.
A: Spaltet sich in Dutzende schwer unterscheidbare Kleinarten mit recht verschiedenen Standortsansprüchen. Akker-Brombeere *(R. caesius)*, mit blaubereiften Früchten und Stengeln. Feuchte Standorte; häufig.

Rauschbeere
Vaccinium uliginosum
Heidekrautgewächse
Ericaceae

Mai – Juli   5–90 cm   V; ♄; (+)

SK: Flach niedergestreckter oder aufrechter bis aufsteigender und stark verästelter Strauch. Rinde graubraun. Blätter blaugrün, verkehrt-eiförmig, stumpf, ganzrandig, sehr kurz gestielt. Mehrere endständige Blüten, nickend, glockenförmig. Frucht eine kugelige, blaubereifte Beere mit farblosem Saft.
SV: Moore, moorige Wälder und Heiden, alpine Matten. Auf feuchten bis nassen, sauren Böden. Zerstreut; vor allem im Alpengebiet und Norddeutschland, sowie in den Mittelgebirgen.
A: Im hochalpinen Gebiet (über der Baumgrenze): Kleinblättrige Rauschbeere (ssp. *gaultherioides*); wächst flach dem Boden angepreßt.

Preiselbeere
Vaccinium vitis-idaea
Heidekrautgewächse
Ericaceae

Mai – Aug.   10–30 cm   V; ♄

SK: Blätter derb, immergrün; Rand nach unten eingerollt. Mehrere Blüten in endständiger Traube, rosa oder rein weiß, schwach nickend. Krone glockenförmig, meist 5-, selten 4-teilig. Früchte erst weiße, reif rotglänzende Beeren in dichten, meist einseitswendigen Trauben.
SV: In Misch- und Nadelwäldern, Hochmooren, Zwergstrauchheiden und Matten. In den Gebirgen und in Norddeutschland häufig, sonst selten. Braucht saure, magere und zeitweilig gut durchfeuchtete Rohhumusböden.
A: Ähnlich: Echte Bärentraube *(Arctostaphylos uva-ursi)*, vor allem im nichtblühenden Zustand. Der Rand ihrer Blätter ist flach (s. S. 114).

Sumpf-Porst
Ledum palustre
Heidekrautgewächse
Ericaceae

Mai - Juli   50-150 cm   V; ♄; +

Echte Bärentraube
Arctostaphylos uva-ursi
Heidekrautgewächse
Ericaceae

März - Juli   20-60 cm   V; ♄

SK: Unangenehm riechender Strauch mit rotfilzigen Zweigen. Blätter schmallanzettlich, bis 3 mm breit, derb, immergrün, unterseits rostrot behaart. Endständige, reichblütige Dolde. Krone strahlig ausgebreitet, oft über 1 cm im Durchmesser.
SV: Hochmoore, moorige Kiefernwälder. Sehr selten; im Süden praktisch ausgestorben. Braucht kalkfreie, nährstoffarme, nasse Torfböden.
A: Weiterer Name des früheren Mottenkrautes: Wilder Rosmarin. In nordwestdeutschen Hochmooren selten eingebürgert: Grönländischer Porst *(L. groenlandicum)* aus Nordamerika. Blätter breitlanzettlich bis eiförmig, oben höckerig rauh.

SK: Niederliegender Strauch mit aufsteigenden Zweigen. Blätter verkehrt-eiförmig, kahl, derb, immergrün, mit flachem glatten Rand. 3–12 kugelig-glockige Blüten in endständiger Traube, zuweilen rosa angehaucht. Früchte rot, mehlig.
SV: Nadelwälder, alpine Matten und Gebüsche. Braucht humushaltige, zumindest oberflächlich versauerte Böden, die aber warm und eher trocken sein müssen. In Norddeutschland und in den Alpen (bis über 2000 m) zerstreut, sonst selten.
A: Alte Heilpflanze. Ähnlich: Alpen-Bärentraube *(A. alpina)*: Blätter sommergrün (Herbstfärbung blutrot), gesägt. Frucht schwarz. Alpen; zerstreut.

Schwarzer Holunder
Sambucus nigra
Geißblattgewächse
Caprifoliaceae

Juni – Juli 3–10 m V; ♄

Wolliger Schneeball
Viburnum lantana
Geißblattgewächse
Caprifoliaceae

Mai – Juni 1–2,5 m V; ♄; +

SK: Strauch mit gegenständig beblätterten, oft langschoßigen Zweigen; Rinde mit Höckerporen; Mark weiß. Flache Trugdolde mit 5 Hauptstrahlen, aufrecht, zur Reife nickend und rotstielig. Schwarze Beeren. Blätter unpaarig gefiedert; 3–7 große, gesägte Teilblättchen.
SV: Wälder, Lichtungen, Hecken, Gebüsche. Auf humusreichen Böden. Stickstoffliebend. Feuchtigkeitszeiger. Häufig; oft an ungepflegten Stellen.
A: Weitere Namen der alten Heil- und Beerenobstpflanze: Flieder, Holler, Kelkenbusch. Als Zierstrauch zuweilen mit zweifach fiedrig zerschlitztem Laub (var. *laciniata*). So mancherorts auch wild.

SK: Reichverästelter Strauch mit jung graufilzig behaarten Zweigen. Blätter gegenständig, elliptisch, am Rand gezähnt, unterseits runzelig, graufilzig. Blattstiele kurz. Endständige, flache Trugdolden. Früchte beerenartig rot, zuletzt schwarz, eiförmig, seitlich zusammengedrückt.
SV: Laub- und Mischwälder, Gebüsche, steinige Bergwälder. Braucht sonnenwarme, lockere Kalkböden. Zerstreut; den Sandgebieten fehlend. Kaum bis 1500 m aufsteigend.
A: Wird gelegentlich zur Festigung von Böschungen ausgepflanzt. Oft nimmt man dazu aber fremde Arten wie den ähnlichen, immergrünen Runzel-Schneeball (*V. rhytidiophyllum*).

Gemeiner Schneeball
Viburnum opulus
Geißblattgewächse
Caprifoliaceae

Mai - Juni   2-4 m   V; ℏ

Rote Heckenkirsche
Lonicera xylosteum
Geißblattgewächse
Caprifoliaceae

Mai - Juni   1-2,5 m   V; ℏ; +

SK: Strauch mit gegenständig beblätterten, kahlen Zweigen. Blätter 3- bis 5lappig. Blattstiel am Grund mit borstigen Nebenblättchen, vorne mit Napfdrüsen. Endständige, flache Trugdolde. Randblüten steril, vergrößert. Früchte beerenartig, rot, zuletzt hängend (oft überwinternd).
SV: Feuchte Laub- und Mischwälder, Auen- und Ufergebüsch. Auf grundwassernahen Lehmböden. Nässezeiger. Zerstreut. Bis gegen 1000 m.
A: In Gärten als Zierstrauch mit kugeligen Trugdolden aus vergrößerten, unfruchtbaren Blüten (var. *roseum*). Im Blatt ähnlich: Ahornarten, z.B. Berg-Ahorn (s. S. 381): Blattstiel ohne Drüsen und Nebenblätter.

SK: Ästiger Strauch mit rutenförmigen, hohlen Zweigen. Blüten immer paarweise auf einem Stiel, die unterständigen Fruchtknoten miteinander verwachsen. Krone behaart. Blätter gegenständig, ganzrandig, breiteiförmig, vorn stumpflich. Glänzend rote (Doppel-)Beeren.
SV: Vorzugsweise in Laubwäldern; an Waldrändern, in Hecken. Kalkliebend. Braucht lockere, humusreiche und nährstoffhaltige Böden. Häufig.
A: Die Blüten sind nie ganz weiß. In Parkanlagen und Gärten wird oft die sehr ähnliche Ruprechts-Heckenkirsche *(L. ruprechtiana)* aus China angepflanzt. Deren Blüten sind schneeweiß und außen unbehaart.

Deutsches Geißblatt
Lonicera periclymenum
Geißblattgewächse
Caprifoliaceae

Juni - Aug.   2–3 m   V; ♄; (+)

Weiße Robinie
Robinia pseudacacia
Schmetterlingsblütengewächse
Fabaceae (Leguminosae)

Mai - Juni   10–20 m   G; ♄

SK: Windender Strauch. Blätter gegenständig, nicht verwachsen, eiförmig, die obersten sitzend, untere kurz gestielt. Endständige, quirlig-büschelige Köpfchen. Blüten duftend, trüb-weiß, öfters rötlich angelaufen.
SV: Laub- und Mischwälder, Waldränder, Gebüsche. Etwas kalkscheu. Gern in wintermilder Klimalage. Zerstreut. Gegen Osten zu seltener; kaum über 800 m. Oft nur verwildert.
A: Ähnlich: Echtes Geißblatt (Jelängerjelieber), *L. caprifolium*: Obere Blätter paarweise zu ovalen oder rundlichen Scheibchen verwachsen. Alte Zierpflanze aus dem östlichen Mittelmeergebiet, bei uns öfters in Gehölzen verwildert.

SK: Baum mit hellbrauner, tief längsrissiger Borke und rotbraun glänzenden Zweigen, besetzt mit großen Doppeldornen. Unpaarig gefiederte Blätter; 9–19 eiförmige etwas graugrüne Teilblättchen. Reichblütige, hängende Trauben. Blüten duften. Rotbraune Hülsenfrüchte.
SV: Bahndämme, Straßenböschungen, Gebüsche, trockene Wälder. Wärmeliebend. Kaum über 600 m. Häufig; nur angepflanzt oder verwildert.
A: Den von J. Robin um 1601 eingeführten Baum hielt man zuerst für eine Akazie: Darauf deuten heutige Namen: Falsche Akazie, Scheinakazie. „Silberregen" (Pendant zu Goldregen) hat sich nicht durchgesetzt.

Aufrechter Igelkolben
Sparganium erectum
Igelkolbengewächse
Sparganiaceae

Juni – Sept. 30–60 cm M; ♃

SK: Blätter grasartig, steiflich. Stengel ästig. Staubblattblüten und Stempelblüten in getrennten, kugeligen Kolben an allen Zweigenden, die oberen männlich, die unteren weiblich; zur Fruchtreife von igelig-stacheligem Aussehen (Name!).
SV: Häufig im Röhricht stehender oder langsam fließender Gewässer, in Gräben und Sümpfen. Nährstoffliebend. Nur bis in mittlere Gebirgslagen.
A: Ähnlich seltenere Arten, die jedoch unverzweigte Stengel besitzen: Einfacher Igelkolben *(Sp. emersum)*, Schmalblättriger Igelkolben *(Sp. angustifolium)* mit flutenden Blättern, Kleiner Igelkolben *(Sp. minimum)* mit 2–5 Kölbchen.

Gelbe Wiesenraute
Thalictrum flavum
Hahnenfußgewächse
Ranunculaceae

Juni – Aug. 50–120 cm G; ♃

SK: Stengel aufrecht, kahl, meist unverzweigt. Blätter wechselständig, untere gestielt, obere sitzend, 2- bis 3fach fiederteilig; Zipfel eiförmig, vorn 3spaltig. Blüten aufrecht, in kopfigen Büscheln in einer Rispe, wohlriechend; Kronblätter fallen früh ab; Staubblätter zahlreich, gelb.
SV: Feuchte Wiesen, Ufer. Auf nassen, aber sommers trockenen Lehmböden. Selten. Vor allem im Bereich der großen Flüsse: Stromtalpflanze. Im Norden daher etwas häufiger.
A: Ähnlich: Glänzende W. *(Th. lucidum)*: Blätter glänzend; Hohe W. *(Th. morisonii)*: Stengel glänzend. Beide sehr selten: Ufer, Auwiesen, Auwälder.

Großes Schöllkraut
Chelidonium majus
Mohngewächse
Papaveraceae

April - Okt.   30-100 cm   G; ♃; +

Weiße Zahnwurz
Dentaria enneaphyllos
Kreuzblütengewächse
Brassicaceae (Cruciferae)

April - Juni   20-30 cm   G; ♃

SK: Die Pflanze enthält orangegelben Milchsaft (Blättchen abpflücken!). Blüten in Dolden oder einzeln, blattachselständig. Blätter fiederspaltig, buchtig gekerbt bis gezähnt, unterseits blaugrün. Pflanze kahl oder zerstreut behaart.
SV: Auf Schuttplätzen, Wegen, an Mauern und Zäunen, in Gärten, feuchten, lichten Wäldern und Gebüschen, an Waldrändern. Stickstoffzeiger. Häufig. Wärmeliebend, doch nicht gern in voller Sonne. Steigt bis ins höhere Bergland. Kulturbegleiter.
A: Var. *laciniatum*: Blätter doppelt fiederig zerschlitzt. 1590 in Heidelberg entdeckt. Klassisches Beispiel für eine Mutation. Selten.

SK: Stengel schief aufrecht, unten blattlos. An der Spitze ein Quirl aus 2 bis 4 dreizählig gefingerten, kurz gestielten Laubblättern. Blütentraube doldig, endständig, doch nickend und so unter dem Blattquirl hängend. Blüten blaßgelb, 1–2 cm lang. Früchte schmale, 5 bis 8 cm lange Schoten, wiederum aufrecht. Zur Fruchtzeit oft langgestielte Grundblätter vorhanden.
SV: Laub- und Laubmischwälder. Auf gut durchfeuchteten, nährstoffreichen, mullhaltigen Lehmböden. Selten. Verbreitungsschwerpunkt im SO: Alpen und weiteres Vorland.
A: Andere Namen: Quirlblättrige Zahnwurz; *Cardamine enneaphyllos*.

Acker-Senf
Sinapis arvensis
Kreuzblütengewächse
Brassicaceae (Cruciferae)

Mai – Aug.   30–60 cm   G; ☉

Echtes Barbarakraut
Barbarea vulgaris
Kreuzblütengewächse
Brassicaceae (Cruciferae)

Mai – Juni   30–60 cm   G; ♃

SK: Doldenähnliche, später stark verlängerte Trauben. Blüten sattgelb, 1 bis 1,5 cm breit; schmale, waagrecht abstehende, gelblichgrüne Kelchblätter. Stengel meist aufrecht und verzweigt. Blätter ungeteilt, aber oft stark eingebuchtet, die unteren fast leierförmig. Frucht und Fruchtknoten vielmals länger als breit.
SV: Äcker, Gärten, Schuttstellen. Auf kalkhaltigen, nährstoffreichen Böden. Sehr häufig.
A: Sehr ähnlich: Acker-Rettich (Hederich), *Raphanus raphanistrum* (S. 38), hellgelb blühende Formen; oft an denselben Standorten, aber Kelchblätter aufrecht, eine Art Röhre bildend (Senf senkt, Hederich hebt!).

SK: Rosettenblätter leierförmig, mit kleinen, rundlichen Endläppchen; Stengelblätter fiederschnittig, obere ungeteilt, sitzend, stengelumfassend geöhrt. Stengel kantig, meist ästig. Traube. Krone doppelt so lang wie der Kelch. Fruchtknoten lang, vierkantig.
SV: Unkrautbestände an Wegen, Bahndämmen, Ufern, auf Kies- und Sandbänken, Schuttplätzen, Kahlschlägen. Oft vereinzelt. Auf nährstoffreichen, gut durchfeuchteten, etwas steinigen Böden. Häufig, aber unbeständig.
A: Ähnlich: Steifes Barbarakraut *(B. stricta)*: Krone und Kelch etwa gleich lang; Mittleres Barbarakraut *(B. intermedia)*, alle Blätter fiederschnittig.

Wege-Rauke
Sisymbrium officinale
Kreuzblütengewächse
Brassicaceae (Cruciferae)

Mai - Okt.   30–60 cm   G; ☉

Acker-Schotendotter
Erysimum cheiranthoides
Kreuzblütengewächse
Brassicaceae (Cruciferae)

Mai - Okt.   30–60 cm   G; ☉

SK: Traube. Kronblätter 2–3 mm lang. Schoten etwa 1 cm lang, schmal, spitz, dem Stengel dicht angedrückt. Blätter fiederspaltig mit langem Endzipfel, oberste spießförmig.
SV: Wege, Schutt, Mauern, Bahndämme, Ufer. Auf warmen, nicht zu feuchten Böden. Stickstoffzeiger. Häufig; bis gegen 600 m. Unbeständig.
A: Angedrückte Schoten besitzen auch: Kahles Turmkraut *(Arabis glabra)*: Blüten hellgelb, Blätter kahl, bläulichgrün, ganzrandig; zerstreut. Senf-Kohl *(Brassica nigra)*: Kronblätter um 1 cm lang; an Flußufern, selten. Raukenkohl *(Eruca sativa)*: Kronblätter 1,5–2 cm lang. Viehfutterpflanze, selten verwildert.

SK: Blüten klein, relativ lang gestielt. Kelchblätter aufrecht, Kronblätter knapp 5 mm lang. Traube. Alle Laubblätter ungeteilt, entfernt buchtig gesägt, lanzettlich, am Grund verschmälert. Fruchtknoten und Frucht (Schote) mindestens 10mal länger als breit.
SV: Äcker, Gärten, Wege, Ufer, Kies- und Sandbänke. Auf lockeren, schwach feuchten und etwas kalkhaltigen Böden. Zerstreut; bis über 1200 m.
A: Gelbe Kreuzblüten, Lanzettblätter, aufrechter Kelch und Schoten sind Zeichen der Gattung Schotendotter (Schöterich), falls die Kronblätter unter 2 cm lang sind (über 2 cm: Gold-Lack, *Cheiranthus cheiri*).

121

Kelch-Steinkraut
Alyssum alyssoides
Kreuzblütengewächse
Brassicaceae (Cruciferae)

April – Juni   5–20 cm   G; ☉

Berg-Steinkraut
Alyssum montanum
Kreuzblütengewächse
Brassicaceae (Cruciferae)

April – Juni   10–25 cm   G; ♃

SK: Buschiges Kraut mit aufrechten oder bogig aufsteigenden Stengeln. Blätter eiförmig bis schmallanzettlich, ganzrandig, graufilzig. Dichte Traube. Blüten hellgelb, weiß ausbleichend, mit bleibenden Kelchblättern, um 3 mm breit. Schötchen rundlich, abgeplattet, rauhhaarig.
SV: Trocken- und Halbtrockenrasen, Felsschutthalden – auch halbwild in Äckern und Weinbergen, an Wegrändern und Bahndämmen, auf Mauern. An sonnigen, trockenen Standorten. Kalk- und schwach stickstoffliebend. Bis gegen 900 m. Zerstreut; in Silikatgebieten selten.
A: Weitere Namen: *A. calycinum;* Schildkraut.

SK: Halbstrauch: Stengel unten verholzt; reichästig. Blätter ganzrandig, graufilzig, schmal, bis 2 cm lang. Dichte Traube. Blüten goldgelb, um 5 mm breit, Kelchblätter bald abfallend. Schötchen oval bis rundlich, abgeplattet, graufilzig.
SV: Felsen und Trockenrasen. Braucht sonnenwarme, trockene, kalkhaltige Sand- oder Steinböden. Sehr selten, an seinen Standorten aber meist in kleineren Trupps.
A: Ähnlich: Felsen-Steinkraut (Echtes St.), *A. saxatile:* Blätter bis 5 cm lang; reichblütige Rispe; Schötchen kahl. Sehr selten an Felsen, aber weitverbreitet als Zierpflanze in Steingärten.

Färber-Waid
Isatis tinctoria
Kreuzblütengewächse
Brassicaceae (Cruciferae)

Mai - Juli   50-140 cm   G; ☉-♃; (+)

SK: Zumindest im oberen Teil stark buschig verzweigte, meist reichblühende Pflanze. Stengelblätter bläulichgrün, kahl, meist ganzrandig, herz- bis pfeilförmig stengelumfassend. Früchte flache, nach vorn verbreiterte, stark geflügelte Schötchen; hängend, zuletzt schwarzbraunviolett, meist einsamig.
SV: Weinberge, Felsen, Ackerraine, Wege, Bahnlinien, seltener in Halbtrockenrasen. Wärmeliebend, kaum über 500 m. Braucht stickstoff- und kalkhaltige, lockere Böden. Selten; in den Weinbaugebieten auf Kalk zerstreut. Aus uralten Kulturen (Indigopflanze) verwildert, nirgendwo ursprünglich.
A: In der Fruchtform sehr variabel.

Rispen-Finkensame
Neslia paniculata
Kreuzblütengewächse
Brassicaceae (Cruciferae)

Mai - Aug.   15-50 cm   G; ☉

SK: Stengel einfach oder in der oberen Hälfte verzweigt, unterwärts behaart. Blätter lanzettlich, die oberen mit pfeilförmigem Grund sitzend, die unteren fast gestielt. Reichblütige, trugdoldige Rispe. Blüten goldgelb, um $1/2$ cm breit. Schötchen kugelig, 2 mm breit, grubig-netzig, gestielt, schräg aufwärts abstehend.
SV: Getreidefelder, Feldwege, Ackerraine. Auf trockenwarmen, kalk- und stickstoffhaltigen Lehmböden. Selten, in Kalkgebieten zerstreut; bis gegen 1000 m.
A: Weitere Namen: Ackernüßchen, *Vogelia p.* Ähnliche Ackerunkräuter (z.B. Saat-Dotter, *Camelina sativa*) sind praktisch ausgerottet.

123

Glattes Brillenschötchen
Biscutella laevigata
Kreuzblütengewächse
Brassicaceae (Cruciferae)

Mai – Nov.   15–30 cm   G; ♃

SK: Stengel aufrecht, schwach beblättert, oberwärts oft verzweigt. Dichte Rosette aus länglichen, ganzrandigen bis buchtig gezähnten Grundblättern. Traubenrispe. Blütenblätter hellgelb, gut $1/2$ cm lang. Fruchtknoten und Frucht (Schötchen) aus zwei flachen, kreisrunden Fächern brillenartig aufgebaut.
SV: Trockene Steinrasen, Felsbänder, alpine Geröllhalden, Kiefern- und Latschenbestände. Kalkliebend; im Alpenraum zerstreut, sonst selten.
A: Zerfällt in mehrere ökologische und geographische Rassen: Alpen-, Oberdonau-, Rhein/Nahe-, Naabtal-, Weserbergland-, Elbtalrasse; dazu Gipsboden- und Kalkmoorformen.

Immergrünes Felsenblümchen
Draba aizoides
Kreuzblütengewächse
Brassicaceae (Cruciferae)

März – Juni   5–15 cm   G; ♃

SK: Halbkugelige Rosetten aus lanzettlichen, kaum 2 cm langen, starren und am Rand steifborstig bewimperten Blättchen. Stengel blattlos. Trugdoldige Traube. Blüten goldgelb, relativ groß: Kronblätter über 5 mm lang. Schötchen flach, eilänglich, etwa 3mal so lang wie breit ($1/2$ bis beinahe $1 1/2$ cm lang).
SV: Meist in Felsspalten, seltener in Steinrasen oder auf Geröll. Auf Kalkgestein in sonnig-warmen Lagen. Sehr selten. Nur in den Kalkalpen (zerstreut) und im Jura.
A: Unterhalb 1500 m die var. *montana*: kräftig, viel- (über 10-)blütig, darüber, bis gegen 2500 m, die gedrungene var. *aizoides*.

Wechselblättriges Milzkraut
Chrysosplenium alternifolium
Steinbrechgewächse
Saxifragaceae

März – Juni   8–15 cm   G; ♃

Gegenblättriges Milzkraut
Chrysosplenium oppositifolium
Steinbrechgewächse
Saxifragaceae

April – Juni   5–10 cm   G; ♃

SK: Stengel aufrecht, dreikantig, bricht leicht. Mehrere langgestielte, rundlich-nierenförmige Grundblätter, 1 bis 3 Stengelblätter, den unteren ähnlich, wechselständig. Blütenstand gabelig verzweigt, mit fast sitzenden, oben gelblich gefärbten Tragblättern. Blüten klein, sattgelb.
SV: Feuchte Laubwaldstellen, Schluchtwälder, Bäche, Quellaustritte, Sumpfstellen, nasse Bergwiesen, Rinnen mit Hangdruckwasser. Auf nassen, schwach sauren, nährstoffreichen Böden; bis gegen 2000 m. Häufig.
A: Heißt auch Gold-Milzkraut. Im Blütenstand ähnlich: Arten der Gattung Wolfsmilch *(Euphorbia):* Milchsaft!

SK: Stengel vierkantig, glasig-brüchig; neben dem meist aufsteigenden, oben gabelig verzweigten Blütenstengel zahlreiche wurzelnde Kriechsprosse, die einen dichten, flachen Rasen bilden. Stengelblätter rundlich, schwach buchtig gekerbt, kurz gestielt, gegenständig. Grundblätter ähnlich, etwas größer, rosettig. Blütenstand mit gelblichen Tragblättern und kleinen, eher hellgelben (auch grüngelben) Blüten.
SV: Schluchtwälder, kühle Waldbäche, überrieselte Felsen, nasse Gräben, Quellsümpfe. Meist im Schatten. Kalkmeidend. Bis gegen 1200 m. Zerstreut. Fehlt: Alpen und Kalkgebiete.
A: Heißt auch Schwefel-Milzkraut.

Gelbe Resede
Reseda lutea
Resedengewächse
Resedaceae

Mai – Okt.   30–60 cm   G; ☉ -♃

Aufrechtes Fingerkraut
Potentilla erecta
Rosengewächse
Rosaceae

Juni – Okt.   15–30 cm   G; ♃

SK: Stengel oft ästig, aufsteigend bis aufrecht. Obere Blätter ein- bis zweifach fiederspaltig. Dichtblütige Traube. Blüten hellgelb; meist 4 große, tiefgeteilte Kronblätter, dazu 2 sehr kleine.
SV: Schuttplätze, Wege, Bahndämme, seltener in Weinbergen oder Äckern. Kalkhold. Braucht nährstoffreiche, lockere, oft steinige Böden. Zerstreut, gegen Norden zu selten; wärmeliebend, kaum über 1000 m.
A: Dem „Gelben" oder „Wilden Wau" ähnlich: Färber-Resede (Echter Wau), *R. luteola;* zerstreut, an ähnlichen Standorten. Alte Färbepflanze. Stets nur 4 Kronblätter, alle Blätter ungeteilt.

SK: Stengel niederliegend bis aufrecht. Blätter wechselständig, sitzend, fünfzählig gefingert. Grundblätter dreizählig, lang und dünn gestielt, zur Blüte oft schon verdorrt. Blüten gestielt, einzeln in den Blattachseln, um 1 cm breit.
SV: Lichte Laubwälder, Mischwälder, Nadelforste, sandige Heiden, trockene Wiesen, Flachmoore. Auf Böden, die wenigstens zeitweise feucht sind. Kalkscheu; zeigt oberflächliche Bodenversauerung und Nährstoffarmut an. Häufig; bis über 2000 m.
A: Alte Heilpflanze mit vielen Namen: Blutwurz, Ruhrwurz, Tormentillwurzel, Heidecker. Synonyme: *P. tormentilla, Tormentilla erecta.*

126

Mandel-Wolfsmilch
Euphorbia amygdaloides
Wolfsmilchgewächse
Euphorbiaceae

April - Mai   30-60 cm   G; ⚥; +

Warzen-Wolfsmilch
Euphorbia verrucosa
Wolfsmilchgewächse
Euphorbiaceae

Mai - Juni   30-50 cm   G; ⚥; +

SK: Pflanze führt weißen Milchsaft. Stengel aufsteigend bis aufrecht, deutlich zweiteilig (zweijährig): Unterer Teil derb, mit einem Schopf aus großen, eiförmig-spateligen und oft flaumhaarigen Blättern, oberer Teil krautig, wenigblättrig mit reichverzweigtem Blütenstand. Trugdolde mit 5-9 Hauptstrahlen. Drüsen des Hüllbechers halbmondförmig; Kapsel fein gepunktet (Lupe!). Die Tragblätter paarweise verwachsen.
SV: In Laub- und Laubmischwäldern auf mullreichen, meist kalkhaltigen, nährstoffreichen, schwach feuchten Lehmböden. Im Süden (bis über 1500 m) zerstreut, im Norden selten.
A: Auch: Mandelblättrige Wolfsmilch.

SK: Pflanze führt weißen Milchsaft. Stengel aufsteigend oder aufrecht, zu mehreren aus der Basis des verrotteten letztjährigen Stengels entspringend (Pflanze daher meist büschelig wachsend). Blätter länglich eiförmig, sitzend, ganzrandig oder fein gesägt. Trugdolde mit 5 kurzverzweigten Hauptästen. Drüsen des Hüllbechers oval; Kapsel dicht warzig, 3-4 mm.
SV: Raine, Magerwiesen, sonnige Gebüsche, auch auf Weiden und an Wegrändern. Kalkhold. Bevorzugt eher trockene, nährstoffarme, tiefgründige Böden. Nur in Süddeutschland. Zerstreut. Bis etwa 1000 m (Alb).
A: Ähnlich: Süße Wolfsmilch (s. S. 362).

Breitblättrige Wolfsmilch
Euphorbia platyphyllos
Wolfsmilchgewächse
Euphorbiaceae

Juni – Aug.   25–60 cm   G; ☉ ; +

SK: Pflanze führt weißen Milchsaft. Stengel aufrecht oder am Grund bogig. Blätter sitzend, im vorderen Teil fein gesägt; die unteren eiförmig stumpf, die oberen eher lanzettlich, spitz. Trugdolde mit 5 (selten 3) locker verzweigten Hauptstrahlen. Drüsen des Hüllbechers breitoval; Kapsel warzig, 3–4 mm breit.
SV: Äcker, Gärten; auch an Wegen. Auf gut gedüngten, warmen, aber nicht zu trockenen Böden. Zerstreut, im Alpenraum selten, im Norden fehlend.
A: Ähnlich: Nebenstehende Art und Steife Wolfsmilch *(Eu. stricta)*: Trugdolde meist 3strahlig, Kapsel klein, höchstens 2 mm breit. Gebüsche, Ufer, Auwälder. Zerstreut, im N selten.

Sonnenwend-Wolfsmilch
Euphorbia helioscopia
Wolfsmilchgewächse
Euphorbiaceae

April – Okt.   5–30 cm   G; ☉ ; +

SK: Pflanze führt weißen Milchsaft. Stengel meist aufrecht, am Grund oft mit einem gegenständigen Zweigpaar. Blätter aus keiligem Grund spatelig, vorn kleingesägt, die oberen vergrößert. Trugdolde meist mit 5 Hauptstrahlen. Drüsen des Hüllbechers oval-rundlich; Kapsel sehr fein punktiert (Lupe!).
SV: Äcker, vor allem Hackfruchtäcker, Gärten, Weinberge, Schuttplätze. Auf lockeren, nährstoff- und mineralreichen Böden. Stickstoffzeiger. Sehr häufig; bis gegen 1000 m.
A: Ähnlich, oft auch am gleichen Ort: Garten-Wolfsmilch (*Eu. peplus*, s. S. 362); eher kalkmeidend. Breitblättrige Wolfsmilch (s. links).

Zypressen-Wolfsmilch
Euphorbia cyparissias
Wolfsmilchgewächse
Euphorbiaceae

April – Mai 15–30 cm G; ♃; +

SK: Pflanze führt weißen Milchsaft. Stengel aufrecht oder aufsteigend, dicht beblättert. Blätter schmallineal, kaum 2 mm breit, bläulichgrün. Trugdolde vielstrahlig. Drüsen des Hüllbechers halbmondförmig; Kapsel feinpunktiert rauh (Lupe!).
SV: Raine, Trockenrasen, magere Wiesen, Wegränder, offene Stellen. Auf sommerwarmen, nährstoffarmen Kalkböden. Sehr häufig. Bis über 2000 m. Nur im Küstengebiet selten.
A: Gelbliche, krüppelblättrige Pflanzen sind von einem Rostpilz befallen (Rote Pusteln auf Blattunterseite). Ähnlich: Esels-Wolfsmilch *(Eu. esula);* Blätter lanzettlich, um 3 mm breit. Zerstreut: Äcker, Raine, Ufer.

Kleine Wolfsmilch
Euphorbia exigua
Wolfsmilchgewächse
Euphorbiaceae

Mai – Sept. 5–25 cm G; ⊙ ; +

SK: Pflanze führt weißen Milchsaft. Stengel aufsteigend bis aufrecht, oft reich verzweigt. Blätter lineal, 1 bis 4 mm breit, spitz, ungestielt. Trugdolde mit 3 (bis 5) gegabelten Hauptstrahlen. Drüsen des Hüllbechers halbmondförmig; Kapsel glatt.
SV: Äcker, Gärten, Schuttplätze; auch an Wegen und auf Bahnschotter. Bevorzugt trockene, kalkhaltige, nährstoffreiche Lehmböden. Wärmeliebend; kaum über 1000 m. Zerstreut; vor allem in Kalkgebieten, daher im Norden selten; fehlt in den Alpen.
A: Entfernt ähnlich: Sichel-Wolfsmilch *(Eu. falcata);* Äcker; sehr selten (Mittelmeerpflanze!). Blätter breiter, lanzettlich, bläulichgrün.

Gemeine Nachtkerze
Oenothera biennis
Nachtkerzengewächse
Onagraceae (Oenotheraceae)

Juni – Aug.   60-100 cm   G; ⊙

Gewöhnlicher Fichtenspargel
Monotropa hypopitys
Wintergrüngewächse
Pyrolaceae

Juni – Okt.   10-30 cm   V; ♃

SK: Blüten groß, über 3 cm breit; Kronblätter länger als die Staubblätter; Kelchblätter schmal, zurückgeschlagen. Reichblütige Ähre. Stengel aufrecht, oft unverzweigt. Blätter länglicheiförmig, steiflich, kaum oder stark gezähnt. Neben Drüsenhaaren einfache Borsten auf rötlichen Höckern an Stengel und Kelch.
SV: Bahndämme, Schuttplätze, Flußufer, Böschungen, Steinbrüche, Wege, Hafenanlagen. Meist auf trockenen Böden. Zerstreut, oft unbeständig.
A: Viele Unterarten (Blütengröße, Behaarung, Rotfleckigkeit). Meist als eigene Art(engruppe): Ufer-Nachtkerze (*Oe. parviflora = muricata*): Blüten unter 3 cm, Staubblätter lang.

SK: Pflanze ohne alles Blattgrün, bleichgelb, selten rötlich oder braun angelaufen. Blätter schuppenförmig. Stengel aufrecht. Endständige Ährentraube, anfangs übergebogen. Blüten glockig, 4zipflig, nur die Spitzenblüte 5zipflig, alle 1–2 cm lang, nickend, später aufrecht.
SV: Nadel- und Mischwälder, seltener in reinen Laubwäldern auf schlechtem Boden. Braucht saure, mullreiche, gut durchfeuchtete Böden. Zerstreut, bis über 1000 m (Silikatgebiete).
A: Zwei Unterarten: Ssp. *hypopitys*, Fichtenspargel: Blüten 6–25, dicht, meist behaart, mehr im Nadelforst. Ssp. *hypophegea*, Buchenspargel, 1–6 kahle Blüten; mehr im Laubwald.

Breitblättriges Kreuzlabkraut
Cruciata laevipes
Rötegewächse
Rubiaceae

April – Juni   15–70 cm   V; ♃

SK: Ganze Pflanze kurzhaarig. Stengel vierkantig, schlaff, niederliegend bis aufrecht. Blätter zu 4 quirlständig, hellgrün, eiförmig, mit 3 Nerven. Blüten blattachselständig, klein, kaum 3 mm breit.
SV: Waldränder, Gebüsche, Unkrautbestände an Wegen, Ufern und auf Schuttplätzen, seltener in waldnahen Wiesen. Auf gut durchfeuchteten, humushaltigen und stickstoffreichen, oft kalkarmen Böden. Häufig; gegen Norden zu etwas seltener, im Süden bis in Mittelgebirgslagen.
A: Früher als Kreuz-Labkraut, *Galium cruciata (cruciatum)* einer anderen Gattung zugeordnet. Weiteres Synonym: *C. chersonensis*.

Echtes Labkraut
Galium verum
Rötegewächse
Rubiaceae

Juni – Okt.   15–60 cm   V; ♃

SK: Stengel stielrundlich mit 4 feinen Rippen, aufsteigend bis aufrecht. Blätter nadelförmig, einnervig, stachelspitzig, mit umgerolltem Rand; zu 8–12 quirlständig. Endständige, reichblütige Rispen. Blüten klein, kaum 3 mm breit, wohlriechend.
SV: Trockenrasen, Magerwiesen, Raine, Triften, Dünen. Auf sommerwarmen und sommertrockenen, (Kalk-) Böden. Häufig; über 1000 m selten.
A: Ssp. *wirtgenii (praecox)* – steif aufrecht, Blüten duftlos, Blattrand flach – blüht schon ab Mai in Mähwiesen niederer Lagen; selten. Häufiger ist der blaßgelbe Bastard mit dem Wiesen-Labkraut (*G. mollugo* – s. S.47): *G.* × *pomeranicum*.

Große Mummel
Nuphar luteum
Teichrosengewächse
Nymphaeaceae

Juni – Aug.   0,5–2,5 m   G; ⚄; (+)

SK: Blattspreiten und Blüten schwimmen, mit seilartigen Stielen verankert, auf der Wasseroberfläche. Blüten 4–6 cm breit. Blätter breiteiförmig mit herzförmigem Einschnitt, 12–30 cm lang; die Seitennerven am Blattrand endigen frei.
SV: Stehende oder trägfließende, kühle, nährstoffreiche, zuweilen saure Gewässer. Selten, an ihren Standorten meist in größeren Beständen.
A: Ähnlich: Zwerg-Mummel (*N. pumila*): Blüten 1–3 cm breit, Blätter 4–12 cm lang. Sehr selten in kalten, nährstoffarmen Seen und Gräben. Die Blätter der Weißen Teichrose (S. 84) erkennt man an den Querverbindungen der Seitennerven am Blattrand.

Sumpf-Dotterblume
Caltha palustris
Hahnenfußgewächse
Ranunculaceae

März – Juni   15–50 cm   G; ⚄; (+)

SK: Blätter und Blüten glänzen fettig. Stengel hohl, liegend bis aufsteigend, verzweigt. Blätter nierenförmig, am Rand fein gekerbt; die oberen sitzend und mit deutlichen, krautigen Scheiden, die anderen gestielt; Blattstiele rinnig. Die Blütenhülle besteht nur aus den 5 gelben Kelchblättern; ihr Durchmesser beträgt bis zu 4 cm.
SV: Nasse Wälder und Wiesen, Ufer, Gräben, Bäche, Quellfluren und Riedgrasbestände. Auf nährstoffreichen, grundwasserfeuchten Böden. Häufig. Bis über 2000 m.
A: Mehrere Rassen; so vor allem eine Tiefland-, Mittelgebirgs- und Gebirgsform; doch noch wenig erforscht.

132

Gelbes Windröschen
Anemone ranunculoides
Hahnenfußgewächse
Ranunculaceae

März - April   15-30 cm   G; ♃; +

Goldschopf-Hahnenfuß
Ranunculus auricomus
Hahnenfußgewächse
Ranunculaceae

März - Mai   15-30 cm   G; ♃; (+)

SK: Aus einem Hochblattquirl entspringen meist zwei (1 bis 4) gestielte Blüten. Stengel sonst blattlos, aufrecht. Sehr wenige Grundblätter, gestielt, handförmig geteilt (dreiteilig). Blüten 1 bis 2 cm breit, außen flaumhaarig.
SV: Auwälder, Schluchtwälder, feuchte Laubwälder, Bachgehölz, feuchte Gebüsche. Auf lockeren, grundwasserdurchzogenen, mull- und kalkreichen Lehmböden. Zerstreut, im Gebirge fehlend, in Sandgebieten sehr selten.
A: Vielgestaltige Pflanze. Im Nordosten die zierliche, rasenbildende ssp. *wockeana;* selten. Gelegentlich der hellgelbe Bastard mit dem Busch-Windröschen (S. 85): *A. × lipsiensis.*

SK: Stengel aufrecht, verzweigt, kaum behaart. 2 bis 6 Grundblätter, gestielt, handförmig gelappt, mit nierenförmigem Umriß. Stengelblätter auffällig von den Grundblättern verschieden: sitzend und bis fast zum Grund in schmale Zipfel zerteilt. Wenige Blüten, 1–2 cm breit, zuweilen mit verkümmerten oder bald abfallenden Blütenblättern.
SV: Laubwälder, Mischwälder, Auwälder, Gebüsche, Bachgehölz. Meist auf kalkhaltigen, grundwasserdurchzogenen Lehmböden. Häufig; vor allem in Kalkgebieten; in den Alpen fehlend.
A: Zerfällt in gut zwei Dutzend Unterarten (Unterschiede: Blattschnitt, Blütengröße und -behaarung).

Acker-Hahnenfuß
Ranunculus arvensis
Hahnenfußgewächse
Ranunculaceae

Mai – Juli   30-60 cm   G; ☉ ; +

SK: Stengel aufrecht oder aufsteigend, verzweigt. Untere Blätter ungeteilt, keilförmig, gezähnt – zur Blüte oft schon verdorrt; Stengelblätter in schmale Zipfel gespalten. Viele gestielte, schwefelgelbe Blüten von $1/2$ bis $1^{1}/_{2}$ cm Durchmesser. Früchte auffällig stachelig.
SV: Vor allem in Getreideäckern, aber auch an Feldrainen, Wegen und Schuttplätzen. Auf stickstoffreichen, gern kalkhaltigen Lehmböden. Zerstreut, mancherorts durch Unkrautbekämpfung stark zurückgegangen.
A: Entfernt ähnlich: Gelbblühende Abarten des Sommer-Adonisröschens (s. S. 240); mehr als 5 Kronblätter, Laubblätter feiner zerteilt. Selten.

134

Scharfer Hahnenfuß
Ranunculus acris
Hahnenfußgewächse
Ranunculaceae

Mai – Juli   30-100 cm   G; ♃; +

SK: Stengel aufrecht, verzweigt. Untere Blätter gestielt, handförmig gespalten, Lappen wiederum gespalten bis lang gezähnt. Obere Stengelblätter sitzend, weniger geteilt, schmalzipflig. Lockere Rispe. Blütenstiele ungefurcht. Kelch ausgebreitet. Pflanze kahl oder anliegend behaart.
SV: Nicht zu trockene Wiesen und Weiden. Gern auf feuchten, stickstoffhaltigen Lehmböden. Sehr häufig; bis gegen 2500 m. Durch Düngung und Beweidung gefördert.
A: Ähnlich: Neben den Arten der folgenden Seite: Wald-Hahnenfuß (*R. nemorosus*), Blütenstiele längsfurchig. Lichte Wälder, Waldränder, Bergwiesen; zerstreut. Sehr formenreich.

Knolliger Hahnenfuß
Ranunculus bulbosus
Hahnenfußgewächse
Ranunculaceae

Mai - Juli   15–30 cm   G; ♃; +

SK: Kelchblätter zurückgeschlagen und dem längsgefurchten Blütenstiel anliegend. Stengel am Grund (unmittelbar unter dem Boden) knollig verdickt. Grundblätter langgestielt, dreizählig oder doppelt dreizählig, der Mittellappen deutlich gestielt. Pflanze unten abstehend, oberwärts anliegend behaart.
SV: Trockene Wiesen, Raine, Wegränder. Auf eher mageren, warmen und meist kalkhaltigen Lehmböden. Häufig, doch bei uns nie über 1000 m.
A: Ähnlich: Rauher Hahnenfuß, Sardinischer H. *(R. sardous)*. Pflanze überall abstehend behaart, ohne Knolle; Blüten hellgelb. Selten. Ufer, Äcker, Naßweiden. Salzbeständig.

Kriechender Hahnenfuß
Ranunculus repens
Hahnenfußgewächse
Ranunculaceae

Mai - Aug.   15–50 cm   G; ♃; (+)

SK: Stengel meist aufsteigend, mit oberirdischen, kriechenden Ausläufern, oft an den Blattansätzen wurzelnd. Grundblätter dreizählig, Abschnitte fiederteilig, Mittellappen deutlich gestielt. Blüten einzeln aus den Blattachseln, gestielt. Kelchblätter ausgebreitet. Blütenstiele längsfurchig.
SV: Ufersäume, nasse Äcker, Gärten, Wegränder, feuchte Wiesen, Auwälder. Auf feuchten, schweren Lehmböden. Stickstoffzeiger. Häufig; bis 2300 m. Oft in großen Herden.
A: Sehr variabel in Behaarung, Blattschnitt, Blütengröße (und Blütenbau), doch anscheinend meist nur Standortmodifikation (nicht erbfest).

Gift-Hahnenfuß
Ranunculus sceleratus
Hahnenfußgewächse
Ranunculaceae

Mai – Juli   15–50 cm   G; ☉ ; +

SK: Blüten kaum 1 cm breit, hellgelb; Kelchblätter zurückgeschlagen, aber früh abfallend, länger als die Blütenblätter. Blütenstiele längsfurchig. Stengel aufsteigend (auch im Wasser schwimmend), hohl, reich verzweigt. Blätter etwas fleischig, dreiteilig, die Abschnitte schmal, fiederlappig bis gesägt. Walzliche Fruchtköpfchen mit 70–100 Früchtchen.
SV: Ufer, Gräben, Schlamm, seichte Tümpel. Auf gelegentlich überschwemmten, zumindest sehr nassen und nährstoffreichen Böden. Selten, im N (O) zerstreut. Salzverträglich.
A: Viele Standortsformen: Vom Kümmerexemplar auf Trockenböden bis zur Schwimmblattpflanze.

Wolliger Hahnenfuß
Ranunculus lanuginosus
Hahnenfußgewächse
Ranunculaceae

Mai – Juni   30–100 cm   G; ♃; (+)

SK: Ganze Pflanze dicht abstehend behaart. Stengel aufrecht, meist verzweigt, unten hohl, gelbzottig. Grundblätter gestielt, fünfspaltig; Lappen breit, rundlich-eiförmig, gesägt; Stengelblätter ähnlich, aber kurz gestielt bis sitzend. Lockere Rispe; Blüten groß, um 3–4 cm breit. Kelchblätter ausgebreitet; Blütenstiele nicht längsfurchig.
SV: Feuchtschattige Laub- und Mischwälder, Gebüsche, Bachgehölze. Auf grundwasserdurchzogenen, stickstoff-, kalk- und mullreichen Lehmböden. Zerstreut, im Nordwesten selten.
A: Ähnlich: Formen vom Wald-Hahnenfuß *(R. nemorosus):* Etwas zierlicher Blütenstiele längsfurchig (s. auch S. 134).

Zungen-Hahnenfuß
Ranunculus lingua
Hahnenfußgewächse
Ranunculaceae

Juni – Aug.   40–150 cm   G; ♃; (+)

Brennender Hahnenfuß
Ranunculus flammula
Hahnenfußgewächse
Ranunculaceae

Juli – Okt.   15–50 cm   G; ♃; +

SK: Blätter ungeteilt, lineal-lanzettlich, grasartig. Stengel aufrecht, oberwärts meist reich verzweigt, hohl. Blüten meist zahlreich, gestielt, 2,5 bis 4 cm breit.
SV: Im Röhricht stehender oder träg fließender Gewässer, auch in Gräben, Riedgrasbeständen und an Ufern. Auf zeitweilig überschwemmten, nährstoffreichen Schlammböden. Selten, in Norddeutschland häufiger. Etwas wärmeliebend und so kaum über 600 m Meereshöhe ansteigend.
A: Diese Art wächst sowohl an Ufern als auch im Seichtwasser bis über 50 cm Tiefe und bildet unter den verschiedenen Bedingungen auch andersgestaltige Formen aus.

SK: Stengel dicklich; niederliegend, aufsteigend oder aufrecht. Blätter ungeteilt, schmal-lanzettlich, zuweilen löffelartig langstielig. Blüten meist zahlreich, langgestielt, kaum über 1,5 cm breit.
SV: Ufer, Bäche, Tümpel, Gräben, feuchte Wiesen, Moore, Riedgrasbestände, nasse Wegstellen, seltener in Röhrichten. Auf nassen, meist sauren Schlamm- oder Lehmböden. Häufig, ab 1500 m selten (Alpen bis 1900 m).
A: Häufigste Form: Ssp. *flammula*, mit über 1 cm breiten Blüten, obere Blätter sitzend. Seltener: Ssp. *reptans*; Blüten unter 1 cm, alle Blätter gestielt. Auf nährstoffreicheren, mehr basischen Böden.

Große Fetthenne
Sedum telephium
Dickblattgewächse
Crassulaceae

Juni – Sept.   20–50 cm   G; ♃

Scharfe Fetthenne
Sedum acre
Dickblattgewächse
Crassulaceae

Juni – Aug.   5–15 cm   G; ♃; +

SK: Blätter eiförmig, glatt, flach, aber dickfleischig. Stengel aufrecht. Vielblütige, gedrängte, oft fast doldenartig ausgebreitete Rispe.
SV: Einerseits in Felsspalten, im Geröll, auf Mauern und in Steinrasen, aber auch in Unkrautgesellschaften auf Äckern und an Wegen, an sonnigen Rainen, in lichten Wäldern und Hekken. Liebt mäßig trockene, nährstoffreiche und steinige Böden. Zerstreut, stellenweise häufig; auch aus Gärten verwildert (alte Zierpflanze).
A: Mehrere Farbrassen: Ssp. *maximum*, mit meist grüngelben (selten hellrötlichen) Blüten; ssp. *telephium*, Blüten meist rot (selten grünlich); ssp. *vulgaris,* Blüten rosa.

SK: Blätter dickfleischig, oberseits flach, im Umriß eiförmig, ca. $1/2$ cm lang, scharf pfefferig schmeckend (wenig kauen, nicht schlucken!). Stengel kriechend oder aufsteigend. Wenigblütige Trugdolde. Kronblätter spitz, 0,5 bis 1 cm lang.
SV: Mauern, Bahnschotter, Kieswege, Sanddünen, Felsspalten, Felsschutt, Flußschotter, sandige oder steinige Rasen. Auf trockenen, flachgründigen, oft steinigen, kalkhaltigen Böden. Zerstreut, bis etwa 1000 m.
A: Auch als „Mauerpfeffer" bekannt. Ähnlich: Milde Fetthenne (Mauerpfeffer), *S. sexangulare (S. mite, S. boloniense):* Blätter mild schmeckend, Blüten kleiner. Zerstreut.

Echte Nelkenwurz
Geum urbanum
Rosengewächse
Rosaceae

Juni - Okt.   25-70 cm   G; ⚥; (+)

SK: Stengel aufrecht, meist verzweigt. Grundrosette aus unterbrochen gefiederten, 3- bis 7zähligen, kurzgestielten Fiederblättern. Stengelblätter 3- bis 5zählig mit großem Endzipfel. Lockere Rispe. Kelchblätter wenig kürzer als die Kronblätter, zusätzlich 5 kürzere „Außenkelchblätter". Griffel der Früchtchen hakig gekrümmt (Klettverbreitung).
SV: Laub- und Mischwälder, Waldwege, Waldränder, Gebüsche, Wegraine, Zäune, Schuttstellen. Auf gut durchfeuchteten, stickstoffreichen Böden. Häufig; doch kaum über 1000 m.
A: Alte Heil- und Würzpflanze (Nelkenersatz). Heißt auch Benediktenkraut, Garoffel, Wilder Sanikel.

Kriechende Nelkenwurz
Geum reptans
Rosengewächse
Rosaceae

Juli - Aug.   5-20 cm   G; ⚥

SK: Stengel meist aufrecht, einblütig. Blüten bis 4 cm breit. Grundblattrosette. Blätter gefiedert, Fiedern tief gesägt, nach der Blattspitze zu immer größer werdend, das Endblättchen aber nicht außergewöhnlich vergrößert. Treibt lange, gekrümmte Ausläufer. Früchte mit zottig behaarten Schwänzen, zahlreich (Name „Petersbart"!).
SV: Nur in den Hochalpen zwischen 2000 und 2400 m auf feuchtem, beweglichem Felsschutt und Moränen (Gletscher-Nelkenwurz!). Selten.
A: Ähnlich: Berg-Nelkenwurz *(G. montanum)*; ohne Ausläufer, Endblättchen stark vergrößert. Alpine Rasen und Heiden (1500–2300 m).

139

Gold-Fingerkraut
Potentilla aurea
Rosengewächse
Rosaceae

Juni – Aug.   5–20 cm   G; ♃

SK: Stengel aus meist bogigem Grund aufrecht; verzweigt. Blüten in Rispen, bis 2 cm breit, langstielig. Blätter gefingert, 5zählig – Stengelblätter teilweise nur 3zählig. Teilblättchen keilig-schmaleiförmig, vorn gezähnt, am Rand seidig behaart.
SV: Alpine Magerrasen, Weiden, Schneetälchen, Heiden zwischen 1000 und 2400 m. Auf nicht zu trockenen, sauren, kalkarmen Böden. Nur Alpen und Südschwarzwald. Zerstreut.
A: Ähnliche alpine Fingerkräuter: Zottiges F. *(P. crantzii),* zottig behaart, Blattrand nicht silberschimmernd; Felsschutt, Steinrasen. Zwerg-Fingerkraut *(P. brauneana),* Blätter nur 3zählig; Steinböden, Weiden; kalkhold.

Frühlings-Fingerkraut
Potentilla verna
Rosengewächse
Rosaceae

März – Mai   5–15 cm   G; ♃

SK: Stengel kriechend bis aufsteigend. Blätter gefingert, 5- bis 7zählig; Teilblättchen gezähnt, am Rand nicht seidenglänzend. Armblütige Rispe. Blüten 1–2 cm breit; Kronblätter ausgerandet, sich seitlich nicht überdeckend. Wuchs rasig.
SV: Sonnige Raine, trockene Triften, sandige Halden. Kalkhold, wärmeliebend. Häufig; bis etwa 1000 m.
A: Sammelart. Stammform: *P. neumannia* (= *tabernaemontani*). Dazu: Sand-Fingerkraut *(P. arenaria)*: Blattunterseite filzhaarig. Zwischenform: Flaum-Fingerkraut *(P. pusilla).* Außerdem: Rötliches Fingerkraut *(P. heptaphylla):* zottig behaart, Stengel und Kelch oft rötlich; Wuchs buschig.

Kriechendes Fingerkraut
Potentilla reptans
Rosengewächse
Rosaceae

Mai – Aug.   30–60 cm   G; ♃

SK: Stengel niederliegend, ausläuferartig kriechend, an den Knoten wurzelnd. Blätter gestielt, handförmig geteilt, meist 5-, seltener 3zählig. Teilblättchen länglich-eiförmig, gesägt, unterseits behaart. Blüten einzeln in den Blattachseln, gestielt, 1,5–2,5 cm breit.
SV: Mäßig feuchte Wiesen, Ufer, Wegränder, Schuttplätze, auch Äcker und Gärten. Stickstoff- und wärmeliebend. Häufig, doch kaum bis 1000 m.
A: Ähnlich: Gestrecktes Fingerkraut, *P. anglica* (= *procumbens*): Zerstreut, im Süden selten. Blüten höchstens 1,5 cm breit, oft nur 4 Blütenblätter. Erbfester Bastard aus Aufrechtem (S. 126) und Kriechendem Fingerkraut.

Gänse-Fingerkraut
Potentilla anserina
Rosengewächse
Rosaceae

Mai – Juli   15–50 cm   G; ♃

SK: Stengel kriechend bis aufsteigend. Blätter unpaarig gefiedert; 9 bis 21 längliche, tief gesägte Teilblättchen, unterseits seidig behaart. Blüten einzeln, langgestielt, goldgelb, um 2 cm breit.
SV: Wegränder, Dorfplätze, Bahndämme, Strandwiesen, Brachland, Weiden und Schuttplätze. Stickstoff- und wärmeliebend, salzverträglich. Gern auf verdichteten, lehmigen Böden. Häufig; bis gegen 900 m.
A: Entfernt ähnlich: Liegendes Fingerkraut *(P. supina):* Blätter nur 3- bis 7zählig gefiedert, Kriechstengel gabelig verzweigt, Blüten 1 bis 1,5 cm breit. Kalkscheu, salzhold; Ufer, feuchte Wegränder. Selten.

Kleiner Odermennig
Agrimonia eupatoria
Rosengewächse
Rosaceae

Juni - Aug.   30-100 cm   G; ⚃

SK: Viele kleine, um 1 cm breite Blüten in langer, ährenförmiger Traube. Stengel aufrecht, rauhhaarig. Blätter unpaarig gefiedert, Teilblättchen gesägt; zwischen die großen sind kleinere Fiederblättchen eingeschoben. Frucht hakig.
SV: Wegraine, sonnige Böschungen, Triften, Waldränder, Hecken. Gern auf kalkhaltigen, nicht zu trockenen und nährstoffarmen, humosen Böden. Wärmeliebend. Zerstreut bis 800 m.
A: Die kräftige, etwas drüsenhaarige ssp. *grandis* leitet über zum seltenen Großen Odermennig *(A. procera);* Kronblätter tief ausgerandet, Stengel stieldrüsig, 50–150 cm lang. Kalkscheu. Waldränder, Gebüsch.

Steifer Sauerklee
Oxalis fontana
Sauerkleegewächse
Oxalidaceae

Juni - Sept.   10-30 cm   G; ⊙ -⚃

SK: Stengel aufrecht, oft stark verzweigt, zerstreut behaart. Blätter gestielt, dreizählig kleeartig. Blüten zu 1–6 in blattachselständigen Doldenwickeln. Aufrecht gestellte, kantige Kapseln.
SV: Äcker, Gärten, Wege, Schuttplätze. Auf meist kalkarmen, stickstoffreichen Böden. Häufig; fehlt in den Alpen und den höheren Mittelgebirgen.
A: Synonyme: *O. stricta, O. europaea.* Ähnlich: Gehörnter Sauerklee *(O. corniculata):* Stengel kriechend, an den Knoten wurzelnd, oft rot. Kleine Nebenblätter am Blattstielgrund. Zerstreut. Gärten, Äcker, Schotterwege, Pflaster. Beide Arten eingeschleppte Kulturbegleiter.

142

Gelbes Sonnenröschen
Helianthemum nummularium
Zistrosengewächse
Cistaceae

Juli – Okt.   15–30 cm   G; ♃

SK: Stengel niederliegend bis aufrecht, am Grund holzig. Blätter gegenständig, oval, ganzrandig. Wenigblütige, endständige Traube. Blüten meist etwa 2–3 cm breit; 3 größere, 2 sehr kleine Kelchblätter.
SV: Magerrasen, Triften, Raine, lichte Gebüsche, Trockenwälder. Wärmeliebend. Gern auf steinigen, meist kalkhaltigen Böden. Häufig, in Norddeutschland zerstreut bis selten.
A: Viele Rassen: Ssp. *nummularium* (Blatt unten graufilzig) und ssp. *ovatum* (Blatt wenig behaart) Hauptformen niederer Lagen. Ssp. *grandiflorum* (kraushaarig) und ssp. *glabrum* (fast kahl): großblütige (3–4 cm!) Alpenrassen bis 2300 m.

Niederliegendes Hartheu
Hypericum humifusum
Hartheugewächse
Hypericaceae

Juni – Sept.   5–15 cm   G; ☉ –♃

SK: Stengel dünn, verzweigt, kriechend, an den Enden aufgebogen; meist an 2 Seiten eine schmale Längsleiste. Blätter gegenständig, länglicheiförmig. Armblütige Rispen. Blüten 1 bis 1,5 cm breit. Pflanze kahl.
SV: Moore, Ufer, feuchte Äcker, Magerrasen und Brachland, lichte, nasse Wälder, Waldränder und Wege. Gern auf offenen, kalkarmen Böden. Zerstreut; im Norden und in den (Kalk-) Alpen (bis 1800 m) seltener.
A: An trockeneren Standorten zuweilen mit 4zähligen Blüten (var. *liottardi*). Variiert sonst vor allem in den Kelchblättern: Ganzrandig, aber auch mit Sägezähnchen und mit oder ohne schwarze Drüsen.

Rauhes Hartheu
Hypericum hirsutum
Hartheugewächse
Hypericaceae

Juni - Aug.   30-100 cm   G; ♃

SK: Ganze Pflanze dicht kurzhaarig. Stengel aus bogigem Grund aufrecht, rund. Blätter gegenständig, ganzrandig, stumpf eiförmig, kurz gestielt; Blattfläche durchscheinend punktiert. Lockere Rispe. Blüten um 2 cm breit. Kelchblätter am Rand stark, Kronblätter mäßig schwarzdrüsig.
SV: Lichte, etwas feuchte Wälder, Gebüsche, Kahlschläge, Waldränder. Auf kalk- und stickstoffreichen Böden bis ins höhere Bergland. Häufig, in Norddeutschland zerstreut.
A: Wird auch Behaartes Hartheu genannt. Im Schatten entwickeln sich sehr kräftige, breitblättrige Exemplare (var. *latifolium = majus*). Ihr systematischer Wert ist gering.

Berg-Hartheu
Hypericum montanum
Hartheugewächse
Hypericaceae

Juni - Aug.   30-60 cm   G; ♃

SK: Pflanze kahl. Stengel aufrecht, rund. Blätter gegenständig, mit herzförmigem Grund sitzend, am Rand schwarz punktiert; nur die oberen mit durchscheinenden Tüpfeln auf der Blattfläche. Trugdolde. Blüten gut 2 cm breit. Kelchblätter am Rand mit schwarzen Drüsen. Etwa 40–60 Staubblätter in 3 Büscheln.
SV: Trockene Gebüsche und Wälder in nicht zu rauher Höhenlage. Auf nährstoff- und meist kalkreichen Böden. Zerstreut; über 800 m und im Norden selten (bei uns maximal bis 1300 m).
A: Wenig veränderlich. Im Aussehen der voranstehenden Art sehr ähnlich; kann aber durch ihre Kahlheit sicher unterschieden werden.

Kanten-Hartheu
Hypericum maculatum
Hartheugewächse
Hypericaceae

Juni - Sept.   15-40 cm   G; ♃

Flügel-Hartheu
Hypericum tetrapterum
Hartheugewächse
Hypericaceae

Juli - Sept.   30-60 cm   G; ♃

SK: Pflanze kahl. Stengel aufrecht, mit 4 schmalen Längsleisten. Blätter gegenständig, sitzend, kaum oder nicht durchscheinend punktiert, am Rand mit schwarzen Drüsentüpfeln. Trugdoldige Traube. Blüten etwa 2,5 cm breit. Kelch- und Kronblätter oft hell oder schwarz gepunktet. Staubblätter in 3 Büscheln.
SV: Feuchte Wiesen, Gräben, Bergwiesen, alpine Staudengesellschaften. Auf leicht sauren, wenigstens zeitweise nassen Böden. Zerstreut; bis 2000 m.
A: Neben dem Typus auch großblumige Rassen. Z.B.: Etangs-Hartheu (*H. desetangsii*): Blüten 2,5 bis 3,5 cm, Kelchblätter spitz, 2 starke und 2 schwache Stengelleisten. Nur im S.

SK: Pflanze kahl. Stengel aufrecht, verästelt, mit 4 breiten, flügelartigen Längsleisten. Blätter gegenständig, halbstengelumfassend sitzend; Blattfläche fein und dicht durchscheinend getüpfelt, dazu noch, wie Leisten, Kron- und Kelchblätter, mit schwarzen Drüsenpünktchen. Dichte, reichblütige Trugdolde. Blüten 1,5 bis 2,5 cm breit. Staubblätter in 3 Büscheln.
SV: Naßwiesen, Röhrichte, Riedgrasbestände, Quellfluren, Gräben, Ufer. Auf nassen, zeitweise überfluteten, nährstoffreichen, gern kalkhaltigen Lehmböden. Zerstreut; selten über 700 m.
A: Heißt auch Geflügeltes Hartheu. Synonym: *H. acutum*.

Tüpfel-Hartheu
Hypericum perforatum
Hartheugewächse
Hypericaceae

Juni - Okt.   30-60 cm   G; ♃

SK: Pflanze kahl. Stengel aufrecht, oft verzweigt, rund, mit 2 niederen Längsleisten. Blätter gegenständig, schmaloval, durchscheinend punktiert. Staubblätter in 3 Büscheln. Überall schwarze Drüsen(punkte).
SV: Lichte Wälder, Hecken, Waldränder, Kahlschläge, Heiden, Raine, Magerwiesen und -weiden. Auf unterschiedlichen Böden; meist: kalkarm, stickstoffarm, mäßig trocken. Sehr häufig.
A: Sehr variable Art. Alte Heil- und Zauberpflanze (Blütenblätter geben beim Zerreiben Rotfärbung), daher viele Namen: Johanniskraut, Sonnwendkraut, Mannsteufel, Hexenkraut, Johannisblut, Herrgottsblut.

146

Schönes Hartheu
Hypericum pulchrum
Hartheugewächse
Hypericaceae

Juli - Sept.   15-50 cm   G; ♃

SK: Pflanze kahl. Stengel aufrecht, rund. Blätter gegenständig, sitzend, stumpf dreieckig-herzförmig, durchscheinend punktiert. Lockere Rispe. Blüten knapp 2 cm breit. Kelch- und Kronblätter am Rand mit schwarzen Drüsen. Staubblätter in 3 Büscheln. Stengel, Blätter und Blüten oft mit rötlichem Anflug.
SV: Lichte Wälder aller Art, Waldränder, Lichtungen, Heiden. Auf sauren Sand- oder Lehmböden. Kalkfliehend, Magerkeitszeiger. Meidet feuchte Standorte. Zerstreut, gegen Osten selten, fehlt den Alpen, im atlantischen Klimabereich (Nordwesten) häufig.
A: Kaum variabel: Selten mit hellgelben statt mit goldgelben Blüten.

Sichel-Hasenohr
Bupleurum falcatum
Doldengewächse
Apiaceae (Umbelliferae)

Juni - Aug.   20-100 cm   G; ♃

SK: Stengel aufrecht, aber oft verbogen. Blätter derb, ganzrandig, meist sehr schmal, die obersten sichelförmig. Blüten klein, in zusammengesetzten, 4- bis 10strahligen Dolden. 1–3 Hüllblätter, oft verkümmert, 5 große Hüllchenblätter.
SV: Trockenwälder, Waldränder, Gebüsch, Steppenheiden, sonnige Halden, seltener an Wegrainen und in waldnahen Halbtrockenrasen. In sommerwarmen Lagen auf lockeren, kalkhaltigen, stickstoffarmen Böden. Zerstreut bis gegen 1000 m; doch in Silikatgebieten und im Norden fehlend.
A: Die Gattung Hasenohr hat als einzige unter unseren Doldengewächsen ungeteilte Blätter.

Gemeiner Pastinak
Pastinaca sativa
Doldengewächse
Apiaceae (Umbelliferae)

Juli - Sept.   30-100 cm   G; ⊙-⊙

SK: Stengel aufrecht, oben verästelt, rillig, behaart. Blätter ein- bis zweifach grob gefiedert. Zusammengesetzte Dolde mit 5–20 Strahlen. Hülle und Hüllchen fehlen, zuweilen 1–2 verkümmerte Blättchen. Blüten kaum 2 mm breit. Kronblätter oft eingerollt, goldgelb.
SV: Wiesen, Schuttplätze, Weg- und Straßenränder, Äcker, Bahndämme. Auf stickstoffhaltigen, tiefgründigen Lehmböden. Häufig, doch kaum über 1000 m; im Nordwesten seltener.
A: Alte Heil- und Gemüsepflanze. Wild: Ssp. *urens*: grauhaarig, Stengel feinriefig. Verwildert: Ssp. *sativa*: Fast kahl, Stengel furchig. Zwischenform: Ssp. *sylvestris* (furchig, haarig).

Stengellose Primel
Primula vulgaris
Primelgewächse
Primulaceae

Feb. - Mai   5–15 cm   V; ♃

SK: Grundblätter länglich-verkehrt-eiförmig, teilweise überwinternd, zuweilen auch erfroren und Jungblätter zur Blütezeit erst in Entwicklung; runzelig, oben kahl, unterseits schwach und kurz behaart. Blüten auf behaarten Stielen grundständig. Kelch fast bis zur Mitte gespalten. Blütenkrone 2 bis über 3 cm breit, mit ausgerandeten Lappen.
SV: Wälder, Gebüsche, Wiesen, Raine. Auf feuchten, nährstoffreichen, eher kalkarmen, mullreichen Böden. Frostempfindlich. Selten. Nur im äußersten Norden und am Alpenrand.
A: Synonyme: *P. acaulis;* Stengellose Schlüsselblume. Häufige Zierpflanze (Blüten weiß, gelb, rot, braun, blau).

Alpen-Aurikel
Primula auricula
Primelgewächse
Primulaceae

April - Juni   5–25 cm   V; ♃

SK: Rosette aus kahlen bis mehlig bestäubten, dicklich-derben Blättern mit Knorpelrand. Reichblütige, oft einseitswendige Dolde auf kräftigem Schaft. Kronsaum eher glockig zusammenneigend, um 2 cm breit, die 5 Lappen nur schwach ausgerandet.
SV: Felsen, Steinrasen, Sumpfwiesen. Auf sehr nassen, oft humusarmen Böden. Kalkhold. In den Alpen bis 2400 m zerstreut, im Vorland selten, nördlich bis Alb und Schwarzwald.
A: Ähnlich: Garten-Aurikel *(P. hortensis)*. Vielfarbige Zierpflanze auf der Grundlage des Bastardes aus Alpen-Aurikel und Behaarter Aurikel *(P. hirsuta)* = *P. × pubescens*. Kronsaum flach, Lappen tief ausgerandet.

Wald-Primel
Primula elatior
Primelgewächse
Primulaceae

März – Mai 15–30 cm V; ♃

Wiesen-Primel
Primula veris
Primelgewächse
Primulaceae

März – April 10–25 cm V; ♃

SK: Dolden auf hohem Schaft, oft einseitswendig. Blüten schwefelgelb; Kronsaum flach, um 2 cm breit; Kelch engwalzlich, mit grünen Kanten. Rosettenblätter länglich-keilförmig, runzelig, gekerbt und kurzhaarig.
SV: Wälder aller Art, doch in Nadelforsten seltener, Gebüsche, feuchte Wiesen. Auf meist lehmigen, feuchten, mineral- und nährstoffreichen Böden. Sehr häufig, im Norden seltener; in den Alpen bis über 2000 m.
A: Beliebte Frühlingskünderin und zusammen mit nachfolgender (etwas später blühender) Art mit vielen Volksnamen: Schlüsselblume, Himmelsschlüssel, Badenken, Osterblume, Kuckucksblume.

SK: Einseitswendige Dolde auf geradem Schaft. Blüten goldgelb, innen mit orangen Flecken; Kronsaum um 1,5 cm breit, glockig; Kelch bauchig, hell graugelb. Rosettenblätter länglich-eiförmig, runzelig, gekerbt.
SV: Raine, Wiesenhänge, Magerrasen, Gebüsche, lichte Wälder. Auf nicht zu feuchten, nährstoffhaltigen, gern kalkreichen Böden. Häufig, gegen Nordwesten selten; kaum höher als 1500 m.
A: Andere Namen: Arznei-Primel, Echte oder Duftende Schlüsselblume. Synonym: *P. officinalis*. Formenreich. Wichtige Rasse: Ssp. *canescens;* auf trockenen Böden im Südwesten zerstreut. Blattunterseite dicht filzig behaart; Kelch bis 2 cm lang.

149

Strauß-Gilbweiderich
Lysimachia thyrsiflora
Primelgewächse
Primulaceae

Mai - Juni   30–70 cm   V; ♃

Gemeiner Gilbweiderich
Lysimachia vulgaris
Primelgewächse
Primulaceae

Juni - Aug.   60–130 cm   V; ♃

SK: Stengel aufrecht. Blätter kreuzgegenständig, lanzettlich bis lineal-lanzettlich, ganzrandig, sitzend. Auf der Blattfläche viele rote Drüsenpunkte. Blüten in blattachselständigen, dichtwalzlichen Trauben, 3–5 mm breit, gelegentlich 6zählig! Trauben gestielt, erreichen aber trotzdem nicht die Länge der Blätter.
SV: Im Röhricht stehender oder langsam fließender Gewässer, in Riedgrasbeständen. Auf schlammigen, nicht zu nährstoffreichen, sauren, oftmals überschwemmten Böden. Zerstreut, gegen Süden zu selten werdend; fehlt den Alpen und den Mittelgebirgen.
A: Wird auch zu einer eigenen Gattung gemacht: *Naumburgia th.*

SK: Stengel aufrecht, schwach kantig. Blätter gegenständig oder zu 3 bis 4 quirlig, groß, eiförmig, bis 14 cm lang. Endständige, unten beblätterte Rispe. Blüten 1–2 cm breit; Kronzipfel stumpflich, am Rand glatt, Kelchzipfel rot berandet und drüsig bewimpert.
SV: Gräben, Ufer, Sumpfwiesen, nasse Staudenfluren, Bruchwälder, Auwälder und Auengebüsche. Auf nassen, torfigen Böden. Zerstreut, im Norden häufig.
A: Ähnlich: Punkt–Gilbweiderich, Tüpfelstern *(L. punctata)*. Blüten 2–3 cm breit, Kronzipfel spitz, ringsum drüsig bewimpert; Kelchzipfel grün, drüsig bewimpert. Zierpflanze, selten an ähnlichen Orten verwildert.

Pfennig-Gilbweiderich
Lysimachia nummularia
Primelgewächse
Primulaceae

Juni – Juli   5–50 cm   V; ♃

Hain-Gilbweiderich
Lysimachia nemorum
Primelgewächse
Primulaceae

Mai – Aug.   10–30 cm   V; ♃

SK: Stengel weitkriechend, kaum verästelt, am Ende zuweilen aufsteigend. Blätter gegenständig, rundlich, 1–2 cm lang, kurz gestielt. Blüten gestielt, blattachselständig; Krone etwa 1,5 cm breit, innen oft rot getüpfelt. Kelchzipfel herzförmig, zugespitzt. Pflanze meist kahl.
SV: Wiesen, Gräben, Wegränder, Äkker, feuchte Gebüsche, Auwälder. Auf schweren (oft verdichteten), feuchten, stickstoffreichen Lehmböden. Sehr häufig, vor allem in tieferen Lagen. Nicht über 800 m.
A: Veränderlich in der Blattform, in Blütenzahl, Duft und Blütenstiellänge. Wird hier und dort in Gärten als Kriechstaude gezogen.

SK: Stengel aufsteigend, kaum verästelt, im unteren Teil mit Sproßwurzeln. Blätter kreuzgegenständig, eiförmig, bis 3 cm lang, ganzrandig, auf kurzen Stielen. Blattfläche dicht durchscheinend getüpfelt. Blüten einzeln blattachselständig, gestielt. Krone etwa 1 cm breit, Zipfel eirundlich, stumpf, ganzrandig oder gezähnt. Fruchtkapsel an langem Stiel nach unten gekrümmt.
SV: Feuchte Wälder und Gebüsche, Waldbäche. Auf nährstoffreichen, kalkarmen Böden. Zerstreut; vor allem im Bergland und im Gebirge bis 1600 m; im Tiefland selten.
A: Andere Namen: Wald-Weidenkraut, Wald-Felberich, Waldeinsamkeit.

151

Gelber Enzian
Gentiana lutea
Enziangewächse
Gentianaceae

Juni - Aug.   40-140 cm   V; ♃

SK: Kräftiger, aufrechter Stengel. Blätter gegenständig, breiteiförmig, parallelnervig. 3- bis 10blütige Trugdolden in den Achseln schalenförmiger Tragblätter, am Stengelende in mehreren Stockwerken übereinander. Blüten tief 5- bis 6teilig.
SV: Raine, Bergwiesen, alpine Matten, lichte Bergwälder. In den Alpen zerstreut, sonst sehr selten. Kalkhold.
A: Im nichtblühenden Zustand ähnlich: Weißer Germer (*Veratrum album*, s. S. 78): Blätter wechselständig; sowie verwandte alpine Staudenenziane, alle sehr selten und mit langen, eilanzettlichen Blättern: Purpur-, Ungarn- und Tüpfel-Enzian (*G. purpurea, pannonica, punctata*).

152

Alpen-Wachsblume
Cerinthe glabra
Borretschgewächse
Boraginaceae

Mai - Juli   30-50 cm   V; ♃

SK: Ganze Pflanze kahl, bläulich bereift. Blüten in dichttraubigen, überhängenden Wickeln am Stengelende. Krone glockig-röhrig verwachsen, mit 5 kleinen, etwas aufgebogenen Zipfeln. Blütenröhre mit rotem Ring oder roten Flecken. Blätter vorne breit abgerundet, länglich, mit herzförmigem Grund sitzend.
SV: Viehläger, alpine Matten, Unkrautfluren, Bachgestrüpp. Auf gut durchfeuchteten, stickstoffreichen und eher kalkhaltigen Böden. Selten; nur im (West-)Alpengebiet und dem Vorland. Zuweilen in Gärten gepflanzt.
A: Ähnlich: Kleine Wachsblume (*C. glabra*): Krone auf $1/3$ gespalten. Auf ähnlichen Standorten; mehr im Osten.

Gemeiner Beinwell
Symphytum officinale
Borretschgewächse
Boraginaceae

Mai – Sept.   30–100 cm   V; ♃; (+)

SK: Ganze Pflanze rauhhaarig. Blätter länglich-eiförmig, deutlich am Stengel herablaufend. Blüten schmalglockig, nickend, in Trugdolden.
SV: Auf feuchten bis nassen, stets nährstoffreichen Böden. Zerstreut, oft nur vorübergehend, in Feuchtwiesen, an Ufern und Gräben, auf Schuttplätzen und Wegen sowie in Auwäldern und an Waldrändern. Bis 1000 m.
A: Der schwarzen Wurzel wegen wird diese Heilpflanze auch Schwarzwurz genannt (nicht gleichzusetzen mit der Gemüsepflanze „Schwarzwurzel"!). 3 Unterarten (durch Übergänge verbunden): *bohemicum*, kleinblütig, gelblichweiß; *tanaicense*, trübviolett, kaum rauh; *officinale (purpureum)*, rötlich.

Schwarzes Bilsenkraut
Hyoscyamus niger
Nachtschattengewächse
Solanaceae

Juni – Okt.   30–80 cm   V; ☉ – ☉; +

SK: Pflanze klebrig-zottig behaart. Stengel aufrecht, oft verästelt. Blätter länglich, buchtig-fiedrig, untere gestielt, obere halb stengelumfassend sitzend. Blüten in blattachselständigen Büscheln. Krone trichterförmig, 5lappig, schmutziggelb mit violettem Adernetz.
SV: Schuttplätze, Wege, Mauern, Burgruinen, auch auf Äckern. Auf sonnenwarmen, nicht zu trockenen, stets sehr stickstoffreichen Lehmböden. Selten und sehr unbeständig. Fehlt schon im höheren Bergland.
A: Die niedrigere, einjährige Ackerform ist wahrscheinlich eine erbfeste, eigenständige Rasse (var. *agrestis* = *annuus*).

Schwarze Königskerze
Verbascum nigrum
Braunwurzgewächse
Scrophulariaceae

Juni – Sept.   30–100 cm   V; ☉

SK: Staubfäden mit violetten Wollhaaren. Blüten 1,5 bis 2,5 cm breit; wenigblütige, kurzstielige Büschel bilden eine lange, endständige Traube. Stengel aufrecht, wenig verzweigt. Blätter länglich-eiförmig, gekerbt, nicht am Stengel herablaufend, zumindest unterseits dicht behaart.
SV: Waldränder, Kahlschläge, Raine, Bahndämme, Ufer, Wege, Schuttstellen. Auf stickstoffhaltigen, leicht feuchten, nicht immer kalk- und doch stets mineralreichen Böden. Zerstreut.
A: Ähnlich: Motten-Königskerze *(V. blattaria)*; seltener; Blüten einzeln, Blätter kahl. Mehlige Königskerze *(V. lychnitis,* s. S. 75*)*; Krone kleiner, Staubfäden weißwollig.

154

Kleinblütige Königskerze
Verbascum thapsus
Braunwurzgewächse
Scrophulariaceae

Juli – Sept.   30–150 cm   V; ☉

SK: Staubfäden weißwollig. Blüten 1,5 bis 2,5 cm breit, geknäuelt, in langer, dichter Traube. Stengel aufrecht, meist einfach. Blätter länglich, schwach gekerbt, am Stengel bis zum nächsten Blatt herablaufend (Stengel daher geflügelt). Überall dichter graugelblicher Haarfilz.
SV: Wege, Bahndämme, Schuttplätze, Raine, Heiden, Waldränder. Wärmeliebend. Auf lockeren, flachgründigen, oft etwas steinigen Böden. Stickstoffzeiger. Zerstreut; ab 1500 m sehr selten. Oft sehr unbeständig.
A: Ähnlich die in der nächstfolgenden Spalte beschriebenen Arten, die sich aber durch größere Blüten einwandfrei unterscheiden.

Großblütige Königskerze
Verbascum densiflorum
Braunwurzgewächse
Scrophulariaceae

Juli – Sept.   80–200 cm   V; ☉

Strauß-Glockenblume
Campanula thyrsoides
Glockenblumengewächse
Campanulaceae

Juli – Aug.   10–40 cm   V; ☉

SK: Staubfäden weißwollig, Blüten 3 bis 4 cm breit. Lange, dichte Traube. Blätter länglich, am Stengel weit herablaufend. Dichter, graugelblicher Haarfilz.
SV: Wege, Bahndämme, Schuttplätze, Raine, Heiden, Waldränder. Wärmeliebend. Kaum über 700 m. Auf trockenen, gern kalkhaltigen, stickstoffreichen Böden. Zerstreut. Gelegentlich auch in Gärten (Tee- und Zierpflanze).
A: Synonym: *V. thapsiforme*. Ähnlich: Windblumen-Königskerze *(V. phlomoides):* Blätter laufen nur wenig am Stengel herab (nicht bis zum nächsten Blatt!). Selten und unbeständig, doch immer wieder aus Süd(Ost)-Europa eingeschleppt.

SK: Blüten um 2 cm lang, schmal-glokkig. Endständige, dichte, kolbenartige Ähren. Stengel aufrecht, unverzweigt, dicht beblättert. Blätter schmal, länglich, zugespitzt; die grundständigen stumpf, alle sitzend. Ganze Pflanze dicht mit langen Borsten besetzt (Blüten eher wollhaarig).
SV: Ausschließlich in den Alpen ab etwa 1500 m auf sonnigen, aber nicht zu trockenen, nährstoff- und kalkhaltigen, oft steinigen Böden. Zerstreut (aber sehr auffällig). Nur selten ins Tal herabgeschwemmt.
A: Synonym: *C. thyrsoidea*. Aus früh abgemähten Pflanzen entsteht die Form *putata:* Grundblattrosette mit einzelnen Blüten dazwischen.

155

Kelch-Simsenlilie
Tofieldia calyculata
Liliengewächse
Liliaceae

Mai – Juli 10–30 cm M; ♃

SK: 6zählige, kurzgestielte Blüten in 3 bis 8 cm langer, endständiger Traube. Stengel aufrecht, nur schwach beblättert. Grundblätter grasartig, zweizeilig gestellt, viel kürzer als der Stengel. Artcharakteristisch ist der „Kelch", ein dreilappiges Schuppenblättchen am Blütengrund (zusätzlich zum lanzettlichen Tragblatt am Hauptstengel).
SV: Moore, Sumpfwiesen, feuchte Magerrasen, berieselte Felsen. Kalkhold. Düngerfliehend. In den Alpen zerstreut (bis 2000 m), sonst sehr selten, im Norden fehlend.
A: Ähnlich: Sumpf-Simsenlilie, *T. pusilla* (= *palustris*), sehr selten. Ohne „Kelch", Blüten mehr weißgrün.

Europäischer Beinbrech
Narthecium ossifragum
Liliengewächse
Liliaceae

Juli – Aug. 10–30 cm M; ♃

SK: 6zählige, außen grünliche Blüten in 5 bis 8 cm langer, endständiger Traube. Stengel aufrecht, beblättert. Blätter grasartig, die grundständigen zweizeilig gestellt, etwa so lang wie der Stengel, viel länger als die Stengelblätter. Junge Staubbeutel hellrot; Staubfäden dichtwollig behaart.
SV: Heidemoore, atlantische Zwergstrauchheiden. Auf nassen, nährstoffarmen Torfböden. Kalkmeidend. Nur im Geestgebiet Nordwestdeutschlands. Zerstreut, nach Osten hin sehr selten.
A: Früher den Gattungen Simsenlilie (linke Spalte) oder Graslilie (S. 79) zugeordnet (*Tofieldia ossifraga* bzw. *Anthericum ossifragum*).

Wald-Goldstern
Gagea lutea
Liliengewächse
Liliaceae

März – Mai   10–30 cm   M; ♃

SK: Ein grundständiges, grasartiges, 6–8 mm breites Laubblatt. Scheindolde mit 2–10 Blüten, die zwischen 2 schmalen Hochblättern entspringt. Stengel blattlos. Blütenstiele kahl; Blütenblätter 1–1,5 cm lang, außen grünstreifig.
SV: Auwälder, feuchte Laubmischwälder, Bachgehölz. Auf grundwassernahen, humussauren, doch gern kalkhaltigen, stets nährstoffreichen Böden. Zerstreut; nicht über 1500 m.
A: Ähnlich: Wiesen-Goldstern *(G. pratensis)*: Grasplätze, Äcker, selten. Grundblatt 3–5 mm breit, gekielt. Akker-Goldstern *(G. villosa = arvensis)*: Äcker, selten; 2 Grundblätter, 1–2 mm breit.

Wasser-Schwertlilie
Iris pseudacorus
Schwertliliengewächse
Iridaceae

Mai – Juli   60–100 cm   M; ♃; +

SK: 3 äußere Blütenblätter eiförmig, übergebogen, ohne Haarkamm; 3 innere Blütenblätter kleiner, lineal, aufrecht; Griffeläste blütenblattartig verbreitert. Stengel aufrecht, kräftig, fast scheidig beblättert. Grundblätter steif, schwertförmig, bis 3 cm breit, etwa so lang wie der Stengel. Kapsel groß, dreikantig.
SV: Röhrichte und Riedgrasbestände; auch im Halbschatten unter Feuchtgehölzen. Auf nährstoffreichen Sumpfböden. Zerstreut; kaum über 600 m.
A: Verwilderte, gelbblühende Zierpflanzen aus der Gattung stehen meist trockener und tragen alle auf der Innenseite der äußeren Blütenblätter einen Haarkamm.

Frühlings-Scharbockskraut
Ficaria verna
Hahnenfußgewächse
Ranunculaceae

März – Mai   5–15 cm   G; ♃; (+)

SK: Stengel hohl, niederliegend bis aufsteigend. Blätter wechselständig, herz-nierenförmig, gekerbt, die oberen handförmig eckig; alle mehr oder weniger langgestielt, glänzend. In den Blattachseln meist Brutknöllchen. Blüten einzeln, langgestielt; 8 bis 12 Blütenblätter.
SV: Feuchte Laubwälder und Gebüsche, Quellfluren, Ufer, Wiesen. Auf nährstoffreichen, feuchten Lehmböden. Sehr häufig bis ca. 1000 m.
A: Zerfällt in mehrere Unterarten, die jedoch noch nicht einwandfrei abgegrenzt sind. Synonym: *Ranunculus ficaria*. Heißt wegen der feigwarzenähnlichen Brutknöllchen zwischen den Wurzeln auch Feigwurz.

Frühlings-Adonisröschen
Adonis vernalis
Hahnenfußgewächse
Ranunculaceae

April – Mai   15–25 cm   G; ♃; +

SK: Blüten meist einzeln, endständig, 4–8 cm breit, mit 10 bis 25 Blütenblättern. Stengel aufrecht, unten mit scheidigen Schuppenblättern, ab der Mitte mit Laubblättern, die 2- bis 4fach gefiedert und in sehr schmale Zipfel gespalten sind. Neben Blütenstengeln auch solche, die nur Blätter tragen.
SV: Sonnige Raine, Trockenrasen, buschige Hänge, Kiefernwälder. Auf lockeren, sandigen Kalkböden. Sehr selten und in stetem Rückgang begriffen. Nur in niederen Lagen (bis 500 m).
A: Weiterer Name: Frühlings-Teufelsauge. Wie die meisten Frühblüher kann auch diese Pflanze im Herbst zum zweitenmal blühen (*f. serotinus*).

Europäische Trollblume
Trollius europaeus
Hahnenfußgewächse
Ranunculaceae

Mai – Juni   30–50 cm   G; ♃; (+)

Gelbe Resede
Reseda lutea
Resedengewächse
Resedaceae

Mai – Okt.   30–60 cm   G; ☉-♃

SK: Blüte eine geschlossene Kugel von bis zu 3 cm Durchmesser; 6 bis 15 Blütenblätter. Stengel aufrecht, meist nur unten verzweigt; Blüten daher langgestielt, einzeln endständig. Blätter handförmig, 3- bis 5teilig. Grundblätter langgestielt.
SV: Feuchte Wiesen, Bergwiesen. Auf schwach humussauren, mäßig nährstoffhaltigen, mineralreichen Lehmböden. Selten. Verbreitungsschwerpunkt im (höheren) Bergland.
A: Die früher sehr beliebte Wildstrauß- und Zierpflanze hat viele Volksnamen, die entweder auf die Blütenfarbe (Eier, Dotter, Gold, Butter, Schmalz) oder die Blütenform (Rolle, Kugel, Knopf, Kopf) abheben.

SK: Stengel oft ästig, aufsteigend bis aufrecht. Obere Blätter ein- bis zweifach fiederspaltig. Dichtblütige Traube. Blüten hellgelb; meist 4 große, tiefgeteilte Kronblätter, dazu 2 sehr kleine.
SV: Schuttplätze, Wege, Bahndämme, seltener in Weinbergen oder Äckern. Kalkhold. Braucht nährstoffreiche, lockere, oft steinige Böden. Zerstreut, gegen Norden zu selten; wärmeliebend, kaum über 1000 m.
A: Dem „Gelben" oder „Wilden Wau" ähnlich: Färber-Resede (Echter Wau), *R. luteola;* zerstreut, an ähnlichen Standorten. Alte Färbepflanze. Stets nur 4 Kronblätter, alle Blätter ungeteilt.

Echte Goldrute
Solidago virgaurea
Korbblütengewächse
Asteraceae (Compositae)

Juli – Sept. 20-100 cm V; ♃

SK: Zahlreiche kleine Körbchen, 7–8 mm lang, in einer allseitswendigen, aufrechten Traube oder Rispe. Außen 5–12 schmale Zungenblüten, innen Röhrenblüten. Stengel aufrecht, Äste rutenförmig. Untere Blätter elliptisch, gesägt, obere eiförmig-lanzettlich. Blattstiel geflügelt.
SV: Lichte Wälder, Lichtungen, Waldränder, Heiden, Magerrasen, Dünen. Auf sonnigen, nicht zu trockenen, nährstoffarmen, aber gern kalkhaltigen Böden. Häufig; weit über 2000 m.
A: Hauptform: Ssp. *virgaurea*, dichter Blütenstand, Körbchenbreite bis 1,5 cm. Im Gebirge ssp. *minuta* (= *alpestris*), 5–30 cm hoch, lockerer Blütenstand, Körbchenbreite bis 2 cm.

Kanadische Goldrute
Solidago canadensis
Korbblütengewächse
Asteraceae (Compositae)

Aug. – Okt. 50-250 cm V; ♃

SK: Hunderte kleiner Körbchen, um 5 mm lang, in einer etwas einseitswendigen, ausladenden Rispe. Zungenblüten kaum länger als die Röhrenblüten. Stengel aufrecht, meist unverzweigt (bis auf die abstehenden Blütenäste), unten behaart. Blätter lanzettlich, oft etwas gesägt.
SV: Ufer, Auwälder, Schuttstellen. Auf sonnigen, aber feuchten, nährstoffreichen Lehmböden. Häufig, oft in Massenwuchs; selten über 1000 m.
A: Sehr ähnlich: Riesen-Goldrute, *S. gigantea* (= *serotina*): Gleich hoher Wuchs (!), Stengel unten kahl, oft rot überlaufen; Zungenblüten 1 mm länger. Etwas seltener. Beide aus Nordamerika eingebürgert (Zierpflanzen).

Weiden-Alant
Inula salicina
Korbblütengewächse
Asteraceae (Compositae)

Juli - Aug.　　30-60 cm　　V; ♃

SK: Stengel aufrecht, mit 1–5 Blütenkörbchen von 2,5–3 cm Breite. Außen lange Zungenblüten, innen Röhrenblüten. Fruchtknoten und Frucht mit Haarkranz. Blätter wechselständig, ganzrandig, meist kahl.
SV: Halbtrockenrasen, Gebüsche, Raine, Feuchtwiesen. Auf kalkhaltigen, zeitweise feuchten Böden. Zerstreut; im Norden sehr selten, den Alpen fehlend.
A: Ähnlich: Großes Flohkraut, *Pulicaria dysenterica*: Körbchen kleiner, Blätter behaart. Gemeines Rindsauge (S. 162): Körbchen breiter, Blätter behaart. Weitere Alant-Arten, deren Blätter aber alle zumindest unterseits deutlich behaart sind.

Dürrwurz-Alant
Inula conyza
Korbblütengewächse
Asteraceae (Compositae)

Juli - Sept.　　30-80 cm　　V; ♃

SK: Zahlreiche Blütenkörbchen von etwa 1 cm Breite bilden einen doldigtraubigen Gesamtblütenstand. Nur Röhrenblüten. Hüllblätter mit abstehender Spitze. Stengel meist aufrecht, rotbraun. Blätter länglich-eiförmig, klein gezähnt, unterseits flaumig-filzig.
SV: Waldränder, Lichtungen, Gebüsche, Steppenheiden, Mauern. Kalkhold. Auf sonnigen, eher trockenen, nicht zu mageren, steinigen Böden. Zerstreut; im Norden sehr selten; nicht über 1000 m.
A: Ähnlich: Stinkender Alant, *I. graveolens* (= *Cupularia graveolens*): Einjährig, unangenehm riechend, drüsigklebrig, Blätter schmal. Sehr selten in milden Lagen an Salzstellen.

Gemeines Rindsauge
Buphthalmum salicifolium
Korbblütengewächse
Asteraceae (Compositae)

Juli - Aug.   15-50 cm   V; ♃

Topinambur-Sonnenblume
Helianthus tuberosus
Korbblütengewächse
Asteraceae (Compositae)

Aug. - Okt.   1-2,5 m   V; ♃

SK: Blütenkörbchen 3–6 cm breit, einzeln, endständig. Außen schmale Zungenblüten, innen Röhrenblüten. Fruchtknoten und Frucht ohne Haarkrone. Stengel aufrecht, wenig verzweigt. Blätter wechselständig, lanzettlich, weichhaarig; obere sitzend.
SV: Lichte Wälder, trockene Gebüsche, Waldränder, Heiden, Magerrasen. Auf kalkhaltigen, oft steinigen Böden. In den Alpen bis 2000 m zerstreut, im Vorland selten, im Norden fehlend.
A: Ähnlich sind einige Arten aus den Gattungen Flohkraut *(Pulicaria)* und Alant *(Inula,* vgl. S. 161). Nur das Rinds- oder Ochsenauge hat aber Spreublätter im Körbchen.

SK: Blütenkörbchen 3–8 cm breit, aufrecht, endständig. Außen Zungenblüten, innen Röhrenblüten. Stengel aufrecht, wenig verzweigt. Untere Blätter gegenständig, länglich-herzförmig, obere wechselständig, schmal-eiförmig; alle gestielt, am Rand gesägt, auf der Fläche rauhhaarig.
SV: Nordamerikanische Futterpflanze, zuweilen feldmäßig gebaut, breitet sich seit einigen Jahrzehnten an Flußufern und feuchten Schuttplätzen aus. Auf nährstoffreichen, sandigen oder kiesigen Lehmböden. Zerstreut, im höheren Bergland selten.
A: Gelegentlich verwildern auch andere, verwandte Arten (Zierpflanzen); die Abgrenzung ist sehr schwierig.

Dreiteiliger Zweizahn
Bidens tripartitus
Korbblütengewächse
Asteraceae (Compositae)

Juli – Okt.   10–100 cm   V; ☉

SK: Blütenkörbchen trugdoldig angeordnet, 1,5–2,5 cm breit und ebenso lang. Außen gelegentlich Zungenblüten, innen braungelbe Röhrenblüten. Frucht mit meist 2 widerhakigen Grannen. Stengel aufrecht, oft braunrot angelaufen. Blätter gegenständig, 3- (bis 5-)teilig.
SV: Gräben, Ufer, nasse Wiesen und Äcker. Auf nassen, nährstoffreichen Sand- oder Schlammböden. Zerstreut, über 500 m selten.
A: Ähnlich: Strahlender Zweizahn (*B. radiata*): Körbchen kürzer, Blätter 5- bis 7teilig, hellgrün; selten. Laubiger Zweizahn (*B. frondosa = melanocarpa*): Blätter langgestielt, 3- bis 5teilig gefiedert; selten.

Strahlenlose Kamille
Matricaria discoidea
Korbblütengewächse
Asteraceae (Compositae)

Juni – Aug.   15–40 cm   V; ☉

SK: Blüten in halbkugeligen, grünlichgelben Körbchen. Meist nur Röhrenblüten, sehr selten verkümmerte weiße Zungenblüten. Stengel niederliegend bis aufrecht, reichästig, kahl, stark beblättert. Blätter doppelt fiederteilig mit schmalen Zipfeln. Ganze Pflanze riecht aromatisch.
SV: Wege, Brachland, Schuttstellen, Bahndämme, Mauern, Sportplätze, seltener in Getreideäckern. Auf nährstoffreichen, eher feuchten, nicht stark bewachsenen und durch Begehen verdichteten Böden. Gern in der Nähe menschlicher Siedlungen. Sehr häufig, doch kaum über 1000 m.
A: Synonyme: *M. matricarioides, M. suaveolens*. Erst seit 1850 in Europa.

Gemeiner Rainfarn
Tanacetum vulgare
Korbblütengewächse
Asteraceae (Compositae)

Juli – Sept.   60–130 cm   V; ♃; +

Gemeiner Beifuß
Artemisia vulgaris
Korbblütengewächse
Asteraceae (Compositae)

Juli – Okt.   90–150 cm   V; ♃; (+)

SK: Blütenkörbchen trugdoldig angeordnet, halbkugelig-abgeplattet, etwa 1 cm breit. Alle Blüten röhrenförmig, selten die Randblüten mit ganz kurzer Zunge. Fruchtknoten und Frucht ohne Haarkrone. Stengel aufrecht, kantig. Blätter wechselständig, doppelt fiederteilig, mit gesägten Zipfeln. Geruch herb aromatisch.
SV: Wege, Schuttplätze, Dämme, Ufer, Gebüsch, Waldränder. Auf nährstoffreichen Lehmböden in sommerwarmer, doch nicht regenarmer Lage. Häufig; fehlt den Gebirgen.
A: Heißt auch Wurmkraut (früher zum Entwurmen der Haustiere benutzt).
Synonyme: *Chrysanthemum tanacetum, Ch. vulgare.*

SK: Blütenkörbchen schmal, etwa 5 mm lang, zahlreich, in durchblätterten Traubenrispen. Nur Röhrenblüten, von der etwas filzigen Hülle fast ganz eingeschlossen. Stengel aufrecht, oft dunkel rotviolett überlaufen. Blätter fiederteilig, unterseits weißfilzig. Geruch aromatisch.
SV: Wege, Schuttplätze, Dämme, Gebüsche, Waldränder, Bachufer. Auf unterschiedlichen, stickstoffhaltigen Böden. Sehr häufig; fehlt den Alpen.
A: Alte Heil- und Gewürzpflanze. Besonders aromatisch: ssp. *verlotorum*: mit langen Ausläufern; aus Ostasien, selten im Südwesten. Auf Dünen im Nordwesten: ssp. *coarctata*, kaum verzweigt, hoch, obere Blätter ungeteilt.

Gemeiner Huflattich
Tussilago farfara
Korbblütengewächse
Asteraceae (Compositae)

März – April   10–30 cm   V; ♃

Berg-Wohlverleih
Arnica montana
Korbblütengewächse
Asteraceae (Compositae)

Juni – Aug.   30–60 cm   V; ♃

SK: Blütenkörbchen einzeln, endständig an schuppig beblättertem Stengel. Außen mehrere Reihen von Zungenblüten, innen Röhrenblüten. Fruchtknoten und Frucht mit Haarkranz. Stengel nach der Blüte verlängert und (oben) nickend. Grundblätter nach der Blüte; langstielig, rundlich-herzförmig, gezähnt, unterseits weißfilzig behaart; Zähne schwärzlich.
SV: Offener Boden, Wege, Dämme, Mauern, Steinbrüche, Schuttstellen, Bäche. Kalkhold, feuchtigkeitsbedürftig. Sehr häufig.
A: Alte Heilpflanze („Brustlattich"). Die ähnlichen Blätter der Pestwurz (*Petasites*, S. 88 und 243) haben keine schwärzlichen Zähnchen.

SK: Stengel aufrecht, meist unverzweigt, mit 1–2 Paar gegenständiger Blätter, flaumhaarig. Rosette aus derben, eiförmigen, fast ganzrandigen Grundblättern. Alle Blütenkörbchen 6–8 cm breit; außen lange Zungenblüten, innen Röhrenblüten; Fruchtknoten und Frucht mit Haarkrone. Herb aromatischer Geruch.
SV: Magerwiesen, alpine Matten, Moorwiesen, Heiden. Auf sand- und humushaltigen, sauren Lehmböden oder auf Torf. Kalkfliehend. Selten. Hauptverbreitung im Bergland.
A: Alte Heilpflanze, als „Arnika" bekannt. Von anderen gelben Korbblütlern unterschieden durch Grundrosette und gegenständige Blätter.

Gemeines Greiskraut
Senecio vulgaris
Korbblütengewächse
Asteraceae (Compositae)

Jan. - Dez.   15-30 cm   V; ☉ -☉; +

SK: Blüten in rispig angeordneten, länglich-walzlichen Körbchen. Nur Röhrenblüten; kaum länger als die schwarzfleckige Hülle. Fruchtknoten und Frucht mit Haarkrone. Stengel aufsteigend-aufrecht, verzweigt. Blätter wechselständig, fiederteilig, oft spinnwebig behaart.
SV: Gärten, Äcker, Wege, Schuttplätze, Kahlschläge. Auf unterschiedlichen, doch stets stickstoffreichen und leicht feuchten Böden. Sehr häufig; bis über 1600 m.
A: Die weißbehaarten Früchtchen lassen nach der Blüte die Körbchen zum „Greisenhaupt" werden. Daher der Name (*Senecio* – senex = Greis), der oft in „Kreuzkraut" geändert wird.

Klebriges Greiskraut
Senecio viscosus
Korbblütengewächse
Asteraceae (Compositae)

Juni - Okt.   15-50 cm   V; ☉

SK: Blüten in rispig angeordneten, länglich-eiförmigen Körbchen. Außen schmale, meist zurückgerollte Zungenblüten, innen Röhrenblüten. Zumindest der Blütenstand klebrig-drüsig. Frucht und Fruchtknoten schütter behaart. Stengel meist aufrecht, Blätter fiederteilig mit lanzettlichen, buchtig gezähnten Fiedern.
SV: Schuttplätze, Kahlschläge, Dünen, Bahnanlagen, Wege. Gern auf offenen, sehr steinigen, eher kalkarmen Böden, die nicht zu feucht sein dürfen. Zerstreut; ab 700 m selten.
A: Heißt auch Klebriges Kreuzkraut. Sehr ähnlich: Wald-Greiskraut *(S. sylvaticus)*: nicht klebrig. An ähnlichen Standorten. Zerstreut.

Frühlings-Greiskraut
Senecio vernalis
Korbblütengewächse
Asteraceae (Compositae)

Mai – Sept.   15–50 cm   V; ☉

SK: Blüten in doldenrispig angeordneten, fast glockigen Körbchen. Innen Röhrenblüten, außen 13 abstehende Zungenblüten. Frucht und Fruchtknoten mit Haarkranz. Stengel aufrecht, wenig verzweigt. Blätter fiederlappig, ringsum gezähnt, stengelumfassend sitzend.
SV: Äcker, Wege, Schuttstellen, Waldränder, Bahndämme. Meist auf sommerwarmen, etwas trockenen, stickstoffreichen, aber eher kalkarmen Sandböden. Salzverträglich. Selten und meist nur vorübergehend, aber immer wieder neu (vom Osten) eingeschleppt (seit etwa 1850 mit beständiger westlicher Ausbreitungstendenz).
A: Heißt auch Frühlings-Kreuzkraut.

Spatelblättriges Greiskraut
Senecio helenites
Korbblütengewächse
Asteraceae (Compositae)

Mai – Juni   50–100 cm   V; ♃

SK: Blüten in scheindoldig angeordneten, glockigen Körbchen. Außen (13) abstehende Zungenblüten, innen Röhrenblüten. Frucht und Fruchtknoten mit Haarkrone. Stengel steif aufrecht. Blätter ei-spatelförmig, mit meist eingerolltem Rand, spinnwebwollig; Stengelblätter sehr schmal, untere stengelumfassend.
SV: Sumpfwiesen, lichte Wälder. Auf zeitweilig nassen, nährstoffarmen, kalkfreien Torfböden. Selten, nur im Süden und Westen.
A: Heißt auch Spatelblättriges Kreuzkraut. Synonym: *S. spathulifolius*. Viele Kleinarten. Ähnlich: Moor-Greiskraut *(S. tubicaulis):* klebrig-zottig. Selten; Moorwiesen; nur Norden.

Raukenblättriges Greiskraut
Senecio erucifolius
Korbblütengewächse
Asteraceae (Compositae)

Juli – Okt.   30–100 cm   V; ☉-♃

SK: Blüten in trugdoldig angeordneten, glockigen Körbchen. Außen (13) abstehende Zungenblüten, innen Röhrenblüten. Fruchtknoten und Frucht mit Haarkranz. Stengel aus kurzem waagrechten Wurzelstock aufrecht. Oft rotbraun, kantig. Blätter fiederteilig, unterseits spinnwebwollig.
SV: Raine, Wege, Gebüsch, Waldränder. Auf stickstoffreichen, gern kalkhaltigen, steinigen Lehmböden. Häufig; doch kaum über 1000 m.
A: Auch: „Raukenblättriges Kreuzkraut." Sehr ähnlich: Jakobs-Greiskraut, *S. jacobaea* (blüht um St. Jakob – 25. 7.). Wurzelstock geht steil in die Erde; Körbchen 15–20 mm breit (statt 10–15 mm).

Hain-Greiskraut
Senecio nemorensis
Korbblütengewächse
Asteraceae (Compositae)

Juni – Aug.   50–150 cm   V; ♃

SK: Blüten in trugdoldig angeordneten Körbchen. Außen meist 5 (–7) Zungenblüten, innen Röhrenblüten. Fruchtknoten und Frucht mit Haarkranz. Stengel aufrecht, wechselständig beblättert. Blätter eilanzettlich, gesägt, höchstens kurzstielig.
SV: Wälder, Bachgehölze, Lichtungen, Schlag- und alpine Hochstaudenfluren. Auf zumindest gut durchfeuchteten, nährstoff- und humusreichen Böden. Zerstreut; gegen Norden selten.
A: Ssp. *nemorensis,* Mittelgebirgsrasse: Stengel grün, behaart; Blattrand bewimpert. Ssp. *fuchsii,* von den Niederungen bis 2000 m: Stengel rot, kahl, Blätter schmal, mindestens 4mal so lang wie breit.

Acker-Ringelblume
Calendula arvensis
Korbblütengewächse
Asteraceae (Compositae)

Mai – Okt.   10–20 cm   V; ⊙

SK: Blüten in langgestielten, 1–2 cm breiten Körbchen. Außen Zungenblüten, innen Röhrenblüten. Früchte hakig bis ringförmig gekrümmt, am Rücken mit Klettstacheln besetzt. Stengel niederliegend oder aufsteigend, wechselständig beblättert. Blätter spatelig bis lanzettlich, stengelumfassend, flaumhaarig.
SV: Weinberge, Hackfruchtäcker, Schuttstellen. Auf nährstoff- und mineralreichen, eher trockenen Rohböden. In Wärmegebieten zerstreut, sonst sehr selten und meist vorübergehend.
A: Ähnlich: Garten-Ringelblume *(C. officinalis)*, alte Heil- und Zierpflanze, öfters verwildert. Körbchen 2–5 cm breit, orange(gelb).

Kleine Eberwurz
Carlina vulgaris
Korbblütengewächse
Asteraceae (Compositae)

Juli – Sept.   15–50 cm   V; ⊙ -⊙

SK: Blätter länglich, am Rand buchtig gezähnt mit stechenden Dornen. Stengel aufrecht, meist verzweigt. Blüten in 2–3 cm breiten Körbchen, endständig an den Ästen. Hüllblätter dornig, die innere Reihe zungenartig, strohgelb gefärbt. Nur Röhrenblüten. Frucht und Fruchtknoten mit Haarkranz.
SV: Trockenwälder, Waldränder, Heiden, Magerrasen, sonnige Raine. Kalkhold. Auf ziemlich trockenen, mineralreichen, nährstoffarmen Böden. Zerstreut; gegen Norden selten; nicht über 1500 m.
A: Heißt auch Golddistel (vgl. Silberdistel, S. 91). Mehrere Rassen; in den Alpen herrscht die einköpfige, im Vorland die wenigköpfige vor.

Kohl-Kratzdistel
Cirsium oleraceum
Korbblütengewächse
Asteraceae (Compositae)

Juli – Sept.　　50–150 cm　　V; ♃

SK: Blätter kahl, weichdornig gezähnt, hellgrün; obere oft ungeteilt, stengelumfassend, untere fiederspaltig. Blüten in 2–4 cm langen, aufrechten Körbchen, die, zu mehreren endständig, von bleichen Hochblättern umgeben sind. Nur Röhrenblüten. Frucht und Fruchtknoten mit Haarkranz.
SV: Feuchtwiesen, Flachmoore, Ufer, Gräben, Auwälder. Kalkhold. Nässezeiger. Auf nährstoffreichen Lehmböden. Sehr häufig, nur in Nordwestdeutschland selten; sonst bis 2000 m.
A: Als „Kohldistel" charakteristischer und namengebender Bestandteil einer Feuchtwiesengesellschaft. Bastardiert gern mit rotblühenden Kratzdisteln: Blüten schmutzigrosa.

Alpen-Kratzdistel
Cirsium spinosissimum
Korbblütengewächse
Asteraceae (Compositae)

Juli – Aug.　　20–60 cm　　V; ♃

SK: Stengel aufrecht, dicht beblättert. Blätter gelbgrün, fiederspaltig, ringsum stechend dornig gezähnt. Blüten in 2–3 cm langen Körbchen; diese meist zu mehreren endständig, von bleichgelben, dornigen Hochblättern umgeben. Frucht und Fruchtknoten mit Haarkranz.
SV: Nur in den Alpen zwischen 1300 und 2500 m. Auf feuchten Matten, Steinrasen, Viehlägern und in Ufer-Staudenfluren. Stickstoffliebend. Auf feuchten Lehmböden. Zerstreut.
A: Verschiedene Standortsformen: Im Schatten bis über 1 m hoch; in Hochlagen einköpfig oder mit ganz kurzem Stengel (5 cm). Wird durch Beweidung gefördert.

Rauher Löwenzahn
Leontodon hispidus
Korbblütengewächse
Cichoriaceae (Compositae)

Juli - Okt.   5-30 cm   V; ♃

SK: Blütenkörbchen endständig, 1,5–3 cm breit. Nur Zungenblüten. Frucht und Fruchtknoten mit Haarkranz. Stengel dünn, markig, meist unverzweigt; höchstens mit Schuppenblättchen. Grundblätter fiederspaltig bis ganzrandig. Pflanze mit Milchsaft.
SV: Wiesen, Raine, alpine Steinrasen. Auf nährstoffreichen Böden. Häufig.
A: Sehr veränderlich, auch in der Behaarung. Ähnlich: Herbst-Löwenzahn (*L. autumnalis*): Meist ästig, Blätter schmal, meist kahl, fiedrig gezähnt; Wiesen, häufig. Gemeines Ferkelkraut (*Hypochoeris radicata*): Stengel blaugrün, ästig, Blätter buchtig gezähnt, zerstreut borstig; Heidewiesen, Raine, Sandstellen. Häufig.

Habichtskraut-Bitterkraut
Picris hieracioides
Korbblütengewächse
Cichoriaceae (Compositae)

Juli - Okt.   30-150 cm   V; ☉-♃

SK: Blätter und zumindest unterer Stengelabschnitt steifborstig behaart. Pflanze führt Milchsaft. Stengel meist reichlich und sparrig verzweigt. Blätter länglich, buchtig gezähnt. Blütenkörbchen doldig-rispig angeordnet, 1,5–2,5 cm breit. Äußere Hüllblättchen abstehend. Nur Zungenblüten. Frucht mit Haarkranz.
SV: Wegraine, Böschungen, verunkrautete Wiesen, Schuttstellen, Waldränder. Auf kalkhaltigen, nicht allzu trockenen, nährstoffreichen, gern steinigen Lehmböden. Häufig, im Norden zerstreut.
A: Viele Unterarten: Alpine Formen schwarzborstig oder nur unten borstig. Mittelmeerformen dichtborstig.

171

Wiesen-Bocksbart
Tragopogon pratensis
Korbblütengewächse
Cichoriaceae (Compositae)

Mai – Juli   30–60 cm   V; ⊙; (+)

Gemeine Kuhblume
Taraxacum officinale
Korbblütengewächse
Cichoriaceae (Compositae)

April – Juni   10–60 cm   V; ♃

SK: Blütenkörbchen 4–6 cm breit. Nur Zungenblüten. Frucht und Fruchtknoten mit Haarkrone. Nur eine Reihe Hüllblätter. Stengel aufrecht, etwas verzweigt, unter den Körbchen ein kurzes Stück angeschwollen. Blätter wechselständig, ganzrandig, grasartig, stengelumfassend. Pflanze führt reichlich Milchsaft.
SV: Wiesen; selten an Wegen. Auf gut durchfeuchteten, nährstoff- und mineralhaltigen Lehmböden. Häufig.
A: Ssp. *pratensis* (Nordrasse), Zungen hellgelb, so lang wie die Hülle. Ssp. *minor* (Westrasse), Zungen hellgelb, nur halb so lang wie die Hülle. Ssp. *orientalis* (Süd[ost]rasse), Zungen goldgelb, etwas länger als die Hülle.

SK: Blütenkörbchen 2–5 cm breit, einzeln auf einem blattlosen, weitröhrigen Stengel. Nur Zungenblüten. 2 Reihen Hüllblätter, die äußere oft zurückgeschlagen. Fruchtknoten und Frucht mit Haarkranz. Grundblätter rosettig, länglich, schrotsägeartig gezähnt. Pflanze führt Milchsaft.
SV: Überall auf nicht zu nassen und zu schattigen Standorten. Sehr häufig; bis gegen 2500 m.
A: Heißt fast überall Löwenzahn, seltener Butter- oder Pusteblume. Sammelart, bei uns etwa 120 Kleinarten in 5 Gruppen (2 Trockenrasen-, 1 Alpenmatten-, 1 Sumpf- und die allgemein verbreitete, gewöhnliche Normalart).

Acker-Gänsedistel
Sonchus arvensis
Korbblütengewächse
Cichoriaceae (Compositae)

Juli - Okt.   50-150 cm   V; ♃; (+)

SK: Blütenkörbchen bis 5 cm breit, doldenrispig angeordnet. Nur Zungenblüten. Hülle und Stiele dicht mit gelben Drüsenhaaren besetzt. Frucht und Fruchtknoten mit Haarkranz. Stengel nur oben verzweigt, hohl. Blätter schrotsägeförmig, die oberen einfacher, alle stachelig gezähnt. Pflanze mit viel Milchsaft.
SV: Äcker, Gärten, Weinberge, Wegränder, Schuttplätze. Auf stickstoffhaltigen Böden. Häufig. Salzhold, wärmebedürftig, selten über 1000 m.
A: Feuchtigkeits- und salzliebend: Ssp. *uliginosus*, wenig drüsig; zerstreut. Ähnlich: Sumpf-Gänsedistel *(S. paluster)*: schwarzdrüsig, Körbchen bis 3 cm breit. Ufer, selten.

Kohl-Gänsedistel
Sonchus oleraceus
Korbblütengewächse
Cichoriaceae (Compositae)

Juni - Okt.   30-100 cm   V; ⊙ ; (+)

SK: Pflanze meist ganz kahl, mit reichlich Milchsaft. Blütenkörbchen 1–2 cm breit, doldenrispig angeordnet. Nur Zungenblüten. Frucht und Fruchtknoten mit Haarkranz. Stengel ästig, hohl. Blätter stachelig gezähnt, stengelumfassend mit abstehenden, zugespitzten Öhrchen.
SV: Gärten, Äcker, Schuttplätze, Wege. Auf nicht zu trockenen, stickstoffreichen Böden. Nicht über 1000 m. Sehr häufig.
A: Die Blütenfarbe variiert von Sattbis Weißgelb. Sehr ähnlich: Rauhe Gänsedistel *(S. asper)*; Blattöhrchen abgerundet, dem Stengel angedrückt. Häufig; an ähnlichen Stellen. Beide Arten heißen auch Musdistel.

Zarter Mauerlattich
Mycelis muralis
Korbblütengewächse
Cichoriaceae (Compositae)

Juli – Sept.   30–100 cm   V; ♃

SK: Blütenkörbchen rispig angeordnet, kaum 1 cm breit. Nur 5 Zungenblüten pro Körbchen, blaßgelb. Frucht und Fruchtknoten mit Haarkranz. Stengel aufrecht, oberwärts verästelt. Blätter öfters schmutzigrot überlaufen, die unteren gestielt, die oberen sitzend mit großem Endlappen, alle fiederlappig. Pflanze kahl und mit viel Milchsaft.
SV: In Laub- und Nadelwäldern, Gebüschen, an schattigen Felsen und Mauern. Auf lockeren, nährstoffreichen, auch steinigen Lehmböden mit Mullauflage. Häufig, bis gegen 1000 m, im Nord(west)en etwas seltener.
A: Synonym: *Cicerbita muralis, Lactuca muralis* (Milchlattich, Lattich).

Gemeiner Rainkohl
Lapsana communis
Korbblütengewächse
Cichoriaceae (Compositae)

Juni – Sept.   30–100 cm   V; ☉

SK: Blütenkörbchen rispig angeordnet, etwa 1 cm breit. Nur 8–12 hellgelbe Zungenblüten pro Körbchen. Frucht und Fruchtknoten ohne Haarkranz. Stengel aufrecht, oberwärts verästelt. Untere Blätter fiederlappig, mit großem Endlappen, obere eiförmig, fast alle gestielt. Pflanze mit Milchsaft und meist behaart.
SV: Äcker, Gärten, Schuttplätze, auch in Gebüschen, an Waldrändern, auf Lichtungen und in lichten Wäldern. Auf etwas feuchten, nährstoffreichen Böden. Häufig, doch selten über 1000 m aufsteigend.
A: Die Pflanze ist in der Behaarung, im Blattschnitt und in der Größe sehr variabel.

Wiesen-Pippau
Crepis biennis
Korbblütengewächse
Cichoriaceae (Compositae)

Mai – Sept.   60–120 cm   V; ☉

SK: Blütenkörbchen 3–4 cm breit, doldenrispig angeordnet. Nur Zungenblüten. Äußere Hüllblätter abstehend. Fruchtknoten und Frucht mit Haarkranz. Stengel aufrecht, gerillt, oben verzweigt. Blätter fiederlappig bis fiederteilig, oberste ungeteilt. Pflanze führt Milchsaft.
SV: Wiesen, Wegraine, selten auf Äckern. Auf nährstoffreichen, lehmigen Böden. Sehr häufig, gegen Norden etwas seltener; kaum über 1200 m.
A: Heißt auch Wiesen-Feste oder Wiesen-Grundfeste. Ähnlich: Weicher Pippau *(C. mollis):* Hüllblättchen anliegend, Blätter ganzrandig bis gesägt. Bergwiesen, Gebirgsweiden. Zerstreut, in den Niederungen selten.

Kleinköpfiger Pippau
Crepis capillaris
Korbblütengewächse
Cichoriaceae (Compositae)

Juni – Okt.   15–30 cm   V; ☉ –☉

SK: Blütenkörbchen 1–1,5 cm breit, doldenrispig angeordnet. Nur Zungenblüten. Fruchtknoten und Frucht mit Haarkranz. Stengel verästelt. Blätter schrotsägeförmig-fiederspaltig, obere lineal, alle am Grund pfeilförmig, stengelumfassend. Pflanze meist kahl, mit Milchsaft.
SV: Wiesen, Weiden, Parkrasen, Wegraine. Auf nicht zu feuchten und nicht zu nährstoffhaltigen, eher kalkarmen Böden. Häufig, doch kaum bis 1000 m.
A: Häufigste mehrerer kleinwüchsiger Pippau-Arten, die nur schwer zu unterscheiden sind. Weitere Namen dieser Pflanze: Dünnästiger Pippau, Grüner Pippau, Dünnästige Grundfeste. Synonym: *C. virens*.

Stachel-Lattich
Lactuca serriola
Korbblütengewächse
Cichoriaceae (Compositae)

Juli – Okt.   60–130 cm   V; ☉ -☉; (+)

Kleines Habichtskraut
Hieracium pilosella
Korbblütengewächse
Cichoriaceae (Compositae)

Mai – Okt.   8–30 cm   V; ♃

SK: Blütenkörbchen etwa 1 cm breit, rispig angeordnet. Nur Zungenblüten. Frucht mit Haarkranz. Stengel weißlich, oft rotviolett überhaucht. Blätter buchtig-fiederspaltig, am Grund pfeilförmig, stachelig gezähnt; senkrecht gestellt und in Nord-Süd-Richtung gedreht; Mittelrippe unterseits bestachelt. Pflanze kahl; mit reichlich Milchsaft.
SV: Wege, Bahndämme, Schuttstellen, Ödland. Auf stickstoffreichen, warmen Böden. Häufig. Im Norden etwas seltener, den Alpen fehlend.
A: Synonyme: *L. scariola*. Wilder oder Kompaß-Lattich. Ähnlich: Gift-Lattich *(L. virosa)*: Blätter waagrecht, nur gezähnt, stinkend. Selten.

SK: Blütenkörbchen einzeln auf blattlosem Schaft, 2–3 cm breit. Nur Zungenblüten. Fruchtknoten und Frucht mit Haarkranz. Blätter grundständig, eiförmig, unten filzig behaart, oben mit einzelnen langen Borsten. Pflanze mit Milchsaft. Oberirdische Ausläufer.
SV: Magerrasen, Trockenrasen, Raine, Heiden, lichte Wälder. Auf unterschiedlichen Böden. Meidet zu feuchte und zu dunkle Standorte. Häufig.
A: Viele Rassen. Ähnlich: Öhrchen-Habichtskraut *(H. auricula)*: 2–5 Körbchen am Stengel, Naßwiesen, Heiden; zerstreut. Hoppes Habichtskraut *(H. hoppeanum)*: Hüllblätter stumpf, Stengel drüsig; Alpenmatten; zerstreut.

Wald-Habichtskraut
Hieracium sylvaticum
Korbblütengewächse
Cichoriaceae (Compositae)

Mai - Okt.   30–60 cm   V; ♃

SK: Blütenkörbchen 2–3 cm breit, zu wenigen in Rispen. Nur Zungenblüten. Frucht und Fruchtknoten mit Haarkranz. Stengel aufrecht, mit 0–2 Blättern. Übrige Blätter grundständig, eiförmig, meist etwas gezähnt, gestielt. Keine Ausläufer. Pflanze mit Milchsaft, meist (drüsig) behaart. Haare schwarz (dunkel).
SV: Wälder aller Art, seltener im Schatten von Felsen und Mauern. Auf nicht zu trockenen, wenig kalkhaltigen, humusreichen Böden. Häufig, bis über 2000 m.
A: Synonym: *H. murorum*. Sehr formenreich; Übergänge zu verwandten Arten (vor allem solche mit blaugrünen, dunkelfleckigen Blättern).

Schirm-Habichtskraut
Hieracium umbellatum
Korbblütengewächse
Cichoriaceae (Compositae)

Juli - Sept.   10–100 cm   V; ♃

SK: Blütenkörbchen 1–3 cm breit, doldig(-rispig) angeordnet. Nur Zungenblüten. Hüllblätter an der Spitze umgebogen. Frucht mit Haarkranz. Viele schmale Stengelblätter. Grundblätter verdorrt. Pflanze mit Milchsaft (oft spärlich).
SV: Waldränder, Gebüsch, Heiden, Magerrasen, Dünen. Auf kalkarmen, oft sandigen Lehmböden. Häufig.
A: Ähnlich: Savoyer Habichtskraut *(H. sabaudum)*: Blätter eiförmig, Hüllblätter anliegend; zerstreut. Glattes Habichtskraut *(H. laevigatum)*: Höchstens 15 (schmale) Stengelblätter; zerstreut. Gemeines Habichtskraut *(H. lachenalii = vulgatum)*, mit Grundblattrosette; zerstreut.

Rotbrauner Frauenschuh
Cypripedium calceolus
Orchideengewächse
Orchidaceae

Mai - Juni   15-80 cm   M; ♃

Blasses Knabenkraut
Orchis pallens
Orchideengewächse
Orchidaceae

April - Juni   15-30 cm   M; ♃

SK: Stengel aufrecht, mit 1–2 (selten bis 4) Blüten. Große, 3–4 cm lange, schuhartig aufgeblasene, gelbe Lippe (Fliegenkesselfalle!); dazu 4 lanzettliche, purpurbraune, äußere Blütenblätter, 4–6 cm lang. Laubblätter 3–5, groß, elliptisch, mit scheidenartigem Grund stengelumfassend. Blattrand bewimpert.
SV: Laubwälder, Mischwälder und Nadelwälder, in den Alpen auch im Legföhrengebüsch. Wärmeliebend. Auf nicht zu trockenen, kalkreichen Lehmböden. Sehr selten, an vielen Stellen ausgerottet. In den Alpen bis gegen 1500 m; fehlt im Nordwesten.
A: Änderungen in Blütenfarbe und Blütenblattzahl kommen selten vor.

SK: Kurze, etwas aufgelockerte Blütenähre. Äußere Blütenblätter abstehend, Blütensporn höchstens so lang wie der Fruchtknoten, waagrecht abstehend oder aufwärts gebogen. Tragblätter der Blüten häutig, blaßgelb, 1nervig. Laubblätter länglich-eiförmig, ungefleckt, ungestielt.
SV: Lichte Schluchtwälder, Laubwälder, sonnige Mischwälder. Auf humosen, etwas feuchten Kalkböden. Wärmeliebend. Selten. Fehlt in Norddeutschland; Alpen bis etwa 1200 m.
A: Nicht verwechseln mit nebenstehender Holunder-Kuckucksblume, wenn auch die Blüten des Blassen Knabenkrautes einen ähnlichen, widerlich-schweren Holunderduft haben.

Holunder-Kuckucksblume
Dactylorhiza sambucina
Orchideengewächse
Orchidaceae

April – Juni   15–25 cm   M; ♃

SK: Kurze, dichte Blütenähre. Äußere Blütenblätter abstehend, Blütensporn länger als der Fruchtknoten. Tragblätter der Blüten laubartig (nicht häutig). Laubblätter länglich-eiförmig, ungefleckt, ungestielt.
SV: An sonnigen Rainen, in Magerrasen, lichten Wäldern und Gebüschen. Bevorzugt mäßig trockene, steinige, kalkarme Lehmböden. Sehr selten.
A: Die Blütenfarbe zeigt alle Übergänge von Rot bis Gelb, doch sind die gelben Pflanzen häufiger. Ähnlich: Viele Knabenkräuter *(Orchis)* und Kuckucksblumen *(Dactylorhiza = Dactylorchis)* mit gelben oder roten Blüten. Die „Sicheren Kennzeichen" sind genau zu beachten.

Bräunliche Nestwurz
Neottia nidus-avis
Orchideengewächse
Orchidaceae

Mai – Juni   10–60 cm   M; ♃

SK: Ganze Pflanze gelbbraun. Derber Stengel mit schmal-eiförmigen Blättern. Ähre dicht, vielblütig, langwalzlich. Blüten ohne Sporn. Unterlippe zweilappig, obere Blütenblätter halbkugelig zusammengeneigt.
SV: In Laub- und Mischwäldern, seltener in reinen Nadelforsten. Liebt lehmige, kalk- und nährstoffreiche Böden und wertet mit Hilfe von Pilzen die organischen Stoffe im Mull aus. Häufig, aber gern übersehen.
A: Der unterirdische Wurzelstock trägt viele, eng miteinander verflochtene Wurzeln. Deren nestartiges Aussehen war der Grund für den Namen, der in manchen Gegenden auch in „Vogelnest-Orchidee" abgeändert wurde.

Aufrechte Osterluzei
Aristolochia clematitis
Osterluzeigewächse
Aristolochiaceae

Mai - Juni   30-100 cm   G; ♃; +

SK: Stengel aufrecht oder leicht gewunden, kahl, wechselständig beblättert. Laubblätter langgestielt, rundlich-eiförmig, mit herzförmigem Grund. Blüten in den Blattachseln, unten bauchig kugelig, anschließend eine lange, gerade Röhre, die mit einem zungenförmigen Decklappen abschließt; Röhre innen mit einwärts gerichteten Haaren besetzt (Fliegenkesselfalle!).
SV: Weinberge, Wegränder, Mauern, Gebüsche, Auwälder. Wärmeliebend. Kalkhold. Selten; fast nur innerhalb des Weinbaugebietes und im Flachland.
A: Heil- und Giftpflanze des Mittelmeerraumes; bei uns aus alten Kulturen verwildert und eingebürgert.

Wolfs-Eisenhut
Aconitum vulparia
Hahnenfußgewächse
Ranunculaceae

Juni - Aug.   50-150 cm   G; ♃; +

SK: Blüten in einfacher oder verästelter Traube, das oberste Blütenblatt bildet einen hohen, 1,5–2 cm langen, walzlichen Helm, den 4 kleinere, eiförmige Blütenblätter nach unten abschließen. Stengel aufrecht, unten spärlich, oben dichter behaart. Blätter wechselständig, handförmig 5- bis 7teilig, die unteren lang gestielt. Blattabschnitte dreilappig und grob gesägt.
SV: Feuchte Laubwälder, Schluchtwälder, Bruch- und Auwälder. Auf feuchten, nährstoffreichen und humosen Böden. Selten. Hauptverbreitung im höheren Bergland; bis über 2000 m.
A: Sehr formenreiche Pflanze. Synonym: *A. lycoctonum*.

Gelber Lerchensporn
Corydalis lutea
Mohngewächse
Papaveraceae

Mai – Aug.   10–30 cm   G; ♃

Pfeil-Flügelginster
Chamaespartium sagittalis
Schmetterlingsblütengewächse
Fabaceae (Leguminosae)

Mai – Juni   15–25 cm   G; ♄

SK: Stengel aufsteigend bis aufrecht, stark verzweigt, reich beblättert. Blätter gestielt, 3zählig gefiedert; Zipfel keilig-eiförmig, vorn öfters gezähnt. Ganze Pflanze kahl. Einseitswendige, dichte Trauben. Blüten bis 2 cm lang, zweilippig, mit kurzem Sporn, goldgelb, vorn sattgelb.
SV: Mauern und Felsen. Verwilderte, in niederen Lagen eingebürgerte Zierpflanze aus dem Mittelmeergebiet. Gern in feuchten, etwas nährstoffhaltigen, kalkreichen Spalten in nicht zu praller Sonne. Zerstreut, oberhalb 600 m selten.
A: Ähnlich: Blaßgelber Lerchensporn *(C. ochroleuca)*: Blüte blaßgelb mit gelber Spitze. Viel seltener.

SK: Stengel aufsteigend bis aufrecht, breit geflügelt, spärlich beblättert. Blätter wechselständig, sitzend, eiförmig-lanzettlich, ganzrandig. Ganze Pflanze anliegend behaart, doch bald verkahlend, dann derb-ledrig und unten verholzend. Schmetterlingsblüten. Endständige, dichte Trauben.
SV: Halbtrockenrasen, Magerwiesen, Wegraine, Heiden, lichte Trockenwälder, zuweilen auch Felsen. Etwas kalkscheu. Zeiger für Oberflächenversauerung. Häufig, im Norden seltener.
A: Wurde schon vielen Gattungen zugeordnet: *Genista sag.*, *Cytisus sag.*, *Genistella sag.*; Pfeil-Kleinginster, Flügel-Ginster, Pfeil-Ginster.

Süßholz-Tragant
Astragalus glycyphyllos
Schmetterlingsblütengewächse
Fabaceae (Leguminosae)

Mai – Aug.   60–130 cm   G; ♃

SK: Stengel kriechend bis aufsteigend, kaum behaart, wechselständig beblättert. Blätter unpaarig gefiedert mit 9–15 länglich-ovalen Teilblättchen. Schmetterlingsblüten hell (grün)gelb bis elfenbeinfarben. Kurzgestielte, blattachselständige Trauben. Früchte etwas gedunsene, gebogene bis fast spiralig verdrehte Hülsen.
SV: Lichte, trockene Laub- und Mischwälder, Lichtungen, Waldwege, Trockengebüsche. Gern auf stickstoff- und kalkhaltigen Lehmböden. Zerstreut, kaum über 1000 m, im Nordwesten selten.
A: Zuckerreiche Heilpflanze mit vielen Namen: Süße Bärenschote, Wildes Süßholz, Erdmöhre, Wolfsschote.

Echter Steinklee
Melilotus officinalis
Schmetterlingsblütengewächse
Fabaceae (Leguminosae)

Juni – Sept.   30–120 cm   G; ⊙

SK: Stengel aufsteigend bis aufrecht, reich verzweigt, wechselständig beblättert. Blätter dreizählig gefingert; Teilblättchen länglich-eiförmig, buchtig gezähnt. Langgestielte, dichte, etwas einseitswendige Trauben aus den Achseln der oberen Blätter. Schmetterlingsblüten zu 30–60, nur 5–8 mm lang. Fruchtknoten und Frucht kahl.
SV: Wege, Bahnschotter, Äcker, Ödland, Steinbrüche, Ufer, Schuttplätze. Stickstoffzeiger. Auf etwas trockenen, besonnten Plätzen. Häufig.
A: Sehr ähnlich: Hoher Steinklee *(Melilotus altissima):* Frucht behaart (und Schiffchen nicht kürzer als die Blütenflügel). Zerstreut.

Sichel-Luzerne
Medicago falcata
Schmetterlingsblütengewächse
Fabaceae (Leguminosae)

Juni – Sept.   20–50 cm   G; ♃

SK: Blüten etwa 1 cm lang, zu 6–20 in eiförmigen, gestielten Köpfchen aus den Achseln der wechselständigen Blätter. Stengel aufsteigend-aufrecht. Blätter dreiteilig, Teilblättchen länglich, vorn gezähnt. Hülsen meist sichelig gebogen.
SV: Trockenrasen, Magerwiesen, Raine, Gebüsche, Waldränder. Auf eher trockenen Kalkböden. Zerstreut.
A: Heißt auch Sichelklee, Gelbe, Schwedische, Deutsche oder Sand-Luzerne. Nahe verwandt die Blaue Luzerne (S. 332), der sie oft als Unterart zugeordnet wird (*M. sativa* ssp. *falcata*) und mit der sie Bastarde bildet, die meist grün blühen: Bastard-Luzerne, *M. varia*; selten.

Hopfen-Luzerne
Medicago lupulina
Schmetterlingsblütengewächse
Fabaceae (Leguminosae)

Mai – Okt.   10–40 cm   G; ☉ -♃

SK: Stengel niederliegend bis aufrecht, kantig. Blätter dreizählig gefingert, Teilblättchen unterseits behaart. Blüten 2–5 mm lang, in anfangs kugeligen, 10- bis 50blütigen, etwa 5 mm breiten Köpfchen. Blütenblätter fallen nach dem Verblühen ab. Hülsen gekrümmt.
SV: Trockenwiesen, Magerrasen, Wegraine, Bahnschotter. Kalkhold. Auf warmen, nährstoffreichen Böden. Häufig.
A: Weitere Namen: Hopfenklee, Schneckenklee, Lämmerklee, Gelbklee. Sehr ähnlich: Gelbblühende Arten des Echten Klees (*Trifolium*, s. nächste Seiten); sie sind meist weniger behaart, und ihre Blütenblätter bleiben braunvertrocknet im Kelch.

Gemeiner Wundklee
Anthyllis vulneraria
Schmetterlingsblütengewächse
Fabaceae (Leguminosae)

Mai – Sept.   10–30 cm   G; ♃

SK: Stengel liegend bis aufrecht. Grundblätter oft ungeteilt, Stengelblätter unpaarig gefiedert; Fiedern länglich, Endfieder viel größer als die (manchmal fehlenden) Seitenfiedern. Blüten in Köpfchen mit fingerförmig geteilten Hochblättern.
SV: Trockene Magerrasen, Raine, alpine Steinrasen, sonnige Kiefernheiden. Etwas kalkhold. Häufig; im Norden selten; zuweilen als Futter angebaut.
A: Ssp. *vulgaris* ist die Wildform. Ssp. *vulneraria:* Kulturform (auch verwildert), behaart, Blüten weißgelb. Ssp. *maritima:* Blüten orangegelb, auf Sand der Küste. Ssp. *alpestris:* Alpenrasse; Blüten groß, Kelch weißhaarig.

Gold-Klee
Trifolium aureum
Schmetterlingsblütengewächse
Fabaceae (Leguminosae)

Juni – Juli   10–50 cm   G; ☉-☉

SK: Stengel meist aufrecht, von unten an reich verzweigt. Blätter wechselständig, dreizählig gefingert; die Teilblättchen eiförmig, alle gleich kurz gestielt. 20–50 Blüten in einem etwas länglichen, 7–10 mm breiten Köpfchen. Die Kronblätter bleiben nach dem Verblühen als trockenhäutige, gelbbraune Reste bestehen (Flugorgan zur Samenverbreitung).
SV: Trockenrasen, Magerwiesen, Wegränder, Raine, Waldsäume. Etwas kalkscheu. Zeigt leichte Oberflächenversauerung an. Selten; im mittleren Bergland zerstreut.
A: Heißt auch „Himmelhopfen". Synonyme: *T. strepens, T. agrarium.*

Feld-Klee
Trifolium campestre
Schmetterlingsblütengewächse
Fabaceae (Leguminosae)

Juni – Sept.   5–30 cm   G; ☉ -⊙

SK: Stengel niederliegend bis aufsteigend, verästelt. Blätter wechselständig, dreizählig gefingert, Teilblättchen eiförmig, das mittlere deutlich länger gestielt als die seitlichen. 20–50 Blüten in einem kugelig-eiförmigen, 7–10 mm breiten Köpfchen. Die Kronblätter bleiben nach dem Verblühen als trockenhäutige, braungelbe Reste bestehen (Flugorgan zur Samenverbreitung).
SV: Raine, Trockenwiesen, Bahndämme, Wege, Brachland, Äcker. Auf nicht sehr nährstoffhaltigen, kalkreichen Böden. Häufig; bis über 1500 m.
A: Heißt auch „Gelber Ackerklee" und (wie der vorige) „Himmelhopfen". Synonym: *T. procumbens*.

Kleiner Klee
Trifolium dubium
Schmetterlingsblütengewächse
Fabaceae (Leguminosae)

Mai – Sept.   5–20 cm   G; ☉ -⊙

SK: Stengel dünn, rundlich, niederliegend bis aufsteigend. Blätter dreizählig gefingert, wechselständig, bläulichgrün. 5–15 meist schräg aufwärts stehende Blüten bilden ein etwa 5 mm breites, kugeliges Köpfchen. Kronblätter später braun, bleibend.
SV: Nicht zu trockene Wiesen und Weiden, Wegränder, Ufer. Auf nährstoffhaltigen, mäßig kalkreichen Böden. Häufig, doch kaum über 700 m.
A: Heißt auch Faden-Klee. Synonym: *T. filiforme, T. minus*. Die Hauptform mit deutlich gestieltem mittleren Teilblättchen. Nicht so var. *microphyllum*, zierlich, kriechend, 3–8 Blüten im Köpfchen; Ufer, selten.

Gemeiner Hornklee
Lotus corniculatus
Schmetterlingsblütengewächse
Fabaceae (Leguminosae)

Mai – Sept. 5–40 cm G; ♃

SK: Stengel aufsteigend bis aufrecht, meist markerfüllt. Blüten 6–15 mm lang, oft rot angelaufen, zu 2 bis 7 in doldigen Köpfchen. Blätter fünfteilig (2 Nebenblättchen am Stielgrund!); Teilblättchen länglich-eiförmig, kahl, behaart oder bewimpert.
SV: Trockenwiesen, Raine, feuchte Strandwiesen, Alpenmatten; zuweilen gebaut. Meist kalkhold. Häufig.
A: Sehr formenreich: Salz-Hornklee, ssp. *tenuis,* mit dicklichen, linealen Teilblättchen und 1- bis 4blütigem Köpfchen, an der Küste; Alpen-Hornklee, ssp. *alpinus*, Blüten um 1,5 cm, vorn braun, im Gebirge. Die Normalrasse u. a. mit behaarten Trokken- oder besonderen Zuchtformen.

Sumpf-Hornklee
Lotus uliginosus
Schmetterlingsblütengewächse
Fabaceae (Leguminosae)

Juni – Juli 10–60 cm G; ♃

SK: Stengel aufsteigend bis aufrecht, weitröhrig. Blüten 8–15 mm lang, zu 8–12 in doldigen Köpfchen. Vor dem Aufblühen sind die 5 Kelchzähne deutlich zurückgebogen und die Blütenknospen meist rot überlaufen. Blätter 5teilig (3 „echte" Teilblättchen und die 2 gleichgestalteten Nebenblättchen am Stielgrund), meist kahl, unterseits bläulich.
SV: Feuchtwiesen, Flachmoore, Gräben, Ufer. Auf nassen, nährstoffreichen, oft kalkarmen Böden, die sommers auch austrocknen können. Zerstreut; kaum über 1000 m.
A: Synonym: *L. pedunculatus.* Heißt auch Sumpf-Schotenklee. Sehr ähnlich: links stehende Art.

Gelbe Spargelerbse
Tetragonolobus maritimus
Schmetterlingsblütengewächse
Fabaceae (Leguminosae)

Mai – Juli   15–40 cm   G; ♃

SK: Stengel niederliegend bis aufsteigend, wie die Blätter bläulichgrün. Blüten einzeln, 2–3 cm lang, hellgelb. Blätter meist 5zählig, untere gestielt, etwas fleischig, obere kurzstielig bis sitzend. Hülsen dünn und lang (bis 5 cm), mit 4 breiten Längsleisten.
SV: Halbtrockenrasen, Feuchtwiesen, durchsickerte Böschungen, Flachmoore, Ufer. Kalkhold und salzverträglich. Selten, fehlt in Norddeutschland; in den Alpen nur im Vorgebirge bis gegen 800 m.
A: Heißt auch Spargelschote oder Spargelbohne. Wird manchmal zur Gattung Hornklee gestellt: Schoten-Hornklee, *Lotus siliquosus* (s. vorige Seite).

Schopf-Hufeisenklee
Hippocrepis comosa
Schmetterlingsblütengewächse
Fabaceae (Leguminosae)

Mai – Juli   8–30 cm   G; ♃

SK: Stengel niederliegend bis aufsteigend. Blätter lang gestielt, unpaarig gefiedert, mit 9–15 länglichen Teilblättchen. Blüten etwa 1 cm lang, zu je 4–10 in einer langstieligen Dolde. Blütenblätter am Grund auffällig stielartig verschmälert. Hülsen gegliedert, schlangenartig verbogen.
SV: Magerrasen, sonnige Raine, Felsen, Steinbrüche, Bahnschotter, Wege. Auf warmen, kalkhaltigen Böden. Zerstreut (nur Kalkgebiete!).
A: Als Halbstrauch bis gegen 2000 m: Var. *alpina*. Sehr ähnlich: Scheiden-Kronwicke, *Coronilla vaginalis*: Blätter blaugrün, kurz gestielt, 7–9 Teilblättchen. Selten (Kalk).

187

Ranken-Platterbse
Lathyrus aphaca
Schmetterlingsblütengewächse
Fabaceae (Leguminosae)

Juni - Juli 15–50 cm G; ☉

SK: Stengel niederliegend, aufsteigend oder kletternd. Blätter gegenständig, blaugrün, herzeiförmig. Zwischen jedem Paar eine lange Ranke (dies ist der Rest des eigentlichen Blattes, während die vorhandenen „Blätter" vergrößerte Nebenblättchen sind). Blüten meist einzeln aus den Blattachseln, gestielt.
SV: Getreideäcker, Feldraine, Wege, Hecken. Auf kalkhaltigen, nährstoffreichen Lehmböden in warmer Lage. Selten; fehlt den Alpen, im Norden meist unbeständiger Irrgast.
A: Man findet ab und zu Exemplare, deren Ranken ganz oder teilweise in einfache (selten 3zählige) Blättchen rückverwandelt sind.

Wiesen-Platterbse
Lathyrus pratensis
Schmetterlingsblütengewächse
Fabaceae (Leguminosae)

Juni - Aug. 30–100 cm G; ♃

SK: Stengel aufsteigend oder kletternd, vierkantig. Blätter paarig gefiedert; 2 lanzettliche Teilblättchen und eine einfache oder verästelte Ranke. Am Grund des Blattstiels 2 spitze Nebenblättchen. Blüten 1–1,5 cm lang. Langgestielte, blattachselständige Trauben.
SV: Wiesen, Feuchtwiesen, Flachmoore, Hecken, Waldränder. Auf nicht zu trockenen, humus- und nährstoffreichen Lehmböden. Häufig.
A: Sehr formenreich. Die östliche Rasse im allgemeinen stärker behaart; eine Mittelgebirgsrasse (auch in den Alpen) mit 1,5–2 cm langen Blüten. Im übrigen sehr viele einfache Standortsmodifikationen.

Echtes Springkraut
Impatiens noli-tangere
Balsaminengewächse
Balsaminaceae

Juli - Aug.   30-60 cm   G; ⊙ ; (+)

SK: Stengel aufrecht, glasig; vor allem unten an den Gelenken angeschwollen, oberwärts verästelt und wechselständig beblättert. Blätter eiförmig, grob gesägt. Blüten zu je 2–4 in blattachselständigen Trauben, hängend, 3–4 cm lang, mit gekrümmtem Sporn; innen rotpunktiert. Frucht eine 5klappige, etwas fleischige Kapsel, reif bei Berührung explosionsartig aufspringend (Ausschleudern der Samen!).
SV: Feuchte Misch- und Laubwälder, Au- und Schluchtwälder. Auf nassen, nährstoffreichen Lehmböden. Schattenbedürftig. Häufig.
A: Heißt auch Wald-Springkraut oder Rührmichnichtan.

Kleines Springkraut
Impatiens parviflora
Balsaminengewächse
Balsaminaceae

Juni - Sept.   20-60 cm   G; ⊙ ; (+)

SK: Stengel aufrecht, meist im oberen Teil verästelt und beblättert; an den Gelenken leicht angeschwollen. Blätter wechselständig, eiförmig, gesägt. Blüten zu je 4–10 in blattachselständigen, aufrechten Trauben; etwa 1 cm lang, hellgelb; Sporn gerade. Frucht aufrecht; springt reif bei Berührung explosionsartig auf und schleudert die Samen aus.
SV: Wälder, Gebüsche, Schuttplätze, Gärten. Auf stickstoffreichen, kalkarmen, gut durchfeuchteten Böden in Schattenlage. Zerstreut. Oft unbeständig; meist in großen Herden.
A: Wird auch Kleinblütiges Springkraut genannt (korrekter Name!).

Acker-Stiefmütterchen
Viola tricolor
Veilchengewächse
Violaceae

Mai – Okt. 10–20 cm G; ☉

SK: Stengel aufrecht oder aufsteigend, meist ästig. Blätter länger als breit, untere herz-eiförmig, gekerbt. Nebenblätter groß, fiederspaltig. Blüten einzeln, langgestielt. Sporn kurz; untere Blütenblätter meist mit schwärzlichen Saftstrichen.
SV: Äcker, Gärten, Wegraine, Schuttplätze, Dünen, Bergwiesen. Häufig.
A: Viele Rassen, unterschiedlich in Standort, Blütenlänge und -farbe: Äcker: 1–1,5 cm, meist hellgelb. Wärmeinseln: Unter 1 cm, hellgelb. Heiden: 2–3 cm, oben violett, unten gelb. Dünen: 1–1,5 cm, vorwiegend violett. Bergland: 2–3 cm, vorwiegend gelb. Gebirge: 2–3 cm, dreifarbig. Dazu noch alte Gartensorten.

Zweiblütiges Veilchen
Viola biflora
Veilchengewächse
Violaceae

Mai – Aug. 8–15 cm G; ♃

SK: Stengel aufsteigend bis aufrecht. Große, langgestielte Rosettenblätter; nur 2–4 kleinere, wechselständige Stengelblätter: alle herznierenförmig, breiter als lang, am Rand gekerbt. Oft 2 gestielte Blüten in einer Blattachsel. Kronblätter schmal, 4 aufwärtsgerichtet, das untere mit kurzem Sporn und braunen Saftstrichen auf der Vorderseite.
SV: Berg- und Auwälder, alpine Weiden, Hochstaudengebüsch. Gern an feuchtschattigen Stellen. Kalkhold. Außer Vorposten in Mitteldeutschland nur im Alpen- und Voralpengebiet. Dort zerstreut; bis 2500 m.
A: Heißt auch Gelbes Veilchen oder Gelbes Alm- oder Bergveilchen.

Salbei-Gamander
Teucrium scorodonia
Lippenblütengewächse
Lamiaceae (Labiatae)

Juni - Sept.   30-60 cm   V; ♃

SK: Stengel aufrecht, vierkantig, kreuzgegenständig beblättert. Ganze Pflanze weich behaart. Blätter kurzgestielt (herz-)eiförmig, ringsum kerbig gesägt. Gegenständige Blütentrauben. Blüten etwa 1 cm lang, grüngelb, ohne Oberlippe. Unterlippe 3lappig; Mittellappen groß, löffelartig eingewölbt.
SV: Lichte Wälder, Waldwege, Waldränder, Heiden, Gebüsch. Auf sauren, nährstoff- und kalkarmen Sandböden. Zerstreut; gegen Osten (und Norden) seltener. Meidet Kalkgebiete. In Mittelgebirgen bis gegen 1400 m.
A: Unsere einheimischen Pflanzen gehören zur ssp. *sylvestre*, die aber nur selten zur Art erhoben wird.

Bunter Hohlzahn
Galeopsis speciosa
Lippenblütengewächse
Lamiaceae (Labiatae)

Juli - Okt.   30-90 cm   V; ☉

SK: Stengel aufrecht, vierkantig, an den Gelenken angeschwollen und mit steifen, abwärtsgerichteten Borsten besetzt. Blätter gegenständig, eiförmig, gezähnt. Blattstiele 1–4 cm. Etagenartig übereinanderstehende Scheinquirle. Blüten 2,5–4 cm lang, hellgelb. Oberlippe helmförmig. Mittellappen der Unterlippe violett.
SV: Lichte, feuchte Waldstellen, Gebüsch, Lichtungen, auch an Ufern, auf Äckern und Riedgraswiesen. Zerstreut, im Osten häufig, gegen Westen seltener, im Rheingebiet fehlend.
A: Ähnlich: Saat-Hohlzahn *(G. segetum;* Gelenke unverdickt, flaumig, Krone rein gelb. Geröll, steinige Äkker. Zerstreut. Nur im Westen.

Gold-Taubnessel
Lamium galeobdolon
Lippenblütengewächse
Lamiaceae (Labiatae)

Mai – Juni   15–50 cm   V; ♃

SK: Stengel vierkantig, kreuzgegenständig beblättert; unfruchtbare liegend, blühende aufsteigend oder aufrecht. Blätter brennesselartig, ohne Brennhaare. Mehrere blattachselständige Scheinquirle mit meist 6 Blüten. Unterlippe braunfleckig.
SV: Wälder, selten in reinen Nadelforsten. Nur auf nährstoffreichen, etwas feuchten Mullböden. Häufig.
A: Heißt auch Goldnessel oder Gelbe Taubnessel. Synonyme: *Galeobdolon luteum, Lamiastrum galeobdolon.* Ssp. *flavidum,* mit bleichgelber Blüte, in Fichtenwäldern der (Ost)Alpen. Ssp. *montanum,* mit grob gesägten Blättern, im Bergland und Gebirge. Ssp. *galeobdolon* in tieferen Lagen.

Klebriger Salbei
Salvia glutinosa
Lippenblütengewächse
Lamiaceae (Labiatae)

Juni – Sept.   40–100 cm   V; ♃

SK: Stengel aufrecht, stumpf vierkantig, unten meist kahl, oberwärts drüsig-klebrig behaart. Blätter gegenständig, länglich-eiförmig mit spießförmigem Grunde, gestielt bis fast sitzend, mehr oder weniger drüsig-klebrig; am Rand grob kerbzähnig. Blüten 3–4 cm lang, zu (meist) 4–6 in blattachselständigen Scheinquirlen; bis zu 16 Stockwerke.
SV: Berg-, Schlucht- und Auwälder, Hochstaudengebüsch, buschige Hänge. Auf feuchten, nährstoff- und meist kalkreichen, mullhaltigen Lehmböden in (Halb)Schattenlage. Nur in den Alpen und im weiteren Vorland. Zerstreut; kaum bis 1500 m.
A: Duden: „der" oder „die" Salbei!

Wiesen-Wachtelweizen
Melampyrum pratense
Braunwurzgewächse
Scrophulariaceae

Juni – Sept.   15–30 cm   V; ☉ ; (+)

SK: Stengel aufsteigend bis aufrecht, rundlich, gegenständig beblättert. Blätter lineal-lanzettlich, rauh. Einseitswendige, lockere Ähren. Blüten 1 bis 2 cm lang, Tragblätter grün, die oberen gezähnt. Kelch kahl.
SV: Lichte Wälder, Waldränder, Heiden, Naßwiesen. Auf nährstoff- und meist kalkarmen, schwach trockenen bis feuchten, stets etwas sauren Böden. Humuszeiger. Häufig.
A: Sehr formenreich. Die frühen und die Moorrassen meist wenig ästig, teils mit goldgelben Blüten. Späte Rassen oft stark verzweigt, meist mit gelbweißen Blüten. Ähnlich: Hain-Wachtelweizen *(M. nemorosum)*: Kelch behaart, Tragblätter blau.

Wald-Wachtelweizen
Melampyrum sylvaticum
Braunwurzgewächse
Scrophulariaceae

Juni – Aug.   15–25 cm   V; ☉ ; (+)

SK: Stengel aufsteigend oder aufrecht, rundlich, gegenständig beblättert. Blätter lanzettlich, fast kahl. Einseitswendige, lockere Ähren. Blüten bis 1 cm lang, meist sattgelb. Tragblätter grün. Kelch kahl.
SV: Moosige, humussaure Wälder, Gebüsche und Heiden. Auf oberflächlich versauerten, kalkarmen Lehmböden. Zerstreut; in den Alpen bis über 1500 m; im Norden sehr selten.
A: Im äußersten Osten Rassen mit bleichgelber Blüte. In höheren Lagen oft wenig verzweigte Sippen. Sonst meist stark verästelte Formen. Die Verbreitung der vielen Unterarten in Deutschland ist noch wenig erforscht.

Reichblättriges Läusekraut
Pedicularis foliosa
Braunwurzgewächse
Scrophulariaceae

Juni – Aug.   20–50 cm   V; ♃; (+)

SK: Stengel aufrecht, unverzweigt, nach oben zu dicht beblättert. Blätter wechselständig, gefiedert; die Fiedern doppelt fiederspaltig. Endständige, gedrungene Traube. Tragblätter der Blüten länger als diese, den Stengelblättern ähnlich. Blüten 2–2,5 cm lang, weißlichgelb; Oberlippe ungefleckt, rauhhaarig.
SV: Alpine Matten, Bäche, Krummholzbestände. Auf nicht zu trockenen, kalkhaltigen, steinigen Böden. Fast nur in den Alpen, dort zerstreut. Im Jura wenige Vorposten.
A: Ähnlich: Buntes Läusekraut, *P. oederi*: Tragblätter kurz, Blütenoberlippe kahl, rotfleckig. Alpine Steinrasen, Geröll. Selten.

Karlszepter-Läusekraut
Pedicularis sceptrum-carolinum
Braunwurzgewächse
Scrophulariaceae

Juni – Aug.   30–80 cm   V; ♃; (+)

SK: Stengel aufrecht, unverzweigt, wenigblättrig, kahl. Grundblätter zahlreich, fiederspaltig mit ungleich fiedrig gelappten Zipfeln. Stengelblätter ähnlich, kleiner. Lange, lockere, reichblütige Traube. Blüten hellgelb, 3–3,5 cm lang; Unterlippe mit roter Spitze. Ober- und Unterlippe neigen zusammen, so daß die Blüte geschlossen bleibt.
SV: Naßwiesen, Ufer, Verlandungsgesellschaften. Auf sehr nassen, meist kalkreichen Torf- und Lehmböden. Sehr selten und im Rückgang begriffen. Nur noch an wenigen Stellen im Alpenvorland; in Norddeutschland wohl ausgestorben.
A: Wird auch „Moorkönig" genannt.

Zottiger Klappertopf
Rhinanthus alectorolophus
Braunwurzgewächse
Scrophulariaceae

Mai – Sept. 10–50 cm V; ⊙ ; (+)

SK: Stengel aufrecht, zottig, gegenständig beblättert. Blätter länglich, scharf gesägt. Blüten in den Blattachseln, 2 cm lang. Kelch weit, zottig behaart. Kronröhre schwach gebogen; Oberlippe mit blauem Zahn.
SV: Wiesen, Raine, Äcker. Halbschmarotzer. Auf nährstoffreichen, oft kalkhaltigen Lehmböden. Häufig; bis über 2000 m; im Norden seltener.
A: Sehr formenreich. Auch verschiedene Sommer- und Herbstformen (späte Formen stärker verästelt). Synonym: *Alectorolophus hirsutus*. Ähnlich: Großer Klappertopf, *Rh. serotinus* (= *glaber*, = *major*): Kelch kahl, Stengel fast kahl. Wiesen, Äcker, Hecken. Häufig; im Süden etwas seltener.

Kleiner Klappertopf
Rhinanthus minor
Braunwurzgewächse
Scrophulariaceae

Mai – Aug. 10–40 cm V; ⊙ ; (+)

SK: Stengel aufrecht, schwach behaart, gegenständig beblättert. Blätter schmallanzettlich, gekerbt-gesägt. Blüten blattachselständig; 1,5 cm lang. Kelch kahl. Kronröhre gerade. Oberlippenzahn weiß oder hellblau.
SV: Wiesen, Halbtrockenrasen. Halbschmarotzer; auf meist nährstoff- und kalkarmen, gern etwas feuchten Böden. Häufig; bis gegen 1500 m.
A: Sehr formenreich: Nicht nur Niederungs- und Bergsippen, sondern auch jeweils Früh- und (reichästige) Spätsommerrassen. Vielleicht sind die Formen mit bläulichem Oberlippenzahn Bastarde mit nebenstehenden Arten. Synonyme: *Alectorolophus minor*, *Rh. crista-galli*.

195

Großblütiger Fingerhut
Digitalis grandiflora
Braunwurzgewächse
Scrophulariaceae

Juni - Juli   50–130 cm   V; ♃; +

SK: Stengel aufrecht, unverzweigt, oben drüsig behaart, wechselständig beblättert. Blätter länglich-eiförmig, am Rand gewimpert und gesägt. Endständige, einseitswendige Traube. Blüten 3–4,5 cm lang, glockig-bauchig, nickend, schwefelgelb, innen bräunlich gefleckt; Oberlippe kurz, ausgerandet, Unterlippe dreizipflig.
SV: Bergwälder, Laubwälder, Mischwälder, Gebüsche, Lichtungen; seltener auf Bergwiesen und alpinen Matten. Auf sickerfeuchten, mäßig nährstoffhaltigen, oft kalkfreien Böden. Selten; in den Alpen bis 1600 m; fehlt in Nordwestdeutschland.
A: Heißt auch Blasser Fingerhut. Synonym: *D. ambigua*.

Gelber Fingerhut
Digitalis lutea
Braunwurzgewächse
Scrophulariaceae

Juni - Juli   40–80 cm   V; ♃; +

SK: Stengel aufrecht, unverzweigt, kahl, wechselständig beblättert. Blätter kahl, länglich-eiförmig. Einseitswendige Traube; schwach drüsig. Blüten 2 bis 2,5 cm lang, röhrig, hellgelb, innen ungefleckt. Oberlippe 2-, Unterlippe 3zipflig.
SV: Lichte Wälder, sonnige Gebüsche, felsige Heiden. Auf nicht zu trockenen, mäßig nährstoffreichen, meist kalkhaltigen Böden. Sehr selten. Im Osten (und Norden) fehlend.
A: Beinahe ebenso häufig ist der Bastard mit dem Roten Fingerhut (s. S. 280): Blüten 3–3,5 cm lang, hellgelb, oberseits etwas rötlich überlaufen; Blätter schwach kurzfilzig behaart *(D. × purpurascens)*.

Gemeines Leinkraut
Linaria vulgaris
Braunwurzgewächse
Scrophulariaceae

Juni - Okt.　　30-60 cm　　V; ♃

SK: Stengel aufrecht, meist unverzweigt, kahl, dicht wechselständig beblättert. Blätter sitzend, lineal-lanzettlich, am Rand etwas umgebogen, einnervig. Dichte, endständige Traube. Blüten mit langem Sporn, 2,5–3 cm, hellgelb, mit orangefarbigem Gaumen.
SV: Unkrautstellen, Wege, Mauern, Zäune, Bahnschotter, Flußgeröll, Äkker, Kahlschläge. Wärmeliebend. Auf nährstoff- und mineralreichen, lockeren und nicht zu trockenen Böden. Lichtbedürftig. Häufig; bis etwa 1000 m.
A: Variiert vor allem in der Blütenfarbe (Gaumenfärbung). Heißt auch Frauenflachs und (der Blüte wegen) Wildes oder Kleines Löwenmäulchen.

Großer Wasserschlauch
Utricularia vulgaris
Wasserschlauchgewächse
Lentibulariaceae

Juni - Aug.　　15-30 cm　　V; ♃

SK: Freischwimmend. Blätter in fädige Zipfel zerfiedert, mit vielen (20–200) blasigen, 2–4 mm breiten Schläuchen (Kleinsttierfallen). Zipfel spärlich bewimpert. Lockere Traube über dem Wasserspiegel. Blüten goldgelb, bis 2 cm lang.
SV: Stehende oder träg fließende, kalkarme, aber nährstoffhaltige, warme Gewässer. Zerstreut.
A: Sehr ähnlich: Übersehener Wasserschlauch, *U. australis* (= *neglecta*): Blüte blaßgelb; im Süden wohl häufiger. Andere ähnliche Arten sind mit bleichen, den grünen sonst gleich gebauten „Schlammsprossen" im Untergrund verankert. Bei manchen tragen nur diese Ankersprosse Schläuche.

Mistel
Viscum album
Mistelgewächse
Loranthaceae

März – April   20–50 cm   G; ♄; (+)

SK: Pflanze schmarotzt auf Bäumen. Buschiger, reich gabelig verzweigter Strauch; gelbgrün. Blätter gegenständig, lederig, immergrün, länglich-eiförmig, am Grund etwas stielartig verschmälert. Blüten in Büscheln, unscheinbar. Pflanze zweihäusig. Frucht kugelige, weiße bis gelbliche Beere.
SV: Obstgärten, Bachgehölze, Wälder, auch auf Einzelbäumen. Zerstreut.
A: Wird oft in 3 Arten zerlegt, die man am besten nach dem Standort unterscheidet: Laubholz-Mistel, *V. album*; auf Apfelbaum, Pappel und sonstigen Laubbäumen. Tannen-Mistel, *V. abietis*; auf Weißtanne. Kiefern-Mistel, *V. laxum* (= *austriacum*) auf Kiefern; bei uns gegen Westen selten.

Immergrüner Buchsbaum
Buxus sempervirens
Buchsbaumgewächse
Buxaceae

März – Mai   0,3–4 m   G; ♄; +

SK: Niederer Strauch, seltener kleines Bäumchen. Reichverzweigt. Äste kurz, meist aufrecht, dicht wechselständig beblättert. Blätter lederig derb, immergrün; kurzgestielt, eirund bis langoval; Rand umgerollt. Länge meist etwa 2 cm. Blüten in blattachselständigen Büscheln; eingeschlechtig. Eine endständige weibliche Blüte (oft mehr als 4 Blütenblätter) bildet mit vielen (4blättrigen) männlichen Blüten ein Büschel.
SV: Wild nur im Rheingebiet; an sonnigen Buschhängen und in lichten, steinigen Wäldern. Sehr selten. Viel gepflanzt und öfters verwildert.
A: Als Zierstrauch in vielen Wuchs-, Blattform- und Blattfarbensorten.

Purgier-Kreuzdorn
Rhamnus catharticus
Kreuzdorngewächse
Rhamnaceae

Mai – Juni   1–3 m   G; ♄; (+)

Herlitze
Cornus mas
Hartriegelgewächse
Cornaceae

März – Mai   2–6 m   G; ♄

SK: Zweige und Blätter gegenständig. Blätter gestielt, rundlich bis eiförmig; Rand kleingezähnt. Viele Ästchen in einen spitzen Dorn auslaufend. Blüten in blattachselständigen, schütteren Trugdolden, gelbgrün, unscheinbar, angenehm duftend. Erbsengroße, schwarze Beeren, ungenießbar (bzw. abführend).
SV: Hecken, trockene Gebüsche, Waldränder. Bevorzugt Kalkböden. Selten, doch kaum einem größeren Gebiet fehlend.
A: Ähnlich: Felsen-Kreuzdorn, *Rh. saxatilis*, in allen Teilen zierlicher; Blätter nur 1–3 cm lang. Der Faulbaum, *Frangula alnus* (s. S. 379), ist dornenlos und wechselständig beblättert.

SK: Blüten in kleinen, seitenständigen Doldenbüscheln an den noch unbelaubten Zweigen. Laubblätter gegenständig, eiförmig bis elliptisch, ganzrandig; etwa 10 cm lang, Stiel ca. 1 cm; auf der Unterseite in den Winkeln der bogigen Nerven Haarbüschelchen („Milbenhäuschen"). Rote, längliche Steinfrucht, hängend, etwa 1 cm lang; eßbar, von säuerlichem Geschmack.
SV: Trockenwälder, Auwälder, Gebüsche, Felshänge, Flußufer. Kalkhold, wärmeliebend. Wild nur im Süden (SW). Selten. Öfters gepflanzt (Gärten, Straßenhänge, Flußdämme) und verwildert.
A: Heißt auch Dürlitze, Dirlitze, Gelber Hartriegel oder Kornelkirsche.

Feld-Ahorn
Acer campestre
Ahorngewächse
Aceraceae

Mai   2-20 m   G; ℏ

Spitz-Ahorn
Acer platanoides
Ahorngewächse
Aceraceae

April – Mai   20-25 m   G; ℏ

SK: Kleiner Baum oder (oft) nur 2 bis 3 m hoher Strauch. Ältere Borke netzrissig, junge Zweige oft mit flügelig verbreiterten Korkleisten. Blätter gegenständig, gestielt, 5lappig; die Lappen wiederum stumpf gelappt. Blüten in aufrechten, doldigen Trauben; nach dem Laub erscheinend. Zweiflügelige Doppelfrüchte.
SV: Laub- und Laubmischwälder, Gebüsche, Auwälder, Trockenwälder. Auf nährstoff- und mineralreichen Böden. Häufig, doch schon im Bergland seltener; kaum über 800 m.
A: Heißt auch Maßholder. 2 Sippen: Ssp. *campestre,* Wildform, mit rotem, ssp. *leiocarpum,* Kultursorte (Strauch), mit gelbem Herbstlaub.

SK: Mittelgroßer Baum mit breiter bis eirundlicher Krone. Ältere Borke längsrissig; junge Zweige kahl, braunglänzend. Blätter gegenständig, gestielt, 8–10 cm lang, 5lappig; Lappen langgrannig gezähnt. Blüten in doldigen Trauben, meist kurz vor dem Laub aufbrechend. Zweiflügelige Doppelfrüchte.
SV: Berg-, Schlucht- und Auwälder. Auf feuchten, lockeren, oft geröllführenden Böden. Selten. Häufig als Park- oder Alleebaum. Bis gegen 1000 m.
A: Ähnlich sind viele andere Ahornarten, die vor allem als Zierbäume gepflanzt werden. Der Berg-Ahorn (s. S. 381) ist unter den einheimischen Arten der häufigere.

Winter-Linde
Tilia cordata
Lindengewächse
Tiliaceae

Juni – Juli   10–25 m   G; ♄

SK: Baum mit ausladender Krone. Ältere Borke schwärzlich, fein längsrissig; junge Zweige rötlichbraun bis olivgrün. Blätter wechselständig, gestielt, schief herzförmig, ungleich gesägt; Unterseite kahl, bis auf rostgelbe Haarbüschelchen in den Nervenwinkeln („Milbenhäuschen"). 5- bis 7blütige, hängende Trugdolde; am Hauptstiel ein zungenförmiges, häutiges Deckblatt (Flugorgan).
SV: Laubwälder, Bergwälder, Auwälder. Selten wild, aber oft gepflanzt als Allee- und Parkbaum, auch als Landmarke. Bleibt unter 1400 m.
A: Ähnlich (neben Fremdhölzern): Sommer-Linde *(T. platyphyllos)*. Blätter größer, „Milbenhäuschen" weiß.

Trauben-Holunder
Sambucus racemosa
Geißblattgewächse
Caprifoliaceae

April – Mai   2–4 m   V; ♄

SK: Strauch, sehr selten kleines Bäumchen. Äste mit dunkelbrauner, grobporiger Rinde und braunrotem Mark. Blätter gegenständig, kurz gestielt, unpaarig gefiedert; 3–7, meist 5, Teilblättchen, länglich-eiförmig, zugespitzt, am Rand gesägt. Blüten in aufrechten, dichten, eiförmigen Rispen, stark duftend. Beeren kugelig, rot, dicht gedrängt.
SV: Wälder (in reinen Nadelforsten selten), Gebüsche, Schläge. Gern auf etwas steinigen, kalkfreien Böden. In den Niederungen selten (Norddeutsche Tiefebene), ab dem Bergland häufig. Bis gegen 1800 m.
A: Heißt auch Roter Holunder, Berg-Holunder oder Hirschholder.

Sauerdorn
Berberis vulgaris
Berberitzengewächse
Berberidaceae

Mai – Juni   1–2,5 m   G; ♄; (+)

SK: Dorniger, reichästiger Strauch. Äste rutenförmig, oft rötlich überlaufen. Rinde hellgrau, Holz gelb, hart. Blätter in Büscheln an den seitlichen Kurztrieben, eiförmig, wimprig gesägt; kurz gestielt. An den Langtrieben Blätter deutlich wechselständig, am Grund mit dreiteiligen Dornen. Seitenständige, hängende Trauben mit 6–12 etwa 1 cm breiten Blüten. Länglich-walzliche, scharlachrote Beeren von säuerlichem Geschmack (Name!).
SV: Lichte Wälder, Waldränder, Gebüsche. Auf warmen, nährstoffreichen Kalkböden. Sehr selten geworden.
A: Die „Berberitze" gibt es heute in vielen Arten als Zierstrauch.

Gewöhnlicher Stechginster
Ulex europaeus
Schmetterlingsblütengewächse
Fabaceae (Leguminosae)

Mai – Juni   1–1,5 m   G; ♄; +

SK: Ungemein sparrig-stacheliger Strauch. Stengel aufrecht, Zweige grün, gefurcht. Blätter meist in nadelförmige, stechende Dornen umgewandelt: Einfach oder dreiteilig, die obersten lineal-pfriemlich, steif stachelspitzig. Schmetterlingsblüten zu 1–3 in den oberen Blattachseln, 1,5–2 cm lang, duftend.
SV: Wegraine, lichte, trockene Wälder, Heiden. Kalkscheu, frostempfindlich. Selten, nur im Nordwesten etwas häufiger. Zuweilen als Wildfutterpflanze (junge Triebe) angepflanzt.
A: Heißt auch Gaspeldorn, Heckensame oder Englischdorn. Für die Futterpflanze wird eine besondere Rasse mit wenig holzigen Trieben verwandt.

Deutscher Ginster
Genista germanica
Schmetterlingsblütengewächse
Fabaceae (Leguminosae)

Mai - Juni   30-60 cm   G; ♄; +

Färber-Ginster
Genista tinctòria
Schmetterlingsblütengewächse
Fabaceae (Leguminosae)

Mai - Juni   30-60 cm   G; ♄; +

SK: Halbstrauch; unten verholzt, junge Triebe krautig. Aufsteigend oder aufrecht, oben verästelt, unten mit Dornen; die wechselständig beblätterten Äste sind dornenlos. Blätter einfach, rauhhaarig, länglich-elliptisch, 1–2 cm lang. Endständige Trauben. Blüten 1 cm lang, behaart.
SV: Heiden, lichte Trockenwälder, Wegraine. Kalkscheu; wärmeliebend. Zerstreut, kaum über 700 m; im Norden selten, den Alpen fehlend.
A: Ähnlich: Englischer Ginster *(G. anglica)*; ebenfalls dornig, aber ganze Pflanze kahl, bläulichgrün, öfters niedergestreckt; Heiden und Wälder auf kalkarmen Böden: Im Norden zerstreut, im Süden sehr selten.

SK: Halbstrauch: unten verholzt, junge Triebe krautig. Niederliegend bis aufsteigend, oben stärker verzweigt. Stengel und Äste dornenlos. Blätter länglich-elliptisch, 1–3 cm lang, am Rand weichhaarig. Endständige Trauben. Blüten um 2 cm lang, kahl.
SV: Raine, Trockenrasen, Heiden, lichte Wälder. Auf nicht zu trockenen, lehmigen, eher nährstoffarmen Böden. Nicht kalkempfindlich. Zerstreut, kaum über 700 m; im Norden seltener.
A: Ähnlich: Behaarter Ginster *(G. pilosa)*; ebenfalls unbewehrt, aber Blüten seidig behaart, zu 1–2 blattachselständig. Raine, Heiden; kalkscheu. Zerstreut, im S(O) selten.

Geißklee
Lembotropis nigricans
Schmetterlingsblütengewächse
Fabaceae (Leguminosae)

Juni - Juli   50-150 cm   G; ℏ

SK: Strauch mit aufsteigenden bis aufrechten, braunrindigen Zweigen und aufrechten, grünen, rundlichen und fein gerillten Blütensprossen. Blätter wechselständig, alle dreiteilig. Teilblättchen eiförmig, um 2 cm lang. Blätter, Blattstiele und Zweige kurz behaart. Endständige, aufrechte, 10–30 cm lange, unbeblätterte Traube. Blüten um 1 cm lang.
SV: Lichte Trockenwälder, Waldränder, Gebüsche, Wegraine, Felsen. Wärmeliebend. Auf flachgründigen Stein- oder Sandböden. Selten. Fehlt im Norden und in den Alpen.
A: Heißt auch Bohnenstrauch und Schwarzer oder Schwarzwerdender Geißklee. Synonym: *Cytisus nigricans*.

Gemeiner Besenginster
Cytisus scoparius
Schmetterlingsblütengewächse
Fabaceae (Leguminosae)

Mai - Juni   50-200 cm   G; ℏ; (+)

SK: Strauch mit meist schief stehenden, braunrindigen Altästen und rutenförmigen, aufrechten Zweigen, die grün und kantig sind. Blätter wechselständig, bald abfallend; die unteren dreiteilig, mit etwa 1 cm langen Teilblättchen, die oberen sitzend und ungeteilt, länglich-eiförmig. Blüten um 2 cm lang, einzeln oder zu 2, kurzgestielt, in den Achseln der oberen Blätter.
SV: Waldränder, Lichtungen, Schläge, Heiden, Wegraine, Bergwiesen. Kalkscheu. Häufig. Oft als Bodenfestiger und Stickstoffsammler gepflanzt. Nicht frosthart. Fehlt den Alpen.
A: Heißt auch Brahm oder Besenpfriem. Synonym: *Sarothamnus scoparius*.

Alpen-Zwergbuchs
Polygala chamaebuxus
Kreuzblümchengewächse
Polygalaceae

Mai - Juni   5-15 cm   G; ♄

Rote Heckenkirsche
Lonicera xylosteum
Geißblattgewächse
Caprifoliaceae

Mai - Juni   1-2,5 m   V; ♄; +

SK: Niederliegender Zwergstrauch mit aufsteigenden Ästen. Blätter ledrig, immergrün, lanzettlich bis elliptisch, ganzrandig, die unteren eiförmig, kleiner als die höherstehenden. Blüten zu je 1–2 blattachselständig, 12–15 mm lang, gelb-braun-rötlich. Wenigblütige, durchblätterte Traube.
SV: Trockene Kiefernwälder, Gebüsche, Heiden, steinige Magerrasen, Felsen. Auf sonnigen, zumindest zeitweilig trockenen, kalkreichen, nährstoffarmen Steinböden. Selten; fehlt im Norden; in den Alpen bis über 2300 m.
A: Heißt auch Buchsblättriges Kreuzblümchen. Synonym: *Chamaebuxus alpestris, Polygaloides alpestris*.

SK: Ästiger Strauch mit rutenförmigen, hohlen Zweigen. Blüten immer paarweise auf einem Stiel, die unterständigen kugeligen Fruchtknoten miteinander verwachsen. Krone behaart. Blätter gegenständig, einfach, ganzrandig, breiteiförmig, stumpflich. Glänzend rote (Doppel-)Beeren.
SV: Vorzugsweise in Laubwäldern, an Waldrändern, in Hecken. Kalkliebend. Braucht lockere, humusreiche und nährstoffhaltige Böden. Häufig.
A: Die Blüten sind nie reinweiß. In Parkanlagen und Gärten wird oft die sehr ähnliche Ruprechts-Heckenkirsche *(L. ruprechtiana)* aus China angepflanzt. Ihre Blüten sind außen unbehaart und schneeweiß.

Gemeiner Froschlöffel
Alisma plantago-aquatica
Froschlöffelgewächse
Alismataceae

Juni - Okt.　　10-100 cm　　M; ⚄

SK: Quirlige Rispe. Blüten dreiteilig, die Blütenblätter bald abfallend, weiß oder rosa, mit gelblichem Grund. Laubblätter eiförmig, derb, lang gestielt in grundständiger Rosette.
SV: Ufer stehender oder langsam fließender Gewässer, Röhricht, Seggenwiesen, auch in Gräben. Häufig. Zeiger für nährstoffreiche Schlammböden.
A: Ähnlich einige nah verwandte Formen, die oft als eigene Arten geführt werden. Sie unterscheiden sich durch ihre Laubblätter und den Standort: Lanzett-Froschlöffel, *A. lanceolatum*: Blätter schmal; Gras-Froschlöffel, *A. gramineum*: Blätter bandförmig, untergetaucht. Beide Formen auch im Wasser stehend.

Pfeffer-Knöterich
Polygonum hydropiper
Knöterichgewächse
Polygonaceae

Juli - Okt.　　30-50 cm　　G; ⊙ ; (+)

SK: Ähre locker, dünn und schlank. Stengel aufrecht. Blätter länglich-lanzettlich, gegen Grund und Spitze verschmälert, oft mit dunklem Fleck. Blüten grünlich oder rötlich. Blätter schmecken pfefferartig scharf.
SV: Gräben, Ufer, feuchte Wege. Bevorzugt kalkarme Böden. Erträgt zeitweilige Überflutung. Stickstoffzeiger. Sehr häufig.
A: Der Pfeffer-Knöterich, der auch unter dem Namen Wasserpfeffer bekannt ist, kann mit dem Milden Knöterich (*P. mite*) verwechselt werden. Dieser schmeckt gekaut nicht pfefferartig scharf. Er kommt auf den gleichen Standorten vor, ist aber seltener.

Sauer-Ampfer
Rumex acetosa
Knöterichgewächse
Polygonaceae

Mai - Juni   30-80 cm   G; ♃; (+)

SK: Blätter derb und dicklich, am Grund pfeilförmig. Obere Blätter sitzend. Blätter schmecken säuerlich. Blütenrispen schlank. Pflanze zweihäusig: Männliche und weibliche Blüten kommen auf verschiedenen Individuen vor.
SV: Wiesen, auf nährstoffreichen, lehmigen Böden. Sehr häufig.
A: Wegen seines hohen Gehalts an Vitamin C wird der Sauer-Ampfer gegessen. Er enthält Oxalsäure. Große Mengen von ihr sind gesundheitsschädlich. Der ähnliche Kleine Ampfer (*R. acetosella*) wird fast nie höher als 30 cm. Er ist am niedrigen Wuchs gut vom Sauer-Ampfer zu unterscheiden.

Kleiner Ampfer
Rumex acetosella
Knöterichgewächse
Polygonaceae

Mai - Juli   8-30 cm   G; ♃; (+)

SK: Pflanze kleiner als 30 cm. Blätter schmecken gekaut nicht säuerlich, sondern deutlich bitterlich. Alle Blätter gestielt, wobei das oberste allerdings einen meist undeutlich von der Blattfläche abgesetzten Stiel besitzt. Blätter wirken schmal.
SV: Trockene Wiesen, lückige Rasen auf Sandböden, seltener auf sandigen Äckern. Zeigt sandigen und sauren Boden an. Häufig.
A: Innerhalb der Art kann man mehrere Rassen unterscheiden. In ausgesprochen lückigen Sandrasen findet man die schmalblättrige Rasse Zartblättriger Ampfer (*R. acetosella*, ssp. *tenuifolius*).

Klatsch-Mohn
Papaver rhoeas
Mohngewächse
Papaveraceae

Mai – Juli   30–80 cm   G; ☉ -⊙; (+)

SK: Blütenstiele mit abstehenden Borsten. Fruchtknoten und Kapsel kahl. Pflanze mit weißlichem Milchsaft. Blätter tief fiederspaltig, gezähnt.
SV: Äcker, Schuttplätze, Kompostlager. Bevorzugt kalkhaltigen Lehmboden. Zerstreut.
A: Der ähnliche Saat-Mohn *(Papaver dubium)* hat Blätter, die wenigstens teilweise doppel gefiedert sind. Seine Kapsel ist keulig. Er kommt an den gleichen Standorten vor wie der Klatsch-Mohn, bevorzugt aber eher kalkarmen Boden. – Beide Arten sind durch die Unkrautbekämpfung mit Herbiziden in den letzten Jahren stark zurückgedrängt worden.

Wiesen-Schaumkraut
Cardamine pratensis
Kreuzblütengewächse
Brassicaceae (Cruciferae)

April – Mai   30–60 cm   G; ♃

SK: Grundblätter rosettig, gefiedert, die Teilblättchen rundlich, das Endblättchen meist größer. Stengelblätter fiederschnittig mit schmalen Zipfeln. Stengel hohl. Blüten in Trauben, groß (um 1 cm breit). Fruchtknoten und Frucht vielmals länger als breit. Blütenfarbe je nach Standort weiß (schattig), rosa, lila oder intensiv blauviolett (trocken).
SV: Hauptvorkommen in feuchten Wiesen und Wäldern auf lehmigen Böden. Häufig.
A: Ähnlich: Spring-Schaumkraut *(C. impatiens)*; Blütenblätter nur so lang wie der Kelch (1–2 cm), weißlich; Frucht bei Berührung aufplatzend; in Wäldern.

Zwiebel-Zahnwurz
Dentaria bulbifera
Kreuzblütengewächse
Brassicaceae (Cruciferae)

April - Mai   25-50 cm   G; ♃

Europäischer Meersenf
Cakile maritima
Kreuzblütengewächse
Brassicaceae (Cruciferae)

Juli - Sept.   10-30 cm   G; ⊙

SK: Blüten violett, meist mehr nach Blau getönt als nach Rot. Keine Blattrosette. Blätter wenigstens zum Teil gefiedert. Oberste Blätter schmal und ungeteilt. In ihren Achseln sitzen schwärzliche Brutknöllchen.
SV: Laub- und Mischwälder der Mittelgebirge auf nährstoffreichen, meist kalkhaltigen Böden. Selten.
A: Die Zwiebel-Zahnwurz vermehrt sich in erster Linie durch ihre Brutknöllchen. Die Samenbildung ist gehemmt oder unterbleibt ganz. Ameisen verschleppen die Brutzwiebeln. So erklärt sich, daß die Zwiebel-Zahnwurz an ihren Standorten oft kleinere Bestände bildet.

SK: Pflanze blaugrün bereift. Stengel reichverzweigt, aufsteigend. Blätter fleischig, ungeteilt oder fiedrig zerteilt, wechselständig. Blüten duftend, gut $1/2$ cm breit mit etwa $1/2$ cm langer, nektarerfüllter Röhre; in dichten Trauben. Frucht zweiteilig, unten meißelartig, oben eiförmig am Übergang mit spießartigen Höckern.
SV: Nur an den Küsten verbreitet; auf sandigen Stränden und in Dünen. Erträgt hohe Salzkonzentrationen, benötigt sie aber nicht zum Gedeihen. Selten ins Binnenland verschleppt und dort sehr unbeständig.
A: Die weißblütige Rasse ist sehr selten, den Typ der Art bilden die rötlichen Formen.

Großer Wiesenknopf
Sanguisorba officinalis
Rosengewächse
Rosaceae

Juni – Aug.   50–150 cm   G; ♃

SK: Blütenköpfchen tief purpurrot oder braunrot. Stengel aufrecht und im Blütenstandsbereich locker verzweigt. Blätter groß, unpaarig gefiedert. Teilblättchen gestielt, eiförmig und am Rande gekerbt.
SV: Feuchte Wiesen, Flachmoore. Besiedelt sehr feuchte, oft torfige, doch auch lehmige Böden. Bildet dort nicht selten große Bestände. Sehr häufig.
A: Die unscheinbaren Blüten sind in der Regel zwittrig, d. h. sie haben sowohl Staubgefäße als auch Fruchtknoten. Gelegentlich findet man jedoch auch eingeschlechtige Blüten. Die sehr leichten Samen des Großen Wiesenknopfs werden vom Wind verweht.

Rosarotes Weidenröschen
Epilobium roseum
Nachtkerzengewächse
Onagraceae

Juli – Aug.   15–100 cm   G; ♃

SK: Blütenstand reichblütig. Blütenblätter 5–6 mm lang, an der Spitze stark ausgerandet, zuerst fast weiß, später rosa. Stengel unten kahl, oben schwach behaart. Blätter länglich-lanzettlich, ziemlich lang gestielt, dicht gezähnt.
SV: Ufer, auch in Gräben. Liebt kalkhaltigen, sickernassen, nährstoffreichen Boden. Zerstreut.
A: Ähnlich: Quirlblättriges Weidenröschen *(E. alpestre)*: Blütenblätter 6–10 mm lang, vom Aufblühen an rot. Blätter im unteren Stengelteil zu 3 quirlständig, sitzend, sehr deutlich gezähnt. Alpen, Schwarzwald. Zerstreut.

Schmalblättriges Weidenröschen
Epilobium angustifolium
Nachtkerzengewächse
Onagraceae

Juli – Aug.   50–180 cm   G; ♃

SK: Alle Blätter wechselständig, 1–2 cm breit und 5–15 cm lang. Blätter oberseits dunkelgrün, unterseits blaugrün. Blüten 1,5–2,5 cm im Durchmesser. Griffel gebogen, 4 deutliche Narben.
SV: Wälder, alte Schotterflächen, z.B. stillgelegte Bahngeleise oder wenigbefahrene Geleise. Besiedelt lockere, stickstoffhaltige Böden. Häufig.
A: Die Art wurde in den letzten Jahrzehnten nicht zuletzt deshalb in eine eigene Gattung „Feuerkraut" *(Chamaenerion)* gestellt, weil sie mit anderen Arten der Gattung keine Bastarde bildet. Heute hält man die verbindenden Merkmale für bedeutsamer als die trennenden.

Kies-Weidenröschen
Epilobium fleischeri
Nachtkerzengewächse
Onagraceae

Juli – Aug.   10–30 cm   G; ♃

SK: Stengel nicht aufrecht, sondern niederliegend oder aufsteigend. Blätter wechselständig, nur 1–3 mm (!) breit. Blüten leuchtend rot.
SV: Kommt nur in den Alpen und vereinzelt im Alpenvorland vor. Besiedelt dort lockere Kies- und Felsschuttböden. Zerstreut, gebietsweise fehlend.
A: Bastarde zwischen dieser Art und den meisten anderen der Gattung Weidenröschen sind nicht gefunden worden. Deshalb hat man das Kies-Weidenröschen bis vor kurzem in die Gattung „Feuerkraut" *(Chamaenerion)* eingeordnet. Zu ihr wurde auch das Rosmarin-Weidenröschen *(E. dodonaei)* gestellt, das ebenso schmalblättrig ist, aber aufrechte Stengel hat.

Rauhhaariges Weidenröschen
Epilobium hirsutum
Nachtkerzengewächse
Onagraceae

Mai – Aug.   50–150 cm   G; ♃

SK: Blüten stehen nur in den Blattachseln, sind jedoch am Stengelende gehäuft. Blüten um 2 cm im Durchmesser. Blütenblätter eingekerbt, hell purpurrot. Mittlere und untere Blätter zwischen 5–12 cm lang. Untere Blätter gekreuzt gegenständig. Stengel unten zottig.
SV: Gräben, Röhricht, feuchte Wälder, nasse Stellen auf Schuttplätzen. Bevorzugt kalkhaltige Böden, erträgt oder braucht zeitweise Überflutung.
A: Von den beiden Arten mit zottigem Stengel, die bei uns vorkommen, ist das Rauhhaarige Weidenröschen das eindeutig größere. Seine Blüten werden gut doppelt so groß wie beim Kleinblütigen Weidenröschen *(E. parviflorum)*.

212

Kleinblütiges Weidenröschen
Epilobium parviflorum
Nachtkerzengewächse
Onagraceae

Juni – Sept.   15–80 cm   G; ♃

SK: Stengel im unteren Teil abstehend behaart oder zottig, meist aufrecht, seltener nur aufsteigend, Blätter länglich oder lanzettlich, kaum über 7 cm lang, die unteren und mittleren gegenständig, die oberen wechselständig. Blüten mittelgroß, rosa, etwa 1 cm im Durchmesser. Blütenblätter stark eingekerbt.
SV: Röhricht, Gräben, feuchte Waldstellen. Liebt lehmigen, nährstoffreichen, feuchten Boden.
A: Da das Kleinblütige Weidenröschen mit dem Rauhhaarigen Weidenröschen oftmals an denselben Standorten vorkommt, hat man in früheren Jahrhunderten geglaubt, hier lägen geschlechtlich verschiedene Exemplare derselben Art vor.

Berg-Weidenröschen
Epilobium montanum
Nachtkerzengewächse
Onagraceae

Juni – Sept.   20–100 cm   G; ♃

SK: Blütenblätter 8–12 mm lang, hell rosa bis fast weiß, deutlich eingekerbt. Stengel meist erst im oberen Teil verzweigt, auch nicht in großer Zahl zusammenstehend. Staude wirkt daher nicht dicht buschig. Blätter in der unteren Hälfte gegenständig, oben oft deutlich wechselständig, 4–8 cm lang.
SV: Wälder und Waldwege, gelegentlich auch in Gärten. Liebt feuchte, etwas steinige Böden. Häufig auf Kalkboden, sonst seltener.
A: Ähnlich: Hügel-Weidenröschen *(E. collinum)*; Höhe 10–40 cm, Blütenblätter um 5 mm lang, Blätter meist nur 2–4 cm lang. Staude wirkt dicht.

Wasser-Minze
Mentha aquatica
Lippenblütengewächse
Lamiaceae (Labiatae)

Juli – Okt.   30–100 cm   V; ♃

SK: Blüten stehen in einem endständigen Köpfchen oder quirlig in den Achseln der obersten Blätter. Endständiges Blütenköpfchen eher rundlich als länglich. Die „Lippenblüte" ist bei der Wasser-Minze so undeutlich, daß sie dem Laien oft nicht als zweiseitigsymmetrisch erscheint; er hält sie für vierzipfelig. Stengel kantig; Blätter kreuzgegenständig, gesägt.
SV: Röhricht, Ufer, Gräben, nasse Wiesen und nasse Äcker. Zerstreut.
A: Die Minzen-Arten sind schwer auseinanderzuhalten, weil es viele Bastarde gibt. Der bekannteste ist die Pfeffer-Minze *(M. × piperita)*. Dieser Bastard hat die Wasser-Minze und die Roß-Minze als Eltern.

Vogel-Knöterich
Polygonum aviculare
Knöterichgewächse
Polygonaceae

Juni – Okt.   10–50 cm   G; ☉

Floh-Knöterich
Polygonum persicaria
Knöterichgewächse
Polygonaceae

Juli – Sept.   10–80 cm   G; ☉ ; (+)

SK: Stengel niederliegend. Blüten blattachselständig, hellgrün mit weißem oder rotem Rand.
SV: Unkrautbestände auf Äckern und an Wegen. Stickstoffzeiger. Sehr häufig. Trittunempfindlich.
A: Der Vogel-Knöterich ist durch den niederliegenden, nicht windenden Stengel und die blattachselständigen Blätter von den anderen Arten der Gattung eindeutig zu unterscheiden. In Mitteleuropa scheint es zumindest zwei Rassen zu geben. Bei einer sind die Blütenblätter höchstens bis zu $1/4$ ihrer Länge verwachsen, bei der anderen etwa bis zur Hälfte oder mehr. Diese Rasse wird gelegentlich als Art *(P. aequale)* abgetrennt.

SK: Stengel wenig ästig. Jeder Ast schließt mit einer Ähre ab. Blattstiel entspringt unter der Mitte der Blattscheide. Blattscheide langfransig bewimpert. Blätter zwischen Blattstiel und Blattmitte am breitesten, an der Unterseite oft etwas behaart.
SV: Äcker, Schuttplätze, Gräben. Stickstoffliebend. Häufig.
A: Ähnlich: Ampfer-Knöterich *(P. lapathifolium)*. Blattscheiden nicht bewimpert. Äcker, Gräben. Stickstoffliebend. Zerstreut. Brittingers Knöterich *(P. brittingeri)*. Blattscheiden kahl, Blätter höchstens doppelt so lang wie breit. Gräben, schlammige Ufer. Selten.

Schlangen-Knöterich
Polygonum bistorta
Knöterichgewächse
Polygonaceae

Mai – Aug.   30–120 cm   G; ⚄

Mauer-Gipskraut
Gypsophila muralis
Nelkengewächse
Caryophyllaceae

Juli – Okt.   5–15 cm   G; ☉

SK: Stengel unverzweigt, trägt am Ende nur eine einzige Ähre. In ihr stehen die Blüten meist dicht. Deswegen wirkt sie dickwalzlich, sofern die Blüten in ihr geöffnet sind. Blätter länglich eiförmig, unterseits graugrün. Wurzelstock schlangenartig gewunden (Name!).
SV: Feuchte Wiesen, alpine Matten, feuchte Wälder. Nässezeiger. Häufig. Meist bestandsbildend.
A: Vor allem in feuchten Wiesen kann der Schlangen-Knöterich ganze Nester bilden. Dann ist er unerwünscht. Im Heu trocknet er schlecht. Entwässern und Kalken drängt ihn zurück.

SK: Blüten nur 6–15 mm im Durchmesser, hellrot, mit dunkleren Adern. Kelch mit trockenhäutigen Streifen, bezahnt. Zähne nur etwa $1/3$ der Kelchlänge messend. Stengel aufsteigend oder steif aufrecht, gabelig verzweigt. Blätter gegenständig, schmal lineal, kaum 1 mm breit.
SV: Äcker, Waldwege. Kalkscheu. Nässe- und Schlammzeiger. Zerstreut, in Kalkgebieten meist fehlend.
A: Ähnlich: Kriechendes Gipskraut (*G. repens*). Pflanze ausdauernd. Blüten weiß, allenfalls rötlich überhaucht. Kalkgerölle und feuchte Schutthalden in den Alpen oder im Alpenvorland. Das Kriechende Gipskraut staut Schutt („Stauerpflanze").

Büschel-Nelke
Dianthus armeria
Nelkengewächse
Caryophyllaceae

Juni - Aug.   30-60 cm   G; ☉

SK: 2–10 Blüten stehen in einem endständigen Büschel, die von schmalen, dicht stehenden Blättern umgeben sind. Blüten etwa 1 cm im Durchmesser. Oberseite der Blütenblätter hell purpurrot bis dunkelrosa, mit zahlreichen weißen, gegen den Schlund mit einzelnen dunklen Punkten und mit einzelnen Haaren.
SV: Trockene Rasen, Waldränder, Kalkscheu. Sehr selten.
A: Ähnlich: Bart-Nelke *(D. barbatus)*: Blütenstand nicht von schmalen, dicht stehenden Blättern umgeben. Kalkige Böden. Trockene, warme Wiesen, Waldränder. Verwilderte Gartenpflanze. Nur in den südöstlichen Kalkalpen wild.

Karthäuser-Nelke
Dianthus carthusianorum
Nelkengewächse
Caryophyllaceae

Juni - Sept.   15-50 cm   G; ♃

SK: 1–30 Blüten stehen in einem endständigen Büschel, doch sind meist nur 1–2 Blüten gleichzeitig erblüht. Blütenblätter dunkelrot oder tief rosarot. Kelch kahl, am Grund mit grannig zugespitzten Schuppen von etwa $^1/_2$ Kelchlänge. Blattscheiden am Stengel mindestens doppelt so lang, wie die Blätter breit sind.
SV: Trockene Rasen, lichte Wälder und trockene Gebüsche. Zerstreut.
A: Die Karthäuser-Nelke findet sich in ganz Mitteleuropa. Bei dieser weiten Verbreitung ist es nicht verwunderlich, daß sich regional etwas anders aussehende Formen herausgebildet haben.

Heide-Nelke
Dianthus deltoides
Nelkengewächse
Caryophyllaceae

Juni - Aug.   15-30 cm   G; ♃

SK: Stengel aufrecht oder aufsteigend, flaumig behaart, im oberen Teil verzweigt. Blütenblätter purpurrot, mit deutlichen weißen Punkten und ziemlich langen weißen Haaren. Eine etwa parallel zum äußeren Blütenblattrand laufende dunklere Zeichnung ist meist gut erkennbar. Kelch verwachsen, glatt, kahl, am Grund mit 2 halb so langen Schuppen.
SV: Heiden, magere Rasen. Kalkscheu. Bevorzugt sandige, lockere, nährstoffarme Böden. Fehlt in den Kalkgebieten, sonst selten.
A: Unterscheidet sich von der ähnlichen Busch-Nelke *(D. seguieri)*, die immer einen kahlen (glatten) Stengel hat.

Pfingst-Nelke
Dianthus gratianopolitanus
Nelkengewächse
Caryophyllaceae

Mai - Juni   10-25 cm   G; ♃

SK: Blüten einzeln am Ende der Stengel, 2–2,5 cm im Durchmesser. Blütenblätter am Außenrand ziemlich kurz gezähnt. Kelch oft violett überlaufen, unten von 4–6 Kelchschuppen umgeben, die mindestens $1/3$ der Kelchlänge erreichen und die allmählich in eine Granne zugespitzt sind. Blätter nie gekielt. Blätter blaugrün. Pflanze bildet oft kleine Polster.
SV: Felsige Trockenrasen. Felsbänder. Sehr selten.
A: Ähnlich: Stein-Nelke *(D. sylvestris)*: Blätter flach. Am Grunde des Kelchs nur 2 Schuppen, die etwa $1/4$ der Kelchlänge erreichen. Alpen, vereinzelt im Vorland. Selten.

Busch-Nelke
Dianthus seguieri
Nelkengewächse
Caryophyllaceae

Juni - Aug.   20-50 cm   G; ♃

SK: 2–8 Blüten sitzen in lockerem Büschel. Sie sind tief rosa gefärbt und haben auf der Oberseite dunkle Punkte und einen durchbrochenen, dunklen Schlundring. An ihrem Außenrand sind sie lang gezähnt. Kelch verwachsen, walzlich, kahl, am Grund mit eiförmigen Schuppen, deren aufgesetzte Granne den Kelchrand nicht erreicht. Blätter graugrün.
SV: Magere Matten, saure Bergwiesen, Kastaniengebüsch. Alpenpflanze. Von Südtirol westwärts in Tälern, die nach Süden offen sind. Sehr selten.
A: Diese großblumige Nelke gehört dem südeuropäischen Florenreich an.

Pracht-Nelke
Dianthus superbus
Nelkengewächse
Caryophyllaceae

Juni - Sept.   30-100 cm   G; ♃

SK: Blüten einzeln, gestielt. Blütenblätter lila bis tief rosa, oft auch mit einem Anflug nach Lila. Blütenblätter bis über die Mitte zerschlitzt, oft dunkel getupft. Blüte ausgebreitet, meist über 2,5 cm im Durchmesser. Kelch am Grund mit kurzen Schuppen, die höchstens $1/3$ der Kelchlänge erreichen. Blüten meist stark duftend.
SV: Wälder, Gebüsche, Bergwiesen, Naßwiesen. Zerstreut.
A: Ähnlich: Feder-Nelke (*D. plumarius*). Blüte ausgebreitet unter 2,5 cm im Durchmesser rosa bis weiß. Kelchschuppen reichen bis etwa zur halben Höhe des Kelchs. Ostalpen; Matten. Selten.

Stengelloses Leimkraut
Silene acaulis
Nelkengewächse
Caryophyllaceae

Juni – Sept.   1–5 cm   G; ♃

SK: Pflanze wächst in dichten Polstern. Blüten einzeln auf Stielen, die meist deutlich länger als 5 mm werden und gelegentlich 3 cm Länge erreichen. Blütenblätter purpurn bis rosa. Blätter gegenständig, obere eiförmig, untere schmal, 5–15 mm lang.
SV: Schutthalden, Matten. Liebt kalkhaltigen, lockeren Boden. Kalkalpen häufig, sonst selten.
A: Ähnlich: Ungestieltes Leimkraut (*S. exscapa*). Große, auffallende Polster (10–100 cm Durchmesser) auf Gesteinsschutt. Blütenblätter hellpurpurn oder rosa. Blütenstiel höchstens 5 mm lang. Blätter nur um 5 mm lang. Alpen östlich der Linie Silvretta-Comer See, selten.

Rote Nachtnelke
Silene dioica
Nelkengewächse
Caryophyllaceae

April – Aug.   30–100 cm   G; ♃

SK: Blüten stehen in wenigblütigen Büscheln in einer lockeren Rispe. Sie sind trübrosa bis purpurrot. Pflanze zweihäusig: Männliche und weibliche Blüten stehen auf getrennten Individuen. Weibliche Blüten haben einen Kelch mit 20 Rippen, männliche einen solchen mit 10 Rippen. Bei ihnen sind die Blüten meist kleiner und trüber. Ganze Pflanze weich behaart. Blätter gegenständig, obere eiförmig.
SV: Feuchte Wiesen und Wälder. Häufig. Nässezeiger.
A: Die Rote Nachtnelke wurde mit anderen Arten in der Gattung „Lichtnelke" (*Melandrium; M. rubrum*) geführt.

219

Gemeine Pechnelke
Lychnis viscaria
Nelkengewächse
Caryophyllaceae

Mai - Juni   15-50 cm   G; ♃

SK: Blüten stehen in einer mäßig lokkeren Rispe. Sie erreichen 2–2,5 cm im Durchmesser. Die Blütenblätter sind purpurrot und vorne leicht eingekerbt. Auffällig sind die dunklen Leimringe unter den oberen Knoten am Stengel. Blätter gegenständig. Pflanze kahl oder nur ganz schwach kurzhaarig.
SV: Trockenwiesen, Heiden, trockene Wälder. Bevorzugt kalkarmen Boden. Selten.
A: Die Pechnelke ist an ihren Leimringen gut kenntlich. Über deren Bedeutung hat man zwar keine experimentellen Erkenntnisse, doch geht man wohl nicht in der Annahme fehl, daß sie Schadinsekten fernhalten.

Kuckucks-Lichtnelke
Lychnis flos-cuculi
Nelkengewächse
Caryophyllaceae

April - Juli   30-70 cm   G; ♃

SK: Die Blüten stehen in einer lockeren Rispe. Sie sind hell rosa oder hell purpurn. Ihre Blütenblätter sind auffallend tief zerteilt. Blätter gegenständig, spatelig bis lanzettlich.
SV: Wiesen. Nässezeiger. Häufig.
A: Die Kuckucks-Lichtnelke ist eine der Pflanzen, die besonders häufig von Schaumzikaden zur Ablage ihrer Eier aufgesucht wird. Diese Larven entnehmen das für sie Lebensnotwendige dem Saft der Pflanzen, wobei aus ihm und ihrer Atemluft ein speichelähnlicher, bleibender Schaum entsteht. Die Entstehung der Schaumklümpchen konnte man sich früher nicht erklären. Man hielt sie für „Teufelswerk" („Kuckuck = Tor").

Echtes Seifenkraut
Saponaria officinalis
Nelkengewächse
Caryophyllaceae

Juli – Sept.   30–60 cm   G; ♃

SK: Am aufrechten, oft rötlich überlaufenen Stengel sitzen gegenständige, länglich-lanzettliche Blätter. Blüten in dichten Büscheln am Stengel und seinen Ästen. Blütenblätter aus langer Kelchröhre flach ausgebreitet, vorne nur schwach ausgerandet, am Schlund mit zwei Zähnchen.
SV: Stellenweise fehlend, doch häufig in den Flußniederungen der Kalkgebiete. Dort nicht nur in unmittelbarer Ufernähe, sondern in Unkrautfluren auf lockeren, grundwasserdurchzogenen Böden der weiteren Umgebung: Auen, Wege, Mauern, Dämme, Ödland, Hecken.
A: Oft am selben Standort weiße und rosafarbene Exemplare.

Rotes Seifenkraut
Saponaria ocymoides
Nelkengewächse
Caryophyllaceae

April – Okt.   10–30 cm   G; ☉-♃

SK: Die Pflanze bildet zahlreiche niederliegende, aufsteigende oder hängende Stengel, die sich zu einem dichten Rasen oder Polster vereinen. Blüten 1,5–2,5 cm im Durchmesser, rot. Kelch bauchig-röhrig, dicht und kurz behaart. Blätter gegenständig.
SV: Schutthalden, felsige Matten und felsige Gebüsche. Kalkzeiger. Nur in den Alpen. In den Kalkalpen zerstreut, sonst selten.
A: Die Heimat der Pflanze liegt im Mittelmeergebiet. Da sie gelegentlich in Steingärten angepflanzt wird, verwildert sie örtlich. Im Alpengebiet Rasen, die durch kleine Blüten auffallen.

Große Fetthenne
Sedum telephium
Dickblattgewächse
Crassulaceae

Juni – Sept.　　20–50 cm　　G; ♃

SK: Blätter eiförmig, glatt, flach, aber dickfleischig. Stengel aufrecht. Vielblütige, gedrängte, oft fast doldenartig ausgebreitete Rispe.
SV: Einerseits in Felsspalten, im Geröll, auf Mauern und in Steinrasen, aber auch in Unkrautgesellschaften auf Äckern und an Wegen, an sonnigen Rainen, in lichten Wäldern und Hekken. Liebt mäßig trockene, nährstoffreiche und steinige Böden. Zerstreut, stellenweise häufig; auch aus Gärten verwildert (alte Zierpflanze).
A: Mehrere Farbrassen: Ssp. *maximum*, mit meist grüngelben (selten hellrötlichen) Blüten; ssp. *telephium*, Blüten meist rot (selten grünlich); ssp. *vulgaris*, Blüten rosa.

Bach-Nelkenwurz
Geum rivale
Rosengewächse
Rosaceae

April – Juni　　20–50 cm　　G; ♃

SK: Mehrere Blüten stehen in einem wenigblütigen, lockeren Blütenstand. Sie nicken. Auffällig sind an ihnen die rotbraunen Kelchblätter. Die Blütenblätter sind rosenrot oder gelblich. Blätter wechselständig, unregelmäßig fiederteilig, obere dreiteilig.
SV: Nasse Wiesen, Flachmoore, Gräben, lichte, nasse Wälder. Häufig.
A: Die Individuen innerhalb der Art differieren recht stark. Man hat aber Rassen noch nicht erkennen können. Ziemlich oft findet man in größeren Beständen „Anomalien": Die Blüten sind gefüllt, die Hochblätter sind in die Blüten einbezogen, die Blüte nickt nicht.

Sumpf-Blutauge
Potentilla palustris
Rosengewächse
Rosaceae

Juni – Sept.   10–50 cm   G; ♃

SK: Ganze Blüte von oben dunkelpurpurn, fast braunrot, und zwar sowohl die kürzeren und schmäleren Blütenblätter als auch die innen trübpurpurroten Kelchblätter, die an ihrer Außenseite allerdings meist deutlich grün sind. Blätter handförmig 5–7zählig. Stengel liegend oder aufrecht.
SV: Moore. Braucht sauren, wenigstens zeitweise überschwemmten Boden. Selten, an seinen Standorten oft in individuenreichen Beständen.
A: Die Zuordnung zur Gattung Fingerkraut *(Potentilla)* ist umstritten. Früher *Comarum palustre*. Oft weist man darauf hin, daß Bastarde mit anderen Arten aus der Gattung nicht bekannt geworden sind.

Schierlings-Reiherschnabel
Erodium cicutarium
Storchschnabelgewächse
Geraniaceae

April – Okt.   15–50 cm   G; ☉ -☉

SK: Blüten um 1 cm im Durchmesser, hellpurpurn bis rosa und oft mit helleren Flecken. Blätter unpaarig gefiedert, Teilblättchen tief fiederspaltig. Schnabel (Frucht) 3–4 cm lang und unterhalb der Spitze mit einer ringförmigen Einschnürung.
SV: Äcker und Ödland. Bevorzugt Lehmböden. Zerstreut.
A: Der deutsche Name bezieht sich auf die schnabelförmige Frucht. Hauptsächlich durch das Fehlen der Einschnürung unterhalb der Spitze des Schnabels unterscheidet sich eine westeuropäische Rasse „Doppeltgefiederter Reiherschnabel" *(E. bipinnatum)*.

Schlitzblättriger Storchschnabel
Geranium dissectum
Storchschnabelgewächse
Geraniacea

Mai – Okt.   10–50 cm   G; ☉ -☉

SK: Zweiblütiger Blütenstand. Blüten klein, 8–10 mm im Durchmesser, hell purpurrot. Stiel des Blütenstands kürzer als sein Tragblatt. Alle Blätter gestielt. Stengel verästelt, aufsteigend oder aufrecht. Blätter bis fast zum Grund fünf- bis siebenteilig.
SV: Äcker, Gärten, Wegränder. Liebt steinigen, nährstoffreichen Boden, der eher trocken als feucht sein sollte. Zerstreut.
A: Die Heimat des Schlitzblättrigen Storchschnabels ist wahrscheinlich das westliche Mittelmeergebiet. Von dort wurde er nicht nur in Mitteleuropa verschleppt und heimisch, sondern auch in den gemäßigten Zonen sowohl der Nord- als auch der Südhalbkugel.

224

Tauben-Storchschnabel
Geranium columbinum
Storchschnabelgewächse
Geraniaceae

Mai – Sept.   15–50 cm   G; ☉

SK: Zweiblütiger Blütenstand. Blüten klein, 1,2–1,7 cm im Durchmesser, hell purpurn. Blütenstandstiele stets länger als das Tragblatt. Alle Blätter gestielt. Stengel verästelt, aufrecht oder aufsteigend. Blätter bis fast zum Grund fünf- bis siebenteilig.
SV: Äcker, Gärten, Wegränder. Liebt lehmigen, eher trockenen Boden, der zumindest kalkhaltig sein sollte. Zerstreut, örtlich selten.
A: Die Heimat des Tauben-Storchschnabels ist wahrscheinlich das östliche Mittelmeergebiet. Von dort wurde er nicht nur in Mitteleuropa heimisch, sondern über die ganze nördliche Halbkugel verschleppt.

Pyrenäen-Storchschnabel
Geranium pyrenaicum
Storchschnabelgewächse
Geraniaceae

Mai – Sept.   15–50 cm   G; ♃

SK: Zweiblütiger Blütenstand. Blüten klein, 10–15 mm im Durchmesser, purpurviolett oder violett. Stiel des Blütenstands länger als sein Tragblatt. Blätter kurz gestielt. Stengel wenig verästelt, aufsteigend oder aufrecht. Blätter im Umriß rundlich, am Grunde nierenförmig, 3–7 cm im Durchmesser, wenig tief fünf- bis neunteilig.
SV: Äcker, Wege, Schuttplätze, Wiesen. Liebt nährstoffreichen, nicht zu trockenen Lehmboden. Zerstreut.
A: Die Heimat des Pyrenäen-Storchschnabels sind wahrscheinlich Gebirge im Mittelmeergebiet. Mitteleuropa eroberte die Pflanze erst seit etwa 200 Jahren.

Ruprechts-Storchschnabel
Geranium robertianum
Storchschnabelgewächse
Geraniaceae

Juni – Okt.   15–50 cm   G; ☉ -☉

SK: Zweiblütiger Blütenstand. Blüten klein, 1,4–1,8 cm im Durchmesser, rosa oder allenfalls rosenrot, manchmal auch ganz blaßrosa und nur dunkler geädert. Stiel des Blütenstands viel länger als sein Tragblatt. Blätter bis zum Grunde in 3–5 Teilblättchen aufgeteilt, die wiederum bis fast zum Mittelnerv hinab geteilt sind.
SV: Wälder, Geröllhalden, Mauern, Ödland. Stickstoffzeiger. Häufig.
A: In den Küstengebieten Europas wird eine Rasse beschrieben, die auf Sand vorkommt, kleiner ist und niederliegende Stengel besitzt (ssp. *maritimum*). Der Purpur-Storchschnabel (*G. purpureum*) wird aus Südeuropa beschrieben.

Sumpf-Storchschnabel
Geranium palustre
Storchschnabelgewächse
Geraniaceae

Juni – Sept.   20–100 cm   G; ♃

SK: Blütenstand zweiblütig. Blüten 2,5–3 cm im Durchmesser. Blütenblätter nur leicht ausgerandet, rotviolett – hell purpurrot. An den Blütenstielen keine Drüsenhaare. Stengel ästig, aufsteigend, rauhhaarig. Blätter handförmig, siebenteilig.
SV: Ufer, Gräben, feuchte Wiesen und feuchte, lichte Stellen in Wäldern. Braucht grundwasserdurchzogenen Boden. Selten, kommt an seinen Standorten aber gelegentlich in lockeren, doch individuenreichen Beständen vor.
A: Der Sumpf-Storchschnabel hat den Schwerpunkt seines Verbreitungsgebiets in Ost-Europa, von wo es nach Sibirien und bis etwa zum Rhein nach Westen reicht.

Blutroter Storchschnabel
Geranium sanguineum
Storchschnabelgewächse
Geraniaceae

Juni – Aug.   10–50 cm   G; ♃

SK: Blütenstand einblütig. Blüten 2,5–3 cm im Durchmesser, karminrot. Blütenblätter ausgerandet. Stengel und Blütenstiele abstehend behaart. Blätter fünf- bis siebenteilig handförmig geteilt. Blattlappen lineal, an der Spitze mit 1 oder 2 Zipfeln.
SV: Trockenwälder, Gebüsche, Halbtrockenrasen. Wärmeliebend. Oft auf Kalk. Selten. Kommt an seinen Standorten meist in größeren Beständen vor.
A: Innerhalb der Art ist es nicht zur Bildung verschiedener Rassen gekommen. Es hat jedoch den Anschein, als wüchsen auf trockenen Standorten kleinblütigere und behaartere Individuen.

Wald-Storchschnabel
Geranium sylvaticum
Storchschnabelgewächse
Geraniaceae

Juni – Sept.   30–60 cm   G; ♃

SK: Blütenstand zweiblütig. Blüten 2–3 cm Durchmesser, rot- oder blauviolett. Die Blütenstände eines Stengels wirken oft straußartig dicht. Blätter 7–12 cm breit, meist siebenteilig, wobei die Einschnitte nie bis zum Stielansatz gehen. Stengel aufrecht, meist gabelig verzweigt, zumindest unten dicht behaart.
SV: Wälder, Wiesen in mittleren Höhenlagen (in den Alpen bis über 2000 m). Braucht feuchten, nährstoff- und humusreichen Boden. Selten.
A: Vom Wald-Storchschnabel trifft man Formen, die sich im Ton der Blütenfarbe auffällig, in der Größe und in der Behaarung weniger stark voneinander unterscheiden.

Brauner Storchschnabel
Geranium phaeum
Storchschnabelgewächse
Geraniaceae

Juli – Okt.   20–50 cm   G; ♃

SK: Blütenstand zweiblütig. Blüten 2–3 cm im Durchmesser, braunviolett. Die Blütenblätter sind – im Gegensatz zu den anderen mitteleuropäischen Arten – sehr flach ausgebreitet oder zurückgeschlagen. Blätter 5–10 cm breit, bis höchstens $1/3$ der Blattbreite in 7 Lappen zerteilt.
SV: Parks, Wälder, Wiesen. Bevorzugt kalkarmen, feuchten Lehmboden. Selten, an seinen Standorten meist in Beständen.
A: Heimat: Südeuropa, nördlich der Alpen nur aus der Gartenkultur verwildert und örtlich eingebürgert. Ähnlich: Violetter Storchschnabel *(G. lividum)*. Blüten hellviolett oder purpurn. Nur Westalpen. Sehr selten.

Moschus-Malve
Malva moschata
Malvengewächse
Malvaceae

Juli – Sept.   30–60 cm   G; ♃

SV: Blüten hellrot, rosa oder fast weiß, 4–5 cm im Durchmesser. Außenkelchblätter 3–5 mm lang und nur um 1 mm breit. Obere Blätter bis fast zum Grund handförmig fünf- bis siebenteilig. Haare am Stengel unverzweigt (Lupe!).
SV: Trockenrasen, Bahndämme. Braucht nährstoffreichen Boden. Selten, aber oft in kleineren Beständen.
A: Heimat: Mittelmeergebiet. Die Pflanze ist von dort eingeschleppt worden. Entlang von Eisenbahnlinien scheint sie sich auszubreiten. Ähnlich: Rosen-Malve *(M. alcea):* Außenkelch eiförmig, 4–8 mm lang und 2–4 mm breit. Etwa gleiche Standorte. Selten.

Wilde Malve
Malva sylvestris
Malvengewächse
Malvaceae

Juli – Sept.   20–120 cm   G; ♃

SK: Blüten zu 2–6 in den Blattachseln, rotviolett, etwa 4 cm im Durchmesser. Blütenblätter etwas ungleich groß und buchtig ausgerandet, oft etwas schief. Obere Blätter bis höchstens zu $^2/_3$ handförmig eingeschnitten. Stengel aufrecht. Blattlappen gekerbt.
SV: Wegränder und Schuttplätze. Stickstoffzeiger. Selten und meist in der Nähe von Siedlungen.
A: Heimat: Mittelmeergebiet, aber seit langem eingebürgert und früher viel angepflanzt. Deshalb lassen sich standortstypische Rassen innerhalb der Art kaum unterscheiden, obwohl fast alle Kennzeichen der Art recht wandelbar sind.

Weg-Malve
Malva neglecta
Malvengewächse
Malvaceae

Juni – Sept.   30–50 cm   G; ☉–♃

SK: Blüten in Büscheln in den Blattachseln, blaß rosarot bis fast weiß. Blüte nicht weit geöffnet, sondern trichterig. Kennzeichnend daher nicht Blütendurchmesser, sondern Blütenlänge. Diese beträgt 8–15 mm. Vor allem ist die Blüte auch bei kleinwüchsigen Exemplaren deutlich länger als der Kelch. Fruchtstiel abwärts gebogen. Obere Blätter bis höchstens ²/₃ ihrer Länge handförmig eingeschnitten. Stengel meist niederliegend.
SV: Unkrautbestände an Wegen und Schuttplätzen. Sehr häufig.
A: Ähnlich: Kleine Malve *(M. pusilla)*, Blüten nur etwa 5 mm lang und nie länger als die Kelchblätter. Heimat: Osteuropa.

Wald-Brustwurz
Angelica sylvestris
Doldengewächse
Apiaceae (Umbelliferae)

Juli – Sept.   50-200 cm   G; ♃; (+)

SK: Blüten in Doppeldolde. Dolde mit 20–40 Strahlen, ohne oder nur mit wenigen teils verkümmerten Tragblättchen. Döldchen mit zahlreichen Tragblättchen. Stengel hohl, weißlich bereift, Grundfarbe bläulich bis rötlich. Blätter mehrfach gefiedert, gestielt und mit auffälligen, bauchig aufgetriebenen Blattscheiden.
SV: Häufig in Auwäldern, Uferfluren, Naßwiesen sowie in Gebüschen und auch Unkrautbeständen auf wechselfeuchtem oder sickernassem Lehm.
A: Die Wald-Brustwurz (auch Wald-Engelwurz, eine Heilpflanze der Volksmedizin, gehört zu den Doldengewächsen, die weiß oder rötlich blühen (S. 69; S. 368).

Mehl-Primel
Primula farinosa
Primelgewächse
Primulaceae

Mai – Juli   5–20 cm   V; ♃

SK: Blüten stehen in allseitswendiger, vielstrahliger Dolde. Sie erreichen Durchmesser um 2 cm. Die 5 Kronzipfel sind flach ausgebreitet. Sie sind auf etwa $1/4$–$1/3$ ihrer Länge eingekerbt. Der Blütenkelch wird nur um 5 mm lang. Die Blätter sind fast ganzrandig, nicht runzelig und unterseits mehlig bestäubt.
SV: Braucht nährstoffarme, kalkhaltige Böden. Besiedelt außerhalb der Alpen Moore, in den Alpen feuchte Matten. Zerstreut.
A: Ähnlich: Langblütige Primel *(P. halleri)*, Röhrenteil der Blüte meist 2–3 cm lang (daran gut kenntlich), Blütenkelch 1–1,5 cm lang. Südostalpen, Westalpen. Sehr selten.

230

Clusius Primel
Primula clusiana
Primelgewächse
Primulaceae

Mai – Juli   2–5 cm   V; ♃

SK: Auf den blütentragenden Stengeln stehen meist nur 2 Blüten. Sie erreichen 3 cm oder mehr im Durchmesser. Die Blütenzipfel sind nicht ganz flach, sondern eher etwas halbglockig ausgebreitet. Sie sind auf $1/3$–$1/2$ ihrer Länge eingekerbt. Blätter höchstens leicht klebrig, oben hellgrün, unten graugrün. Rand oft heller und schmal knorpelig.
SV: Braucht kalkreichen, steinigen Boden, der lange schneebedeckt ist. Kommt nur in den nördlichen Kalkalpen zwischen Wiener Schneeberg und Königssee vor. Dort zerstreut.
A: Clusius Primel ist endemisch.

Roter Gauchheil
Anagallis arvensis
Primelgewächse
Primulaceae

Juli – Okt.   8–15 cm   V; ☉

SK: Blüten 5–7 mm im Durchmesser, meist ziegelrot. Rand der Blütenblätter höchstens mit einzelnen Kerben. Blüten blattachselständig. Stengel meist niederliegend. Blätter gegenständig, vereinzelt zu dreien quirlständig, sitzend, eiförmig.
SV: Hackfruchtäcker, Gärten, Schuttplätze. Lehmzeiger. Braucht gute Nährstoffversorgung. Häufig.
A: Vom Roten Gauchheil gibt es noch eine blaue Rasse (forma *azurea*), die man nicht mit dem Blauen Gauchheil (s. S. 306) verwechseln darf. Im Gegensatz zu diesem sind die Blütenblätter bei allen Formen des Roten Gauchheils wenig gekerbt.

Milchkraut
Glaux maritima
Primelgewächse
Primulaceae

Mai – Juni   5–15 cm   V; ♃

SK: Die Blüten sitzen einzeln in den Achseln der mittleren Laubblätter. Sie erreichen etwa 8 mm im Durchmesser. Meist sind sie hell rosafarben, gegen den Schlund zu etwas dunkler. Die Blätter der Pflanze werden nur um 5 mm lang und um 3 mm breit. Sie sind ausgesprochen fleischig und stehen sehr dicht an den kurzen Stengeln. Diese liegen dem Boden an oder steigen etwas bogig auf.
SV: Braucht kochsalzhaltigen, sandigen oder schlickigen Boden. Meeresstrand, Salzquellen. Selten.
A: Das Milchkraut ist zwar an fast allen Küsten der nördlichen Hemisphäre verbreitet (wenn auch örtlich, z.B. an der Ostseeküste eher selten).

Wald-Alpenveilchen
Cyclamen purpurascens
Primelgewächse
Primulaceae

Juni – Sept.   5–20 cm   V; ♃

SK: Blüten stehen einzeln auf den Stengeln. Sie duften stark. Auffällig sind ihre zurückgeschlagenen Blütenblätter. Die langen Blütenstiele rollen sich während der Fruchtbildung schraubig ein. Blätter immergrün, nieren- oder herzförmig. Blattrand schwach gekerbt.
SV: Braucht sehr humosen, nährstoffreichen und etwas feuchten Boden. Wälder im Alpenvorland und in den Alpen. Sehr selten.
A: Auf den ersten Blick wird das Alpenveilchen gelegentlich mit der Hunds-Zahnlilie *(Erythronium denscanis)* verwechselt, die ebenfalls zurückgeschlagene Blütenblätter hat (6!).

Gemeine Grasnelke
Armeria maritima
Strandnelkengewächse
Plumbaginaceae

Mai – Sept.   20–40 cm   V; ♃

SK: Blütenstand 1,5–2,5 cm breit, etwas abgeplattet kugelig, kopfig. In ihm stehen 10–30 Blüten dicht beisammen. Meist sind sie rosafarben, können aber auch fast purpurrot sein. Ihre 5 Blütenblattzipfel sind ausgerandet. Die Blätter werden etwa 1–2 mm breit und 5–10 cm lang. Sie wirken dicklich.
SV: Braucht sandigen, kalkarmen Boden. Erträgt hohen Salzgehalt. Im Tiefland zerstreut, örtlich in Beständen.
A: Von der Gemeinen Grasnelke im engeren Sinn trennt man oft Rassen ab, die sich vor allem in der Größe unterscheiden. Die Übergänge sind jedoch so fließend, daß eindeutige Diagnosen meist nicht gegeben werden können.

Echtes Tausendgüldenkraut
Centaurium erythraea
Enziangewächse
Gentianaceae

Juli – Okt.   10–50 cm   V; ⊙

SK: 10–40 Blüten stehen in einem lokkeren, doldig aussehenden Blütenstand beieinander. Die Blüten sind rosarot mit einem Hauch zu Purpurviolett. Sie erreichen etwa 1 cm Durchmesser. Stengel aufrecht, stets einfach (nur im Blütenstandsbereich verzweigt). Blätter am Stengelgrund in einer Rosette. Stengelblätter länglich eiförmig.
SV: Laubwälder, trockene Rasen. Zerstreut.
A: Ähnlich: Zierliches Tausendgüldenkraut *(C. pulchellum)*. Stengel meist vom Grund an verzweigt. Am Stengelgrund nie Blattrosette. Ganze Pflanze kleiner (3–15 cm). Liebt feuchte, ja nasse Standorte in Sumpfwiesen. Selten.

Acker-Winde
Convolvulus arvensis
Windengewächse
Convolvulaceae

Juni – Okt.   30–100 cm   V; ♃

SK: Blüten meist einzeln, selten zu 2 oder 3 in den Blattachseln. Blüten trichterig, schwach duftend. Stengel niederliegend oder linkswindend, kahl. Blätter wechselständig, gestielt, am Grund pfeil- oder spießförmig.
SV: Äcker, Gärten, Wege, Schuttplätze. Stickstoffzeiger. Häufig.
A: Die Acker-Winde bildet außerordentlich umfangreiche und tiefreichende (bis 2 m) Wurzeln. In ihnen speichert sie Nährstoffe. Diese reichen selbst dann für einen erneuten Austrieb, wenn der Standort etwa mit einer dünnen Teerdecke belegt worden ist. Man sieht dann die Blätter aus dem aufgebauchten Belag herauswachsen.

Nessel-Seide
Cuscuta europaea
Seidengewächse
Cuscutaceae

Juni – Sept.   20–100 cm   V; ☉

SK: Ein Geflecht von fadenartig dünnen Stengeln umgibt die Wirtspflanze (Brennnessel, Ufer-Zaunwinde, Beifuß). Die in Knäueln sitzenden, hellrötlichen und manchmal fast weißen Blüten sieht man meist erst bei näherem Zusehen.
SV: Ödland, Ufer. Selten.
A: Alle Arten der Gattung sind Schmarotzer. Ähnlich: Quendel-Seide *(C. epithymum):* Wirtspflanzen: Thymian, Pfeilginster, Heidekraut, Besenginster. Selten. Lein-Seide *(C. epilinum):* Auf Flachs. Kann bei Massenvorkommen zu großen Ausfällen führen. Wo Flachs noch angebaut wird, zerstreut, sonst fehlend.

Gemeiner Beinwell
Symphytum officinale
Borretschgewächse
Boraginaceae

Mai – Sept.   30–100 cm   V; ♃; (+)

SK: Ganze Pflanze rauhhaarig. Blätter länglich-eiförmig, deutlich am Stengel herablaufend. Blüten schmalglockig, nickend, in Trugdolden.
SV: Auf feuchten bis nassen, stets nährstoffreichen Böden. Zerstreut; Feuchtwiesen, Ufer, Gräben, Schuttplätze, Wege, sowie in Auwäldern und an Waldrändern. Meidet Lagen über 1000 m. Oft unbeständig.
A: Der schwarzen Wurzel wegen wird diese Heilpflanze auch Schwarzwurz genannt (nicht gleichzusetzen mit der Gemüsepflanze „Schwarzwurzel"!). 3 Unterarten (durch Übergänge verbunden: *bohemicum,* kleinblütig, gelblichweiß; *tanaicense,* trübviolett, kaum rauh; *officinale (purpureum),* rötlich.

234

Dunkles Lungenkraut
Pulmonaria obscura
Borretschgewächse
Boraginaceae

März – April 15–40 cm V; ♃

SK: Mehrere Blüten stehen in einem doldenähnlichen Blütenstand beisammen. Stiele der Teilblütenstände so lang wie das zugehörige Tragblatt. Blüten wirken schlüsselblumenartig, erblühen rot, werden dann violett und verblühen blau. Grundständige Blätter nicht in den Stiel verschmälert. Blätter nicht fleckig.
SV: Wälder. Liebt kalkhaltigen, lehmigen Boden. Zerstreut. Kommt an seinen Standorten meist in Beständen vor.
A: Ähnlich: Echtes Lungenkraut *(P. officinalis)*: Stiel der Teilblütenstände kürzer als das zugehörige Blatt. Blätter gefleckt. Alpen, Alpenvorland. Selten.

Echtes Eisenkraut
Verbena officinalis
Eisenkrautgewächse
Verbenaceae

Juli – Okt. 30–60 cm V; ☉ –♃

SK: Zahlreiche kleine (3–5 mm lange), rötlich-violette oder blaßlila Blüten stehen in einem ährigen Blütenstand. Blütenstand auffällig sparrig verzweigt. Stengelblätter dreispaltig, gekerbt.
SV: Wege, Dämme. Stickstoffzeiger. Zerstreut.
A: Die ursprüngliche Heimat des Eisenkrauts liegt vermutlich im Mittelmeergebiet. Jedenfalls ist es wärmebedürftig. Daher fehlt es in höheren Mittelgebirgslagen und in den Alpen auch an den Standorten, die ihm vom Nährstoff- und Lichtangebot her eigentlich genügen müßten.

235

Schwarze Tollkirsche
Atropa belladonna
Nachtschattengewächse
Solanaceae

Juni – Juli   5–150 cm   V; ♃; +

SK: Die Blüten stehen einzeln in den Achseln der oberen Blätter. Sie sind grünlich-rot überlaufen und an den Zipfeln kräftig braunrot, braunviolett oder purpurviolett. Stengel aufrecht. Blätter eiförmig, in den Stiel herablaufend. Meist stehen ein großes und ein kleines Blatt beieinander.
SV: Lichte Stellen in Wäldern. Braucht nährstoffreichen, eher etwas feuchten Boden. Häufig.
A: Die Schwarze Tollkirsche ist sehr giftig. Sie enthält vor allem das stark giftige Hyoscyamin und in geringeren Mengen das ebenfalls sehr giftige Atropin. Möglicherweise kann bereits das Verzehren einzelner Beeren zum Tode führen.

236

Berg-Baldrian
Valeriana montana
Baldriangewächse
Valerianaceae

April – Juli   10–60 cm   V; ♃

SK: Gesamtblütenstand fast doldig flach mit vielen Einzelblüten. Einzelblüten zu 2,5 mm lang, meist hell rosa, selten ganz weiß. Stengel aufrecht, hohl. Blätter der nicht blühenden Triebe plötzlich in den Stengel verschmälert. Blätter nur ganz vereinzelt dreiteilig, in der Regel eiförmig, lanzettlich. An einem Stengel stehen 3–8 Blattpaare.
SV: Schutt- oder Geröllhalden; Alpen, Alpenvorland. Zerstreut.
A: Ähnlich: Stein-Baldrian (*V. tripteris*). Stengel mehlig ausgefüllt, nicht hohl. Stengelblätter meist tief dreiteilig. Geröll- und Schutthalden. Alpen, Alpenvorland und südliche Mittelgebirge in Mitteleuropa. Selten.

Kleiner Baldrian
Valeriana dioica
Baldriangewächse
Valerianaceae

Mai - Juli 10-30 cm V; ♃

SK: Blüten stehen in kleineren Blütenständen, die am Stengelende schirmförmig angeordnet sind. Blüten zweihäusig: Männliche und weibliche Blüten befinden sich auf verschiedenen Individuen. Männliche Blüten rosa, weibliche Blüten weiß. Grundblätter ungeteilt, Stengelblätter fiederteilig.
SV: Ufer, feuchte Wiesen, feuchte und lichte Waldstellen. Zerstreut.
A: Ähnlich: Knolliger Baldrian *(V. tuberosa)*. Blüten meist zwittrig. Grundblätter mindestens 1½mal so lang wie breit, meist um 3mal so lang wie breit. Rhizom bildet Knollen. Nur Südalpen. Selten.

Echter Baldrian
Valeriana officinalis
Baldriangewächse
Valerianaceae

Juli - Sept. 30-170 cm V; ♃; (+)

SK: Blüten stehen in einer endständigen, oft ansehnlichen Doldenrispe. Blüten zwittrig, fleischrot bis sehr hell weißrötlich, duftend (nicht jedermann empfindet den Geruch als angenehm und gleich stark). Blätter am Stengel gegenständig (6–9 Paare), gefiedert (15–21 Teilblättchen), kahl, auch Grundblätter gefiedert.
SV: Feuchte Stellen in Wäldern, auf Wiesen und an Gräben. Sehr häufig.
A: Ähnlich: Wiesen-Baldrian *(V. pratensis)*: Stengel mit nur 5–7 Blattpaaren; Blätter meist kurz mit einzelnen Haaren bestanden. Stengel kahl. Moorige Wiesen, sumpfige Wälder. Wärmeliebend. Sehr selten; im Einzugsgebiet von Alpenrhein und Oberrhein.

Doldige Schwanenblume
Butomus umbellatus
Wasserlieschgewächse
Butomaceae

Juni – Aug.   50–150 cm   M; ♃

Herbst-Zeitlose
Colchicum autumnale
Liliengewächse
Liliaceae

Aug. – Okt.   5–20 cm   M; ♃; +

SK: 10–30 Blüten stehen in einem lockeren, doldenartigen Blütenstand. Sie erreichen 2–2,5 cm im Durchmesser. Äußere Blütenblätter kürzer und schmäler als innere. Innere meist mit deutlichen, dunkelroten Adern. Grundblätter schilfartig, rinnig, steif aufrecht.
SV: Röhricht stehender oder langsam fließender Gewässer. Schlammzeiger. Wärmeliebend. Selten.
A: Obwohl die Doldige Schwanenblume fast in ganz Mitteleuropa, in Osteuropa und im westlichen Asien vorkommt, ist sie nirgends häufig; trotz ihres recht ausgedehnten Verbreitungsgebiets sind kaum Varianten innerhalb der Art bekannt geworden.

238

SK: Blüten auf weißlichem „Stiel". Freier Teil der Blütenblätter 4–7 cm lang. Zur Blütezeit ohne Blätter. Blätter erscheinen erst im nächsten Frühjahr. Sie sind tulpenartig.
SV: Wiesen, feuchte, lichte Wälder. Stickstoffliebend. Häufig.
A: Ähnlich: Alpen-Zeitlose *(C. alpinum):* Freier Teil der Blütenblätter nur 2–3 cm lang. Weiden und Wiesen in den südlichen Westalpen (Ostgrenze Wallis-Tessin). Dort zerstreut. Lichtblume *(C. bulbocodium):* Blüten erscheinen im Frühjahr zusammen mit den an der Spitze kapuzenförmigen Blättern. Verbreitung wie Alpen-Zeitlose. Sehr selten. Alle Arten sind sehr giftig.

Weinbergs-Lauch
Allium vineale
Liliengewächse
Liliaceae

Juni - Aug.   30-60 cm   M; ♃

 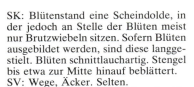

SK: Blütenstand eine Scheindolde, in der jedoch an Stelle der Blüten meist nur Brutzwiebeln sitzen. Sofern Blüten ausgebildet werden, sind diese langgestielt. Blüten schnittlauchartig. Stengel bis etwa zur Mitte hinauf beblättert.
SV: Wege, Äcker. Selten.
A: Ähnlich: Kugelkopf-Lauch *(A. sphaerocephalum)*. Blütenstand fast nie mit Brutzwiebeln, nur sehr kurz gestielte Blüten. Trockene Rasen. Selten. Außer diesen beiden Arten kommen noch weitere Arten vor, die aber entweder sehr selten oder aber sehr schwer zu identifizieren sind.

Türkenbund-Lilie
Lilium martagon
Liliengewächse
Liliaceae

Juni - Aug.   30-120 cm   M; ♃

SK: 2–10 Blüten, sehr selten mehr, stehen in einer lockeren Traube. Die Blüten nicken. Sie erreichen 5–7 cm im Durchmesser. Die Blütenblätter sind dunkelbraunrot gepunktet und etwa von der Mitte an bei voll erblühten Blüten zurückgeschlagen. Blätter schmal eiförmig, ganzrandig, quirlständig.
SV: Lichte Wälder. Nährstoff- und kalkliebend. Zerstreut.
A: Türkenbund-Lilien sind früher oft gepflückt worden. Der gesetzliche Schutz, unter den die Art gestellt wurde, sollte dem vorbeugen. Er wird erfreulicherweise eingehalten. Offensichtlich mit Erfolg.

Sommer-Adonisröschen
Adonis aestivalis
Hahnenfußgewächse
Ranunculaceae

Mai – Juli   30–50 cm   G; ☉ ; (+)

SK: Blüten einzeln, scharlachrot, seltener gelbrot. Blütenblätter ausgebreitet. Kelchblätter anliegend. Früchtchen ohne schwarzen Fleck. Blätter zwei- bis dreifach gefiedert.
SV: Äcker, Schuttplätze. Liebt trockenen Kalkboden. Noch um 1950 Unkraut in Massenbeständen, heute gebietsweise durch Unkrautbekämpfung praktisch ausgerottet. Selten.
A: Ähnlich: Flammen-Adonisröschen *(A. flammea)*: Fruchtschnabel schwärzlich. Äcker; sehr selten; Herbst-Blutströpfchen *(A. autumnalis)*: Kelchblätter waagrecht oder rückwärts abstehend, Blüten meist dunkelrot. Gartenpflanze, deren Heimat das Mittelmeergebiet ist.

240

Echte Hauswurz
Sempervivum tectorum
Dickblattgewächse
Crassulaceae

Juli – Sept.   10–60 cm   G; ♃

SK: Aus einer dichten Grundblattrosette kommt der von Schuppenblättern umstandene Blütenstandsstiel, auf dem 10-25 Blüten dicht beieinander stehen. Sie haben Durchmesser von 1–2 cm und 10–20 Blütenblätter. Blattrosette ohne spinnwebige Haare!
SV: Felsen und Mauer. Wild nur im Alpengebiet. Sonst verwilderte Zierpflanze. Sehr selten.
A: In den Alpen gibt es mehrere Arten, u. a. Spinnweben-Hauswurz *(S. arachnoideum)*: Bei ihr bleiben die Blattrosetten klein und kugelig. Die Blätter sind an ihren Spitzen durch lange, spinnwebige Haare untereinander verwoben. Zentralketten zerstreut, örtlich häufig.

Blut-Weiderich
Lythrum salicaria
Weiderichgewächse
Lythraceae

Juli – Sept.   60–160 cm   G; ♃

SK: Blüten stehen quirlig in einer langen Ähre. Sie erreichen 1,2–1,8 cm im Durchmesser. Blätter gekreuzt gegenständig, gelegentlich auch zu dreien wirtelig, am Grund abgerundet. Stengel aufrecht, vierkantig, wie die Blätter kurz abstehend behaart.
SV: Ufer, Röhricht, Moore, Naßwiesen, nasse Wälder. Häufig.
A: Ähnlich: Ruten-Weiderich *(L. virgatum)*: Blätter nicht abgerundet, sondern in den Stiel verschmälert. Ganze Pflanze kahl. Blätter wirken auffallend lang und schlank und stehen dichter am Stengel als beim Blut-Weiderich. Osteuropa bis nach Österreich. Selten. Der Name Weiderich bezieht sich auf die weidenblattartigen Blätter.

Zwerg-Troddelblume
Soldanella pusilla
Primelgewächse
Primulaceae

Mai – Aug.   2–10 cm   V; ♃

SK: Auf dem Blütenstandsstiel steht immer nur eine Einzelblüte. Sie nickt stets und ist blaß rosaviolett. Am Rande ist die etwa 1–1,5 cm lange Blütenglocke bis auf etwa 1/4 ihrer Länge in zahlreiche Fransen zerschlitzt. Die Blätter sind rundlich-nierenförmig, nie breiter als 1 cm, ganzrandig, nie dicklich.
SV: Schneetälchen und feuchte Matten in den zentralen Ketten, vor allem östlich des Alpenrheins, zerstreut.
A: Die Troddelblumen-Arten ähneln einander. Am ähnlichsten ist die Winzige Troddelblume *(S. minima)*. Sie hat fast stets zahlreiche kleine Drüsenhaare am Blütenstiel.

Gemeiner Wasserdost
Eupatorium cannabinum
Korbblütengewächse
Asteraceae (Compositae)

Juli - Sept.   70-150 cm   V; ☉ -♃; (+)

SK: Blüten in Körbchen, die trugdoldig beieinander stehen. Alle Blüten röhrenförmig. Blüten unscheinbar, Körbchen klein. Blätter zum Teil gegenständig, drei- bis fünfteilig. Teilblättchen lanzettlich, grob gesägt.
SV: Lichte Stellen in Wäldern, gelegentlich Ufer. Feuchtigkeitszeiger, etwas kalkliebend. Häufig.
A: Früher nutzte man den Gemeinen Wasserdost als Heilpflanze. Darauf bezieht sich auch der da und dort noch übliche Name Kunigundenkraut (nach der Heiligen Kunigunde). Arzneiliche Wirksamkeit ist aber zumindest umstritten, obschon die Pflanze einen noch unbekannten Bitterstoff enthält.

Grauer Alpendost
Adenostyles alliariae
Korbblütengewächse
Asteraceae (Compositae)

Juli - Aug.   50-150 cm   V; ♃

SK: Köpfchen in doldenartigen Teilblütenständen; diese stehen so dicht beisammen, daß sie einen fast schirmartigen Gesamtblütenstand bilden. Die einzelnen Köpfchen enthalten nur 3–6 Blüten. Das oberste Stengelblatt sitzt meist mit verbreitertem Grund am Stengel. Blattunterseiten mit abwischbarem Haarfilz.
SV: Alpen, vereinzelt auch im Schwarzwald und in den Vogesen in lichten Wäldern und in Hochstaudenfluren. Zerstreut.
A: Ähnlich: Kahler Alpendost *(A. glabra):* Alle Blätter gestielt. Köpfchen meist mit 3 Blüten. Alpen. Auf Kalk zerstreut.

Rote Pestwurz
Petasites hybridus
Korbblütengewächse
Asteraceae (Compositae)

März - April   30-60 cm   V; ♃

SK: Blüten in einem traubig angeordneten Körbchen. Pflanze zur Blütezeit ohne Blätter. Am Blütenstandsstiel nur Blattschuppen. Die sehr großen Blätter erscheinen nach der Blütezeit. Sie sind rundlich und erreichen Durchmesser bis 60 cm!
SV: Ufer, Gräben, Flußauen, Waldränder. Liebt kalkhaltigen Boden. Feuchtigkeitszeiger. Häufig.
A: Ähnlich: Alpen-Pestwurz *(P. paradoxus)*: Blätter am Ende der Blütezeit erscheinend, ausgewachsen nur bis höchstens 20 cm im Durchmesser, unterseits bleibend weißfilzig behaart, Umriß deutlich dreieckig. Schutthalden und Geröllbänke aus Kalk im Vorland und in den Alpen. Selten.

Roter Alpenlattich
Homogyne alpina
Korbblütengewächse
Asteraceae (Compositae)

Mai - Aug.   10-30 cm   V; ♃

SK: Stengel mit nur 1 Köpfchen von 2 bis 3 cm im Durchmesser. Die fädlichen Einzelblüten sind purpurrot. Grundblätter rundlich-nierenförmig, gestielt, gezähnt, nie filzig behaart. Die schuppenförmigen Stengelblätter sitzen im unteren Stengeldrittel. Pflanze oft mit Ausläufern.
SV: Schneetälchen und Matten in den Alpen. Zerstreut.
A: Ähnlich: Filziger Alpenlattich *(H. discolor)*: Körbchen um 1 cm im Durchmesser, Grundblätter dicht filzig. Schuppenförmige Stengelblätter im mittleren Stengeldrittel. Pflanze ohne Ausläufer. Kalkalpen östlich des Salzkammerguts und der Dolomiten. Zerstreut.

Zweihäusiges Katzenpfötchen
Antennaria dioica
Korbblütengewächse
Asteraceae (Compositae)

Mai – Juni 8–25 cm V; ♃

Gemeine Schafgarbe
Achillea millefolium
Korbblütengewächse
Asteraceae (Compositae)

Juni – Okt. 15–50 cm V; ♃

SK: In einer endständigen, fast doldigen Traube stehen 3–12 kleine Körbchen, die nur Röhrenblüten enthalten. Pflanze zweihäusig. Hüllblätter der Körbchen mit männlichen Blüten weiß, bei weiblichen dunkelrosa. Grundblätter in einer Rosette; oberirdische Ausläufer.
SV: Trockene Rasen und Wälder. Liebt lockeren, etwas sauren Boden. Zerstreut.
A: Ähnlich: Karpaten-Katzenpfötchen (*A. carpatica*): Hüllblätter der männlichen Körbchen nur an der Spitze und am Rande weiß, bei weiblichen Körbchen durchscheinend, bräunlich. Keine Ausläufer. Steinreiche Rasen in den Alpen. Selten.

SK: Stengel aufrecht, wechselständig beblättert. Laubblätter doppelt gefiedert, Teilblättchen zwei- bis fünfspaltig. Blüten in trugdoldig angeordneten Körbchen: Innen gelblichweiße Röhrenblüten; außen meist nur 4 bis 5 weiße oder rote Zungenblüten.
SV: Sehr häufig vom Tiefland bis über 1700 m in Wiesen, Halbtrockenrasen, Rainen, Weiden, Äckern und an Wegen. Bevorzugt lockere, nährstoffreiche und nicht zu feuchte Lehmböden.
A: Die Farbe der Zungenblüten variiert von Schmutzweiß über Reinweiß bis zu Rosarot und Tiefrot. In tieferen Lagen dominieren die weißen Formen, in den Alpen sind rotblütige Formen oft vorherrschend.

Berg-Distel
Carduus defloratus
Korbblütengewächse
Asteraceae (Compositae)

Juni – Okt. 30–120 cm V; ♃

SK: Stengel unverzweigt oder nur mit einzelnen Ästen. Alle Stengel tragen je nur 1 Blütenkörbchen, das 1–3 cm im Durchmesser erreicht und das rote Röhrenblüten enthält. Die Körbchen nicken nicht. Blätter gefiedert, weichdornig. Stengel im oberen Teil unbeblättert oder mit nur kleinen Blättern.
SV: Lichte Wälder, Gebüsche, Bergwiesen, süddeutsche Mittelgebirge, Alpen. Selten.
A: Trotz ihres verhältnismäßig kleinen Areals in Mitteleuropa kann man bei der Berg-Distel eine ganze Reihe von Rassen unterscheiden, die manchmal sogar als Arten geführt werden.

Nickende Distel
Carduus nutans
Korbblütengewächse
Asteraceae (Compositae)

Juli – Aug. 30–100 cm V; ☉

SK: Stengel in wenige Äste verzweigt, an deren Ende jeweils nur 1 Blütenkörbchen sitzt. Dieses Blütenkörbchen erreicht 3,5–7 cm Durchmesser. Es enthält nur rote Röhrenblüten. Die Körbchen nicken deutlich. Blätter fiederspaltig, langstachelig (einzelne Stacheln mindestens 4, gelegentlich bis 6 mm lang).
SV: Äcker, Wegränder, Schuttplätze, alpine Weiden. Zerstreut.
A: Ähnlich: Breitschuppige Distel *(C. platylepis):* Köpfchen nickend, nur 3–4 cm im Durchmesser. Blätter fiederteilig, Stacheln kürzer als 3 mm. Wege, alpine Weiden. Nur südliche und westliche Alpen. Selten.

Lanzett-Kratzdistel
Cirsium vulgare
Korbblütengewächse
Asteraceae (Compositae)

Juni – Okt.   60–130 cm   V; ☉

SK: Stengel in wenige Äste verzweigt, an deren Ende jeweils nur 1 Blütenkörbchen steht. Blütenkörbchen 2 bis 4 cm im Durchmesser. Sie enthalten nur rote Röhrenblüten. Hülle des Körbchens leicht spinnwebig behaart. Blätter deutlich am Stengel herablaufend, unterseits dünn spinnwebig.
SV: Wege, Schuttplätze. Liebt kalkhaltige und stickstoffreiche Böden. Häufig.
A: Von der Lanzett-Kratzdistel sind Formen beschrieben worden, die sich durch eine auffällige Behaarung auszeichnen. Bei ihnen sollen die Blätter unterseits weißfilzig sein.

Sumpf-Kratzdistel
Cirsium palustre
Korbblütengewächse
Asteraceae (Compositae)

Juli – Sept.   90–200 cm   V; ☉

SK: Stengel in wenige Äste verzweigt, an deren Ende stets mehrere Köpfchen stehen oder sitzen. Köpfchen erreichen etwa 1 cm im Durchmesser und etwa 1,5 cm Länge. Die Blätter laufen weit am Stengel herab. Dadurch ist der Stengel stachelig geflügelt. Auch die Blätter sind sehr langstachelig.
SV: Flachmoore, Naßwiesen, feuchte Waldstellen. Liebt Feuchtigkeit und meidet ausgesprochen kalkigen Boden. Häufig.
A: Die Sumpf-Kratzdistel kann je nach Standort recht unterschiedlich aussehen. Vor allem ihre Höhe ist veränderlich, ebenso die Blattform und die Stärke der Bestachelung.

Stengellose Kratzdistel
Cirsium acaule
Korbblütengewächse
Asteraceae (Compositae)

Juli – Sept.   5–20 cm   V; ♃

SK: Der Blütenstand besteht bei dieser Art aus nur 1 Körbchen, das 2,5 cm lang und fast ebenso breit wird. Es enthält nur rote Röhrenblüten. Der Stengel wird höchstens 20 cm hoch. Die Blätter sind buchtig fiederspaltig, ihre Zipfel eiförmig.
SV: Wälder und Gebüsche, Wiesen. Lehmzeiger. Selten.
A: Die Stengellose Kratzdistel hat ihren Verbreitungsschwerpunkt im westlichen Mitteleuropa. Schon östlich der Elbe kommt sie nicht mehr so häufig vor. Gestaltlich sind von ihr kaum Abweichungen bekannt geworden. Blütenstände mit mehreren Körbchen wurden vereinzelt schon gefunden.

Färber-Scharte
Serratula tinctoria
Korbblütengewächse
Asteraceae (Compositae)

Juli – Sept.   30–100 cm   V; ♃

SK: 10–40 Körbchen stehen am Ende des doldenrispig verzweigten Stengels. Sie erreichen kaum 1 cm im Durchmesser, werden aber bis zu 1,5 cm lang. Ihre purpurroten Röhrenblüten können zuweilen einen deutlichen Stich ins Violette zeigen. Die Blätter sind ungeteilt oder fiederschnittig und auffällig scharf gesägt.
SV: Lichte, eher etwas feuchte Wälder, Moorwiesen, Ufer. Selten.
A: Ähnlich: Wolfs-Scharte *(S. vulpii)*: Nur 2–5 Köpfchen, die fast sitzen, bilden den Blütenstand. Sie erreichen fast 1,5 cm im Durchmesser und fast 2 cm in der Länge. Nur Westeuropa, in den Alpen etwa bis zum Rhein ostwärts. Selten.

Schwarze Flockenblume
Centaurea nigra
Korbblütengewächse
Asteraceae (Compositae)

Juli – Sept. 20–80 cm V; ♃

SK: Stengel wenig verzweigt. Auszweigungen tragen je 1 Blütenkörbchen, das 2,5–3,5 cm im Durchmesser erreichen kann. Es enthält am Rande keine vergrößerten Blüten. Der Stengel ist unterhalb des Körbchens auf 2–5 cm deutlich verdickt. Blätter oval bis lanzettlich. Stengel meist aufrecht.
SV: Waldränder, Heiden. Zerstreut.
A: Innerhalb der Art werden mehrere Rassen unterschieden: Die ssp. *nemoralis* bezeichnet eine hochwüchsige Pflanze (über 60 cm), die verhältnismäßig reich verzweigt ist. Bei der ssp. *nigra* sind alle Anhängsel der Hüllblätter schwarz. Auch eine kurzwüchsige Rasse (ssp. *montana*), unter 40 cm, wurde schon benannt.

Wiesen-Flockenblume
Centaurea jacea
Korbblütengewächse
Asteraceae (Compositae)

Juni – Okt. 30–100 cm V; ♃

SK: Stengel nur oben und nicht sehr dicht verzweigt. Äste am Ende mit nur 1 Blütenkörbchen, das 3–5 cm im Durchmesser erreichen kann. Es enthält nur Röhrenblüten, von denen die äußeren (Randblüten) deutlich vergrößert sind. Mittlere und obere Blätter ungeteilt, wechselständig. Untere Blätter oft buchtig-fiederspaltig.
SV: Trockene Rasen, Wiesen, Wegränder. Braucht lehmigen Boden. Sehr häufig.
A: Die Art ist sehr vielgestaltig. Deswegen wird sie meist in Unterarten aufgeteilt. Eine Sippe mit reich verzweigten Stengeln, weißfilzigen Blättern, bei der die oberen Stengelblätter sehr lang sind, wird als ssp. *angustifolia* geführt.

Skabiosen-Flockenblume
Centaurea scabiosa
Korbblütengewächse
Asteraceae (Compositae)

Juli – Aug.   30–130 cm   V; ♃

SK: Stengel wenig verzweigt. Am Ende der Äste sitzt immer nur 1 Blütenkörbchen, das 3,5–6 cm im Durchmesser erreichen kann. Es enthält nur Röhrenblüten, von denen die äußeren (Randblüten) deutlich vergrößert sind. Die Hüllblätter des Körbchens haben einen dunkelbraunen Rand. Alle Blätter am Stengel sind fiederteilig.
SV: Trockenrasen, Wiesen. Liebt lokkeren Boden. Häufig.
A: Ähnlich: Alpen-Flockenblume *(C. alpestris):* Stengel meist unverzweigt oder nur mit 1 oder 2 Ästen. Hülle der Körbchen lang, schwarz befranst. Körbchen 5–6 cm im Durchmesser. Mittelgebirge und Alpen. Selten.

Filzige Klette
Arctium tomentosum
Korbblütengewächse
Asteraceae (Compositae)

Juli – Aug.   50–150 cm   V; ☉

SK: 5–50 Blütenkörbchen sitzen rispig-doldig am Ende der Stengel. Sie sind stark spinnwebig behaart und erreichen 2–3 cm im Durchmesser. Sie enthalten nur Röhrenblüten. Die Hüllblätter sind hakig (Klette!). Blätter sehr groß, am Grunde rundlich oder herzförmig.
SV: Wege, Schuttplätze, Ufer. Liebt stickstoffreichen, kalkhaltigen Lehmboden.
A: Wo die Filzige Klette mit anderen Arten der Gattung zusammen vorkommt, sind schon Bastarde beobachtet worden. Häufig wird ein Bastard zwischen der Hain-Klette und der Kleinen Klette angegeben, der ebenfalls spinnwebwollige Köpfchen hat.

Hain-Klette
Arctium nemorosum
Korbblütengewächse
Asteraceae (Compositae)

Juli – Aug.   100–250 cm   V; ☉

SK: 3–5 Blütenkörbchen sitzen traubig am Ende der Stengel. Sie sind höchstens ganz schwach spinnwebig behaart, meist jedoch kahl, und erreichen 3–4,5 cm im Durchmesser. Hüllblätter nur wenig hakig. Blätter sehr groß; am Grund schwach herzförmig.
SV: Wälder, an lichten Stellen oder auf Schlagflächen. Zerstreut.
A: Die Hain-Klette macht schon deswegen beim Bestimmen wenig Schwierigkeiten, weil an ihren typischen Standorten die meisten anderen Kletten-Arten nicht vorkommen. Dennoch wurden auch von ihr Bastarde angegeben. Anzutreffen sind diese vor allem in der Nähe von Siedlungen, die in Waldgebieten liegen.

250

Kleine Klette
Arctium minus
Korbblütengewächse
Asteraceae (Compositae)

Juli – Sept.   50–130 cm   V; ☉

SK: 5–12 Blütenkörbchen sitzen rispig-traubig am Ende der Stengel. Sie sind schwach spinnwebig behaart und erreichen 1–2,5 cm im Durchmesser. Sie enthalten nur Röhrenblüten. Die Hüllblätter sind hakig. Die Äste stehen aufrecht ab. Die Stengel sind beblättert, die Blätter sehr groß und am Grund rundlich oder schwach herzförmig.
SV: Wege, Schuttplätze. Liebt Lehmboden. Stickstoffzeiger. Zerstreut.
A: Ähnlich: Große Klette *(A. lappa)*: 5–12 Blütenkörbchen stehen in einer doldigen Anordnung am Stengel. Die Körbchen erreichen 3–4 cm im Durchmesser. Wege und Schuttplätze. Stickstoffzeiger. Zerstreut.

Roter Hasenlattich
Prenanthes purpurea
Korbblütengewächse
Cichoriaceae (Compositae)

Juli – Aug.   60–160 cm   V; ☉

SK: Zahlreiche Blütenkörbchen stehen in einer sehr lockeren Rispe. In ihnen sitzen nur 3–5 Zungenblütchen. Die grazil wirkenden Körbchen haben einen Durchmesser von 1,5–2 cm. Stengel aufrecht, erst weit oben verzweigt. Blätter kahl, mit herzförmigem Grund stengelumfassend, unterseits blaugrün. Untere Blätter länglich lanzettlich, buchtig. Obere Blätter meist ganzrandig.
SV: Wälder. Liebt humusreiche, nicht zu kalkige Böden. Zerstreut.
A: Formen, deren Blätter durchweg ganzrandig und schmal sind, trennt man gegenüber den ,,typischen'' Formen zuweilen als ssp. *angustifolia* ab.

Orangerotes Habichtskraut
Hieracium aurantiacum
Korbblütengewächse
Cichoriaceae (Compositae)

Juni – Aug.   20–50 cm   V; ♃

SK: 5–20 Körbchen stehen rispig-doldig am verzweigten Stengel. Körbchen drüsig behaart. Zungenblüten orangegelb bis braunrot, getrocknet meist von kräftigem Purpurrot. Blätter rosettig, länglich zungenförmig, ganzrandig oder schwach gezähnt, behaart.
SV: Alpine Matten und Gebüsche. Häufig Zierpflanze; außerhalb der Alpen verwildert, dann in mageren Wiesen und an Wegen. In den Alpen zerstreut, sonst selten.
A: Ähnlich: Wiesen-Habichtskraut (*H. caespitosum*): Meist 15–30 Körbchen. Blüten nur dunkelgelb, nicht ausgesprochen orangegelb. Beim Trocknen nicht purpurrot werdend. Zerstreut.

Sumpf-Siegwurz
Gladiolus palustris
Schwertliliengewächse
Iridaceae

Juni - Juli   30–70 cm   M; ♃

SK: 3–8 Blüten stehen in einer einseitswendigen Ähre. Sie werden 2–3 cm lang, purpurrot, getrocknet meist deutlich blau. Blüten nach Gladiolenart gebogen. Stengel aufrecht. Blätter 0,5–1 cm breit.
SV: Moorwiesen. Düngerfeindlich. Sehr selten in Mitteldeutschland, Süddeutschland (Alpenvorland) und in den Alpen.
A: Ähnlich: Ziegel-Siegwurz *(G. imbricatus)*: 3–8 Blüten stehen in einer lockeren einseitswendigen Ähre. Blüten werden nur bis 2 cm lang. Blätter 1–2 cm breit. Moorwiesen, Gebüsche. Mitteldeutschland. Sehr selten.

Rotes Waldvögelein
Cephalanthera rubra
Orchideengewächse
Orchidaceae

Mai - Juli   20–80 cm   M; ♃

SK: 4–12 Blüten stehen in einer lockeren Ähre. Sie sind rosarot oder purpurrot, gelegentlich mit einem Anflug von Violett. Die Lippe ist spornlos. Die oberen Blütenblätter neigen zusammen, die seitlichen stehen bei voll erblühten Blüten weit ab. Blätter eilänglich, 6–12 cm lang und 2–4 cm breit.
SV: Wälder. Wärmeliebend. Braucht sehr lockeren Mullboden. Selten.
A: Das Rote Waldvögelein gehört zweifellos zu den schönsten einheimischen Orchideen. In dichten Forsten kommt es auch dann nicht hoch, wenn die Bedingungen sonst günstig wären.

Schwarzrote Sitter
Epipactis atrorubens
Orchideengewächse
Orchidaceae

Juni – Aug. 30–60 cm M; ♃

Pyramiden-Hundswurz
Anacamptis pyramidalis
Orchideengewächse
Orchidaceae

Juni – Juli 20–50 cm M; ♃

SK: 10–30 Blüten sitzen in einer lockeren, etwas einseitswendigen Ähre. Blüten um 1 cm im Durchmesser, purpurrot mit einem Anflug von Braun oder Violett. Lippe spornlos, durch eine quer verlaufende Einschnürung in ein vorderes und ein hinteres Glied geteilt, etwas faltig. Äußere Blütenblätter glockig abstehend. Blätter länglich-eiförmig.
SV: Wälder, selten Heiden. Kalkliebend. Selten.
A: Ähnlich: Violette Sitter *(E. purpurata)*: 30–60 Blüten sitzen in einer dichten Traube. Blüten um 1,5 cm im Durchmesser oder breiter, weißlich bis rötlich. Ganze Pflanze violett überlaufen. Wälder. Selten.

SK: Blütenstand zuerst ausgesprochen pyramidenförmig, später etwas walzlich (dann untere Blüten meist schon verblüht). Blüten mit fadenförmigem, sehr dünnem Sporn. Blüten karminrot. Lippe breiter als lang, dreispaltig. Blätter schmallanzettlich.
SV: Trockenrasen, trockene lichte Wälder und Gebüsche, seltener Sumpfwiesen. Selten.
A: Wo die Pyramiden-Hundswurz zusammen mit der Großen Händelwurz oder mit Knabenkraut-Arten vorkommt, kann es zur Bastardierung kommen. Die Bastarde sind oft nicht eindeutig zu bestimmen, vor allem diejenigen nicht, deren Eltern Händelwurz und Hundswurz sind.

253

Alpen-Kugelorchis
Traunsteinera globosa
Orchideengewächse
Orchidaceae

Juni – Juli 20-50 cm M; ♃

SK: Blütenstand ausgesprochen kugelig oder eiförmig. Er enthält 80–120 Blüten, die kaum 1 cm Länge erreichen. Blüten hell rosa oder purpurrot, oft mit einem Anflug nach Violett. Lippe länglich-dreilappig, dunkel punktiert. Sporn dünn. Äußere Blütenblätter auffällig in eine dünne Spitze ausgezogen, die vorn keulig verdickt ist.
SV: Alpen und vorgelagerte Mittelgebirge. Dort auf nährstoffreichen, aber ungedüngten, kalkhaltigen Bergwiesen oder Halbtrockenrasen. Selten.
A: Wo die Alpen-Kugelorchis in Mitteleuropa außerhalb der Alpen angetroffen wird, darf sie als Überbleibsel der Kaltzeiten aufgefaßt werden.

Kleines Knabenkraut
Orchis morio
Orchideengewächse
Orchidaceae

Mai – Juni 8-40 cm M; ♃

SK: Der Blütenstand ist eine lockere Ähre, in der nur 4–12 Blüten beieinander stehen. Die Blüten werden ziemlich groß. Allein die Lippe kann 1 cm oder mehr messen. Sie ist breiter als lang und vierlappig. Ihr Sporn ist kurz und dick und steht waagrecht ab. Die übrigen Blütenblätter neigen deutlich helmförmig zusammen. Stengel kantig, Blätter länglich-lanzettlich.
SV: Ungedüngte Halbtrockenrasen, denen Kalk fehlen kann. Selten.
A: Diese am frühesten blühende Knabenkrautart ist in den letzten Jahrzehnten stark zurückgegangen, weil sie kaum mehr ihr zusagende Standorte findet.

Brand-Knabenkraut
Orchis ustulata
Orchideengewächse
Orchidaceae

Mai - Juni   15-30 cm   M; ♃

SK: Dichte, kugelige bis kurzwalzliche Blütenähre. Blüten sehr klein, um 5 mm lang, anfangs braunrot, später durch die weiße, rotpunktierte Lippe kontrastiert. Übrige Blütenblätter helmförmig zusammenneigend. Laubblätter lanzettlich.
SV: Sehr selten auf grasigen Hügeln und in trockenen Wiesen des südlichen Deutschlands. Bevorzugt kalkreiche, nährstoffarme, aber warme Lehm- oder Lößböden.
A: Ähnlich: Wanzen-Knabenkraut *(O. coriophora)*; äußerst selten in feuchten, nährstoffarmen Wiesen. Die braunrötlichen Blüten riechen intensiv nach Wanzen, der Mittellappen der dreigeteilten Unterlippe ist ungeteilt.

Helm-Knabenkraut
Orchis militaris
Orchideengewächse
Orchidaceae

Mai - Juni   20-25 cm   M; ♃

SK: Blütenstand lockere, 5–10 cm lange Ähre, in der 20–40 Blüten sitzen. Blüten blaß rosa oder blaß purpurrot, mit einem leichten Anflug nach Lila. Lippe 1–1,5 cm lang, in 4 schmale Zipfel aufgeteilt. Sporn kurz, dick, abwärts geneigt. Äußere Blütenblätter helmförmig zusammenneigend, deutlich dunkelrot geadert. Lippe mit roten Punkten.
SV: Halbtrockenrasen oder wechselfeuchte, ungedüngte Wiesen, auch in trockenen Gebüschen und trockenen, lichten Wäldern. Zerstreut.
A: Das Helm-Knabenkraut kommt in Gegenden mit kalkhaltigem Boden örtlich am häufigsten von allen Orchideengewächsen vor.

Purpur-Knabenkraut
Orchis purpurea
Orchideengewächse
Orchidaceae

Mai - Juni   30-80 cm   M; ♃

SK: Dichte, walzliche 5–10·cm lange Ähre, in der mehr als 30 Blüten beieinander sitzen. Blüten braunrot, Lippe auffallend heller, rosa oder fast weißlich mit zahlreichen kleinen roten Punkten, 1,5–2 cm lang und in 4 Zipfel aufgeteilt, von denen die beiden vorderen breiter als die anderen sind. Sporn kurz, dick, abwärts geneigt. Äußere Blütenblätter helmförmig zusammenneigend.
SV: Wälder mit kalkhaltigem, feuchtem Boden. Wärmeliebend. Selten.
A: Wo das Purpur-Knabenkraut zusammen mit dem Helm-Knabenkraut vorkommt, gibt es gelegentlich Bastarde. Sie gleichen in Größe und Blütenform mehr dem Purpurknabenkraut.

Sumpf-Knabenkraut
Orchis palustris
Orchideengewächse
Orchidaceae

Mai - Juli   20-50 cm   M; ♃

SK: Blütenstand sehr lockere, wenigblütige (5–15 Blüten) Ähre, die 5–10 cm lang wird. Blüten dunkel purpurrot oder hell weinrot. Äußere Blütenblätter abstehend. Lippe etwa 1,5 cm lang und immer breiter als lang, in 4 Lappen aufgeteilt. Zipfel mit den beiden inneren Lappen deutlich länger als die seitlichen Zipfel. Blätter schmal, am Grunde 1,5–2 cm breit, 10–20 cm lang.
SV: Flachmoore, Moorwiesen. Wärmeliebend. Sehr selten.
A: Ähnlich: Lockerblütiges Knabenkraut *(O. laxiflora):* Lippe mit deutlichem, zungenförmigem weißem Fleck. Westeuropa und Mittelmeergebiet. Selten.

Stattliches Knabenkraut
Orchis mascula
Orchideengewächse
Orchidaceae

Mai - Juni 20–50 cm M; ♃

    ▽

SK: Ähre meist dichtblütig, 8–15 cm lang. Blüten purpurn, rosa und meist mit einer deutlichen Beimischung von Violett. Lippe vierlappig, dunkelfleckig, mit walzlichem, waagrecht abstehendem Sporn. Äußere Blütenblätter stehen ab. Blätter erst in der Mitte am breitesten, meist ohne dunklere Flecken.
SV: Halbtrockenrasen, ungedüngte, magere Wiesen und lichte Gebüsche oder Laubwälder. Kalkliebend. Zerstreut.
A: Unterarten: Ssp. *olbiensis*: kleinbleibend (unter 30 cm), 5–10 Blüten, langer Sporn; ssp. *pinetorum*: Lippe ungepunktet, Mittellappen vorn verbreitert, Sporn kurz.

Affen-Knabenkraut
Orchis simia
Orchideengewächse
Orchidaceae

Mai 20–40 cm M; ♃

   ▽

SK: Blütenstand kurz walzlich oder kugelig, von oben nach unten aufblühend (bei anderen Arten umgekehrt!). Blüten purpurrot oder fast weißlich. Lippe 1–1,5 cm lang, in einen breiten, bogenförmigen Mittelteil mit 2 langen Zipfeln und in zwei Seitenlappen aufgeteilt. Sporn kurz, dick, abwärts geneigt. Lippe mit feinen roten Punkten.
SV: Halbtrockenrasen. Sehr wärmeliebend. Kaiserstuhl, Moseltal. Selten.
A: Das Affen-Knabenkraut kann mit dem Stattlichen Knabenkraut verwechselt werden. Wo es östlich des Rheins „gefunden" wird, dürfte es sich durchweg um Fehlbestimmungen handeln.

Gefleckte Kuckucksblume
Dactylorhiza maculata
Orchideengewächse
Orchidaceae

Juni – Juli   20–60 cm   M; ♃

SK: Blütenstand dichte, walzlich-pyramidale, 4–8 cm lange Ähre. Blüten hellrosa bis fast weiß, hellpurpurn gemustert. Lippe dreilappig, flach. Sporn walzlich, abwärts geneigt. Äußere Blütenblätter stehen ab, sind 5–7 mm lang und damit kleiner als die Lippe, die um 1 cm lang wird. Mittlere sind obere Tragblätter im Blütenstand, kürzer als ihre Blüten.
SV: Feuchte Wälder, Heiden, Halbtrockenrasen, Flachmoore. Zerstreut, an ihren Standorten zuweilen in lockeren, individuenreichen Beständen.
A: Die Exemplare, die auf kalkhaltigen Böden wachsen, werden manchmal als eigene Art Fuchs' Kuckucksblume (*D. fuchsii*) abgetrennt.

258

Holunder-Kuckucksblume
Dactylorhiza sambucina
Orchideengewächse
Orchidaceae

April – Juni   15–25 cm   M; ♃

SK: Kurze, dichte Blütenähre. Äußere Blütenblätter abstehend, Blütensporn länger als der Fruchtknoten. Tragblätter der Blüten laubartig (nicht häutig). Laubblätter länglich-eiförmig, ungefleckt, ungestielt.
SV: An sonnigen Rainen, in Magerrasen, lichten Wäldern und Gebüschen. Bevorzugt mäßig trockene, steinige, kalkarme Lehmböden. Sehr selten.
A: Die Blütenfarbe zeigt alle Übergänge von Rot bis Gelb, doch sind die gelben Pflanzen häufiger. Ähnlich: Viele Knabenkräuter (*Orchis*) und Kuckucksblumen (*Dactylorhiza* = *Dactylorchis*) mit gelben oder roten Blüten. Die „Sicheren Kennzeichen" sind genau zu beachten.

Fleischrote Kuckucksblume
Dactylorhiza incarnata
Orchideengewächse
Orchidaceae

Mai – Juli 20–60 cm M; ♃

SK: Blütenstand walzliche, dichte, 4–15 cm lange Ähre. Blüten fleischfarben oder hellrot. Lippe wenig deutlich in 3 Lappen geteilt. Sporn walzlich, abwärts geneigt. Äußere Blütenblätter stehen ab. 4–6 ungefleckte Stengelblätter. Von den Tragblättern im Blütenstand werden die untersten und mittleren deutlich länger als die zugehörigen Blüten, die obersten sind meist so lang wie ihre Blüten.
SV: Sumpfwiesen, Flachmoore. Selten.
A: Die Fleischrote Kuckucksblume ist recht vielgestaltig. Gelegentlich wurden gelbblühende Exemplare gefunden.

Breitblättrige Kuckucksblume
Dactylorhiza majalis
Orchideengewächse
Orchidaceae

Mai – Juli 10–50 cm M; ♃

SK: Blütenstand walzlich-pyramidale, dichte, 5–10 cm lange Ähre. Blüten heller oder dunkler purpurrot. Lippe dreilappig. Sporn walzlich, steif abwärts gerichtet. Äußere Blütenblätter abstehend. Ganze Blüten 1,5–2 cm lang. 3–6 Stengelblätter, die stets gefleckt sind. Tragblätter im Blütenstand meist rot überlaufen, die untersten länger als ihre Blüten.
SV: Nasse Wiesen, Flachmoore. Zerstreut.
A: Die Breitblättrige Kuckucksblume ist sehr vielgestaltig. Formen in den Alpen sollen einen anderen Blattzuschnitt haben, andere sich in Größe, Zahl und Schnitt der Blüten unterscheiden.

Große Händelwurz
Gymnadenia conopsea
Orchideengewächse
Orchidaceae

Mai - Aug.　　10-60 cm　　M; ♃

Schwarzes Kohlröschen
Nigritella nigra
Orchideengewächse
Orchidaceae

Mai - Sept.　　5-25 cm　　M; ♃

SK: Blütenstand walzlich-pyramidale, dichtblütige Ähre, die 5–10 cm lang wird. Blüten rosa oder hellpurpurn, mit einem Hauch von Violett. Lippe breit, dreilappig. Äußere Blütenblätter waagrecht abstehend. Sporn fadendünn, mindestens 1,5mal so lang wie der Fruchtknoten.
SV: Halbtrockenrasen, Flachmoore, lichte Gebüsche und lichte, warme Wälder, zerstreut.
A: Ähnlich: Wohlriechende Händelwurz *(G. odoratissima):* Sporn höchstens so lang wie der Fruchtknoten. Blüten deutlich nach Vanille duftend. Gebüsche, Trockenrasen, Flachmoore. Fehlt nördlich des Mains, sonst sehr selten.

SK: Blütenstand eine kugelförmige Ähre. Blüten schwarzpurpurn, etwa 0,5 cm lang. Oberstes Blütenblatt (Lippe!) deutlich größer als die äußeren Blütenblätter, von denen die jeweils inneren höchstens halb so breit sind wie die äußeren. Blüten duften auffallend stark nach Vanille. Blätter grasartig schmal; Stengel weit hinauf beblättert.
SV: Wiesen und Matten in den Alpen und im Alpenvorland. Zerstreut.
A: Ähnlich: Rotes Kohlröschen *(N. rubra):* Blütenstand kurzkegelig, aber nie kugelig. Blüten hellrot. Alpen östlich etwa von Gotthard – Tessin, sehr selten.

Ohnhorn
Aceras anthropophorum
Orchideengewächse
Orchidaceae

Mai – Juni   20–30 cm   M; ♃

Bocks-Riemenzunge
Himantoglossum hircinum
Orchideengewächse
Orchidaceae

April – Juni   20–80 cm   M; ♃

SK: Blütenstand eine schmale, meist 5–15 cm lange Ähre. Blüten ohne Sporn. Äußere Blütenblätter neigen helmförmig zusammen. Sie sind grün, haben rote oder violette Adern und einen gleichfarbenen Rand. Lippe etwa 1 cm lang, in schmale Zipfel zerteilt.
SV: Halbtrockenrasen, lichte Gebüsche. Wärmeliebend. Nur auf Lehm oder Löß. Ausschließlich in Südwestdeutschland; dort Nordgrenze der Verbreitung.
A: Mit viel Phantasie vermag man in der stark zerteilten Lippe die Gliedmaßen eines hängenden Menschen zu erblicken (*anthropophorum* = menschentragend).

SK: Blütenstand eine sehr lockere Ähre, die 15–25 cm lang wird! Äußere Blütenblätter hellgrün, helmförmig zusammenneigend, an den Rändern oft miteinander verklebt, deutlich rot gerändert. Lippe dreiteilig: Seitenlappen 5–7 mm (!) lang, meist bräunlich. Mittellappen 5–7 cm (!) lang, vorn zweispaltig.
SV: Halbtrockenrasen, lichte Gebüsche. Wärmeliebend. Sehr selten.
A: Die Art ist unverwechselbar. Auf dem Balkan Balkan-Riemenzunge *(H. calcaratum)*: größer, Lippe schmaler und tiefer gespalten.

Hohler Lerchensporn
Corydalis cava
Mohngewächse
Papaveraceae

März - Mai   15-30 cm   G; ♃; +

SK: Stengel aufrecht, unverzweigt, mit 2 wechselständigen Laubblättern. Diese doppelt dreizählig, blaugrün, kahl. Zipfel eiförmig, oft nochmals eingeschnitten. 10 bis 20 Blüten bilden eine dichte Traube, ihre Tragblätter sind ganzrandig. Meist stehen am selben Platz Pflanzen mit rötlichen und solche mit weißen Blüten beieinander.
SV: In Laub- und Auwäldern, Gebüschen, Obstwiesen und Weinbergen auf warmen, lockeren und mullreichen Lehmböden. Selten, doch an seinen Standorten sehr zahlreich.
A: Ähnlich: Gefingerter Lerchensporn *(C. solida),* s. rechts; Mittlerer Lerchensporn *(C. intermedia),* nur 1–5 hellrote, oft nickende Blüten.

Gefingerter Lerchensporn
Corydalis solida
Mohngewächse
Papaveraceae

April - Mai   15-30 cm   G; ♃; +

SK: Stengel aufrecht, unverzweigt, mit 2–3 wechselständigen Blättern. Diese sind blaugrün, kahl, doppelt dreiteilig. In dem traubigen Blütenstand stehen 10–20 Blüten in den Achseln von Tragblättern, von denen zumindest die untersten deutlich fingerig geteilt sind. Meist stehen an einem Standort Pflanzen mit rötlichen und weißen Blüten beieinander.
SV: Wälder, Gebüsche. Selten, aber in meist individuenreichen Beständen.
A: Ähnlich: Mittlerer Lerchensporn *(C. intermedia):* Nur 1–5 Blüten in einem nickenden Blütenstand. Tragblätter ganzrandig.

Echter Erdrauch
Fumaria officinalis
Mohngewächse
Papaveraceae

Mai - Okt.   15-30 cm   G; ☉ ; (+)

SK: 10–50 Blüten stehen in einer Traube. Sie werden 6–9 mm lang. Blüten hellpurpurn, an der Spitze schwarzrot. Blätter doppelt fiederteilig. Zipfel um 2 mm breit.
SV: Unkrautbestände auf Äckern und in Gärten. Häufig.
A: Schleichers Erdrauch *(F. schleicheri)*: 8–20 Blüten, 5–6 mm lang. Kelchblätter unter 1 mm lang. Selten. Vaillants Erdrauch *(F. vaillantii)*: 6–12 Blüten, 5–6 mm lang, hell rosa! Kelch unter 1 mm lang. Zerstreut. Kleiner Erdrauch *(F. parviflora)*: 10–20 Blüten, 5–6 mm lang. Blüten fast weiß, nur an der Spitze rot. Selten.

Bunte Kronwicke
Coronilla varia
Schmetterlingsblütengewächse
Fabaceae (Leguminosae)

Juni - Sept.   30-130 cm   G; ♃; +

SK: 10–20 Blüten, die 1 bis 1,5 cm lang werden, sitzen in einer endständigen Dolde. Sie sind hellrosa. Der flache, kantige Stengel liegt dem Boden an oder biegt sich meist auf. Die Blätter sind langgestielt, gefiedert und haben 11 bis 25 Teilblättchen, die ihrerseits sehr kurzstielig sind und einen schmal eiförmigen Umriß besitzen.
SV: Halbtrockenrasen, Wege, Gebüsche. Nährstoffliebend. Zerstreut.
A: Die Bunte Kronwicke kam ursprünglich wohl nur auf Halbtrockenrasen vor. Dort nimmt sie mit mageren Böden vorlieb. Sie verbessert sie sogar, weil ihre Knöllchenbakterien Stickstoff binden.

Rot-Klee
Trifolium pratense
Schmetterlingsblütengewächse
Fabaceae (Leguminosae)

Juni – Okt.   15–45 cm   G; ⚄

SK: Am Stengelende stehen meist 2 Blütenstände. Sie sind kopfig-eiförmig und werden 2–3,5 cm lang. Der Kelch wird etwa halb so lang wie die Blüte. Er besitzt nur 10 Nerven. Stengel meist aufrecht und behaart.
SV: Wiesen, Gebüsche. Oft feldmäßig angebaut. Sehr häufig.
A: Der Rot-Klee ist formenreich. Die Sippen unterscheiden sich u. a. durch die Behaarung des Stengels, die Länge der Blüten und die Blütenfarbe voneinander. Auch die kultivierten Rassen sind unter sich nicht einheitlich. Vielfach ist es auch zur Einkreuzung zwischen Wildsippen und Kulturrassen gekommen.

Zickzack-Klee
Trifolium medium
Schmetterlingsblütengewächse
Fabaceae (Leguminosae)

Juni – Aug.   30–50 cm   G; ⚄

SK: Meist nur 1 Blütenköpfchen, das schwach länglich-eiförmig ist und 2–4 cm lang und 2–3 cm breit werden kann. Kelch kahl, nur die Kelchzähne sind deutlich bewimpert. Stengel behaart, meist zickzackförmig geknickt. Die Teilblättchen sind 2- bis 4mal länger als breit.
SV: Halbtrockenrasen, Gebüsche, lichte Wälder. Liebt lehmigen Boden. Häufig.
A: Ähnlich: Hügel-Klee *(T. alpestre)*: Blütenstand rundlich, 1,5–3 cm im Durchmesser. Kelch auch außen kurz behaart. Teilblättchen 3- bis 8mal so lang wie breit. Gebüsche, Halbtrockenrasen. Wärmeliebend. Selten.

Purpur-Klee
Trifolium rubens
Schmetterlingsblütengewächse
Fabaceae (Leguminosae)

Juni – Juli   30–60 cm   G; ♃

SK: 1–2 Blütenstände, die 3–7 cm lang und 2–3 cm dick werden. Der Kelch außen meist kahl oder höchstens ganz kurz behaart. Kelchzähne auffällig bewimpert. Stengel kahl. Teilblättchen bis 6 cm lang und 3–8mal länger als breit.
SV: Gebüsche und lichte Wälder. Lehmzeiger. Selten.
A: Ähnlich: Inkarnat-Klee *(T. incarnatum)*: 1 Blütenstand, der 3–5 cm lang und 1,5–2,5 cm dick werden kann. Kelch außen stark behaart. Stengel zottig behaart. Teilblättchen nur bis 3 cm lang und 1–1,5 cm breit. Angebaut oder auf Schuttplätzen verwildert. Selten.

Persischer Klee
Trifolium resupinatum
Schmetterlingsblütengewächse
Fabaceae (Leguminosae)

April – Sept.   10–50 cm   G; ☉

SK: In den Achseln der oberen Blätter steht ein langgestielter, einzelner Blütenstand. Er erreicht 1–1,5 cm im Durchmesser. Schon auf den ersten Blick wirkt er eigenartig, weil die Blüten in ihm um 180° gedreht sind, so daß das Schiffchen nach oben steht. Die Blütenfarbe ist rotviolett oder blaß rötlich. Blüten duften auffallend nach Honig.
SV: Wegränder, Raine, Schuttplätze. Wärmeliebend. Aus Anbau verwildert. Selten.
A: Die Wildform ist in allen Teilen kleiner als die angebaute Rasse. Diese wird gelegentlich als eigene Art „Honigduftklee" *(T. suaveolens)* aufgefaßt.

Saat-Esparsette
Onobrychis viciifolia
Schmetterlingsblütengewächse
Fabaceae (Leguminosae)

Mai – Juli   30–60 cm   G; ♃

SK: Blütenstand lockere, lange Traube. Blüten 1–1,5 cm lang. Stengel aufsteigend oder aufrecht, beblättert. Blätter mit 19–25 Teilblättchen, die länglich-lineal sind.
SV: Halbtrockenrasen, Wiesen, Wegränder. Zerstreut. Gelegentlich angebaut.
A: Die Art ist formenreich. Sand-Esparsette *(O. arenaria)*: Blütenstand 2– bis 3mal länger als das zugehörige Tragblatt. Stengel bogig. Blätter mit 11–23 Teilblättchen. Halbtrockenrasen und Gebüsche. Sehr selten. Felsen-Esparsette *(O. saxatilis)*: Blütenblätter gelblich, nur rötlich gestreift. Westeuropa.

Futter-Wicke
Vicia sativa
Schmetterlingsblütengewächse
Fabaceae (Leguminosae)

Mai – Juli   30–80 cm   G; ☉

SK: 1–2 Blüten stehen einzeln auf kurzen Stielen in den Blattachseln. Sie werden 2–2,5 cm lang. Die Fahne ist hellpurpurn oder rosa. Die Flügel sind karminrot und dunkler als die Fahne. Das Schiffchen ist weiß-rosa. Stengel aufsteigend. 8–12 Teilblättchen, um 4–5 mm breit. Blätter anstelle des Endblättchens mit meist geteilter Ranke.
SV: Schuttplätze, gelegentlich angebaut oder in Getreideäckern. Zerstreut.
A: Ähnlich: Schmalblättrige Wicke *(V. angustifolia)*: Blüten fast gleichfarbig. Teilblättchen nur um 3 mm breit. Schuttplätze. Zerstreut.

Wald-Platterbse
Lathyrus sylvestris
Schmetterlingsblütengewächse
Fabaceae (Leguminosae)

Juli - Aug.   90-200 cm   G; ♃

SK: 3–10 Blüten stehen in einer lockeren Traube. Blüten 1,2–1,8 cm lang, hell purpurrot. Stengel niederliegend, aufsteigend oder kletternd, vierkantig, mit 2 deutlichen Flügeln. Blätter gefiedert, nur 2 Teilblättchen und gefiederte Ranke.
SV: Lichte Wälder, Steinschutthalden. Zerstreut.
A: Innerhalb der Art werden 3 Sippen unterschieden: Typische Unterart (ssp. *sylvestris*) 3–6 Blüten, Teilblättchen 10–30 mm breit. Ssp. *angustifolius*: Teilblättchen unter 5 mm breit. Geröllhalden. Selten. Ssp. *platyphyllos*: Teilblättchen 25–40 mm breit. Selten.

Strand-Platterbse
Lathyrus maritimus
Schmetterlingsblütengewächse
Fabaceae (Leguminosae)

Juni - Juli   20-50 cm   G; ♃

SK: 3–10 Blüten stehen in einer lockeren Traube. Ihr Schiffchen ist fast weißlich, ihre Fahne purpurn mit einem Stich ins Bläuliche. Blüten um 1,5 cm lang. Stengel stets ungeflügelt, niederliegend. 6–8 Teilblättchen und gefiederte Ranke. Teilblättchen 2–4 cm lang und halb so breit.
SV: Dünen, Kiesbänke. An den Küsten zerstreut.
A: Ähnlich: Behaarte Platterbse *(L. hirsutus)*: Blütenstand Traube mit 2–3, gelegentlich auch mit nur 1 Blüte. Ganze Blüten violett (wird beim Trocknen blau). Stengel aufsteigend oder kletternd, sehr schmal geflügelt. Nur 2 Teilblättchen. Ranke ungeteilt. Getreidefelder. Selten.

Erdnuß-Platterbse
Lathyrus tuberosus
Schmetterlingsblütengewächse
Fabaceae (Leguminosae)

Juni - Sept.   30-120 cm   G; ♃

SK: 1–5 Blüten stehen in einer lockeren Traube, die viel länger als das zugehörige Tragblatt wird. Blüten 1,5–1,8 cm lang, leuchtend karmin- oder purpurrot, gelegentlich mit einem Stich ins Violette. Blätter mit einem Paar Teilblättchen und einer gefiederten Ranke. Unterirdischer Stengel mit Knollen.
SV: Getreideäcker, seltener auf schuttigem Ödland. Selten.
A: Die Erdnuß-Platterbse fällt unter den Ackerunkräutern auf, weil sie anders als die meisten mehrjährig ist. Trotzdem wird sie durch Unkrautbekämpfung mit Herbiziden oft nicht erfaßt, weil sie spät austreibt.

Schwarzwerdende Platterbse
Lathyrus niger
Schmetterlingsblütengewächse
Fabaceae (Leguminosae)

Mai - Juli   30-80 cm   G; ♃

SK: 3–10 Blüten stehen in lockerer Traube, die etwas länger als das zugehörige Tragblatt wird. Blüten 1–1,5 cm lang, purpurn bis violett, eigentliche Blütenblätter oft heller als die Adern. Stengel aufrecht, ästig, ungeflügelt, kantig. Blätter mit 8–12 Teilblättchen. Beim Trocknen wird die ganze Pflanze schwarz!
SV: Lichte Wälder und Gebüsche auf eher kalkarmem Untergrund. Etwas wärmeliebend. Selten.
A: Die Schwarzwerdende Platterbse kann mit keiner anderen Art der Gattung verwechselt werden. Auch Rassen sind nicht bekannt geworden.

Berg-Platterbse
Lathyrus liniifolius
Schmetterlingsblütengewächse
Fabaceae (Leguminosae)

April - Juni   15-40 cm   G; ♃

SK: 3–6 Blüten stehen in einer lockeren Traube, die in einer Blattachsel sitzt und die bis 7 cm lang werden kann. Blüten zuerst rot, dann schmutzig blau, 11–22 mm lang. Staubblätter röhrig verwachsen. Röhre mit geradem Rand. Blätter mit 4–6 Teilblättchen, die unterseits meist deutlich blaugrün sind. Am Blattende kurze Spitze. Stengel deutlich, wenn auch meist schmal, geflügelt.
SV: Wälder, Heiden, Bergwiesen. Bevorzugt kalkarmen Boden. Häufig.
A: Die Berg-Platterbse wird gelegentlich mit der Frühlings-Platterbse verwechselt. Durch den geflügelten Stengel ist sie jedoch gut kenntlich.

Frühlings-Platterbse
Lathyrus vernus
Schmetterlingsblütengewächse
Fabaceae (Leguminosae)

April - Juni   20-60 cm   G; ♃

SK: 2–7 Blüten stehen in einer lockeren Traube, die in einer Blattachsel sitzt und die bis 6 cm lang werden kann. Blüten zuerst rot, dann schmutzig blau, 1,5–2 cm lang. Blätter mit 4–6 Teilblättchen, die etwa halb so breit werden, wie sie lang sind. Am Blattende kurze Spitze. Stengel vierkantig und eindeutig ohne jeden Flügel!
SV: Wälder, vorzugsweise Laubwälder. Bevorzugt kalkhaltigen Boden. Zerstreut, örtlich häufig.
A: Die Frühlings-Platterbse wird gelegentlich mit der Berg-Platterbse verwechselt. Durch den ungeflügelten Stengel ist sie jedoch gut kenntlich.

Alpen-Süßklee
Hedysarum hedysaroides
Schmetterlingsblütengewächse
Fabaceae (Leguminosae)

Juli - Aug.   15-50 cm   G; ♃

SK: 10–40 Blüten sitzen in einer blattachselständigen Traube, die 5–10 cm lang wird. Die Blüten sind fast einseitswendig angeordnet, 1,5–2 cm lang, nickend. Sie sind meist leuchtend rot, seltener cremefarben. Stengel aufrecht, unverzweigt, kantig. Blätter unpaarig gefiedert, 9–19 Teilblättchen. Diese werden 1,5–3 cm lang und sind breit lanzettlich. Sitzend.
SV: Matten und steinige Rasen in den Kalkalpen, seltener in den Zentralalpen. Selten.
A: In den Westalpen wurden Sippen mit gelblicher Blütenfarbe und abweichender Blattform, in den Südalpen solche mit größerem Wuchs beschrieben.

270

Schopfiges Kreuzblümchen
Polygala comosa
Kreuzblümchengewächse
Polygalaceae

Mai - Juni   5-25 cm   G; ♃

SK: 10–30 Blüten stehen in einem traubigen, jung pyramidalen Blütenstand. In ihm sind die Tragblätter etwa so lang wie die eben geöffneten Blüten (etwa 4 mm). Sie bilden daher an der Spitze des ziemlich dichten Blütenstands kurz vor dem Öffnen einen „Schopf". Blüten meist rot, sehr selten blau, gelegentlich lila. Stengel aufsteigend oder aufrecht. Blätter wechselständig, spatelig bis verkehrt eiförmig.
SV: Trockenrasen und magere Wiesen. Liebt krümeligen Lehmboden. Zerstreut.
A: Ähnlich: Gemeines Kreuzblümchen (*P. vulgaris*): Tragblätter höchstens 2 mm lang und auch am jungen Blütenstand daher nicht schopfig.

Weißer Diptam
Dictamnus albus
Rautengewächse
Rutaceae

Mai - Juni   50–120 cm   G; ♃; +

Indisches Springkraut
Impatiens glandulifera
Springkrautgewächse
Balsaminaceae

Juni - Okt.   50–200 cm   G, ☉

SK: 5–25 Blüten in aufrechter, endständiger Traube, 2–3 cm im Durchmesser. Blütenblätter ungleich lang. Grundfarbe helles Rosa. Adern kräftig rot oder rotviolett. Stengel aufrecht. Blätter unpaarig gefiedert. 7–11 Teilblättchen, kurzhaarig, fein gesägt und durchscheinend punktiert.
SV: Gebüsche, Waldränder. Bevorzugt steinigen, lockeren Kalk- oder Lößboden. Sehr wärmeliebend. Sehr selten.
A: Der Diptam enthält ätherische Öle. An heißen Tagen verdunsten diese so reichlich, daß man sie entzünden kann. Daher ist der Diptam örtlich auch als „Brennender Busch" bekannt.

SK: 5–20 Blüten stehen in aufrechten, blattachselständigen Trauben. Sie werden 2,5–4 cm lang und besitzen einen kurzen, aber deutlichen Sporn, der nach abwärts gekrümmt ist. Der Stengel ist aufrecht und in der Regel nicht verzweigt. Blätter 10–25 cm lang, scharf gesägt.
SV: Nasse Wälder, Ufer. Ursprünglich Gartenpflanze aus Ostindien, heute vielfach eingebürgert. Zerstreut.
A: Ähnlich: Balfours Springkraut *(I. balfourii)*: 3–10 Blüten pro blattachselständiger Traube. Blüten zweifarbig, im oberen Teil weiß, unten rosa. Pflanze selten über 1 m hoch. Südalpen, selten.

Edel-Gamander
Teucrium chamaedrys
Lippenblütengewächse
Lamiaceae (Labiatae)

Juli - Sept.   15–30 cm   V; ♃

SK: 2–6 Blüten sitzen in den Achseln der oberen Blätter. Sie sind fast einseitswendig angeordnet. Blüte 1–1,5 cm lang, ziemlich hell rotviolett. Blüten ohne Oberlippe. Unterlippe mit 5 Lappen. Stengel aufsteigend oder aufrecht, im unteren Teil verholzt. Blätter länglich keilförmig, eingeschnitten gekerbt.
SV: Trockenrasen, trockene Gebüsche. Liebt Kalkboden. Zerstreut.
A: Ähnlich: Knoblauch-Gamander *(T. scordium)*: Nur 1–4, meist 3–4 Blüten in den Achseln der oberen Blätter. Blüten einseitswendig, unter 1 cm lang, hell purpurn, ohne Oberlippe. Stengel ganz krautig. Flachmoore. Sehr selten.

Melissen-Immenblatt
Melittis melissophyllum
Lippenblütengewächse
Lamiaceae (Labiatae)

Mai - Juni   20–50 cm   V; ♃

SK: Stengel vierkantig, aufrecht, wenig verzweigt. Laubblätter gekreuzt gegenständig, gestielt, eiförmig, auffallend runzelig, am Rand grob gekerbt. Ganze Pflanze dicht weichhaarig. Blüten zu wenigen in den Achseln der oberen Blätterpaare, oft alle nach einer Seite gerichtet; honigduftend.
SV: In lichten Laubwäldern, Gebüschen und sonnigen Heiden. Bevorzugt lockere, kalkhaltige, warme, doch nicht zu trockene Lehmböden. Selten, an seinen Standorten aber meist zahlreich.
A: Der Blütenfarbe nach unterscheidet man eine weiße, eine rosafarbene und eine rote Rasse.

Stechender Hohlzahn
Galeopsis tetrahit
Lippenblütengewächse
Lamiaceae (Labiatae)

Juli – Okt.   10–80 cm   V; ☉-⊙

SK: 10–16 Blüten sitzen am Ende der Stengel quirlig gehäuft. Sie werden 1,5–2 cm lang. Ihre Oberlippe ist helmförmig. Die Unterlippe trägt auf jeder Seite einen hohlen Zahn. Diese sind kegelig und nach vorn gerichtet. Der Mittelteil der Unterlippe ist mehr oder minder quadratisch.
SV: Unkrautbestände auf Äckern und Ödplätzen, auch an lichten Waldstellen. Sehr häufig.
A: Ähnlich: Weicher Hohlzahn *(G. pubescens)*: s. nebenan. Bunter Hohlzahn *(G. speciosa)*: Blüten 2,5–3 cm lang. Unterlippe mit meist leuchtend violettem Fleck (s. S. 191).

Weicher Hohlzahn
Galeopsis pubescens
Lippenblütengewächse
Lamiaceae (Labiatae)

Juni – Okt.   20–60 cm   V; ⊙

SK: 10–16 Blüten sitzen am Ende der Stengel quirlig gehäuft. Sie werden 2–2,5 cm lang. Ihre Oberlippe ist helmförmig. Die Unterlippe trägt auf jeder Seite einen hohlen Zahn, der um 5 mm lang wird und kaum nach vorn zeigt. Die Unterlippe ist vorn gestutzt oder leicht ausgerandet. Sie hat dunkelviolette und gelbe Flecke. Der Stengel ist an den Knoten kaum verdickt. Er hat neben kurzen Haaren nur einzelne lange.
SV: Lichte Wälder, Äcker. Zerstreut.
A: Ähnlich: Stechender Hohlzahn *(G. tetrahit)*: s. nebenan. Bunter Hohlzahn *(G. speciosa)*: Blüten 2,5–3 cm lang. Unterlippe mit meist leuchtend violettem Fleck (s. S. 191).

Schwarzer Gottvergeß
Ballota nigra
Lippenblütengewächse
Lamiaceae (Labiatae)

Juni - Aug.   60-130 cm   V; ♃

SK: 4–10 Blüten stehen kurz gestielt in den Achseln der oberen und mittleren Blätter. Die Blüten werden 1–1,5 cm lang. Ihre Farbe ist purpurviolett. Sie sind weiß geadert. Stengel aufrecht oder aufsteigend, behaart, ästig, kantig. Blätter kreuzgegenständig, herz-eiförmig. Ganze Pflanze riecht widerlich.
SV: Unkrautbestände an Wegen, Schuttplätzen und Mauern. Stickstoffzeiger. Zerstreut.
A: 2 Unterarten: Die Sippe, deren Blätter breiter als 3 cm sind und deren Kelchzähne 4 mm übertreffen, wird als typische Unterart ssp. *nigra* bezeichnet. Bei der Unterart ssp. *foetida* bleiben die Blätter schmäler als 3 cm.

Gefleckte Taubnessel
Lamium maculatum
Lippenblütengewächse
Lamiaceae (Labiatae)

März - Okt.   30-80 cm   V; ♃

SK: Pflanze brennesselartig, aber ohne Brennhaare. Blüten zu mehreren in den Achseln der mittleren und oberen Blätter, 2–3 cm lang. Unterlippe mit einem großen, zweiteiligen Mittellappen und zwei kleinen Seitenlappen. Stengel aufrecht oder aufsteigend. Blätter kreuzgegenständig, gestielt, eiförmig-herzförmig, oft gefleckt, 3–5 cm lang.
SV: Wälder, Gebüsche, Ufer. Liebt feuchte, nährstoffreiche Böden. Sehr häufig.
A: Innerhalb der Art sind zahlreiche abweichende Formen beschrieben worden. Die Abweichungen betreffen nahezu alle Merkmale, vor allem Größe, Blattkerbung, Behaarung.

Stengelumfassende Taubnessel
Lamium amplexicaule
Lippenblütengewächse
Lamiaceae (Labiatae)

März – Okt.   15–30 cm   V; ☉

SK: Pflanze brennesselartig, ohne Brennhaare. 6–10 Blüten sitzen in blattachselständigen Scheinquirlen. Sie werden 1–1,5 cm lang und sind leuchtend rot mit einem Stich ins Violette. Die obersten Blätter sind stengelumfassend. Die unteren Blätter sind langstielig und stehen kreuzweise gegenständig. Der Stengel ist meist verästelt.
SV: Äcker, Gärten. Liebt nährstoffreichen, aber eher kalkarmen Lehmboden. Zerstreut.
A: Ein Teil der Blüten der Stengelumfassenden Taubnessel öffnet sich nicht. Die geschlossenen Blüten zeichnen sich oft durch ein besonders leuchtendes Rot aus. Die Vermehrung erfolgt dann durch Selbstbestäubung.

Purpurrote Taubnessel
Lamium purpureum
Lippenblütengewächse
Lamiaceae (Labiatae)

März – Okt.   10–25 cm   V; ☉

SK: Pflanze brennesselartig, aber ohne Brennhaare. 3–5 Blüten sitzen quirlig in den Blattachseln. Die Blüten werden 1–2 cm lang. Sie sind purpurn mit einem meist kräftigen Hauch von Violett. Stengelspitze und oberste Blätter oft violett überlaufen. Stengel meist aufrecht. Alle Blätter gestielt, kreuzgegenständig, eiförmig-herzförmig, runzelig, gekerbt-gesägt.
SV: Unkrautbestände auf Äckern und in Gärten. Sehr häufig.
A: Zwischen der Purpurroten Taubnessel und der Stengelumfassenden Taubnessel steht die Bastard-Taubnessel *(L. hybridum)*.

275

Heil-Batunge
Betonica officinalis
Lippenblütengewächse
Lamiaceae (Labiatae)

Juni – Aug.   30–60 cm   V; ⚄

SK: Die Blüten stehen in einer endständigen, kopfigen Ähre und quirlig in den Achseln der obersten Blätter. Blüten 1–1,5 cm lang, rosa oder hell purpurn, gegen den Schlund mit einem weißen Fleck. Grundblätter rosettig, langgestielt (Stiel deutlich länger als die Blattspreite). Stengel vierkantig, wie die Blätter rauhhaarig. Blätter gestielt, kreuzgegenständig, eiförmig, gekerbt.
SV: Trockene Wiesen, Wälder. Zerstreut.
A: Innerhalb der Art werden folgende Sippen unterschieden: Behaarte Batunge *(B. hirsuta)*: Blätter beiderseits wollig. Selten. Steife Batunge *(B. stricta)*: Kelch mit Grannenzähnen. Selten.

Alpen-Ziest
Stachys alpina
Lippenblütengewächse
Lamiaceae (Labiatae)

Juni – Aug.   50–100 cm   V; ⚄

SK: 6–18 Blüten sitzen in quirlartigen Blütenständen (5–15), die locker am Stengel in den Achseln der Blätter stehen. Blüten um oder wenig über 1,5 cm lang, etwas trüb und eher hell fleischrot, mit ganzrandiger Oberlippe und einer Unterlippe, die etwa doppelt so lang wie die Oberlippe wird. Unterlippe ohne Zeichnung. Blätter 5–20 cm lang, kräftig gesägt.
SV: Lichte Waldstellen auf mullreichem Kalkboden. Selten. Fehlt im Tiefland.
A: Außerhalb der Alpen ist der Alpen-Ziest selten. Möglicherweise wird er manchenorts auch übersehen.

Wald-Ziest
Stachys sylvatica
Lippenblütengewächse
Lamiaceae (Labiatae)

Juni – Aug.   60–120 cm   V; ♃

SK: 6–16 Blüten sitzen in quirlartigen Blütenständen in den Achseln der oberen Blätter und in einer endständigen Ähre mit langen Tragblättern. Die Blüten sind meist 1,2–1,5 cm lang, purpurrot. Die Oberlippe ist kürzer als die Unterlippe; diese ist deutlich weiß gezeichnet.
SV: Wälder. Braucht eher lockere, etwas lehmige, feuchte und stickstoffreiche Böden. Zerstreut.
A: Blasse Formen sind wohl gelegentlich schon als Alpen-Ziest angesehen worden. Sie lassen sich jedoch leicht unterscheiden: Der Waldziest hat auch, wenn er – was selten ist – blaß blüht, immer eine weiß gezeichnete Unterlippe.

Sumpf-Ziest
Stachys palustris
Lippenblütengewächse
Lamiaceae (Labiatae)

Juni – Aug.   10–60 cm   V; ♃

SK: In den Achseln der oberen Blätter und ährig am Ende des Stengels gehäuft sitzen in 5–12 Teilblütenständen meist je 6 Blüten. Die Blüten werden 1,5–1,8 cm lang. Sie sind purpurrot mit einem Hauch von Violett. Die Oberlippe ist nur etwa halb so lang wie die Unterlippe, die hell gefleckt ist. Blätter 3- bis 5mal länger als breit.
SV: Nasse Wiesen, feuchte Äcker. Lehmzeiger. Zerstreut.
A: Im Gegensatz zum ähnlichen Wald-Ziest braucht der Sumpf-Ziest viel Licht. Daher ist er meist schon aufgrund seines Standortes ansprechbar.

Wilder Dost
Origanum vulgare
Lippenblütengewächse
Lamiaceae (Labiatae)

Juli – Okt.   30–60 cm   V; ♃

Feld-Thymian
Thymus serpyllum
Lippenblütengewächse
Lamiaceae (Labiatae)

Juni – Okt.   10–25 cm   V; ♃

SK: Zahlreiche Blüten stehen an den Achseln der obersten Blätter und am Ende der Zweige kopfig gehäuft in einem zusammengesetzt-rispigen Blütenstand. Sie werden etwa 5–6 mm lang und sind rosarot-purpurrot. Auch die Hochblätter sind rötlich überlaufen. Blätter eiförmig, am Rande oft etwas wellig oder undeutlich gezähnt.
SV: Trockenwiesen, Wegraine, Waldränder. Bevorzugt Kalkböden. Zerstreut.
A: Die Art ist sehr formenreich. Besonders hinsichtlich des Blütenreichtums und der Ausformung des Blütenstands nach sind abweichende Sippen beschrieben worden.

SK: Pflanze bildet Polster, die meist ziemlich locker sind. Die Blüten stehen in einem kopfigen Blütenstand am Ende der Stengel oder sie sitzen quirlig in den Achseln der oberen Blätter. Stengel rundlich, undeutlich vierkantig oder vierkantig, ringsum behaart oder mit nur 2 Haarleisten.
SV: Sandflächen, Halbtrockenrasen, Wegränder, alpine Schuttflächen. Zerstreut, örtlich in kleineren Beständen.
A: Wir haben hier unter dem Namen Feld-Thymian eine Reihe von Arten zusammengefaßt, die für den Laien im Gelände kaum voneinander unterscheidbar sind.

Acker-Wachtelweizen
Melampyrum arvense
Braunwurzgewächse
Scrophulariaceae

Juni – Juli   10-30 cm   V; ☉ ; (+)

Später Zahntrost
Odontites rubra
Braunwurzgewächse
Scrophulariaceae

Aug. – Okt.   10-40 cm   V; ☉

SK: Hochblätter purpurn. In ihren Achseln stehen die Blüten in einer dichten, allseitswendigen Ähre. Sie sind purpurn, haben eine weißliche Röhre und einen gelben Gaumen. Sie werden 2–2,5 cm lang. Der Stengel ist aufrecht und meist verästelt. Er ist behaart.
SV: Unkrautbestände auf Getreideäckern, seltener auf Schutt. Liebt kalkreichen, lehmigen Boden. Sehr selten.
A: Der Acker-Wachtelweizen gehörte in den Kalkgebieten vor noch 2 Jahrzehnten zu den Pflanzen, die zwar nirgends häufig anzutreffen waren, doch auch kaum fehlten. Durch die chemische Unkrautbekämpfung ist er fast verschwunden. Halbschmarotzer.

SK: Zahlreiche Blüten stehen in den Achseln der oberen Blätter. Sie sind rot, werden nur um 1 cm lang und behaart. Der meist aufrechte Stengel verzweigt sich schon in seinem unteren Drittel. Die gegenständigen Blätter sind in ihrer unteren Hälfte am breitesten.
SV: Weiden, Äcker in sommerwarmer, eher feuchter Lage und mit meist schweren Lehmböden. Zerstreut.
A: Ähnlich: Frühlings-Zahntrost *(O. verna)*. Meist nur um 20 cm hoch. Zweige des aufrechten Stengels auffallend spitzwinklig abgehend. Blütezeit Juni–Juli (!). Alle Zahntrost-Arten sind Halbschmarotzer.

Roter Fingerhut
Digitalis purpurea
Braunwurzgewächse
Scrophulariaceae

Juni – Aug.   30–150 cm   V; ⊙; +

SK: Die Blüten hängen in einer einseitswendigen Traube im oberen Stengelfünftel. Sie werden 3–5 cm lang und können an der Mündung fast 2 cm Durchmesser erreichen. Im Schlund sind sie gefleckt. Die Grundblätter stehen in einer Rosette, sie sind eiförmig, gekerbt und unterseits graufilzig.
SV: Lichte Stellen in Wäldern, Waldränder. Braucht sandigen, kalkfreien Boden. Zerstreut, an seinen Standorten meist in lockeren Beständen.
A: Wichtige Heilpflanze. Enthält zahlreiche Glykoside. Örtlich auch aus der Kultur als Gartenpflanze verwildert.

Quirlblättriges Läusekraut
Pedicularis verticillata
Braunwurzgewächse
Scrophulariaceae

Juli   5–20 cm   V; ♃; (+)

SK: Zahlreiche Blüten stehen in einem dichten, traubigen oder kopfigen Blütenstand. Sie werden um 1,5 cm lang und sind deutlich purpurrot. Ihre Oberlippe ist vorn abgestutzt und zahnlos. Die am Rand kahle Unterlippe steht ab und ist mindestens halb so lang wie die Oberlippe. Stengel mit 4 Haarreihen. Stengelblätter zu 3–4 quirlständig (!).
SV: Meist Kalkalpen. Zwischen 1300 und 2000 m in feuchten Matten und Schutthalden. Zerstreut.
A: Unter den rot blühenden Arten der Gattung eindeutig auf den ersten Blick an den quirligen Blättern zu erkennen. Wie die anderen Arten der Gattung Halbschmarotzer. Vor allem in Blaugrasrasen.

Wald-Läusekraut
Pedicularis sylvatica
Braunwurzgewächse
Scrophulariaceae

Mai – Juni   5–15 cm   V; ☉-♃; (+)

SK: In einem meist langgestreckten Blütenstand sitzen 5–15 Blüten. Sie werden 2–2,5 cm lang, sind hell rosenrot und nicht um ihre Längsachse gedreht. Oberlippe vorn abgerundet, beidseits mit einem etwa 1 mm langen Zahn. Unterlippe kürzer als Oberlippe. Stengel niederliegend oder aufsteigend. Blätter etwa 3 cm lang, gefiedert, kahl, wechselständig.
SV: Braucht sauren, feuchten, sandigen Boden. Flach- und Quellmoore, Waldwege. Selten.
A: Kümmerpflanzen des seltenen Sumpf-Läusekrauts *(P. palustris)* können nen gelegentlich ähnlich aussehen wie das Wald-Läusekraut. Am verzweigten Stengel ist es kenntlich.

Rötliche Schuppenwurz
Lathraea squamaria
Braunwurzgewächse
Scrophulariaceae

März – Mai   10–25 cm   V; ♃

SK: Die ganze Pflanze ist blattgrünlos. Sie sieht weiß, rosa oder fleischfarben aus. Zahlreiche Blüten, die 1–1,5 cm lang werden, sitzen in einer dichten einseitswendigen Traube, die anfänglich in ihrem oberen Teil nickt. Am Grund des fleischigen Stengels sitzen bleiche Schuppenblätter.
SV: Kommt nur in Au- und Schluchtwäldern vor. Sehr selten.
A: Die Rötliche Schuppenwurz ist ein Vollschmarotzer. Sie zapft das Wurzelsystem von Laubgehölzen an. Häufig sitzt sie an Erlen, Haseln oder Pappeln. An geeigneten Orten scheint die Schuppenwurz sehr alt werden zu können.

Gewöhnlicher Seidelbast
Daphne mezereum
Seidelbastgewächse
Thymelaeaceae

März – Mai   50–150 cm   G; ℏ; +

SK: Die Pflanze hat zur Blütezeit entweder noch gar keine Blätter oder allenfalls am Ende der Zweige eine ergrünende Knospe. Die Blüten entspringen den holzigen Zweigen. Sie sind rosarot bis rotviolett und duften stark. Der aufrechte Stengel ist mehr oder minder stark verzweigt und hat eine oftmals auffällig runzlige Rinde. Zerrieben riecht sie unangenehm. Die im Spätsommer reifende Frucht ist eine leuchtend rote Beere.
SV: Liebt nährstoffreiche, humose und meist etwas kalkhaltige Waldböden. Zerstreut.
A: Die Pflanze enthält das Gift Mezerin. Es kann an Schleimhäuten zu unangenehmen Reizungen führen.

282

Steinröschen
Daphne striata
Seidelbastgewächse
Thymelaeaceae

Mai – Juli   5–35 cm   G; ℏ; +

SK: Blühende Zweige tragen immergrüne Blätter. Die Blüten stehen zu 8–12 in einem endständigen Büschel an den Zweigenden. Sie sind außen kahl, rosenrot und duften nach Flieder. Die ledrigen Blätter sind an den Zweigenden büschelig gehäuft. Wie die Zweige sind sie unbehaart.
SV: Braucht kalkhaltigen, humusreichen und eher feuchten Boden. Kommt ausschließlich in den Alpen (Kalkalpen) auf Matten und in Zwergstrauchheiden vor.
A: Ähnlich: Felsen-Seidelbast (*D. petraea*): Meist nur 2–7 Blüten in den endständigen Blütenbüscheln. Blüten meist tiefer rot als beim Steinröschen. Nur südliche Kalkalpen.

Rosmarin-Seidelbast
Daphne cneorum
Seidelbastgewächse
Thymelaeaceae

Mai – Juni 10–30 cm G; ♄; +

Moosbeere
Vaccinium oxycoccus
Heidekrautgewächse
Ericaceae

Juni – Aug. 10–80 cm V; ♄

SK: Blühende Zweige tragen immergrüne Blätter. Die Blüten stehen zu 6–10 in einem endständigen Büschel an den Zweigenden. Sie sind außen dicht anliegend behaart und leuchtend tief rosarot, etwas nach Nelken duftend. Die lederigen Blätter sind gleichmäßig am Stengel verteilt. Die Zweige sind flaumig behaart.
SV: Braucht kalkhaltigen, warmen, humosen Steinboden. Kommt in Trockenrasen, Felsbändern und Trockenwäldern vor. Sehr selten.
A: Außerhalb der Alpen nicht verwechselbar. In den Alpen ist die Unterscheidung vom Steinröschen durch die Behaarung an Zweigen und Blüte meist leicht möglich.

SK: Die Blüten stehen einzeln oder zu wenigen (bis 4) kurz vor den Zweigenden. Sie sind klein (um 5 mm im Durchmesser). Ihre 4 oder 5 Blütenzipfel sind zurückgeschlagen, rötlich-weiß-rosa oder intensiv rosa. Die Blütenstiele sind auffällig lang und dünn. Die Stengel kriechen meist weit über das Moos. Sie tragen immergrüne Blätter, die am Rand umgerollt sind.
SV: Braucht Moorboden oder Rohhumus. Besiedelt oft Torfmoospolster. In Hochmooren – wenn überhaupt vorhanden – meist häufig.
A: Die Früchte der Moosbeere enthalten reichlich Vitamin C. Sie schmecken aber erst, nachdem sie gut durchgefroren waren.

Glocken-Heide
Erica tetralix
Heidekrautgewächse
Ericaceae

Juni – Sept.   15–50 cm   V; ♄

SK: 5–15 Blüten sind in einem kopfigen, endständigen Blütenstand hängend oder abstehend angeordnet. Die krugförmigen, etwa 6–8 mm langen Blüten sind fleischrot. An der Spitze haben sie 4 kleine Zipfel. Die Äste sind aufrecht und rauhhaarig. Die immergrünen Blätter stehen zu 3–4 in einem Quirl. Sie sind steifhaarig bewimpert.
SV: Braucht sauren, torfigen Boden in feuchtem Klima. Frostempfindlich. In meeresnahen Hochmoorgebieten noch bestandsbildend. Fehlt sonst oder nur verwildert.
A: Die Glocken-Heide gehört zu den bemerkenswerten Pflanzen der nordwestdeutschen Moorgebiete. Sie wird von Bienen stark beflogen.

Schnee-Heide
Erica carnea
Heidekrautgewächse
Ericaceae

Jan. – April   15–40 cm   V; ♄

SK: In dem deutlich einseitswendigen, endständigen Blütenstand stehen meist mehr als 30 Blüten. Sie sind fleischrot und 5–7 mm lang. An der Spitze haben sie 4 kleine Zipfel. Die nadelförmigen Blätter stehen meist zu 4 quirlständig am Stengel. Sie sind kahl.
SV: Braucht nährstoff- und humusreichen Boden. Besiedelt Zwergstrauchheiden und lichte Wälder der Alpen, vorzugsweise zwischen 1500 und 2200 m. Zerstreut.
A: Von der Schnee-Heide werden zahlreiche Zuchtsorten als Zierpflanze angepflanzt. Obwohl sie dadurch weit verbreitet wurde, sind Verwilderungen über längere Zeit kaum irgendwo bekannt geworden.

Feld-Ulme
Ulmus minor
Ulmengewächse
Ulmaceae

März – April   5–35 m   G; ♄

SK: Blüten hängen in dichten Büscheln. Sie erscheinen vor den Blättern, sind grünlich-rötlich und praktisch ungestielt. Die Frucht ist kahl. In ihr sitzt der Samen dem oberen Flügelrand genähert. Über ihm ist der Flügelrand kaum ausgerandet. Die Blätter des Baumes werden 4–10 cm lang. Die Blattspreite (-fläche) sitzt am Blattstiel ausgesprochen ungleich an.
SV: Braucht feuchten Untergrund in mildem Klima. Auwälder. Alleebaum. Zerstreut.
A: Wie andere Arten der Gattung wird auch die Feld-Ulme vom „Ulmensterben" befallen. Dabei handelt es sich um eine Pilzkrankheit, die um 1915 erstmals in Westeuropa aufgetreten ist.

Berg-Ulme
Ulmus glabra
Ulmengewächse
Ulmaceae

März – April   20–40 m   G; ♄

SK: Blüten hängen in dichten Büscheln. Sie erscheinen vor den Blättern, sind grünlich-rötlich und praktisch ungestielt. Die Frucht ist kahl. In ihr sitzt der Samen genau in der Mitte. Über dem Samen ist der Flügelrand deutlich eingekerbt. Blätter 8–16 cm lang. Die Blattspreite (-fläche) sitzt ungleich am Blattstiel an. Daher sind die Blatthälften sehr voneinander verschieden.
SV: Braucht nährstoffreichen, eher feuchten Untergrund. Wild selten in Schluchtwäldern, gelegentlich als Alleebaum gepflanzt.
A: Ähnlich: Flatter-Ulme *(U. laevis)*: Blüten langgestielt in Büscheln. Frucht am Rand bewimpert. Meist Alleebaum.

Wilder Apfel
Malus sylvestris
Rosengewächse
Rosaceae

April - Mai 1-10 m G; ♄

Gemeine Zwergmispel
Cotoneaster integerrimus
Rosengewächse
Rosaceae

Mai 1-2 m G; ♄

SK: Zweige oft dornig. Blätter gestielt, breiteiförmig bis fast rundlich, mit schiefer Spitze. Blattunterseite kahl. Wenigblütige Dolden. Staubblätter gelb, Blütenblätter weiß oder rosa, 1 bis 2 cm lang. Frucht ein (kleiner) Apfel von 2-3 cm Durchmesser, herb und sauer, etwas holzig.
SV: In Laubwäldern und lichten Gebüschen; gern auf nährstoffreichen, kalkhaltigen und gut durchfeuchteten Böden. In der reinen Form sehr selten.
A: Dem „Holzapfel" sehr ähnlich und auch zum Teil von ihm abstammend ist der sortenreiche Garten-Apfel *(M. domestica)*. Verwilderte ältere Sorten lassen sich nur schwer von unserer Art trennen (Blattunterseite filzig).

SK: 2-4 glockige Blüten hängen in den Blattachseln. Die Blütenfarbe ist weißlich, rosa, ja bläulich rot. Die Blüten werden etwa 5-8 mm lang. Die wechselständigen Blätter sind ganzrandig, rundlich bis eiförmig, 2-5 cm lang, unterseits dicht weißfilzig oder graufilzig, oberseits kahl. Die erbsengroßen Früchte werden durch die Reife blutrot.
SV: Braucht sonnige, trockene, felsige Kalkböden. Sehr selten.
A: Ähnlich: Filzige Zwergmispel *(C. tomentosus)*. Meist nur 1-2 Blüten in den Blattachseln. Blätter unterseits dicht filzig behaart. Kelchblätter und Frucht filzig behaart. In steinigen Gebüschen auf Kalk. Sehr selten.

Hunds-Rose
Rosa canina
Rosengewächse
Rosaceae

Juni 1,3–3 m G; ℏ

SK: 1–3 schwach duftende Blüten von 4–5 cm Durchmesser. Blütenfarbe hellrosa oder blaßrot. Kelchzipfel nach dem Verblühen zurückgeschlagen. Stengel stachlig. Stacheln meist hakig. Blätter unpaarig gefiedert. 5–7 Teilblättchen, eiförmig oder elliptisch, scharf gesägt, kahl (!).
SV: Laubwälder, Gebüsche. Häufig.
A: Innerhalb der Art werden einige sehr schwer unterscheidbare Rassen unterschieden, die auch als Arten angesehen werden (z. B. *R. squarrosa*). Stumpfblättrige Rose (*R. obtusifolia*): Blätter unterseits drüsig behaart. Gebüsche. Selten. Busch-Rose (*R. dumetorum*): Blätter auf der Unterseite an den Nerven behaart. Gebüsche. Zerstreut.

Essig-Rose
Rosa gallica
Rosengewächse
Rosaceae

Juni 30–150 cm G; ℏ

SK: Blüten meist einzeln, 6–7 cm im Durchmesser, hellrot bis dunkel purpurrot, auf der Innenseite an der Basis meist weißlich. Blütenstiele mit gestielten Drüsen besetzt. Blätter nur am Rand drüsig, an den blühenden Zweigen oft mit nur 5 Teilblättchen. Blätter duften schwach nach Essig.
SV: Braucht kalkarme Lehm- und Tonböden. Waldränder, Wegraine. Zerstreut.
A: Die Wuchsform der Essig-Rose ist sehr charakteristisch: Aus unterirdischen Sprossen treiben zahlreiche Tochterpflanzen, so daß an einem Wuchsort meist ganze Nester von oberirdisch scheinbar selbständigen Individuen zusammenstehen.

Schwarze Krähenbeere
Empetrum nigrum
Krähenbeergewächse
Empetraceae

Mai – Juli   30–50 cm   G; ♄; (+)

SK: Blüten kaum 3 mm lang, unscheinbar, einzeln in den Achseln der oberen Blätter. Blätter nadelförmig, wechselständig oder fast quirlständig, sehr kurz gestielt, glänzend, unterseits weiß, gekielt, am Rand eingerollt.
SV: Heiden, Dünen, alpine Matten. Braucht sauren Boden. Tritt an ihren Standorten meist in Beständen auf.
A: Innerhalb der Art werden 2 Rassen unterschieden: die eine hat männliche und weibliche Pflanzen. Die männlichen Blüten sind rosa, die weiblichen purpurn (Schwarze Krähenbeere im engeren Sinn). Die andere Rasse hat zwittrige Blüten.

Polei-Gränke
Andromeda polifolia
Heidekrautgewächse
Ericaceae

Mai – Okt.   15–30 cm   V; ♄; +

SK: In einem endständigen Blütenstand stehen 1–5 Blüten. Die Blüten sind kugelig oder eiförmig glockig, rosarot und 5–8 mm lang. Am Vorderrand der Glocke befinden sich 5 kleine Zipfelchen. Die Blätter werden nur 3–5 mm breit: Sie sind am Rand stark eingerollt. Oberseits sind sie dunkelgrün, auffallend geadert und unterseits bläulichgrün oder hell blaugrün. Stengel aufrecht oder aufsteigend.
SV: Hochmoore. Sehr selten.
A: Wegen der Trockenlegung von Hochmooren hat die Pflanze viele Standorte verloren. Mindestens in den Blättern, wahrscheinlich aber in allen ihren Organen enthält sie das giftige Andrometoxin.

Preiselbeere
Vaccinium vitis-idaea
Heidekrautgewächse
Ericaceae

Mai – Aug. 10–30 cm V; ♄

SK: Blätter derb, immergrün; Rand nach unten eingerollt. Mehrere Blüten in endständiger Traube, rosa oder rein weiß, schwach nickend. Krone glockenförmig, meist 5-, selten 4teilig. Früchte erst weiße, reif rotglänzende Beeren in dichten, meist einseitswendigen Trauben.
SV: In Misch- und Nadelwäldern, Hochmooren, Zwergstrauchheiden und Matten. In den Gebirgen und in Norddeutschland häufig, sonst selten. Braucht saure, magere, gut durchfeuchtete Böden mit viel Rohhumus.
A: Ähnlich: Echte Bärentraube *(Arctostaphylos uva-ursi)*, vor allem im nichtblühenden Zustand. Der Rand ihrer Blätter ist flach (S. 114).

Heidelbeere
Vaccinium myrtillus
Heidekrautgewächse
Ericaceae

Mai – Juni 15–40 cm V; ♄

SK: Die Blüten stehen einzeln in den Blattachseln. Sie sind kugelig-glockig, grünlich und meist rot überlaufen. In der Regel haben sie 5, gelegentlich 4 Zipfel am Glockenrand. Blätter sommergrün, länglich-eiförmig, spitz. Blätter schwach gekerbt, beiderseits grün. Stengel kantig.
SV: Braucht nährstoffarmen, fast kalkfreien Boden. Kommt an ihren Standorten meist in ausgedehnten Beständen vor. Häufig.
A: Ähnlich: Rauschbeere *(V. uliginosum)*, Blüten zylindrisch-glockig, meist zu mehreren endständig. Blätter unterseits blaugrün, Stengel rund. Moore und moorige Wälder. Zerstreut.

Behaarter Almrausch
Rhododendron hirsutum
Heidekrautgewächse
Ericaceae

Mai – Aug.   50–120 cm   V; ♄

SK: Die Blüten stehen in einer endständigen Dolde. Sie sind trichterig glockig, etwa 1,5 cm lang, mit 5 Zipfeln, hellrot, innen behaart. Die rundlichen Blätter sind immergrün, ledrig, oberseits glänzend hellgrün, unterseits matt und durch erst gelbe, später braune Drüsenschuppen getüpfelt. Der ganze Blattrand ist auffällig mit Wimperhaaren besetzt.
SV: Braucht kalkhaltigen, eher trockenen und steinigen Boden. 2400 m. Kalkalpen, im Westen selten, sonst zerstreut und an seinen Standorten oft in größeren Beständen.
A: Ähnlich: Rostroter Almrausch *(R. ferrugineum):* s. nebenan.

Rostroter Almrausch
Rhododendron ferrugineum
Heidekrautgewächse
Ericaceae

Mai – Aug.   50–200 cm   V; ♄

SK: Die Blüten stehen in einer endständigen Dolde. Sie sind trichterigglockig, etwa 1,5 cm lang, mit 5 Zipfeln, dunkelrot, innen behaart. Die länglichen Blätter sind immergrün, ledrig, oberseits dunkelgrün, unterseits dicht mit rostgelben Drüsenschuppen besetzt. Der Blattrand ist eingerollt und nie mit Wimperhaaren besetzt.
SV: Braucht kalkarmen, eher feuchten und humushaltigen Boden. Vor allem in den Zentralalpen. In den Kalkalpen selten.
A: Ähnlich: Behaarter Almrausch *(R. hirsutum):* Blätter deutlich bewimpert, Kalkalpen.

Heidekraut
Calluna vulgaris
Heidekrautgewächse
Ericaceae

Juli – Sept. 20–50 cm V; ♄

SK: Blüten sitzen meist deutlich nach einer Seite gewendet im Oberteil des Stengels. Sie werden 2–4 mm lang und sind tief in 4 Zipfel gespalten. Ihre Farbe ist rosa bis purpurrot. Sie sind kürzer als der blütenblattartige, gleichfarbene, vierzipflige Kelch. Blätter in 4 Reihen am Stengel, sich dachziegelig deckend, schuppenartig.
SV: Braucht nährstoff- und insbesondere kalkarmen oder kalkfreien Boden. Kommt in Heiden oder über Sandstein oft in ausgedehnten Beständen vor. Häufig.
A: Das Heidekraut verwest nicht leicht. Aus seinen abgestorbenen Resten bildet sich Rohhumus.

Dornige Hauhechel
Ononis spinosa
Schmetterlingsblütengewächse
Fabaceae (Leguminosae)

Juni – Sept. 30–60 cm G; ♄

SK: Blüten stehen in einer lockeren Traube im oberen Teil der Stengel. Der Blütenstand ist dicht beblättert. In der Achsel eines Blattes stehen meist eine, seltener 2–3 fast ungestielte Blüten. Stengel aufrecht oder aufsteigend, oft mit Dornen. Blätter dreizählig.
SV: Trockene Rasen, Raine, Weiden auf lehmigen Böden. Zerstreut.
A: Innerhalb der Art werden zwei Sippen unterschieden: Dornige Hauhechel und Kriechende Hauhechel (oft als *O. repens* geführt). Kriechende Hauhechel nicht oder kaum bedornt. Dornige Hauhechel hat oft die Haare in 1 oder 2 Reihen am Stengel, die Kriechende Hauhechel hat einen ringsum behaarten Stengel.

Akeleiblättrige Wiesenraute
Thalictrum aquilegifolium
Hahnenfußgewächse
Ranunculaceae

Mai – Juni   50–150 cm   G; ♃

SK: Die Blüten bestehen fast nur aus den büschelig abstehenden Staubblättern, die aufrecht in einer eher dichten, doldigen Rispe angeordnet sind. Die Blätter stehen wechselständig am Stengel, sind 2- bis 3fach gefiedert und haben rundliche, an ihrer Spitze eingekerbte Teilblättchen.
SV: Feuchte Wälder, Ufer, Flachmoore. Selten.
A: Die Art hat ihren Verbreitungsschwerpunkt in Osteuropa. Nördlich der Linie Karlsruhe – Thüringen fehlt sie praktisch. Früher wurde die Pflanze genutzt; sie enthält in den Blättern einen gelben Farbstoff. Gelegentlich sieht man neuerdings Zuchtformen in Gärten und Parkanlagen.

292

Rundblättriges Hellerkraut
Thlaspi rotundifolium
Kreuzblütengewächse
Brassicaceae (Cruciferae)

Juni – Sept.   5–15 cm   G; ♃

SK: Nichtblühende Stengel kriechend, blühende einzeln, aufrecht, unverzweigt, alle reich beblättert. Blätter bläulichgrün, rundlich-eiförmig, ganzrandig oder gezähnt. Dichte, kurze Blütentraube. Frucht eiförmig, etwas abgeflacht, am Rand mit schmaler Leiste, doppelt so lang wie breit.
SV: Nur im Alpengebiet in Höhen über 1000 (1500) m verbreitet. Bei uns nur die Kalkrasse in Felsschutt und Geröll, die noch nicht ganz zur Ruhe gekommen sind. Bevorzugt nicht zu trockene Standorte.
A: Die vorherrschende Form zeichnet sich durch bläulich überhauchte Kronblätter mit dunkleren Adern aus. Die weißblütige Rasse ist oft selten.

Echte Nachtviole
Hesperis matronalis
Kreuzblütengewächse
Brassicaceae (Cruciferae)

Mai - Juli   40-100 cm   G; ☉-♃

SK: Zahlreiche Blüten stehen in einem lockeren Blütenstand. Sie sind violett und werden bis zu 2 cm im Durchmesser. Die reifen Schoten messen um 4 cm. Die Grundblätter, die in der späteren Blütezeit zuweilen schon abgestorben sein können, werden bis zu 15 cm lang und sind eiförmig. Die Stengelblätter sind borstig behaart.
SV: Waldränder, Wege auf nährstoffreichen, eher etwas feuchten Böden. Zerstreut.
A: Die Echte Nachtviole war zumindest früher eine beliebte Zierstaude. Auch heute wird sie noch da und dort gepflanzt. Manche der „Wildvorkommen" dürften durch ehemalige Kulturflüchtlinge begründet worden sein.

Ausdauerndes Silberblatt
Lunaria rediviva
Kreuzblütengewächse
Brassicaceae (Cruciferae)

Mai - Juli   30-150 cm   G; ♃

SK: 10–30 Blüten. Sie erreichen Durchmesser um 1,5 cm und sind meist hellviolett, gelegentlich weißlich violett. Besonders auffällig sind die reifen Früchte: Sie werden 3–5, selten sogar bis 9 cm lang und dabei etwa $1/3$ so breit, wie sie lang sind. Blätter gestielt, tief herzförmig eingebuchtet, gezähnt.
SV: Wälder über humosem, steinigem und feuchtem Boden. Selten.
A: Das Ausdauernde Silberblatt, auch als Mondviole bekannt, wurde seiner duftenden Blüten und seiner lang überdauernden, silberglänzenden Fruchtscheidewände (Name) gern in Gärten gezogen. Heute sieht man das Garten-Silberblatt *(L. annua)* häufiger.

Wiesen-Schaumkraut
Cardamine pratensis
Kreuzblütengewächse
Brassicaceae (Cruciferae)

April - Mai   30-60 cm   G; ♃

SK: Fruchtknoten mehr als dreimal so lang wie breit. Grundblätter in einer Rosette angeordnet, unpaarig gefiedert, Endblättchen oft stark vergrößert. Stengelblätter fiederschnittig, mit schmalen Blattabschnitten.
SV: Feuchte Wiesen, feuchte Wälder. Bevorzugt Böden mit hohem Grundwasserstand. Auf Lehm. Sehr häufig.
A: Man kann innerhalb der Art mehrere Rassen unterscheiden, die jedoch nur schwer gegeneinander abgrenzbar sind. Der Name „Schaumkraut" bezieht sich auf die speichelartigen Schaumhäufchen, die man gelegentlich an den Stengeln findet. Sie werden von der Larve einer Schaumzirpe erzeugt.

Zwiebel-Zahnwurz
Dentaria bulbifera
Kreuzblütengewächse
Brassicaceae (Cruciferae)

April - Mai   25-50 cm   G; ♃

SK: Blüten violett, meist mehr nach Blau getönt als nach Rot. Keine Blattrosette. Blätter wenigstens zum Teil gefiedert. Oberste Blätter schmal und ungeteilt. In ihren Achseln sitzen schwärzliche Brutknöllchen.
SV: Laub- und Mischwälder der Mittelgebirge auf nährstoffreichen, meist kalkhaltigen Böden. Selten.
A: Die Zwiebel-Zahnwurz vermehrt sich in erster Linie durch ihre Brutknöllchen. Die Samenbildung ist oftmals gehemmt oder unterbleibt ganz. Ameisen verschleppen die Brutzwiebeln. So erklärt sich, daß die Zwiebel-Zahnwurz an ihren Standorten da und dort kleinere Bestände bildet.

Kreuz-Enzian
Gentiana cruciata
Enziangewächse
Gentianaceae

Juli – Okt. 10–40 cm V; ♃

SK: Blüten kurzgestielt oder fast ungestielt zu 1–3 in den Achseln meist schon der mittleren, sicher aber der oberen Blätter und am Stengelende. Dort in der Regel kopfig gehäuft. Die Blüten werden 2–2,5 cm lang. Sie sind glockenförmig aufrecht. Meist sind sie in 4, selten in 5 stumpfe Zipfel gespalten, und zwar etwa auf 1/3 ihrer Länge. Die gegenständigen Blätter sind lanzettlich und wirken ledrig.
SV: Gebüsche und Waldränder auf kalkreichem, ungedüngtem Boden. Sehr selten.
A: Die Art ist durch Düngung von Trockenwiesen, auf denen sie ebenfalls vorkam, und durch andere Kulturmaßnahmen stark zurückgegangen.

Fransen-Kleinenzian
Gentianella ciliata
Enziangewächse
Gentianaceae

Aug. – Okt. 10–25 cm V; ☉-♃

SK: Stengel meist mit einer Einzelblüte, seltener mit 2–10 Blüten. Blüten 2–5 cm lang, bis auf etwa 1/2 in 4 Zipfel eingeschnitten. Zipfel vor allem am Grund mit langen Fransen. Blüte tiefblau, seltener blaßblau. Blütenblattzipfel oft randlich etwas eingerollt. Blätter lineal-länglich, einnervig.
SV: Braucht kalkhaltigen, ungedüngten Boden. Besiedelt lichte Wälder und Trockenrasen. Selten.
A: Die Art ist wohl der am leichtesten kenntliche blaue Enzian in Europa. Wiewohl nirgends häufig, ist sie doch weit verbreitet. Dennoch sind Rassen von ihr nicht bekannt geworden.

Acker-Minze
Mentha arvensis
Lippenblütengewächse
Lamiaceae (Labiatae)

Juni - Okt. 15–50 cm V; ⚃

SK: Kein endständiger Blütenstand vorhanden. Alle Blüten stehen in Quirlen in den Achseln der 6–10 obersten Blattpaare. Blätter länglich, seltener rundlich, immer gezähnt und behaart, kreuzgegenständig. Stengel vierkantig.
SV: Ufer, Gräben, nasse Stellen in Äckern, Wiesen, Wäldern. Braucht stickstoffreichen Boden. Zerstreut.
A: Vor allem nach dem Zuschnitt der Blätter und aufgrund der Behaarung werden innerhalb der Art mehrere Sippen beschrieben. Sie eindeutig gegeneinander abzugrenzen ist schwierig. Hinzu kommt, daß nicht selten auch Bastarde zwischen der Acker-Minze und anderen Arten der Gattung aufgefunden werden.

296

Roß-Minze
Mentha spicata
Lippenblütengewächse
Lamiaceae (Labiatae)

Juli - Aug. 30–75 cm V; ⚃

SK: Blütenstand eine eher schlanke Ähre. Blütenstiele dicht behaart. Tragblätter der Blüten sehr schmal, fast borstlich. Blüten oft trüb lila. Blätter 6–10 cm lang, 2–3 cm breit, fast sitzend, nie runzelig.
SV: Ufer, Gräben, feuchte Wiesen. Stickstoffliebend. Häufig.
A: Innerhalb der Art 2 Sippen: Langblättrige Minze *(M. longifolia)*: Blätter oberseits zerstreut behaart, unterseits weißfilzig. Stengel filzig behaart. Ährige Minze *(M. spicata s. str.)*: Stengel und Blätter kahl. Ähnlich: Wasser-Minze *(M. aquatica)*: Endständiger Blütenstand kopfig, darunter noch 1–2 blattachselständige Blütenquirle. Ufer- und Naßwiesen. Häufig.

Bachbungen-Ehrenpreis
Veronica beccabunga
Braunwurzgewächse
Scrophulariaceae

Mai - Aug.   20-60 cm   V; ♃; (+)

SK: In einer lockeren, blattachselständigen Traube stehen meist 10, gelegentlich auch mehr Blüten. Sie messen 4–9 mm im Durchmesser, sind in 4 Blütenblattzipfel zerspalten und tiefblau. Die gegenständigen Blätter sind kahl, glänzend, gestielt und gekerbt, oval bis rundlich.
SV: Liebt zeitweise überfluteten Boden. Röhricht, Gräben. Zerstreut.
A: Exemplare des Bachbungen-Ehrenpreises unterscheiden sich oft recht stark voneinander. Vor allem untergetauchte Exemplare sehen anders als gewohnt aus. Der an ähnlichen Standorten wachsende Wasser-Ehrenpreis (s. rechte Seite) hat stets Blätter, die mehr als 2mal länger als breit sind.

Wasser-Ehrenpreis
Veronica anagallis-aquatica
Braunwurzgewächse
Scrophulariaceae

Juni - Okt.   15-50 cm   V; ♃

SK: In einer dichten, blattachselständigen Traube stehen meist 20, oft auch mehr Blüten. Sie messen 4–8 mm im Durchmesser, sind in 4 Blütenblattzipfel zerspalten und hellviolett. Die gegenständigen Blätter sind meist kahl, sitzend oder nur kurz gestielt, halbstengelumfassend, lanzettlich und bis 10 cm lang; auch kürzere Blätter sind mindestens doppelt so lang wie breit. Blätter laufen spitz zu.
SV: Ufer und Röhricht. Zerstreut.
A: Die Art ist sehr formenreich. Neben den Gestaltänderungen, wie sie durch unterschiedliche Standortbedingungen hervorgerufen werden, spielen sicher auch erbliche Faktoren eine Rolle.

Efeu-Ehrenpreis
Veronica hederifolia
Braunwurzgewächse
Scrophulariaceae

März – Mai   5–30 cm   V; ☉

SK: Blüten einzeln in den Blattachseln, 2–5 mm im Durchmesser, blau oder blauviolett, seltener weißlich. Stengel niederliegend oder aufsteigend, ästig. Blätter 3- bis 7lappig, behaart.
SV: Unkrautbestände auf Äckern und in Gärten, gelegentlich auch auf Schlägen in Wäldern. Sehr häufig.
A: Innerhalb der Art werden mehrere Unterarten unterschieden. *V. hederifolia*, ssp. *sublobata* besitzt Fruchtstiele, die länger werden, als der vierfachen Länge des Kelchs entspricht. Ssp. *hederifolia* hat Fruchtstiele, die kürzer bleiben, als der vierfachen Länge des Kelchs entspricht, aber doppelt so lang wie der Kelch werden.

Glänzender Ehrenpreis
Veronica polita
Braunwurzgewächse
Scrophulariaceae

März – Sept.   5–20 cm   V; ☉

SK: Blüten einzeln in den Blattachseln. 4–8 mm im Durchmesser, dunkelblau. Stengel niederliegend (dann nicht wurzelnd), aufsteigend oder aufrecht. Blätter 0,5–1,2 cm lang, rundlich, dunkelgrün, glänzend, Fruchtstiel höchstens so lang wie die Blätter, meist kürzer.
SV: Gärten, Weinberge, Schuttplätze. Häufig.
A: Ähnlich: Acker-Ehrenpreis (*V. agrestis*): Blätter deutlich länger als breit. Fruchtstiel mindestens 1,5mal so lang wie die Blätter. Blüten fast weiß. Unkrautbestände. Zerstreut. Glanzloser Ehrenpreis (*V. opaca*): Blüten dunkelblau, meist unter 5 mm im Durchmesser. Sehr selten.

Persischer Ehrenpreis
Veronica persica
Braunwurzgewächse
Scrophulariaceae

März – Dez.　　10–40 cm　　　V; ☉ - ☉

SK: Blüten einzeln blattachselständig, 8–12 mm im Durchmesser, himmelblau, mit einem weißlichen oder gelblichen Fleck im Schlund. Stengel liegend oder aufsteigend. Blätter herzförmig oder eiförmig, mit gekerbtem Rand.
SV: Unkrautbestände auf Äckern und in Gärten. Sehr häufig.
A: Bei dieser Art ist die Besiedlungsgeschichte bemerkenswert. Ihre Heimat ist Westasien. Sie dürfte um 1800 über die Türkei zum Balkan und von dort ins südöstliche Mitteleuropa gewandert sein. 1805 verwilderte sie aber auch aus dem Botanischen Garten in Karlsruhe.

Dreiteiliger Ehrenpreis
Veronica triphyllos
Braunwurzgewächse
Scrophulariaceae

März – Mai　　5–15 cm　　　V; ☉

SK: Die Blüten stehen in einer endständigen, lockeren Traube. Sie messen 6–9 mm im Durchmesser und sind dunkelblau. Die Blütenstiele sind länger als der Kelch. Stengel aufrecht, unten ästig. Mittlere und obere Blätter drei- bis fünfteilig, untere eiförmig.
SV: Unkrautbestände auf Äckern. Bevorzugt kalkarmen Boden. Zerstreut.
A: Ähnlich: Früher Ehrenpreis *(V. praecox)*: Blüten kaum über 5 mm im Durchmesser. Blätter ungeteilt. Unkrautbestände auf sandigen Äckern. Selten. Drüsiger Ehrenpreis *(V. acinifolia)*: Blüten nur 3–5 mm im Durchmesser, hellblau. Mittlere und obere Blätter ungeteilt. Feuchte, verschlämmte Äcker. Sehr selten.

Feld-Ehrenpreis
Veronica arvensis
Braunwurzgewächse
Scrophulariaceae

März – Sept.   5–20 cm   V; ☉

SK: Blüten stehen einzeln in den Achseln der obersten Blätter. Sie sind hellblau, sehr kurzgestielt und erreichen nur 3–4 mm im Durchmesser. Blätter gekerbt, untere herzeiförmig, obere lanzettlich und meist ganzrandig.
SV: Unkrautbestände auf Äckern und in Gärten. Sehr häufig.
A: Frühlings-Ehrenpreis *(V. verna)*: Blüten sattblau, 3–4 mm im Durchmesser. Mittlere Blätter fiederteilig, untere eiförmig und kaum gekerbt. Pflanze 5–10 cm hoch. Sandige Äcker, Dünen. Selten. Dillenius' Ehrenpreis *(V. dillenii)*: Blüten dunkelblau, 5–7 mm im Durchmesser. Mittlere Blätter fiederteilig, untere eiförmig. Warme Sandböden. Sehr selten.

300

Wald-Ehrenpreis
Veronica officinalis
Braunwurzgewächse
Scrophulariaceae

Juni – Aug.   15–30 cm   V; ♃; (+)

SK: 15–25 Blüten stehen in ziemlich dichten Trauben in den Achseln von Blättern. Sie messen um 6 mm im Durchmesser und sind meist blauviolett, manchmal sehr blaß und fast weißlich. Stengel meist kriechend oder aufsteigend. Blätter kurzgestielt, gegenständig, behaart, derb, gesägt.
SV: Wälder und Heiden auf eher saurem Boden. Häufig.
A: Die Art ist fast durch ganz Europa recht gleichmäßig verbreitet. Trotz dieser Tatsache sind kaum Sippen beschrieben worden, die sich leicht erkennen lassen. Auffällige Veränderungen betreffen gelegentlich die Farbe der Blüten, die ganz weiß oder deutlich rosa sein können.

Gamander-Ehrenpreis
Veronica chamaedrys
Braunwurzgewächse
Scrophulariaceae

April - Juni 15-30 cm V; ♃; (+)

SK: 10–30 Blüten stehen in meist 2 lockeren Trauben in den Achseln der oberen Blätter. Die Blüten erreichen 12 mm Durchmesser, sie sind hell himmelblau und dunkler geadert. Am Stengel bemerkt man meist deutlich 2 Reihen von Haaren. Blätter gegenständig, kurzgestielt oder sitzend, bis 3,5 cm lang, fast doppelt so lang wie breit, im Umriß eiförmig, gekerbt.
SV: Wiesen, Wälder. Sehr häufig.
A: Ähnlich: Nesselblättriger Ehrenpreis *(V. urticifolia)*: Meist 4 lockere Trauben. Blüten erreichen nur 6–8 mm im Durchmesser. Stengel gleichmäßig behaart oder kahl. Blätter bis 10 cm lang. Wälder. Zerstreut.

Großer Ehrenpreis
Veronica austriaca
Braunwurzgewächse
Scrophulariaceae

Mai - Aug. 15-50 cm V; ♃

SK: Blüten stehen in mehreren reichblütigen Trauben in den Achseln der Blätter. Die Blütentrauben sind jung kurz und dichtblütig, älter lang und lockerblütig. Die Blüten erreichen Durchmesser zwischen 1–1,5 cm und sind dunkelblau. Stengel aufsteigend oder aufrecht, kraushaarig. Blätter eiförmig-lanzettlich, sitzend, höchstens die unteren kurzgestielt.
SV: Trockene Gebüsche, Wälder und Trockenrasen. Zerstreut.
A: Die Art umfaßt in ihrer derzeitigen Abgrenzung zahlreiche Sippen. Die oben beschriebene, häufigste Sippe wurde früher unter dem Artnamen *V. teucrium* geführt.

Weide-Wegerich
Plantago media
Wegerichgewächse
Plantaginaceae

Mai - Juni 15-30 cm V; ♃

SK: Stengel 2- bis 5mal so lang wie die Blütenähre. Ähre kurz und dicht. Blüten unscheinbar. Staubfäden rötlich violett und lang. Blätter stehen in einer Rosette, ganzrandig. Blattfläche mindestens viermal so lang wie der Blattstiel.
SV: Trockenrasen, Wiesen, Wege. Sehr häufig.
A: Ähnlich: Kleiner Wegerich *(P. intermedia):* Stengel höchstens doppelt so lang wie die Blütenähre. Ähre dünn. Staubfäden kurz und nur anfänglich blaßlila. Blattfläche höchstens doppelt so lang wie der Blattstiel. Blätter liegen meist flach auf dem Boden. Feuchte Äcker und Wege, selten.

Gemeine Ackerröte
Sherardia arvensis
Rötegewächse
Rubiaceae

Mai - Okt. 5-30 cm V; ☉

SK: Die Blüten stehen in armblütigen, endständigen kopfig-trugdoldigen Blütenständen. Sie werden nur 3–4 mm im Durchmesser. Der niederliegende oder aufsteigende Stengel ist deutlich vierkantig. Die Blätter stehen zu vieren, ganz oben zu sechsen quirlständig am Stengel. Sie sind einnervig, am Rand rauh.
SV: Getreideäcker, seltener Hackkulturen. Bevorzugt sandigen, kalkhaltigen Boden. Sehr selten.
A: Die Ackerröte war zwar noch nie häufig, doch fehlte sie in den Gebieten, in denen ihr die Bodenverhältnisse zusagten, bis zum Aufkommen der chemischen Unkrautbekämpfung wohl nirgends.

Wilde Karde
Dipsacus fullonum
Kardengewächse
Dipsacaceae

Juli – Aug.   90–200 cm   V; ☉

SK: Blüten in einem eiförmigen Köpfchen, das durch die an der Spitze borstlichen Spreublätter igelartig wirkt. Blüten violett, von der Mitte nach oben und unten ringartig aufblühend. Hüllblätter des Köpfchens nach oben gebogen und mit stechenden Stacheln bewehrt. Stengelblätter ganzrandig oder gekerbt, am Rande kahl.
SV: Unkrautbestände an Wegen und auf Schuttplätzen. Häufig.
A: Ähnlich: Schlitzblättrige Karde *(D. laciniatus)*: Hüllblätter des Köpfchens waagrecht oder nach unten abstehend, ohne Stacheln. Stengelblätter unregelmäßig fiederteilig. Unkrautbestände, wärmeliebend. Sehr selten.

Gemeiner Teufelsabbiß
Succisa pratensis
Kardengewächse
Dipsacaceae

Juli – Sept.   30–100 cm   V; ♃

SK: Blüten in halbkugeligen bis kugeligen Köpfen, die 1,5–2,5 cm im Durchmesser erreichen. Blüten violettblau. Randblüten nicht größer als die inneren Blüten. Zwischen den Blüten (ausrupfen) deutlich schwarze Borsten. Stengel unter dem Blütenköpfchen anliegend behaart. Blätter gegenständig, eiförmig-lanzettlich, ungeteilt.
SV: Feuchte Wiesen, Flachmoore, feuchte Wälder. Zerstreut.
A: Ähnlich: Sumpf-Teufelsabbiß *(S. inflexa)*: Blüten lila. Zwischen den Blüten (ausrupfen) keine schwarzen Borsten. Randblüten nicht vergrößert. Sehr selten in Flachmooren. Die Pflanze hat ihren Verbreitungsschwerpunkt in Osteuropa.

Pracht-Nelke
Dianthus superbus
Nelkengewächse
Caryophyllaceae

Juni – Sept.　　30–100 cm　　G; ♃

Blüten einzeln, gestielt. Blütenblätter lila bis tief rosa, oft auch mit einem Anflug nach Lila. Blütenblätter bis über die Mitte zerschlitzt, oft dunkel getupft. Blüte ausgebreitet meist über 2,5 cm im Durchmesser. Kelch am Grund mit kurzen Schuppen, die höchstens $1/3$ der Kelchlänge erreichen. Stengelblätter gegenständig, oft etwas blaugrün, 3–10 mm breit. Blüten meist stark duftend.
SV: Wälder, Gebüsche, Bergwiesen, Naßwiesen. Zerstreut.
A: Ähnlich: Feder-Nelke *(D. plumarius)*: Blüte ausgebreitet unter 2,5 cm im Durchmesser, rosa bis weiß.

Wald-Akelei
Aquilegia vulgaris
Hahnenfußgewächse
Ranunculaceae

Juni – Juli　　30–60 cm　　G; ♃; +

SK: 3–12 Blüten mit 3,5–5 cm Durchmesser. 5 gespornte Blütenblätter. Sporn aufrecht, am Ende hakig gebogen. Stengel meist verzweigt. Blätter doppelt dreiteilig, obere Stengelblätter weniger geteilt als untere.
SV: Wälder, Bergwiesen. Selten.
A: Ähnlich: Schwarze Akelei *(A. atrata)*: Blüten braunviolett. Staubgefäße ragen beim Aufblühen 1 cm aus der Blüte hervor. Moorwiesen. Selten. Kleinblütige Akelei *(A. einseleana)*: Blütendurchmesser 2–4 cm. Oft nur 1 Blüte, höchstens 6. Sporn kaum gebogen. Östliche Kalkalpen. Selten. Alpen-Akelei *(A. alpina)*: Blütendurchmesser 5–8 cm. Sporn am Ende kaum gebogen. 1–3 Blüten. Alpen. Selten.

Wiesen-Storchschnabel
Geranium pratense
Storchschnabelgewächse
Geraniaceae

Juni – Sept.   30–60 cm   G; ♃

SK: Mehrere Blütenstände mit 2 Blüten bilden einen Gesamtblütenstand. Blüten 2,5–4 cm im Durchmesser, blau, manchmal mit einem violetten Unterton. Blütenstiele nach dem Verblühen nach unten gebogen. Blätter groß, handförmig siebenspaltig.
SV: Wiesen. Zerstreut, örtlich sehr häufig.
A: Der Wiesen-Storchschnabel hat seinen Verbreitungsschwerpunkt in Osteuropa. Bei uns ist er eine ausgesprochene Wiesenpflanze mit hohem Anspruch an Lichtgenuß. In guten Fettwiesen kann er so zahlreich auftreten, daß seine blauen Blüten das Gesamtbild prägen.

Wald-Storchschnabel
Geranium sylvaticum
Storchschnabelgewächse
Geraniaceae

Juni – Sept.   30–60 cm   G; ♃

SK: Blütenstand zweiblütig. Blüten 2–3 cm Durchmesser, rot- oder blauviolett. Die Blütenstände eines Stengels wirken oft straußartig dicht. Blätter 7–12 cm breit, meist siebenteilig, wobei die Einschnitte nie bis zum Stielansatz gehen.
SV: Wälder, Wiesen in mittleren Höhenlagen (in den Alpen bis über 2000 m). Braucht feuchten, nährstoff- und humusreichen Boden. Selten. Kommt an seinen Standorten meist in größeren, oft lockeren Beständen vor.
A: Vom Wald-Storchschnabel trifft man Formen, die sich im Ton der Blütenfarbe auffällig, in der Größe und in der Behaarung indes weniger stark voneinander unterscheiden.

Stranddistel
Eryngium maritimum
Doldengewächse
Apiaceae (Umbelliferae)

Juni - Okt.   10-40 cm   G; ♃

SK: Blütenstand eine endständige Dolde, die aber mehr einem kugeligen Köpfchen ähnelt und sich erst nach dem Verblühen etwas streckt. Blüten klein, blau, mit einem Stich ins Violette. Hüllblätter der Köpfe sternförmig ausgebreitet, 2–4 cm lang und etwa halb so breit, mit stacheligen Grannen. Grundblätter rundlich oder nierenförmig; auch sie haben Zähne mit langer, stechender Spitze. Stengel stark verzweigt. Pflanzen bilden daher meist halbkugelige „Büsche". Ganze Pflanze bläulich bereift.
SV: Dünen, Sandstrand. Sehr selten.
A: Die Stranddistel hat in Mitteleuropa natürlicherweise nur einen kleinen Lebensraum.

306

Blauer Gauchheil
Anagallis foemina
Primelgewächse
Primulaceae

Juni - Sept.   10-20 cm   V; ☉

SK: Blüten einzeln in den Achseln von Blättern. Blüten messen um 5 mm im Durchmesser. Sie sind innen blauviolett und außen blau. Die Blütenblätter überdecken sich gegenseitig nicht. Ihr vorderer Rand ist deutlich gezähnt. Stengel niederliegend. Blätter gegenständig, 0,5–2 cm lang, schmal eiförmig.
SV: Unkrautbestände auf lehmigen Äckern in warmer Lage. Selten.
A: Ähnlich: Acker-Gauchheil (*A. arvensis* f. *azurea*): Blüten auch oberseits rein blau. Blütenblätter sich berührend oder sich überdeckend, an der Spitze nie gezähnt. Unkrautbestände auf Äckern. Selten.

Violette Strandnelke
Limonium vulgare
Strandnelkengewächse
Plumbaginaceae

Juli – Sept.   20–50 cm   V; ♃

SK: Zahlreiche violette Blüten sitzen in einem dicht wirkenden, doldenähnlichen Blütenstand. Die Blüten werden etwa 7 mm lang und haben 5 Blütenblattzipfel, die halbglockig ausgebreitet und meist deutlich ausgerandet sind. Alle Blätter stehen in einer grundständigen Rosette. Die Blätter werden 5–20 cm lang, aber nur 1,5–3 cm breit.
SV: Braucht kochsalzhaltigen, möglichst zeitweise überspülten oder ständig feuchten Boden. Meeresküste. Selten.
A: Die Angehörigen dieser Art, die an den Stränden des Mittelmeers, des Atlantiks und an Nord- und Ostsee vorkommen, unterscheiden sich etwas voneinander.

Kleines Immergrün
Vinca minor
Hundsgiftgewächse
Apocynaceae

April – Mai   10–20 cm   V; ♃

SK: Blüten einzeln, hellblau, 2–3 cm Durchmesser. Spitze der flach ausgebreiteten Blütenzipfel schief gestutzt. Stengel kriechend, am Grund verholzt. Blühende Stengel aufsteigend. Blätter gegenständig, lanzettlich, ledrig, immergrün, kahl, bis 5 cm lang.
SV: Laubwälder, Mischwälder, auf kalkhaltigem Boden. Zerstreut.
A: Häufig in Gärten und auf Friedhöfen angebaut. An diesen Orten wird aber auch das Große Immergrün *(V. major)* angebaut: Blütendurchmesser 4–5 cm. Pflanze bis 50 cm hoch wachsend. Blätter am Rande behaart und bis 10 cm lang. In warmen trockenen Lagen der Südalpen ist diese Pflanze verwildert und eingebürgert.

Lungen-Enzian
Gentiana pneumonanthe
Enziangewächse
Gentianaceae

Juli – Sept. 15–40 cm V; ♃

SK: Blüten meist einzeln am Ende der Stengel, sehr selten zu 2 oder 3, 3,5–5 cm lang. Blüten innen mit 5 grün punktierten Streifen. Stengel aufrecht, unverzweigt. Blätter gegenständig, am Rande umgerollt.
SV: Braucht kalkfreien, moorigen Boden. Flachmoore. Sehr selten.
A: Ähnlich: Schwalbenwurz-Enzian (*G. asclepiadea*): Zahlreiche Blüten sitzen einzeln oder zu 2–3 in den Achseln meist schon der mittleren Blätter. Blüten meist etwas einseitswendig angeordnet.

Schwalbenwurz-Enzian
Gentiana asclepiadea
Enziangewächse
Gentianaceae

Juli – Sept. 30–70 cm V; ♃

SK: Blüten endständig und in den Achseln der mittleren und oberen Blätter, oft einseitswendig, 3–5 cm lang, dunkelblau und innen rotviolett punktiert, glockig aufrecht. Blüten auf $1/4$ ihrer Länge in 5 schmale, spitz zulaufende Zipfel gespalten, zwischen denen ein breitdreieckiger „Zahn" sitzt. Blätter eiförmig-lanzettlich, gekreuzt gegenständig, bei überhängendem Stengel oft in einer Ebene.
SV: Feuchte Wiesen und Gebüsche auf kalkhaltigen Böden. Sehr selten.
A: Ähnlich: Lungen-Enzian (*G. pneumonanthe*): Blüten meist nur einzeln am Stengelende. Innen grün punktierte Streifen. Flachmoore. Sehr selten.

Stengelloser Enzian
Gentiana acaulis
Enziangewächse
Gentianaceae

Mai – Aug.   5–10 cm   V; ♃

SK: Blüten einzeln am Ende des Stengels, 3–6 cm lang. Stiel der Blüte sehr kurz. Am Stiel nur 1–2 Paare Stengelblätter, oft auch gar keine Stengelblätter. Übrige Blätter in einer Rosette dem Boden aufliegend.
SV: Alpen, selten Alpenvorland oder Schwarzwald auf Matten oder Schutt. Zerstreut.
A: Innerhalb der Art *G. acaulis* unterscheidet man meist 2 Sippen: Stengelloser Enzian *(G. acaulis)*: Blätter um 8 cm lang. Blüten innen stets mit deutlich olivgrünem Längsstreif. Kalkarmer Boden. Großblütiger Enzian *(G. clusii)*: Blätter um 2,5 cm lang, selten bis 6 cm. Blüte innen nie mit olivgrünem Längsstreif. Kalkreicher Boden.

Frühlings-Enzian
Gentiana verna
Enziangewächse
Gentianaceae

April – Aug.   3–15 cm   V; ♃

SK: Meist nur 1, seltener 2–3 Blüten stehen endständig an den Stengeln, die 1–3 Blattpaare tragen. Die Blüten sind tiefblau, 2,5–3 cm lang. Die grundständigen Blätter stehen in einer Rosette, werden 1–3 cm lang und etwa $1/3$ so breit. Sie sind stumpf.
SV: Trockenrasen, Bergwiesen, Flachmoore. Selten, aber an seinen Standorten oft in Beständen.
A: Der Frühlings-Enzian erträgt Düngung nicht. Daher geht er seit Jahren zurück. In den Alpen gibt es mehrere ähnliche Arten, die aber schwer zu unterscheiden sind. Sie haben meist kleinere Blätter.

Büschelschön
Phacelia tanacetifolia
Wasserblattgewächse
Hydrophyllaceae

Juni – Okt.   15–50 cm   V; ☉

SK: Zahlreiche Blüten stehen in einem dichten zusammengesetzten Blütenstand. Sie sind blauviolett, glockigtrichterig und erreichen einen Durchmesser von 4–6 mm. Auffällig ist, daß die 5 Staubfäden etwa doppelt so lang wie die Blütenkrone sind und diese weit überragen. Stengel aufrecht, oft verzweigt, rauh behaart. Blätter wechselständig, einfach gefiedert, mit fiederschnittigen Teilblättchen.
SV: Unkrautgesellschaften in warmen Lagen, gelegentlich auch angepflanzt (Autobahnböschungen). Zerstreut.
A: Heimat Kalifornien. Von dort wurde es als Zierpflanze und als Bienenweide nach Europa gebracht.

Gemeiner Beinwell
Symphytum officinale
Borretschgewächse
Boraginaceae

Mai – Sept.   30–100 cm   V; ♃; (+)

SK: Ganze Pflanze rauhhaarig. Blätter länglich-eiförmig, deutlich am Stengel herablaufend. Blüten schmalglockig, nickend, in Trugdolden.
SV: Auf feuchten bis nassen, stets nährstoffreichen Böden. Zerstreut, oft nur vorübergehend, in Feuchtwiesen, an Ufern und Gräben, auf Schuttplätzen und Wegen sowie in Auwäldern. Meidet Lagen über 1000 m.
A: Der schwarzen Wurzel wegen wird diese Heilpflanze auch Schwarzwurz genannt (nicht gleichzusetzen mit der Gemüsepflanze „Schwarzwurzel"!). 3 Unterarten (durch Übergänge verbunden; *bohemicum*, kleinblütig, gelblichweiß; *tanaicense*, trübviolett, kaum rauh; *officinale (purpureum)*, rötlich.

Berg-Lungenkraut
Pulmonaria mollis
Borretschgewächse
Boraginaceae

April - Mai 10-30 cm V; ♃

SK: Mehrere Blüten stehen in einem doldenähnlichen Blütenstand beisammen. Stiele der Teilblütenstände sind kürzer als ihr Blatt. Blüten schlüsselblumenartig, erblühen rot und verblühen lila. Die grundständigen Blätter sind in den Stiel verschmälert. Sie werden bis 15 cm lang und sind etwa 1/3 so breit. Blätter in der Mitte des Stengels kürzer, als ihrer dreifachen Breite entspricht.
SV: Laubwälder auf kalkhaltigen, nährstoffreichen und humosen Böden. Selten.
A: Ähnlich: Schmalblättriges Lungenkraut *(P. angustifolia)*: Grundblätter in den Stiel verschmälert. Keine Drüsenhaare. Wälder. Selten.

Dunkles Lungenkraut
Pulmonaria obscura
Borretschgewächse
Boraginaceae

März - April 15-40 cm V; ♃

SK: Mehrere Blüten stehen in einem doldenähnlichen Blütenstand beisammen. Stiele der Teilblütenstände so lang wie das zugehörige Tragblatt. Blüten wirken schlüsselblumenartig, erblühen rot, werden dann violett und verblühen blau. Grundständige Blätter nicht in den Stiel verschmälert. Blätter nicht fleckig.
SV: Wälder. Liebt kalkhaltigen, lehmigen Boden. Zerstreut. Kommt an seinen Standorten meist in Beständen vor.
A: Ähnlich: Echtes Lungenkraut *(P. officinalis)*: Stiel der Teilblütenstände kürzer als das zugehörige Blatt. Blätter gefleckt. Alpen, Alpenvorland. Selten.

Acker-Vergißmeinnicht
Myosotis arvensis
Borretschgewächse
Boraginaceae

Mai – Aug.   20–40 cm   V; ☉ -☉

SK: Zahlreiche Blüten stehen in einem ziemlich dichten Blütenstand. Sie erreichen nur 3–4 mm Durchmesser. Die Blütenstiele stehen aufrecht ab. Zur Blütezeit sind sie 1–2 mm lang. Der Stiel der Frucht ist 2- bis 3mal so lang wie der Kelch (sicheres Unterscheidungsmerkmal gegen kleinblütige Formen des Wald-Vergißmeinnichts). Grundblätter verkehrt-eiförmig, gestielt, rosettig, graugrün. Stengelblätter länglich-lanzettlich, sitzend.
SV: Unkrautbestände auf Äckern und Wegen. Häufig.
A: Ähnlich: Wald-Vergißmeinnicht *(M. sylvatica)*: Blüten 5–7 mm im Durchmesser, selten kleiner.

Sumpf-Vergißmeinnicht
Myosotis palustris
Borretschgewächse
Boraginaceae

Mai – Okt.   15–40 cm   V; ♃

SK: 10 – 20 Blüten stehen in einer verhältnismäßig lockeren Traube. Sie erreichen 4 – 10 mm Durchmesser. Der Kelch ist angedrückt behaart (Unterschied zum Wald-Vergißmeinnicht, an dessen Kelchen mindestens einzelne Haare abstehen).
Stengel kantig. Blätter länglich-lanzettlich, sitzend, behaart.
SV: Nasse Wiesen und Wälder, Ufer. Häufig.
A: Innerhalb der Art werden mehrere Sippen unterschieden und teilweise als Arten aufgefaßt. Schlaffes Vergißmeinnicht *(M. caespitosa)*: Stengel rund oder undeutlich kantig, schon in der Mitte verzweigt. Blütenstand im unteren Viertel beblättert. Zerstreut.

Wald-Vergißmeinnicht
Myosotis sylvatica
Borretschgewächse
Boraginaceae

Mai – Juli   15–50 cm   V; ♃

SK: 10 – 25 Blüten stehen in einer lokkeren Traube. Sie erreichen 5 – 8 mm im Durchmesser. Der Kelch ist mindestens mit einzelnen, meist aber mit vielen abstehenden Haaren besetzt. Rosettenblätter in den Stiel verschmälert, doppelt so lang wie breit.
SV: Wälder, Bergwiesen. Zerstreut.
A: Innerhalb der Art werden mehrere Sippen unterschieden und teilweise als Arten aufgefaßt. Alpen-Vergißmeinnicht *(M. alpestris)*: Kelch mit abstehenden, aber kaum hakig gekrümmten Haaren besetzt. Rosettenblätter allmählich in den Stiel verschmälert, doppelt bis viermal so lang wie breit. Alpen. Dort auf alpinen Rasen zerstreut.

Rotblauer Steinsame
Buglossoides purpurocaerulea
Borretschgewächse
Boraginaceae

April – Juni   15–50 cm   V; ♃

SK: Blüten am Stengelende gehäuft. Knospen braunrot, junge Blüten rötlich, dann blau. Blüten geöffnet 1–1,5 cm im Durchmesser, Stengel aufrecht, unverzweigt. Blätter lanzettlich, bis 8 cm lang, 1,5 – 2 cm breit.
SV: Trockene Laubwälder und Gebüsche. Braucht humusreichen, kalkhaltigen Boden in warmem Klima. Sehr selten, aber an seinen Standorten meist in kleineren Beständen.
A: Der Rotblaue Steinsame ist eine typische Halbschattenpflanze. Gleichwohl braucht er viel Wärme. Da er an den Humusgehalt des Bodens nicht unbeträchtliche Ansprüche stellt, sind seine möglichen Standorte meist wegen ihrer Bodengüte gerodet.

Acker-Ochsenzunge
Anchusa arvensis
Borretschgewächse
Boraginaceae

Mai - Okt.   15-45 cm   V; ⊙

SK: Verhältnismäßig viele Blüten stehen in mehreren Teilblütenständen blattachselständig bzw. am Stengelende gehäuft. Blüten hellblau, 5–7 mm im Durchmesser und um 1 cm lang. Röhre der Blütenkrone S-förmig nach aufwärts gebogen (daher auch der Name Acker-Krummhals). Stengel kantig. Blätter wellig, steifhaarig.
SV: Unkrautbestände auf Äckern und an Wegen. Bevorzugt lockeren, sandigen Boden; etwas kalkscheu und wärmeliebend. Selten.
A: Die Art wurde früher unter dem wissenschaftlichen Namen *Lycopsis arvensis* geführt. Durch die chemische Unkrautbekämpfung ist sie sehr zurückgedrängt worden.

Echtes Eisenkraut
Verbena officinalis
Eisenkrautgewächse
Verbenaceae

Juli - Okt.   30-60 cm   V; ⊙ -♃

SK: Zahlreiche kleine (3-5 mm lange), rötlich-violette oder blaßlila Blüten stehen in einem ährigen Blütenstand. Blütenstand auffällig sparrig verzweigt. Stengelblätter dreispaltig, gekerbt.
SV: Wege, Dämme. Stickstoffzeiger. Zerstreut.
A: Die ursprüngliche Heimat des Eisenkrauts liegt vermutlich im Mittelmeergebiet. Jedenfalls ist es wärmebedürftig. Daher fehlt es in höheren Mittelgebirgslagen und in den Alpen auch an den Standorten, die ihm vom Nährstoff- und Lichtangebot her eigentlich genügen müßten.

Bittersüßer Nachtschatten
Solanum dulcamara
Nachtschattengewächse
Solanaceae

Juni – Aug.   30–300 cm   V; ♄; +

SK: Die Blüten stehen in doldentraubigen Blütenständen in den Blattachseln und am Stengelende. Die violetten Blüten messen um 1 cm im Durchmesser. Ihre 5 Zipfel sind meist zurückgeschlagen. Der Stengel ist nur unten holzig. Er wächst aufrecht oder aufsteigend. Die Blätter sind länglich-eiförmig, kahl, oft eingeschnitten gelappt.
SV: Braucht feuchten und nährstoffreichen Boden. Wälder, Unkrautbestände. Zerstreut.
A: Die Pflanze ist durch Alkaloide giftig. Dies ist besonders deshalb wichtig, weil als Frucht leuchtend rote Beeren gebildet werden, die gelegentlich schon von Kindern gegessen wurden. Schwere Vergiftungen sind die Folge.

Salat-Rapünzchen
Valerianella locusta
Baldriangewächse
Valerianaceae

April – Mai   5–20 cm   V; ☉

SK: Mehrere kleine und unscheinbare Blüten stehen in kleinen, doldigen Blütenständen zu mehreren am Ende des Stengels. Ihre Farbe ist ganz blaßblau. Der Stengel ist aufrecht und gegabelt verzweigt. Die unteren Stengelblätter sind spatelig, die oberen lanzettlich.
SV: Unkrautbestände auf Hackfruchtäckern, Wegen und Wiesen. Zerstreut.
A: Mehrere sehr ähnliche Arten, die sicher nur durch Merkmale an der Fruchtwand voneinander unterschieden werden können. In zahlreichen Kultursorten als Acker- oder Feldsalat angebaut. Der Salat kann in einer Zeit geerntet werden, in der frisches Gemüse oder andere Salate aus heimischem Anbau fast völlig fehlen.

315

Alpen-Glockenblume
Campanula alpina
Glockenblumengewächse
Campanulaceae

Juli - Aug.   5-15 cm   V; ☉ -♃

SK: In einer kurzen Blütentraube stehen meist 2–8, seltener nur 1–2 Blüten, die 3–4 cm lang werden und hell blauviolett sind. Der Griffel der Blüten ist dreispaltig. Zwischen den Kelchzipfeln sitzt je ein kurzer, zurückgeschlagener Zahn. Stengel aufrecht, locker wollig behaart. Grundblätter und untere Stengelblätter schmal spatelig, vorn etwas gekerbt, allmählich in den Stiel verschmälert, locker wollig behaart.
SV: Braucht feuchten, kalkarmen Boden. Ostalpen. Selten, östliche Zentralalpen zerstreut.
A: Mit der Alpen-Glockenblume können kleinwüchsige Individuen der Bärtigen Glockenblume auf den ersten Blick verwechselt werden.

Bärtige Glockenblume
Campanula barbata
Glockenblumengewächse
Campanulaceae

Juni - Aug.   10-50 cm   V; ♃

SK: 2–12 Blüten sitzen in einer meist ansehnlichen und oft 10 cm langen oder längeren Traube. Sie ist zuerst aufrecht, später nickt sie. Die Blüten werden 1,5–3 cm lang und sind hell blau oder hell lila, außen auf den Nerven und beidseitig an den Zipfeln behaart. Die Grundblätter sind schmal.
SV: Bevorzugt eher kalkarmen, steinigen und feuchten Boden. In den Zentralalpen zerstreut, sonst selten.
A: Von der Art sind im Alpengebiet mehrere Sippen beschrieben worden, die sich an Einzelexemplaren indes nicht sicher voneinander trennen lassen. Armblütige Exemplare sind irrtümlich schon für die Alpen-Glockenblume gehalten worden.

Rundblättrige Glockenblume
Campanula rotundifolia
Glockenblumengewächse
Campanulaceae

Juni - Sept.   15-50 cm   V; ♃

SK: 4–8 Blüten stehen in einer lockeren Rispe. Sie sind aufrecht oder nikken. Blüten 1,5 – 2 cm lang, nur bis auf 1/3 in Zipfel zerteilt. Der gleichmäßig beblätterte Stengel ist am Grunde feinflaumig (Lupe). Die Stengelblätter sind schmallanzettlich und ganzrandig, länger als 2 cm. Die Grundblätter sind zur Blütezeit oft schon abgestorben.
SV: Wiesen, lichte Wälder, Schotter. Sehr häufig.
A: In den Alpen gibt es ähnliche Arten. Scheuchzers Glockenblume *(C. scheuchzeri)*: Meist nur 1, selten 2–4 Blüten am Stengel. Blüten um 2 cm lang, dunkelblau, engglockig. Alpen. Zerstreut.

Wiesen-Glockenblume
Campanula patula
Glockenblumengewächse
Campanulaceae

Mai - Sept.   15-70 cm   V; ☉ -☉

SK: Blüten in armblütigen, lockeren Rispen. Sie werden 1,5–2,5 cm lang. Ihre Zipfel sind deutlich ausgebreitet und bis etwa zur halben Blütenlänge eingeschnitten.
Der aufrechte, verzweigte Stengel ist unten kurzhaarig.
SV: Wiesen, lichte Wälder. Häufig.
A: Von anderen Arten der Gattung ist die Wiesen-Glockenblume durch ihre ausgebreiteten Blüten gut unterscheidbar. Auch innerhalb der Art gibt es kaum abweichende Formen. Nur im Alpengebiet, und zwar in den südlichen Kalkalpen, wird eine Sippe (ssp. *neglecta*) beschrieben, deren Kelchzipfel erheblich länger als die halbe Blütenlänge werden.

Brennesselblättrige Glockenblume
Campanula trachelium
Glockenblumengewächse
Campanulaceae

Mai - Sept.   50-100 cm   V; ♃

SK: Die Blüten stehen in einer allseitswendigen Traube. Sie werden 3,5 bis 4,5 cm lang und sind an den Blütenblattzipfeln auffällig bewimpert. Kelchzipfel steifhaarig. Stengel aufrecht, scharfkantig, behaart. Obere Blätter sitzend, untere Stengelblätter tief herzförmig ausgeschnitten und langstielig. Blattstiele nie geflügelt.
SV: Bevorzugt Halbschatten oder Schatten und Lehmboden. Wälder. Häufig.
A: Ähnlich: Breitbättrige Glockenblume *(C. latifolia)*: Blüten 4-5 cm lang. Kelchzipfel kahl. Stengel stumpfkantig. Blattstiele deutlich geflügelt. Wälder der süddeutschen Mittelgebirge und der Alpen. Selten.

Acker-Glockenblume
Campanula rapunculoides
Glockenblumengewächse
Campanulaceae

Juni - Aug.   30-60 cm   V; ♃

SK: Die Blüten stehen in einer einseitswendigen, reichblütigen Traube. Sie stehen ab oder nicken. Sie werden 2-3 cm lang, sind kahl oder am Rand der Zipfel spärlich langhaarig, hellviolett. Stengel rund oder schwach stumpfkantig. Stengelblätter herzförmig, eiförmig oder eilänglich. Grundblätter zur Blütezeit meist verwelkt.
SV: Unkrautbestände auf Äckern und an Waldrändern. Zerstreut.
A: Ähnlich: Bologneser Glockenblume *(C. bononiensis)*: Blütentraube meist allseitswendig. Blütenfarbe hellblau. Blütenzipfel ohne Haare. Nur Mitteldeutschland und östliches Norddeutschland (östl. der Elbe). Selten in felsigen Rasen.

Pfirsichblättrige Glockenblume
Campanula persicifolia
Glockenblumengewächse
Campanulaceae

Juni - Juli   70-120 cm   V; ♃

Büschel-Glockenblume
Campanula glomerata
Glockenblumengewächse
Campanulaceae

Mai - Sept.   15-70 cm   V; ♃

SK: Blütenstand armblütig und fast einseitswendig. Die Blüten erreichen Durchmesser zwischen 2,5 und 4 cm; meist sind sie ebenso lang. Haare fehlen Blüte und Kelch. Stengel einfach. Die linealen Stengelblätter werden höchstens 1 cm breit, die unteren sind mit kleinen, scharfen Sägezähnen besetzt.
SV: Braucht nährstoffreichen, lehmigen Waldboden. Zerstreut.
A: Ähnlich: Verzweigte Glockenblume *(C. ramosissima):* Blüten 3-4 cm im Durchmesser und 4-5 cm lang. Kelch borstig behaart. Stengel verzweigt, selten einfach. Blätter stumpf gezähnt. Südalpen und Südosteuropa. Selten.

SK: Die Blüten sitzen in den Achseln der oberen Stengelblätter und kopfartig gehäuft am Ende des Stengels, und zwar mehr oder weniger aufrecht. Sie werden 1,5-2,5 cm lang, blauviolett. Untere Blätter abgerundet oder herzförmig. Ganze Pflanze weichhaarig.
SV: Braucht nährstoffreichen Boden. Besiedelt eher trockene Wiesen und Waldränder. Zerstreut.
A: Ähnlich: Borsten-Glockenblume *(C. cervicaria):* Blüten 1-2 cm lang, hell blauviolett. Griffel deutlich länger als die Blüte. Untere Blätter in den Stiel verschmälert, nie abgerundet. Blätter und Stengel stechend steifhaarig. Gebüsche und Wiesen. Sehr selten.

Venus-Frauenspiegel
Legousia speculum-veneris
Glockenblumengewächse
Campanulaceae

Juni – Aug.   10–20 cm   V; ⊙

SK: Wenige Blüten stehen in einer lockeren Rispe beieinander. Sie erreichen 1,5–2 cm im Durchmesser. Innen ist die Blüte dunkelviolett, außen etwas heller. Der verzweigte Stengel wächst meist niederliegend oder sich aufbiegend, seltener aufrecht. Er ist kahl. Von den lanzettlichen Blättern sitzen die oberen, die unteren sind gestielt.
SV: Braucht kalkhaltigen, nährstoffreichen Boden und warmmildes Klima. Unkrautbestände in Getreideäckern. Sehr selten.
A: Ähnlich: Kleiner Frauenspiegel *(L. hybrida)*: Blüten am Ende des Stengels ährig gehäuft, sonst traubig, nur 0,8–1,5 cm im Durchmesser, purpurrot und lila. Unkrautbestände. Sehr selten.

320

Schwarze Teufelskralle
Phyteuma nigrum
Glockenblumengewächse
Campanulaceae

Mai – Juli   20–70 cm   V; ♃

SK: Blüten in einer dichten walzlichen Ähre, vor dem Aufblühen nach oben gekrümmt, dunkel violettblau. Hüllblätter am Grund der Ähre meist kürzer als die Ähre. Grundblätter doppelt so lang wie breit.
SV: Braucht nährstoffreiche, eher kalkarme Lehmböden. In Wäldern und auf Bergwiesen der Mittelgebirge. Zerstreut.
A: Ähnlich: Betonienblättrige Teufelskralle *(Phyteuma betonicifolium)*: Blüten vor dem Aufblühen fast gerade. Grundblätter etwa dreimal so lang wie breit. Wälder. Zentralalpen. Zerstreut.
Hallers Teufelskralle *(Ph. ovatum)*: Blüten vor dem Aufblühen nach oben gekrümmt. Alpen. Zerstreut.

Kugel-Teufelskralle
Phyteuma orbiculare
Glockenblumengewächse
Campanulaceae

Mai – Sept.　　10-40 cm　　V; ♃

SK: 10–30 Blüten stehen in einem kugeligen Köpfchen beisammen, das 1–2,5 cm Durchmesser erreicht. Die blauvioletten Blüten sind vor dem Aufblühen deutlich nach innen gekrümmt. Grundblätter länglich eiförmig, gestielt. Stengelblätter länglich.
SV: Ungedüngte Wiesen auf kalkhaltigem Lehm, in Flachmooren. Zerstreut.
A: Ähnlich: Schmalblättrige Teufelskralle *(Ph. hemisphaericum)*: Meist nicht über 20 cm hoch. Grundblätter schmallanzettlich, grasartig. Alpen, über 1500 m. Zerstreut. Armblütige Teufelskralle *(Ph. globulariifolium)*: Meist kaum 5 cm hoch. Nur 4–12 Blüten im Kopf. Südliche Alpenketten. Sehr selten.

Berg-Sandglöckchen
Jasione montana
Glockenblumengewächse
Campanulaceae

Juni – Aug.　　10-80 cm　　V; ☉

SK: Zahlreiche Blüten stehen in einem kugeligen Köpfchen, das 1,2–2,5 cm im Durchmesser erreicht. Die Einzelblüten sind um 1 cm lang und hell violettblau. Stengel reichästig. Blätter lanzettlich-eiförmig, kahl oder steifhaarig, am Rande meist deutlich wellig und oft stumpf gezähnt.
SV: Sandige Rasen und Dünen. Selten.
A: Ähnlich: Ausdauerndes Sandglöckchen *(J. laevis)*: Blütenköpfchen 2,5–3 cm im Durchmesser, blau. Stengel unverzweigt oder mit nur einzelnen Zweigen. Blätter nicht wellig. Ausläufer mit nicht blühenden Blattrosetten. Erreicht in Südwestdeutschland und im westlichen Alpenvorland die Ostgrenze seines Verbreitungsgebiets.

Kleine Traubenhyazinthe
Muscari botryoides
Liliengewächse
Liliaceae

April – Mai   10–25 cm   M; ♃

SK: Zahlreiche Blüten stehen in einem dichten traubigen Blütenstand, der 2–5 cm lang werden kann. Die Blüten messen etwa so viel im Durchmesser wie in der Länge. Sie sind himmelblau, nicken und haben vorn einen weißen Saum. Grundblätter 2–3, fast flach.
SV: Bergwiesen, lichte Wälder auf kalkhaltigem Lehmboden. Fast nur Mittelgebirge und Alpen. Selten, aber in meist ausgedehnten Beständen.
A: Ähnlich: Schopfige Traubenhyazinthe *(M. comosum)*: Blütentraube bei aufgeblühten Exemplaren über 10 cm lang, an der Spitze der Ähre ein nach oben stehender Schopf unfruchtbarer Blüten. Unkrautbestände in Weinbergen. Sehr selten.

Große Traubenhyazinthe
Muscari racemosum
Liliengewächse
Liliaceae

April   10–40 cm   M; ♃

SK: Zahlreiche Blüten stehen in einem dichten, traubigen Blütenstand, der 3–5 cm lang wird. Die Blüten werden etwa doppelt so lang wie breit. Sie sind himmelblau, nicken und haben vorn einen weißen Saum. Blütenstandsstiel blattlos. Grundblätter 4–6, rinnig, im Herbst erscheinend, um 3 mm breit.
SV: Weinberge, sonnige Rasen. Selten, aber an Standorten meist in kleineren Beständen.
A: Ähnlich: Übersehene Traubenhyazinthe *(M. neglectum)*: Blüten etwa zweieinhalb mal so lang wie breit. Blütenstand 2–4 cm lang. Grundblätter um 5 mm breit, stets länger als der Stengel. Weinberge in Südwestdeutschland. Sehr selten.

Zweiblättriger Blaustern
Scilla bifolia
Liliengewächse
Liliaceae

März – April   10–20 cm   M; ♃; +

  ▽

SK: 2–8 Blüten stehen aufrecht in einer lockeren Traube. Sie sind blau mit einem violetten Unterton. Der Stengel ist blattlos. Grundblätter meist 2, um 1 cm breit, etwa so lang wie der Stengel, an der Spitze kapuzenförmig.
SV: Lichte Wälder mit kalkreichen und etwas feuchten Böden. Selten, aber an seinen Standorten meist in Beständen.
A: Ähnlich: Nickender Blaustern *(S. sibirica)*: Nur 1–3 nickende Blüten. Meist 3–4, seltener nur 2 Grundblätter. Zierpflanze. Als Frühjahrsblüher gepflanzt und unbeständig verwildert. Schöner Blaustern *(S. amoena)*: 2–6 sehr aufrechte Blüten. Meist 4–7 Grundblätter. Zierpflanze.

Sibirische Schwertlilie
Iris sibirica
Schwertliliengewächse
Iridaceae

Mai – Juli   30–90 cm   M; ♃; (+)

SK: Blüten groß, blau oder blauviolett, 6blättrig: die 3 äußeren Blütenblätter breit, die drei inneren schmal. Laubblätter etwa 5 mm breit, deutlich kürzer als der Stengel, zweizeilig gestellt und am Grunde übereinandergreifend.
SV: Lichte Wälder und nasse Wiesen auf kalkreichen, wechselfeuchten Böden. Sehr selten.
A: Die Sibirische Schwertlilie erträgt weder Düngung noch Schnitt. Deswegen stirbt sie auf genutzten Grasbeständen aus. Ihre natürlichen Wuchsorte auf Naßwiesen lassen sich wegen der relativ nährstoffreichen Böden mit guter Aussicht auf Erfolg in Kulturböden überführen. Leider ist dies fast überall geschehen.

Frühlings-Krokus
Crocus albiflorus
Schwertliliengewächse
Iridaceae

März - April   5-15 cm   M; ♃

SK: Blätter grasartig, mit weißem Mittelstreifen, kurz nach der Blüte erscheinend. Diese mit sehr schmalen, mindestens 4mal längeren als breiten Blütenblättern (2–3 cm lang). Narben kürzer als die Staubblätter; Blüten im Schlund kaum behaart.
SV: fehlt in Norddeutschland, im Süden sehr selten, doch an seinen Standorten in großen Rudeln. Liebt nährstoffreiche, kalkhaltige, frühjahrsfeuchte, lehmige Böden.
A: Die violett blühenden Formen sind viel seltener (ca. 5%) als die weißblütigen Exemplare. Doch kann ihr Anteil am gleichen Standort von Jahr zu Jahr schwanken.

Großer Krokus
Crocus neapolitanus
Schwertliliengewächse
Iridaceae

März - April   10-30 cm   M; ♃

SK: Blütenblätter 2,5–4 cm lang und 8–15 mm breit. Narben länger als die Staubblätter. Blüten im Schlund kaum behaart. Blüten tief violett. Blätter grasartig, mit weißem Mittelstreif, kurz nach der Blüte erscheinend.
SV: Heimat Mittelmeergebiet. Von dort im Mittelalter als Zierpflanze nach Mitteleuropa gebracht und dort an einigen Stellen (z. B. Zavelstein im nördlichen Schwarzwald, Vogesen) bleibend verwildert.
A: Violette Formen des Garten-Krokus stammen meist nicht vom Großen Krokus ab, sondern von Heuffels Krokus *(C. heuffelianus)*. Von ihm sind mehrere Farbspielarten in Kultur.

Gemeine Küchenschelle
Pulsatilla vulgaris
Hahnenfußgewächse
Ranunculaceae

März - Mai   5-40 cm   G; ♃; +

Leberblümchen
Hepatica nobilis
Hahnenfußgewächse
Ranunculaceae

März - Mai   8-25 cm   G; ♃; +

SK: Auf einem kurzen Stiel sitzt jeweils eine Blüte, die 2–4 cm lang werden kann. Ihre Farbe ist lila bis dunkelviolett. Blütenblätter außen behaart. Unter der Blüte befindet sich eine trichterig verwachsene Hochblatthülle. Sie ist wie der Blütenstiel dicht wollig behaart. Blätter vielzipflig gefiedert. Zipfel meist unter 5 mm breit.
SV: Braucht Kalkboden und Wärme. Halbtrockenrasen und lichte Gebüsche. Selten.
A: In Österreich und im östlichen Süddeutschland kommen breitzipflige Formen (Zipfel der Blätter im Mittel um 7 mm breit) vor. Sie werden als Unterart aufgefaßt (ssp. *grandis*).

SK: Aus einer Blattrosette entspringen mehrere Stengel, die jeder nur eine Blüte tragen. Die Blüten erreichen 2–3 cm im Durchmesser und sind meist blau, hell blauviolett, seltener rotviolett. Die Blüten haben 6–10 leicht abfallende Blütenblätter. Laubblätter wintergrün, dreilappig, ganzrandig.
SV: Liebt mullreiche Lehmböden. Zerstreut. An seinen Standorten meist in ausgedehnten Beständen.
A: Die Art wird gelegentlich auch zur Gattung Anemone *(Anemone hepatica)* gestellt. Sie ist recht einheitlich. Amerikanische Formen haben einen etwas anderen Blattzuschnitt. Deshalb führt man sie gelegentlich als eigene Unterarten oder Arten.

Alpen-Troddelblume
Soldanella alpina
Primelgewächse
Primulaceae

April – Juni   5–15 cm   V; ♃

SK: Auf einem Blütenstandsstiel stehen 2–3 Blüten. Sie nicken meist oder stehen schief aufrecht. Ihre Form ist glockig-trichterförmig, ihre Farbe violett bis blau. Bis zur halben Blütenlänge sind sie gleichmäßig in zahlreiche Fransen zerschlitzt. Ihre Länge beträgt 1–1,5 cm. Die ganzrandigen Blätter sind rundlich und 1–3 cm breit.
SV: Alpen; Schneetälchen und bachbegleitendes Gebüsch. Zerstreut.
A: Ähnlich: Zwerg-Troddelblume *(S. pusilla)*: s. Seite 241. Winzige Troddelblume *(S. minima)*: Meist Einzelblüte, blaßrosa oder blaßviolett, 1–1,5 cm lang, nur bis ¼ in Fransen eingeschnitten. Blätter höchstens 1 cm breit. Kalkalpen. Schneetälchen. Zerstreut.

Berg-Aster
Aster amellus
Korbblütengewächse
Asteraceae (Compositae)

Aug. – Okt.   15–50 cm   V; ♃

SK: 5–15 Körbchen stehen in einem fast doldigen Gesamtblütenstand. Durchmesser der Körbchen 2–3 cm. Einzelblüten lila oder blauviolett. 20–40 Zungenblüten umstehen die gelben Röhrenblüten. Hüllblätter der Körbchen abstehend. Stengel aufrecht, Blätter lanzettlich, unterseits ebenso wie der Stengel behaart.
SV: Lichte Wälder und Gebüsche, vor allem Mittelgebirge mit kalkhaltigem Untergrund. Selten.
A: Ähnlich: Strand-Aster *(A. tripolium)*: 20–80 Körbchen stehen in einem Gesamtblütenstand. Hüllblätter oder Körbchen anliegend. Pflanze kahl. Nur auf kochsalzhaltigem Boden. Nord- und Ostseeküste. Selten.

Kornblume
Centaurea cyanus
Korbblütengewächse
Asteraceae (Compositae)

Juli - Okt.   30-90 cm   V; ☉

SK: Die Blütenkörbchen stehen einzeln. Stengel meist verzweigt. Körbchen mit ausgebreiteten Blüten 3–5 cm im Durchmesser. Nur Röhrenblüten, die tiefblau sind. Stengel aufrecht. Blätter nicht herablaufend, wechselständig und höchstens 5 mm breit.
SV: Unkrautbestände auf Getreideäckern, seltener auf Schuttplätzen. Selten.
A: Die Kornblume fehlt heutzutage schon ganzen Landstrichen. Vor allem die chemische Unkrautbekämpfung hat ihr den Garaus gemacht. Formen, die sich durch zahlreichere Einzelblüten im Körbchen auszeichnen, werden immer wieder als sommerliche Schnittblumen im Garten angebaut.

Berg-Flockenblume
Centaurea montana
Korbblütengewächse
Asteraceae (Compositae)

Mai - Okt.   30-60 cm   V; ♃

SK: Am Ende der unverzweigten Stengel steht je ein Körbchen, das 4–6,5 cm im Durchmesser erreicht. Es enthält nur Röhrenblüten, von denen die äußeren vergrößert und tiefblau, die inneren blaurotviolett sind. Hülle der Körbchen aus schwarzbraun geränderten Hüllblättchen, die jederseits 5–9 schwarzbraune Fransen tragen. Blätter ganzrandig, herablaufend, flockig.
SV: Braucht kalkhaltigen Lehmboden. Lichte Wälder, Bergwiesen. Mittelgebirge, Alpen; zerstreut.
A: Ähnlich: Bunte Flockenblume *(C. triumfetti)*: Blütenkörbchen 3,5–5,5 cm im Durchmesser. Hülle der Körbchen mit dunkelbraunem oder bleichsilbrigem Rand. Alpen, Wiesen. Selten.

Acker-Kratzdistel
Cirsium arvense
Korbblütengewächse
Asteraceae (Compositae)

Juli – Sept. 60–150 cm V; ♃

SK: Die Einzelblüten stehen in 1–1,5 cm breiten, rispig angeordneten Körbchen, die nur Röhrenblüten enthalten. Sie sind meist kräftig lila gefärbt. Der Stengel ist stark verästelt und hat meist nichtblühende Äste. Blätter stachelig, die nicht am Stengel herablaufen, buchtig fiederspaltig, am Rande meist gewellt.
SV: Unkrautbestände auf Äckern und in Gärten, in Weinbergen und auf Schutt. Sehr häufig.
A: Die Acker-Kratzdistel ist vielgestaltig. An sehr trockenen Standorten kann sie auffällig behaart sein, wogegen sie auf beschatteten Stellen und auf feuchtem Untergrund meist ganz kahl ist.

Wegwarte
Cichorium intybus
Korbblütengewächse
Cichoriaceae (Compositae)

Juli – Aug. 30–130 cm V; ♃

SK: Blütenstand zusammengesetzt: zahlreiche Körbchen sitzen traubig an den Stengeln, und zwar in den oberen $2/3$ des Stengels. Die Körbchen erreichen Durchmesser von 4–7 cm und enthalten nur Zungenblüten. Sie sind leuchtend blau. Der Stengel ist ästig, sparrig und vielfach geknickt. Die unteren Blätter sind schrotsägeförmig, die oberen ungeteilt, stengelumfassend.
SV: Wegränder, trockene Rasen auf stickstoffreichen Böden. Häufig.
A: Die Wegwarte wird in 2 Kultursorten angebaut. Eine Sorte mit rübenförmigen Wurzeln (ssp. *sativa*) liefert das Rohmaterial für Zichorie. Eine Sorte mit reicher Blattrosette (ssp. *foliosum*) ist als Chicorée Salatpflanze.

Blauer Lattich
Lactuca perennis
Korbblütengewächse
Cichoriaceae (Compositae)

Mai – Juni   30–60 cm   V; ♃

SK: Mehrere Körbchen sitzen in einem rispigen, fast doldigen Gesamtblütenstand. Die Körbchen enthalten nur Zungenblüten, und zwar meist 14–18. Ihre Farbe ist meist rein blau, daneben auch blauviolett oder rotviolett. Die Körbchen erreichen einen Durchmesser zwischen 3,5–4,5 cm. Blätter ganzrandig, häufiger fiederteilig.
SV: Braucht kalkhaltigen, steinigen Lehmboden. Trockenrasen und Gebüsche. Selten.
A: Die Körbchen schließen sich am Nachmittag und bei trübem Wetter. Die Pflanze ist heute selten geworden, weil sie kaum noch zusagende Standorte findet. Früher war sie örtlich so häufig, daß man sie als Salat nutzte.

Alpen-Milchlattich
Cicerbita alpina
Korbblütengewächse
Cichoriaceae (Compositae)

Juli – Sept.   50–200 cm   V; ♃

SK: Blütenstand zusammengesetzt: zahlreiche Blütenkörbchen stehen ährig gehäuft am Ende der Stengel. Die Körbchen enthalten ausschließlich blauviolette Zungenblüten. Der Blütenstand ist mit rötlichen Drüsenhaaren besetzt. Blätter schrotsägeförmig geteilt. Endzipfel spießförmig.
SV: Braucht feuchten, nährstoffreichen, kalkarmen Boden. In den höchsten Lagen der kalkarmen Mittelgebirge auf Wiesen; in den Alpen auf Matten. Zerstreut.
A: Ähnlich: Französischer Milchlattich *(C. plumieri)*: Blütenstand kahl. Blüten hellblau. Blätter schrotsägeförmig. Endzipfel leierförmig. Schwarzwald, Vogesen, Westalpen. Selten.

Violetter Dingel
Limodorum abortivum
Orchideengewächse
Orchidaceae

Mai - Juli 10–50 cm M; ♃

Feld-Rittersporn
Consolida regalis
Hahnenfußgewächse
Ranunculaceae

Mai - Sept. 10–50 cm G; ☉ ; (+)

SK: Ganze Pflanze ohne Blattgrün, meist blau oder violett überlaufen. Blüten 1,5–2,5 cm im Durchmesser, im Grundton gelblich, violett überhaucht; Lippe meist violett mit gelblicher Zeichnung. Nicht alle Blüten voll geöffnet.
SV: Braucht lockeren Lehm- oder Lößboden mit guter Humusführung. Bevorzugt Halbschatten. Gebüsche. Erreicht in der Südeifel die Nordgrenze seiner Verbreitung. Dort, im Oberrheingebiet und in den wärmsten Alpentälern sehr selten.
A: Das Hauptverbreitungsgebiet der Art liegt im Mittelmeergebiet. Der Dingel blüht auch an zusagenden Standorten nicht jedes Jahr.

SK: 3–7 Blüten stehen in einer wenigblütigen, sparrigen Traube. Sie werden 1,5–2,5 cm breit, der Sporn bis 2,5 cm lang. Meist sind sie dunkelblau, gelegentlich dunkelviolett. Blätter tief doppelt dreiteilig.
SV: Unkrautbestände in Getreideäckern oder auf Schutt. Selten.
A: Der Feld-Rittersporn ist vielerorts durch die chemische Unkrautbekämpfung vernichtet worden. Ähnlich: Garten-Rittersporn *(C. ajacis)*: Meist mehr als 7 Blüten in dichter Blütentraube, die kaum sparrig wirkt. Blätter nie doppelt dreiteilig, sondern doppelt gefiedert und Fiederchen wiederum fiederteilig.

Blauer Eisenhut
Aconitum napellus
Hahnenfußgewächse
Ranunculaceae

Juni – Juli   60-150 cm   G; ♃; +

Vielblättrige Lupine
Lupinus polyphyllus
Schmetterlingsblütengewächse
Fabaceae (Leguminosae)

Juni – Sept.   50-150 cm   G; ♃

SK: Blütenstand eine reichblütige Traube. Oberstes Blütenblatt bildet einen Helm, der eher breiter als hoch ist. Stengel aufrecht. Blätter gestielt und handförmig 5–7teilig. Die Blattabschnitte sind wiederum in schmale Zipfel geteilt.
SV: Braucht kalk- und nährstoffreichen, feuchten Boden in sommerkühler Klimalage. Bergwiesen und Matten der höchsten Mittelgebirge (selten) und der Alpen (zerstreut). An seinen Standorten oft in Beständen.
A: Die Art ist sehr formenreich. Deswegen wird sie immer wieder in Kleinarten aufgeteilt. Diese sind jedoch für den Nichtbotaniker meist nicht sicher zu erkennen.

SK: Zahlreiche Blüten stehen in einer aufrechten Traube, die 15 bis 60 cm (!) lang werden kann. Die Blüten werden 1,2–1,5 cm lang und sind meist blau, seltener violett oder gar rot bzw. weiß. Die Blätter sind handförmig in 9–17 Teilblätter zerteilt, die bis 15 cm lang und bis 3 cm breit werden können.
SV: Stellt keine besonderen Bodenansprüche. Meist angesät oder verwildert. Selten, aber an ihren Wuchsorten in der Regel in auffallenden Beständen.
A: Die Vielblättrige Lupine wird forstlich ausgesät. Als Schmetterlingsblütengewächs hat sie in ihren Wurzeln symbiontisch stickstoffbildende Bakterien. Damit trägt sie zur Bodenverbesserung bei.

Luzerne
Medicago sativa
Schmetterlingsblütengewächse
Fabaceae (Leguminosae)

Juni – Sept.   20–80 cm   G; ♃

SK: Zahlreiche Blüten stehen in köpfchenartigen Blütenständen. Die Köpfchen werden 2–3 cm lang und nicht ganz so breit. Ihre Farbe ist lila, violett oder rotviolett. Stengel verzweigt. Blätter dreiteilig mit verkehrt-eiförmigen, lanzettlichen Teilblättchen. Endblättchen deutlich länger gestielt, bis 3 cm lang.
SV: Wege, Rasen, Waldränder. Liebt tiefgründigen Lehmboden. Oft angebaut. Häufig.
A: Die Luzerne – obschon seit dem Altertum bekannt – wurde vor etwa 200 Jahren für den Anbau in Mitteleuropa wiederentdeckt.

Berg-Spitzkiel
Oxytropis montana
Schmetterlingsblütengewächse
Fabaceae (Leguminosae)

Juli – Aug.   5–15 cm   G; ♃

SK: Blüten nickend, anfänglich dicht, später locker, um 12 mm lang und blauviolett. Schiffchen spitz. Kelchzähne $1/4$–$1/3$ so lang wie die Kelchröhre. Blätter mit rot überlaufenem Blattstiel, gefiedert, mit 25–41 Teilblättchen, fast kahl.
SV: Steinige Matten in den Alpen. Zerstreut.
A: Ähnlich: Schweizer Spitzkiel (*O. helvetica*): Kelchzähne $1/2$–$2/3$ so lang wie die Kelchröhre. Teilblättchen oben und unten dicht behaart. Westalpen. Selten. Pyrenäen-Spitzkiel (*O. pyrenaica*): Kelchzähne $1/2$–$2/3$ so lang wie die Kelchröhre. Blattstiel grün. Teilblättchen zerstreut behaart. Ostteil der südlichen Kalkalpen. Zerstreut.

Berg-Platterbse
Lathyrus liniifolius
Schmetterlingsblütengewächse
Fabaceae (Leguminosae)

April - Juni   15-40 cm   G; ♃

SK: 3–6 Blüten stehen in einer lockeren Traube, die in einer Blattachsel sitzt und die bis 7 cm lang werden kann. Blüten zuerst rot, dann schmutzig blau, 11–22 mm lang. Staubblätter röhrig verwachsen. Röhre mit geradem Rand. Blätter mit 4–6 Teilblättchen, die unterseits meist deutlich blaugrün sind. Am Blattende kurze Spitze. Stengel deutlich, wenn auch meist schmal, geflügelt.
SV: Wälder, Heiden, Bergwiesen. Bevorzugt kalkarmen Boden. Häufig.
A: Die Berg-Platterbse wird gelegentlich mit der Frühlings-Platterbse verwechselt. Durch den geflügelten Stengel ist sie jedoch gut kenntlich.

Frühlings-Platterbse
Lathyrus vernus
Schmetterlingsblütengewächse
Fabaceae (Leguminosae)

April - Juni   20-60 cm   G; ♃

SK: 2–7 Blüten stehen in einer lockeren Traube, die in einer Blattachsel sitzt und bis 6 cm lang werden kann. Blüten zuerst rot, dann schmutzig blau, 1,5–2 cm lang. Staubblätter röhrig verwachsen. Röhre mit geradem Rand. Blätter mit 4–6 Teilblättchen, die etwa halb so breit werden, wie sie lang sind. Am Blattende kurze Spitze. Stengel vierkantig und eindeutig ohne jeden Flügel!
SV: Wälder, vorzugsweise Laubwälder. Bevorzugt kalkhaltigen Boden. Zerstreut, örtlich häufig.
A: Die Frühlings-Platterbse wird gelegentlich mit der Berg-Platterbse verwechselt. Durch den ungeflügelten Stengel ist sie jedoch gut kenntlich.

Viersamige Wicke
Vicia tetrasperma
Schmetterlingsblütengewächse
Fabaceae (Leguminosae)

Juni – Juli   20–60 cm   G; ☉

SK: 1–3 Blüten sitzen in einer langgestielten Traube. Sie sind blaß violett bis lila. Die Blüten werden um 5 mm lang. Frucht meist 4samig, selten 5samig. Die gefiederten Blätter besitzen 6–10 Teilblättchen und an der Blattspitze eine Ranke.
SV: Unkrautbestände auf Getreideäkkern und Ödland. Zerstreut.
A: Ähnlich: Rauhhaarige Wicke (*V. hirsuta*): Meist nur 1 Blüte, blaßblau, fast weiß, 5 mm lang. Frucht 2samig. Blätter mit 12–20 Teilblättchen. Unkrautbestände. Zerstreut. Zierliche Wicke (*V. tenuissima*): 1–3 Blüten, blaßblau, 8 mm lang. Frucht 5–6samig. Blätter mit 4–8 Teilblättern. Unkrautbestände. Selten.

334

Zaun-Wicke
Vicia sepium
Schmetterlingsblütengewächse
Fabaceae (Leguminosae)

Mai – Aug.   30–60 cm   G; ♃

SK: Die Blüten stehen in sehr kurzstieligen Trauben zu 2–6 abstehend oder nickend in den Achseln der oberen Blätter. Staubblätter röhrig verwachsen. Röhre mit schiefem Rand. Blätter gefiedert, 8–16 Teilblättchen, am Ende mit gefiederter Ranke. Stengel klimmt mit Hilfe der Blattranken.
SV: Rasen und lichte Wälder. Häufig.
A: Die Art ist formenreich. Sippen werden aufgrund der unterschiedlichen Behaarung des Kelches und der unterschiedlichen Breite der Teilblättchen unterschieden. Die Unterschiede sind indes nicht immer deutlich zu erkennen.

Vogel-Wicke
Vicia cracca
Schmetterlingsblütengewächse
Fabaceae (Leguminosae)

Juni - Aug.   30-150 cm   G; ♃

SK: 20–40 Blüten stehen in einer langstieligen Traube. Blüten um 1 cm lang, blauviolett. Staubblätter röhrig verwachsen. Röhre mit schiefem Rand. 12–20 Teilblättchen. Anstelle des Endblättchens Ranke mit meist 2 Seitenranken. Teilblättchen oberseits fast kahl. Blütenstandsstiel etwa ³/₄ so lang wie das Blatt, in dessen Achsel er steht.
SV: Rasen, lichte Wälder. Zerstreut.
A: Ähnlich: Bunte Wicke *(V. dasycarpa)*: Nur 5–15 Blüten in einer Traube. Blütenstandsstiel etwa ³/₄ so lang wie das Blatt, in dessen Achsel er steht. 12–20 Teilblättchen, die deutlich behaart sind. Getreidefelder auf kalkarmen Böden. Sehr selten.

Schmalblättrige Wicke
Vicia tenuifolia
Schmetterlingsblütengewächse
Fabaceae (Leguminosae)

Juni - Juli   50-100 cm   G; ♃

SK: 20–40 Blüten stehen in einer langstieligen Traube. Der Blütenstandsstiel ist so lang wie oder länger als das Blatt, in dessen Achsel er steht. Die Blätter haben 18–28 Teilblättchen und am Ende eine Ranke. Teilblättchen oberseits fast kahl, unterseits zerstreut und anliegend behaart.
SV: Gebüsche auf Lehmböden. Selten.
A: Ähnlich: Zottige Wicke *(V. villosa)*: 10–30 Blüten stehen in einer langstieligen Traube. Blütenstandsstiel etwa so lang wie oder länger als das Blatt, in dessen Achsel er steht. 10–20 Teilblättchen, die abstehend behaart sind. Getreideäcker, Gebüsche, Raine. Zerstreut.

Sumpf-Kreuzblümchen
Polygala amarella
Kreuzblümchengewächse
Polygalaceae

Mai - Juni   5-15 cm   G; ♃

SK: Blüten stehen in einer reichblütigen (10-40 Blüten) Traube. Sie sind meist blau, selten auch rötlich, 2-4 mm lang. Stengel am Grund niederliegend, dann aufsteigend bis aufrecht. Blätter bilden am Grund des Stengels eine Rosette, sonst wechselständig. Sie schmecken beim Kauen bitter.
SV: Braucht kalkreichen, feuchten Boden. Rasen, Matten. Zerstreut.
A: Ähnlich: Bitteres Kreuzblümchen (*P. amara*): Blüten größer (3-7 mm), Blütenstand lockerer. Feuchte Bergwiesen in den süddeutschen Mittelgebirgen und den Alpen. Zerstreut. – Beide ,,Arten" stehen einander sehr nahe. Sie werden oft als ,,Bitteres Kreuzblümchen" zusammengefaßt.

336

Gemeines Kreuzblümchen
Polygala vulgaris
Kreuzblümchengewächse
Polygalaceae

Mai - Aug.   15-25 cm   G; ♃

SK: 5-30 Blüten stehen in einer Traube. Sie sind meist blau, lila, seltener rötlich und um 8 mm lang. Die Tragblätter im Blütenstand sind kürzer als die Blüten (2 mm) und überragen daher die Blüten vor dem Aufblühen nicht. Stengel aufrecht oder aufsteigend. Blätter wechselständig, nie in einer Rosette.
SV: Wiesen. Liebt lockeren, oft sandigen und kalkarmen Boden. Zerstreut.
A: Ähnlich: Schopfiges Kreuzblümchen (*P. comosa* s. S. 270): Tragblätter so lang wie die eben geöffneten Blüten (etwa 4 mm). Sie bilden daher an der Spitze des ziemlich dichten Blütenstands kurz vor dem Öffnen einen ,,Schopf" besser: Sie sind deutlich länger als die Blüten.

Quendel-Kreuzblümchen
Polygala serpyllifolia
Kreuzblümchengewächse
Polygalaceae

Mai – Juli   5–20 cm   G; ♃

SK: 3–10 Blüten stehen in einer Traube. Sie sind meist blau, gelegentlich fast weiß, um 5 mm lang. Die Tragblätter werden nur um 1 mm lang. Stengel am Grund niederliegend, dann aufgebogen aufrecht. Untere Blätter gegenständig, aber nie in einer Rosette.
SV: Nährstoff- und kalkarme Rasen der Mittelgebirge und der Alpen in luftfeuchtem Klima. Selten.
A: Da das Quendel-Kreuzblümchen luftfeuchtes Klima ebenso wie kalkarmen Boden braucht, ist es im nordwestdeutschen Tiefland örtlich etwa gleich häufig wie das Gemeine Kreuzblümchen.

Sumpf-Veilchen
Viola palustris
Veilchengewächse
Violaceae

Mai – Juli   8–15 cm   G; ♃

SK: 2–6 Blätter in grundständiger Rosette. Die Blütenstiele entspringen einzeln aus den Achseln der Rosettenblätter. Sie sind etwa so lang wie die Blattstiele und kahl. Kelchblätter stumpf, kahl. Blüten blaßlila, dunkel braun-violett geadert. Blüten um 1,5 cm im Durchmesser.
SV: Braucht nassen, nährstoffarmen Boden. Flachmoore. Selten, an seinen Standorten meist in Beständen.
A: Ähnlich: Moor-Veilchen *(V. epipsila)*: Stets nur 2 Blätter. Meist nur 1 Blüte auf 10–15 cm hohem Stiel. Blüte blaßlila, um 2 cm im Durchmesser. Flachmoore. Früher angeblich in Mecklenburg und in der Tschechoslowakei.

Hunds-Veilchen
Viola canina
Veilchengewächse
Violaceae

April – Juni   5–15 cm   G; ♃

SK: Alle Blätter stengelständig, meist deutlich länger als 2 cm und oft länger als breit. Gesporntes Blütenblatt um 1,5 cm lang. Blüte kaum höher als breit, blauviolett.
SV: Braucht kalkarmen Boden. Bevorzugt Sandboden. Rasen. Zerstreut.
A: Neben der oben beschriebenen Unterart kommen noch wenigstens 2 weitere vor: Ssp. *montana*: Gesporntes Blütenblatt um 2 cm lang. Blüte von vorn deutlich höher als breit, hellblau, manchmal weißlich. Feuchte Stellen in Heiden, selten. – Ssp. *schultzii*: Gesporntes Blütenblatt um 1,5 cm lang. Blüte von vorn deutlich höher als breit, hellblau bis weiß. Flachmoore. Sehr selten.

338

Wald-Veilchen
Viola sylvestris
Veilchengewächse
Violaceae

April – Mai   3–20 cm   G; ♃

SK: Grundständige Blätter vorhanden, Stengel beblättert. Blüten einzeln in den Achseln der Stengelblätter. Gesporntes Blütenblatt um 2 cm lang oder länger. Stengel liegend oder aufsteigend. Blätter gekerbt. Nebenblätter lang gefranst. Pflanze kahl.
SV: Wälder mit humusreichem Boden. Häufig.
A: Das Wald-Veilchen wird entweder in 2 Unterarten aufgeteilt, öfter aber in 2 Arten getrennt: Das Wald-Veilchen im engeren Sinn, auch Reichenbachs Veilchen genannt (*V. reichenbachiana*), zeichnet sich vor allem durch einen schlanken, violett gefärbten Sporn aus. Rivinus' Veilchen (*V. riviniana*) hat einen stumpferen, weißlichen Sporn.

März-Veilchen
Viola odorata
Veilchengewächse
Violaceae

März – April 3–10 cm G; ♃

SK: Alle Blätter grundständig, Blütenstiel also unbeblättert. Blüten dunkelviolett, duftend. Gesporntes Blütenblatt um 15 mm lang. Sporn gleich gefärbt wie das Blatt, an dem er hängt. Blätter breit eiförmig bis nierenförmig, gekerbt.
SV: Trockene Gebüsche, Wegraine. Liebt stickstoffreichen Boden. Wärmeliebend. Zerstreut.
A: Das März-Veilchen, das auch unter dem Namen Wohlriechendes Veilchen bekannt ist, wird häufig angepflanzt. Viele der ortsnahen Standorte dürften durch Verwilderung entstanden sein. In Kultur werden gelegentlich auch Sorten mit abweichender Blütenfarbe (weiß, rot) gehalten.

Behaartes Veilchen
Viola hirta
Veilchengewächse
Violaceae

April – Mai 5–15 cm G; ♃

SK: Alle Blätter grundständig. Blütenstiele entspringen einzeln oder zu mehreren den Achseln der Rosettenblätter, die meist dreieckig im Umriß sind. Stets sind sie mindestens schwach behaart. Gesporntes Blütenblatt um 17 mm lang. Nebenblätter (Rosette auseinanderdrücken) breit lanzettlich, kahl, nur mit wenigen Fransen.
SV: Braucht kalkhaltigen Boden. Wiesen, Wälder. Häufig.
A: Ähnlich: Hügel-Veilchen *(V. collina)*: Blätter unterseits dicht behaart. Nebenblätter schmal lanzettlich, fast lineal, behaart, mit zahlreichen Fransen. Gebüsche und Wälder auf warmen Kalkböden. Selten.

Blauer Natternkopf
Echium vulgare
Borretschgewächse
Boraginaceae

Juni – Sept.   30–120 cm   V; ♃

 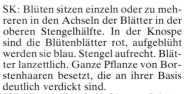

SK: Blüten sitzen einzeln oder zu mehreren in den Achseln der Blätter in der oberen Stengelhälfte. In der Knospe sind die Blütenblätter rot, aufgeblüht werden sie blau. Stengel aufrecht. Blätter lanzettlich. Ganze Pflanze von Borstenhaaren besetzt, die an ihrer Basis deutlich verdickt sind.
SV: Wegränder, Bahndämme, Schuttplätze. Häufig.
A: Gelegentlich eingeschleppt: Italienischer Natternkopf *(E. italicum)*: Blüten hell violett, lila oder weiß, nur um 1 cm lang. Kelch nur mit Borstenhaaren besetzt, die sehr dicht stehen. Heimat wahrscheinlich östliches Mittelmeergebiet. Unbeständig verwildert.

Efeu-Gundermann
Glechoma hederacea
Lippenblütengewächse
Lamiaceae (Labiatae)

Mai – Juni   15–60 cm   V; ♃

SK: Die Blüten stehen zu 2–3 in den Blattachseln der oberen Stengelhälfte. Sie werden 1–2 cm lang und sind blauviolett. Die Oberlippe ist flach und dadurch unscheinbar. Stengel kriechend, aufsteigend oder aufrecht. Blätter gestielt, nierenförmig oder herzförmig, gekerbt.
SV: Wälder, Wiesen. Häufig.
A: Die Art ist vielgestaltig. Die Größe der Pflanzen wird meist durch Umweltbedingungen verändert. Doch gibt es wahrscheinlich auch eine Sippe, die erblich größer wird (ssp. *hirsuta*). Bei ihr sollen die Blüten bis 3 cm lang werden und auffallend hellviolett sein. Standort dieser Rasse sind warme Gegenden, z. B. das Rheintal.

Kriechender Günsel
Ajuga reptans
Lippenblütengewächse
Lamiaceae (Labiatae)

Mai - Juni   15-30 cm   V; ♃

SK: Blüten ohne Oberlippe und mit dreilappiger Unterlippe, zu 6–12 in Scheinquirlen in den Achseln der oberen Blätter und ährenähnlich am Stengelende. Hochblätter ungeteilt. Grundblätter in einer Rosette, spatelförmig, schwach gekerbt. Pflanze mit oberirdischen Ausläufern.
SV: Wälder, Wiesen, auf lehmigem, nährstoffreichem, etwas feuchtem Boden. Sehr häufig.
A: Je nach Standort unterscheiden sich die Pflanzen in Größe und Behaarung z.T. stark voneinander. Gelegentlich trifft man auch Pflanzen mit rosa oder weißen Blüten an. Bei ihnen ist die Farbstoffbildung, die von mehreren Erbanlagen gesteuert wird, gestört.

Heide-Günsel
Ajuga genevensis
Lippenblütengewächse
Lamiaceae (Labiatae)

April - Juni   5-30 cm   V; ♃

SK: Blüten ohne Oberlippe und mit dreilappiger Unterlippe, zu 6–12 in Scheinquirlen in den Achseln der oberen Blätter und ährenähnlich am Stengelende. Hochblätter tief in drei Lappen geteilt, selten bloß gezähnt. Pflanze ohne Ausläufer. Pflanze zottig behaart.
SV: Besiedelt nährstoffreiche, trockene Böden. Zerstreut.
A: Ähnlich: Pyramiden-Günsel *(A. pyramidalis)*: Keine Ausläufer. Blätter dicht am Stengel stehend. Grundblätter bis 10 cm lang und bis 5 cm breit. Stengelblätter kleiner, ganzrandig oder schwach gekerbt, oft violett überlaufen. Kalkarme Böden. Lichte Wälder, Rasen; Mittelgebirge, Alpen. Selten.

Kappen-Helmkraut
Scutellaria galericulata
Lippenblütengewächse
Lamiaceae (Labiatae)

Juni - Aug.   10-40 cm   V; ♃

SK: Im oberen Drittel der Stengel stehen 1–4 Blütenpaare einseitswendig in den Achseln der Blätter. Blüten blauviolett, 1–1,8 cm lang. Unterlippe meist heller. Kelch oberseits mit einer Schuppe. Stengel meist aufrecht.
SV: Braucht nassen Boden. Röhricht, nasse Stellen in Wäldern. Zerstreut.
A: Ähnlich: Kleines Helmkraut (*S. minor*): Pflanze nur 10–30 cm hoch. Am Ende der Stengel 1–3 Blütenpaare einseitswendig in den Achseln der Blätter. Blüten hellviolett, gelegentlich rotviolett, 0,5–0,8 cm lang. Kelch oberseits mit einer Schuppe. Naßwiesen, nasse Stellen in Wäldern. Selten, erreicht etwa an der Elbe die Ostgrenze ihres Verbreitungsgebiets.

342

Kleines Helmkraut
Scutellaria minor
Lippenblütengewächse
Lamiaceae (Labiatae)

Juni - Sept.   10-30 cm   V; ♃

SK: Im oberen Drittel der Stengel stehen 1–3 Blütenpaare einseitswendig in den Achseln der Blätter. Blüten hellviolett, gelegentlich mit einem Stich ins Rötliche, nur 0,5–0,8 cm lang. Kelch oberseits mit einer Schuppe. Stengel aufsteigend oder aufrecht.
SV: Braucht nassen, sauren Boden. Naßwiesen, nasse Stellen in Wäldern. Selten, erreicht etwa an der Elbe die Ostgrenze ihres Verbreitungsgebiets.
A: Ähnlich: Spießblättriges Helmkraut (*S. hastifolia*): Im oberen Fünftel der Stengel stehen 2–5 Blütenpaare einseitswendig und gedrängt. Blüten blau, 1,8–2,5 cm lang. Mittlere Blätter mit deutlich pfeilförmigen Zipfeln. Ufer, Moore. Sehr selten.

Kleine Braunelle
Prunella vulgaris
Lippenblütengewächse
Lamiaceae (Labiatae)

Mai - Okt.   10-20 cm   V; ♃

SK: Die Blüten stehen kopfig gehäuft am Ende des Stengels. Sie werden 1–1,5 cm lang. Die Oberlippe ist flach helmförmig. Der Kelch ist etwa 2/3 so lang wie die Blüte. Unmittelbar unter dem Blütenstand befindet sich ein Paar normaler, gegenständiger Stengelblätter.
SV: Braucht lehmigen, stickstoffhaltigen Boden. Wiesen und Wälder. Sehr häufig.
A: Ähnlich: Weiße Braunelle *(P. laciniata)*: Blüten 1,5–1,8 cm lang, gelblichweiß, seltener blaßviolett. Stengelblätter bis 7 cm lang, mit langen Zähnen oder fiederteilig. Trockenrasen auf kalkhaltigem Boden. Mittelgebirge und Alpen. Selten.

Großblütige Braunelle
Prunella grandiflora
Lippenblütengewächse
Lamiaceae (Labiatae)

Juni - Aug.   5-25 cm   V; ♃

SK: Die dunkelvioletten Blüten stehen kopfig gehäuft am Ende des Stengels. Sie werden 2–2,5 cm lang. Ihre Oberlippe ist helmförmig. Der Kelch ist etwa 1/2 so lang wie die Blüte. Das erste Paar der Stengelblätter ist deutlich vom Blütenstand abgesetzt. Der Blattrand kann gekerbt, aber auch ganzrandig sein.
SV: Braucht kalkhaltigen, sommerwarmen Boden. Trockene Rasen. Zerstreut.
A: Neuerdings sieht man die Große Braunelle häufiger als Zierpflanze in Steingärten. Gelegentlich werden neben den blauviolett blühenden Formen auch solche mit weißer Blüte angeboten.

Wiesen-Salbei
Salvia pratensis
Lippenblütengewächse
Lamiaceae (Labiatae)

Mai - Juli 20-60 cm V; ♃

SK: 4–8 Blüten stehen in quirlartigen Teilblütenständen im oberen Drittel des Stengels in einer allseitswendigen „Ähre". Die Blüten sind meist blauviolett, selten hellblau, rosa oder weiß, 2–2,5 cm lang und mit hoch aufgewölbter Oberlippe. Blütenstand verzweigt, behaart. Blattrosette und wenige Stengelblätter. Blätter runzelig, grob gezähnt-gekerbt.
SV: Braucht nährstoffreichen, kalkhaltigen Boden. Trockenrasen sehr häufig.
A: Ähnlich: Eisenkraut-Salbei *(S. verbenaca)*: Blüten nur 0,8–1,5 cm lang. Unterstes Tragblatt im Blütenstand immer länger als die zugehörigen Blätter. In Mitteleuropa gelegentlich eingeschleppt und verwildert.

Quirlblütiger Salbei
Salvia verticillata
Lippenblütengewächse
Lamiaceae (Labiatae)

Juni - Sept. 30-60 cm V; ♃

SK: 12–24 Blüten stehen in Quirlen im oberen Drittel des Stengels locker übereinander. Die Blüten werden 1–1,5 cm lang und sind dunkelviolett. Der aufrechte Stengel ist behaart. Grundständige Blätter zur Blütezeit meist schon vertrocknet. Stengelblätter eiförmig, am Grunde herzförmig und mit meist abstehenden Zipfeln.
SV: Trockene Rasen, Wegränder, Unkrautgesellschaften. Zerstreut.
A: Die ursprüngliche Heimat des Quirlblütigen Salbeis liegt wahrscheinlich in Südosteuropa. Von dort dringt er langsam nach Mitteleuropa vor. Besonders in den wärmeren Gegenden hat er sich eingebürgert.

Stein-Kölme
Acinos arvensis
Lippenblütengewächse
Lamiaceae (Labiatae)

Juni - Aug.   10–30 cm   V; ☉-♃

SK: 2–3 Blüten stehen in Halbquirlen im oberen Drittel des Stengels übereinander. Die Blüten werden 0,7–1 cm lang und sind blauviolett. Stengel niederliegend, aufsteigend oder aufrecht, meist vom Grunde an verzweigt und schwach behaart. Blätter gegenständig, kurz gestielt, kaum 2 cm lang, eiförmig.
SV: Trockenrasen, Gesteinsschutt an Wegrändern. Wärmeliebend. Zerstreut.
A: Die Stein-Kölme ist vielgestaltig. Sie wurde in den letzten Jahrzehnten mehrfach unter anderen Namen geführt. (z. B. *Calamintha acinos, Satureja acinos, Satureja calamintha*). Im Deutschen nennt man sie auch noch Stein-Quendel oder Kalaminthe.

Gemeiner Alpenhelm
Bartsia alpina
Braunwurzgewächse
Scrophulariaceae

Juni - Aug.   5–20 cm   V; ♃

SK: Die Blüten sitzen einzeln in den Achseln der obersten Blätter. Sie werden 1,5–2,5 cm lang und sind sehr dunkelviolett. Von den ebenfalls dunkelviolett überlaufenen Hochblättern heben sie sich oft kaum ab. Die Oberlippe der Blüten ist gewölbt, die Unterlippe flach dreilappig. Blätter eiförmig gekerbt, kreuzgegenständig, behaart, stumpf gezähnt.
SV: Braucht feuchten, nährstoffreichen Boden. Flachmoore in hohen Mittelgebirgslagen oder in den Alpen. Zerstreut.
A: Der Gemeine Alpenhelm ist Halbschmarotzer. Nährsalze und Wasser bezieht er von den Pflanzen, deren Wurzeln er mit Saugwurzeln anzapft.

Alpen-Leinkraut
Linaria alpina
Braunwurzgewächse
Scrophulariaceae

Juni – Juli   5–10 cm   V; ♃

SK: 2–8 Blüten stehen in einer dichten Traube am Stengelende. Sie sind rot- oder blauviolett. Fast immer ist jedoch der Schlund orangerot. Sehr selten sind die Blüten ganz gelblich. Die Blüten werden 1–1,5 cm lang. Ihre Oberlippe ist zweispaltig. Der Stengel ist niederliegend und nur an den Spitzen aufgebogen. Die Blätter stehen zu 3–4 in einem Quirl. Sie sind lanzettlich und ganzrandig.
SV: Alpen und Alpenvorland auf Felsschutt und steinigen Rasen. Zerstreut, aber örtlich in auffallenden Beständen.
A: Eine Sippe der Westalpen und des Jura hat man auch als Art beschrieben (Stein-Leinkraut, *L. petraea*).

Gemeines Zimbelkraut
Cymbalaria muralis
Braunwurzgewächse
Scrophulariaceae

Juni – Aug.   30–60 cm   V; ♃

SK: Die Blüten stehen einzeln auf langen Stielen in den Achseln der Blätter. Sie sind etwa 7 mm lang, hellviolett mit gelbem Gaumen. Ihr Sporn ist stumpf, kurz und nur etwa halb so lang wie die übrige Blüte. Der sehr dünne Stengel wächst niederliegend oder hängend-wurzelnd an Mauern oder Felsen. Die Blätter sind im Umriß breit herzförmig und am Rand handförmig 5–7 kerbig, kahl, unterseits meist rötlich.
SV: Felsen, Mauern, Steinschutt, lückige und steinige steile Rasen. Zerstreut.
A: Das Gemeine Zimbelkraut stammt aus dem nördlichen Mittelmeergebiet. Aus der Kultur ist es da und dort beständig verwildert.

Kleines Leinkraut
Chaenarrhinum minus
Braunwurzgewächse
Scrophulariaceae

Juni – Sept. 5–20 cm V; ⊙

SK: Die Blüten stehen einzeln und auf ziemlich langen Stielen in den Achseln der Blätter in der oberen Stengelhälfte. Sie werden kaum 5 mm lang. Sie sind sehr hellviolett, die Unterlippe fast weiß. Der Sporn ist kurz (2–3 mm), gerade und ziemlich spitz. Reife Kapseln oft rotviolett überlaufen und von weitem Blüten vortäuschend. An den Pflanzen meist nur wenige offene Blüten. Stengel aufrecht, Blätter schmallanzettlich, untere gegenständig.
SV: Eisenbahnschotter, Wegränder, Schutt. Zerstreut.
A: Auch unter dem Namen *Linaria minor* bekannt, gilt als typische Eisenbahnpflanze. Ursprünglich aus dem Mittelmeergebiet.

Gemeines Fettkraut
Pinguicula vulgaris
Wasserschlauchgewächse
Lentibulariaceae

Mai – Juni 5–15 cm V; ♃

SK: Blüten einzeln, blauviolett, im Schlund etwas heller, um 2 cm lang, gespornt. Oberlippe nur wenig nach oben gebogen. Abschnitte der Unterlippe sich nicht oder nur wenig überdeckend. Blätter grundständig, rosettig, gelblich, klebrig, am Rande ohne Unterbrechung umgebogen.
SV: Moore und nasse Felsspalten. Selten, an seinen Standorten oft in kleineren Beständen.
A: Ähnlich: Dünnsporniges Fettkraut (*P. leptoceras*); Blüte blauviolett, 2–3 cm lang, auf der Unterlippe mit meist deutlich abgegrenzten weißen Flecken. Umrollung des Blattrandes mindestens 1mal, meist mehrmals unterbrochen. Nur Alpen.

Gewöhnliche Kugelblume
Globularia punctata
Kugelblumengewächse
Globulariaceae

Mai – Juli 5-30 cm V; ⚥; +

Tauben-Skabiose
Scabiosa columbaria
Kardengewächse
Dipsacaceae

Juni – Okt. 30-60 cm V; ☉ -⚥

SK: Zahlreiche Blüten sitzen in einem Köpfchen, das nicht von Hüllblättern umgeben ist und das 1–1,5 cm im Durchmesser erreichen kann. Die Blüten sind etwa 7 mm lang und blauviolett. Der Blütenstandsstiel ist dicht beblättert. Die grundständigen Blätter stehen in einer Rosette. Sie sind verkehrt eiförmig und allmählich in einen Stiel verschmälert. Die Stengelblätter sind viel kleiner, oval. Sie sitzen dem Stengel an.
SV: Trockenrasen. Kalkliebend. Sehr selten.
A: Ähnlich: Nacktstengelige Kugelblume *(G. nudicaulis)*: Blütenköpfchen 1,5–2,5 cm im Durchmesser. Nur Alpenvorland und Alpen. Selten.

SK: Blüten in einem Köpfchen, das von Hüllblättern umgeben wird. Randblüten größer als die inneren Blüten. Im Blütenköpfchen schwarzbraune Borsten (Kelche). Blüten lila bis violett. Grundständige Blätter und unterstes Stengelblattpaar meist ungeteilt, am Rand und auf den Nerven dicht kurzhaarig, sonst sehr locker behaart. Stengelblätter fiederteilig.
SV: Trockenrasen, Wegraine. Zerstreut.
A: Ähnlich: Glänzende Skabiose *(S. lucida)*: Blüten rot- oder blauviolett. Grundblätter und unterstes Paar der Stengelblätter nur am Rand und auf den Nerven kurzhaarig, sonst kahl und etwas glänzend. Nur Alpen. Zerstreut.

348

Acker-Witwenblume
Knautia arvensis
Kardengewächse
Dipsacaceae

Juni – Sept.   30–70 cm   V; ♃

Wald-Witwenblume
Knautia dipsacifolia
Kardengewächse
Dipsacaceae

Juni – Sept.   30–100 cm   V; ♃

SK: Blüten in einem Köpfchen, das von Hüllblättern umgeben wird. Randblüten größer als die inneren Blüten. Blüten lila, violett oder rosaviolett. Stengel unter dem Blütenköpfchen deutlich abstehend behaart. Blätter gegenständig, graugrün. Wenigstens die obersten Stengelblätter fiederteilig.
SV: Wiesen, Halbtrockenrasen, Wegraine, Unkrautbestände auf brachen Äckern. Sehr häufig.
A: Die Art ist sehr vielgestaltig. Wer noch wenig Pflanzen kennt, könnte sie mit anderen Arten der Gattung oder mit Arten der Gattung *Scabiosa* verwechseln. Indes ist sie von allen ähnlichen Pflanzen in Mitteleuropa am häufigsten.

SK: Blüten in einem Köpfchen, das von Hüllblättern umgeben wird. Hüllblätter fast so lang wie oder etwas länger als die Blüten. Randblüten größer als die inneren Blüten. Blüten lila oder hell blauviolett. Stengel fast ganz behaart, vor allem im unteren Teil. Alle Blätter ungeteilt, gegenständig, meist deutlich behaart.
SV: Nicht zu trockene Bergwälder und alpine Weiden. Zerstreut.
A: In den Alpen gibt es ähnliche Arten, die sich nur schwer unterscheiden lassen. Anfänger können auch andere Arten der Gattung *Knautia* oder *Scabiosa* auf den ersten Blick verwechseln.

Breitblättriger Rohrkolben
Typha latifolia
Rohrkolbengewächse
Typhaceae

Juni – Aug.   90–250 cm   M; ♃

SK: Der männliche Kolben sitzt dem etwa gleich langen weiblichen Kolben fast unmittelbar auf. Unterer Kolben zuletzt samtig schwarzbraun. Blätter grasartig, 1–2 cm breit. Die Pflanzen bilden Kriechsprosse. Daher wachsen sie meist in ziemlich geschlossenen „Rasen".
SV: Röhricht stehender oder langsam fließender Gewässer, Gräben. Zerstreut.
A: Ähnlich: Schmalblättriger Rohrkolben *(T. angustifolia)*: Männlicher und weiblicher Kolben durch einen 3–8 cm langen Abstand voneinander getrennt. Blätter nur 0,5–1 cm breit. Röhricht. Zerstreut, aber oft bestandsbildend.

350

Aufrechter Igelkolben
Sparganium erectum
Igelkolbengewächse
Sparganiaceae

Juni – Sept.   30–60 cm   M; ♃

SK: Blätter grasartig, steiflich, Stengel ästig. Staubblattblüten und Stempelblüten in getrennten, kugeligen Kolben an allen Zweigenden, die oberen männlich, die unteren weiblich; zur Fruchtreife von igelig-stacheligem Aussehen. (Name!).
SV: Häufig im Röhricht stehender oder langsam fließender Gewässer, in Gräben und Sümpfen. Nährstoffliebend. Nur bis in mittlere Gebirgslagen.
A: Ähnliche: Seltenere Arten, die jedoch unverzweigte Stengel besitzen: Einfacher Igelkolben *(Sp. emersum)*, Schmalblättriger Igelkolben *(Sp. angustifolium)* mit flutenden Blättern, Kleiner Igelkolben *(Sp. minimum)* mit (2–5) Kölbchen.

Schwimmendes Laichkraut
Potamogeton natans
Laichkrautgewächse
Potamogetonaceae

Juni - Aug.   50–150 cm   M; ♃

Kleine Wasserlinse
Lemna minor
Wasserlinsengewächse
Lemnaceae

April - Mai   M; ♃

SK: Blüten in einer bis 8 cm langen Ähre, die auf einem bis 10 cm langen Stiel meist mehrere cm über den Wasserspiegel gehoben wird. Blüten unscheinbar. Blätter eiförmig, auf dem Wasser schwimmend, doppelt so lang wie breit, langgestielt.
SV: Schwimmpflanzengürtel stehender Gewässer mit nicht zu nährstoffreichem Grund. Zerstreut und an seinen Standorten stets in Beständen.
A: Ähnlich: Knöterich-Laichkraut *(P. oblongus)*: Untergetauchte Blätter ganzjährig vorhanden, lanzettlich, durchsichtig. Schwimmblätter kaum länger als breit. Moorige Tümpel mit saurem Wasser. Selten.

SK: Pflanze besteht aus blattartigen Gliedern, die auf der Wasseroberfläche schwimmen. Die Blattglieder der Kleinen Wasserlinse sind bewurzelt und hängen zu 2–6 zusammen. Sie werden 1,5–2mal so lang wie breit, 2–6 mm lang. Sie sind flach (unten nicht gewölbt.).
SV: Stehende und langsam fließende Gewässer. Häufig.
A: Ähnlich: Dreifurchige Wasserlinse *(L. trisulca)*: Blattartige Glieder lanzettlich, spitz, kreuzweise gestellt, zu vielen zusammenhängend, 4–10 mm lang. Stehende Gewässer. Zerstreut. Bucklige Wasserlinse *(L. gibba)*: Blattglieder 2–5 mm lang, unten bauchig gewölbt. Stehende Gewässer. Selten.

Gefleckter Aronstab
Arum maculatum
Aronstabgewächse
Araceae

April – Juni   15–50 cm   M; ♃; +

SK: Ein helles Hüllblatt umgibt den Blütenkolben, an dem oben die männlichen, unten die weiblichen Blüten sitzen. Nach oben setzt er sich fort in eine gestielte Keule, die Aasgeruch verströmt. Die ganze Einrichtung dient als Fliegenkesselfalle der Bestäubung. Die grundständigen Laubblätter sind pfeilförmig und gelegentlich etwas gefleckt.
SV: Zerstreut von den Niederungen bis ins Bergland auf lockeren, nährstoffreichen Böden in Laub- und Laubmischwäldern sowie in Gebüschen. Bevorzugt lehmhaltige und mullreiche Standorte. Wärmeliebend.
A: Keine Verwechslungsmöglichkeit. Die Farbe der Keule variiert von Weiß bis Violett.

Echter Kalmus
Acorus calamus
Aronstabgewächse
Araceae

Juni – Juli   90–160 cm   M; ♃

SK: Die unscheinbaren Blüten stehen in einem „seitenständigen" Kolben, der 4–10 cm lang wird. Was den Stengel verlängert, ist jedoch ein Hochblatt. Es wird doppelt bis 10mal so lang wie der Kolben. Der Stengel ist dreikantig, die Blätter lineal, schilfartig, ganzrandig.
SV: Röhricht stehender oder fließender Gewässer. Selten.
A: Alte Heilpflanze. Seit dem 16. Jahrhundert angebaut und seither aus der Kultur ausgebrochen und verwildert. Gelegentlich trifft man die Pflanze noch in Bauerngärten an. In Mitteleuropa reifen die Samen des Kalmus nicht aus.

Gemeiner Hopfen
Humulus lupulus
Hanfgewächse
Cannabaceae

Juli – Aug.   1-7 m   G; ♃

Braune Haselwurz
Asarum europaeum
Osterluzeigewächse
Aristolochiaceae

April – Mai   5-10 cm   G; ♃; (+)

SK: Schlingpflanze. Männliche und weibliche Blüten auf verschiedenen Individuen, Pflanze also zweihäusig. Weibliche Blüten in gelbgrünen, zapfenartigen Kätzchen, die 2–5 cm lang werden. Blätter gegenständig, in 3–7 Lappen handförmig eingeschnitten (abgesehen von den obersten Blättern der weiblichen Pflanzen, die nicht geteilt sind).
SV: Auwälder, feuchte Gebüsche. Wärmeliebend. Zerstreut.
A: Der Hopfen wird vielfach angebaut. Wahrscheinlich wird er seit dem 8. Jahrhundert als Bierwürze benutzt. Er enthält Hopfenbittersäuren, die wesentliche Bestandteile der Bierwürze sind.

SK: Blüte einzeln in den Blattachseln, dem Boden aufliegend oder nur wenig über ihn emporgehoben, gelegentlich auch unter Laub verborgen, 2–1,5 cm lang, außen braungrün innen rotbraun. Blätter gestielt, nierenförmig, glänzend, wintergrün, grundständig.
SV: Braucht kalkhaltigen, humosen Boden, vorwiegend in Laubwäldern, seltener in Mischwäldern oder Nadelwäldern. Zerstreut, kommt an ihren Standorten meist in lockeren, aber individuenreichen Beständen vor.
A: Wenn man die Haselwurz kaut (nicht schlucken!), schmeckt sie scharf. Sie enthält ein stark reizendes ätherisches Öl, das zumindest schwach giftig ist.

353

Große Brennessel
Urtica dioica
Nesselgewächse
Urticaceae

Juni – Okt. 60–150 cm G; ⚁; (+)

SK: Männliche und weibliche Blüten auf verschiedenen Individuen. Blütenrispen lang, hängend. Pflanze mit Brennhaaren. Blätter gekreuzt gegenständig, länger als ihr Stiel, meist über 5 cm lang und 2–3mal länger als breit.
SV: Schuttplätze, Wegränder, Wälder. Stickstoff- und Nässezeiger. Sehr häufig.
A: Ähnlich: Kleine Brennessel *(U. urens)*: Männliche und weibliche Blütenstände in denselben Blütenständen, meist mehr weibliche als männliche Blüten. Blätter meist unter 5 cm lang und höchstens 1,5mal so lang wie breit. Schuttplätze, Komposthaufen. Selten.

Blut-Ampfer
Rumex sanguineus
Knöterichgewächse
Polygonaceae

Juni – Sept. 30–70 cm G; ⚁

SK: Blüten unscheinbar, in Quirlen in der oberen Hälfte des Stengels. Blütenstand blattlos, höchstens bei den untersten Blütenquirlen je ein lanzettliches Hochblatt. Blütenblätter mit rundlich-eiförmiger, deutlich erhabener Schwiele. Ganzer Blütenstand oft rot überlaufen, meist jedoch die Blütenblätter rot überlaufen.
SV: Waldwege, lichte Waldstellen, Ufer. Braucht zumindest zeitweise feuchten Boden. Zerstreut.
A: Ähnlich: Knäuel-Ampfer *(R. conglomeratus)*: Blütenstand an den Quirlen bis fast zur Spitze mit lanzettlichen Hochblättern. Ufer und lichte Waldstellen. Zerstreut.

Krauser Ampfer
Rumex crispus
Knöterichgewächse
Polygonaceae

Juli – Aug.   30–100 cm   G; ♃

SK: Die Blüten stehen in der oberen Hälfte in einer dichten Scheintraube aus Blütenquirlen. Die Einzelblüten sind unscheinbar. Die Blätter sind zungenförmig und am Rand deutlich wellig kraus. Die untersten Blätter können bis 30 cm lang werden.
SV: Unkrautbestände auf Schuttplätzen und an Wegen. Stickstoffliebend. Häufig.
A: Ähnlich: Teich-Ampfer *(R. hydrolapathum)*: Blätter am Rand nicht kraus, breit lanzettlich. Auch Stengelblätter nicht zungenförmig. Unterste Blätter 30–80 cm lang. Röhricht stehender oder langsam fließender Gewässer, auch auf zeitweise überschwemmtem Ödland. Zerstreut.

Stumpfblättriger Ampfer
Rumex obtusifolius
Knöterichgewächse
Polygonaceae

Juni – Aug.   50–120 cm   G; ♃

SK: Scheintrauben aus dichten Blütenquirlen. Seitenäste des Blütenstandes aufrecht, nicht verzweigt, zur Fruchtzeit braunrot. Grundständige Blätter groß, mit herzförmigem Grund, mit leicht welltem Rand. Blütenstand in der unteren Hälfte mit Hochblättern.
SV: Unkrautbestände an Wegrändern und auf Schutt, gelegentlich auf Kahlschlägen in Wäldern. Häufig.
A: Ähnlich: Meer-Ampfer *(R. maritimus)*: Grundständige Blätter meist unter 20 cm lang, nie mit herzförmigem Grund, sondern allmählich in den Stiel verschmälert. Blütenstand bis zur Spitze mit Hochblättern durchsetzt, zur Fruchtzeit gelb, nie rotbraun. Röhricht, selten.

Alpen-Ampfer
Rumex alpinus
Knöterichgewächse
Polygonaceae

Juli – Aug.   50–200 cm   G; ♃; (+)

  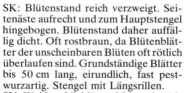

SK: Blütenstand reich verzweigt. Seitenäste aufrecht und zum Hauptstengel hingebogen. Blütenstand daher auffällig dicht. Oft rostbraun, da Blütenblätter der unscheinbaren Blüten oft rötlich überlaufen sind. Grundständige Blätter bis 50 cm lang, eirundlich, fast pestwurzartig. Stengel mit Längsrillen.
SV: Weiden, Viehläger, Matten im Alpen- und Voralpengebiet, vereinzelt im Schwarzwald und Bayerischen Wald. Zerstreut, an seinen Standorten meist in auffallenden Beständen.
A: Der Alpen-Ampfer enthält sehr viel Oxalsäure. Daher wird er von den meisten Weidetieren gemieden.

Gemeiner Queller
Salicornia europaea
Gänsefußgewächse
Chenopodiaceae

Aug. – Nov.   5–45 cm   G; ☉ -⊙

SK: Blüten unscheinbar, hinter kleinen Schuppen an den keulig verdickten Zweigenden versteckt. Stengel knotig, gegliedert, fleischig, glasig, vor allem am Grund reich verzweigt mit bogig aufstrebenden Ästen. Farbe des gelegentlich liegenden, oft aufsteigenden oder aufrecht wachsenden Stengels grün, grüngelb oder schmutzig rot überlaufen.
SV: Watt mit Schlick. An flachen, schlickreichen Küsten oft angepflanzt, da er die Verlandung fördert. Im Binnenland nur vereinzelt, an den Küsten häufig und meist in Beständen.
A: Der Gemeine Queller gehört zu den einheimischen Pflanzen, die Kochsalz ausgesprochen ertragen, ja brauchen.

Weißer Gänsefuß
Chenopodium album
Gänsefußgewächse
Chenopodiaceae

Juli – Sept.   20–150 cm   G; ☉

Guter Heinrich
Chenopodium bonus-henricus
Gänsefußgewächse
Chenopodiaceae

Mai – Aug.   10–60 cm   G; ♃

SK: Blüten unscheinbar, in ährenähnlichen, knäueligen Teilblütenständen, die in einem reich verzweigten Gesamtblütenstand stehen. Untere Knäuelährchen in den Blattachseln, oder zu einer zusammengesetzten Ähre zusammengezogen. Blütenknäuel mehlig bestäubt. Stengel kantig. Blätter lanzettlich-rhombisch, mehlig bestäubt.
SV: Bevorzugt stickstoffreiche Böden. Ödland, Schutt, Gärten, Wegränder. Sehr häufig.
A: Der Weiße Gänsefuß ist sehr vielgestaltig. Man kann die Art in mehrere Rassen aufteilen, die gestaltlich nicht leicht gegeneinander abzugrenzen sind.

SK: Blüten unscheinbar, in grünlichgelben Knäueln zu einer schmalkegeligen, endständigen Rispe vereint. Alle Blätter spießförmig, ganzrandig, zumindest jung unterseits mehlig bestäubt. Pflanze stumpf grün. Blätter am Rande oft wellig. Auch am Stengel, im Blütenstandsbereich, weniger auf der Blattoberseite, locker mehlig bestäubt.
SV: Braucht ammoniakhaltige Böden. Kommt daher besonders in siedlungsnahen Unkrautgesellschaften an Mauern, Dunglegen, Viehlägern und auf Ödland vor. Zerstreut.
A: Galt früher als Wildgemüse, das wie Spinat zubereitet wurde. Andererseits ist es wohl nie als Gemüsepflanze angebaut worden.

Spieß-Melde
Atriplex hastata
Gänsefußgewächse
Chenopodiaceae

Juli – Okt.   30–100 cm   G; ☉

SK: Blüten unscheinbar, in grünlichen Knäueln, die in Scheinähren in den Blattachseln oder an den Zweigenden stehen. Weibliche Blüten besonders zur Fruchtzeit mit 2 spießförmigen Vorblättern. Männliche Blüten auf demselben Individuum (einhäusig). Blätter gegen- oder wechselständig, ganzrandig oder gezähnt, kahl oder mehlig. Untere Blätter dreieckig bis spießförmig.
SV: Unkrautbestände auf Äckern, an Wegen, auf Schutt, an der Küste.
A: Ähnlich: Strand-Melde *(A. litoralis)*: Alle Blätter länglich lanzettlich, auch die unteren nie spießförmig. Küste, auf Schlick. Zerstreut.

358

Spreizende Melde
Atriplex patula
Gänsefußgewächse
Chenopodiaceae

Juli – Okt.   30–100 cm   G; ☉

SK: Blüten unscheinbar, in grünlichen, oft rötlich überlaufenen Scheinähren, die in den Blattachseln oder an den Zweigenden stehen. Weibliche Blüten besonders zur Fruchtzeit mit zwei dreieckigen Vorblättern, die 3–6 mm lang werden. Männliche Blüten auf demselben Individuum (einhäusig), meist nicht zahlreich. Alle Blätter wechselständig, im Umriß rhombisch, am Grunde oft spießförmig.
SV: Unkrautbestände auf Ödland, an Wegen, an Äckern. Häufig.
A: Ähnlich: Langblättrige Melde *(A. oblongifolia)*: Vorblätter 5–10 mm lang. Unkrautbestände auf Ödland in Gebieten mit warmem Klima, z. B. Ober- und Mittelrheintal. Sehr selten.

Zurückgekrümmter Fuchsschwanz
Amaranthus retroflexus
Fuchsschwanzgewächse
Amaranthaceae

Juli – Sept. 10–80 cm G; ☉

Weißer Fuchsschwanz
Amaranthus albus
Fuchsschwanzgewächse
Amaranthaceae

Aug. – Okt. 20–50 cm G; ☉

SK: Zahlreiche unscheinbare Blüten stehen in knäueligen Ähren in den Achseln der oberen Blätter und am Ende des Stengels. Vorblätter der Blüten in eine stechende Spitze verschmälert. Blütenblätter mit vorstehender Mittelrippe (Lupe!). Stengel aufrecht, flaumig behaart. Blätter rhombisch, bis 12 cm lang, mehr als doppelt so lang wie breit.
SV: Unkrautbestände. Selten.
A: Bastard-Fuchsschwanz *(A. hybridus)*: Stengel kahl, Vorblätter der Blüten doppelt so lang wie die Blütenblätter, die zugespitzt sind und aus denen die Mittelrippe nicht austritt (Lupe!). Schuttplätze. Selten.

SK: Wenige unscheinbare Blüten stehen in knäuelig aufgebauten einfachen Ähren in den Achseln der oberen Blätter. Keine Ähre am Ende des Stengels. Ähren hellgrün. Vorblätter der Blüten doppelt so lang wie die Blütenblätter, allmählich in eine Stachelspitze verschmälert. Stengel niederliegend bis aufrecht, hellgrün, kahl. Blätter eiförmig, nur etwa 2 cm lang, mit knorpeligem, welligem Rand.
SV: Unkrautbestände auf Müllplätzen, Bahngeleisen, an Wegen. Selten.
A: Sehr selten und meist unbeständig kommen noch andere Fuchsschwanz-Arten (Wilder Fuchsschwanz, *A. lividus;* Melden-Fuchsschwanz, *A. blitoides*) in Mitteleuropa vor.

359

Acker-Sinau
Aphanes arvensis
Rosengewächse
Rosaceae

Mai - Okt.   5–10 cm   G; ☉

SK: 10–20 Blüten stehen in Knäueln, die von Nebenblättern umschlossen werden, den Blättern gegenüber. Nebenblätter mit dem Blattstiel zu einem Trichter verwachsen. Blüten etwa 1,5–2 mm lang. Sie bestehen nur aus dem spreizenden Kelch. Blätter mit 3–5 Lappen. Pflanze liegt meist am Boden oder steigt etwas auf.
SV: Unkrautbestände, vor allem auf Getreideäckern. Kalkscheu. Selten.
A: Ähnlich: Kleinfrüchtiger Sinau (*A. microcarpa*): Blüten nicht mal 1 mm lang. Kelchblätter nie spreizend. Getreideäcker in Gebieten mit warmem Klima. Sehr selten.

Gemeiner Frauenmantel
Alchemilla vulgaris
Rosengewächse
Rosaceae

Mai - Juni   20–70 cm   G; ♃

SK: Blüten stehen in einer endständigen Rispe, die oben kahl ist. Die Blüten sind klein und bestehen nur aus den Kelchblättern. Die im Umriß rundlich nierenförmigen Blätter sind 7- bis 11lappig und gezähnt. An den Zähnen befinden sich Wasserspalten, aus denen in feuchten Nächten tropfenförmig Wasser ausgeschieden wird.
SV: Wiesen, Waldwege. Häufig.
A: Die Art wird meist in rund 2 Dutzend Kleinarten aufgeteilt. Die Ursache hierfür liegt in der Fortpflanzungsweise des Frauenmantels. Bei ihm werden die Eizellen nicht befruchtet, ja fruchtbarer Pollen meist nicht gebildet. Statt dessen wachsen aus dem Embryosack vegetativ Embryonen.

Kleiner Wiesenknopf
Sanguisorba minor
Rosengewächse
Rosaceae

Mai – Juni   20-70 cm   G; ♃

SK: Die Blüten stehen in einem kugelförmigen Köpfchen, das 1–1,5 cm im Durchmesser erreichen kann. Die Köpfchen sind grün, allenfalls sind die Kelchblätter (Blütenblätter fehlen) am Rand rötlich oder bräunlich angelaufen. Die Blätter sind gefiedert und besitzen 5–17 rundliche, gezähnte Teilblättchen. Sie werden 10–20 cm lang.
SV: Trockenrasen, Wegraine. Wärme- und kalkliebend. Zerstreut.
A: Der Kleine Wiesenknopf stellt keine großen Ansprüche an die Bodenqualität. Deshalb besiedelte er auch ärmere Böden, auf denen Schafe weiden, und ist dort als Futterpflanze gerne gesehen.

Großer Wiesenknopf
Sanguisorba officinalis
Rosengewächse
Rosaceae

Juni – Aug.   50-150 cm   G; ♃

SK: Blütenköpfchen tief purpurrot oder braunrot. Stengel aufrecht und im Blütenstandsbereich locker verzweigt. Blätter groß, unpaarig, gefiedert. Teilblättchen gestielt, eiförmig und am Rande gekerbt.
SV: Feuchte Wiesen, Flachmoore. Besiedelt sehr feuchte, oft torfige, doch auch lehmige Böden. Bildet dort nicht selten große Bestände. Sehr häufig.
A: Die unscheinbaren Blüten sind in der Regel zwittrig, d.h. sie haben sowohl Staubgefäße als auch Fruchtknoten. Gelegentlich findet man jedoch auch eingeschlechtige Blüten. Die sehr leichten Samen des Großen Wiesenknopfs werden vom Wind verweht.

361

Garten-Wolfsmilch
Euphorbia peplus
Wolfsmilchgewächse
Euphorbiaceae

Juni - Nov.   5-35 cm   G; ☉ ; +

SK: Blütenstand doldenähnlich mit meist 3 Hauptästen, die wiederum verzweigt sind. Drüsen im Hüllbecher halbmondförmig (Lupe!). Stengel aufrecht. Blätter am Stengel wechselständig, meist rasch abfallend; wenn vorhanden, mit meist deutlichem Stiel dem Stengel ansitzend. Pflanze mit weißem Milchsaft.
SV: Unkrautbestände in Gärten, auf Hackfruchtäckern, Weinbergen, Bahndämmen, an Wegen. Häufig.
A: Auf den ersten Blick kann mit der Art die Sonnenwend-Wolfsmilch verwechselt werden. Sie hat jedoch meist 5 Hauptäste in dem doldenähnlichen Blütenstand.

Süße Wolfsmilch
Euphorbia dulcis
Wolfsmilchgewächse
Euphorbiaceae

Mai - Juni   10-50 cm   G; ♃; +

SK: Blütenstand doldenähnlich mit 3 bis 5 Hauptästen, die nicht mehr oder nur noch einmal gabelig verzweigt sind. Drüsen im Hüllbecher oval, in jungen Blüten gelb, dann grün, dann rotgelb bis purpurrot. Stengel aufrecht. Blätter 2,5–6 cm lang und 1–2 cm breit, verkehrt eiförmig.
SV: Wälder. Liebt mullreichen, etwas kalkhaltigen Boden. Zerstreut.
A: Innerhalb der Art werden 2 Unterarten unterschieden: Ssp. *purpurata* hat Früchte, die kahl werden (Lupe!). Ihre Warzen sind meist rötlich. Ssp. *dulcis* hat behaarte Früchte (Lupe!). Die Hüllblättchen des Bechers sind bei dieser Unterart meist länger als 1,5 cm und können 2,5 cm lang werden.

Wald-Bingelkraut
Mercurialis perennis
Wolfsmilchgewächse
Euphorbiaceae

April - Mai   15-30 cm   G; ♃; +

SK: Männliche und weibliche Blüten befinden sich auf verschiedenen Individuen: Pflanze zweihäusig. Blüten in ährigen, blattachselständigen Knäueln. Stengel aufrecht, nur in der oberen Hälfte beblättert, unverzweigt. Blätter gestielt, eiförmig-lanzettlich, dunkelgrün, 3mal so lang wie breit. Pflanze riecht beim Zerreiben leicht widerlich.
SV: Wälder. Braucht mullhaltigen Boden. Sehr häufig und an ihren Standorten oft in ausgedehnten Beständen.
A: Ähnlich: Eiblättriges Bingelkraut *(M. ovata):* Blätter sitzend oder praktisch sitzend, breit eiförmig, ungefähr 1,5mal so lang wie breit. Wälder. Nur östliches Bayern und Österreich. Sehr selten.

Schutt-Bingelkraut
Mercurialis annua
Wolfsmilchgewächse
Euphorbiaceae

Juni - Okt.   25-50 cm   G; ☉ ; +

SK: Männliche und weibliche Blüten befinden sich auf verschiedenen Individuen: Pflanze zweihäusig. Bis zu 10 Blüten in ährigen Knäueln in den Blattachseln. Stengel aufrecht, von unten bis oben locker beblättert. Blätter gegenständig. Stengel mit Seitenzweigen, vierkantig. Blätter gestielt, eilanzettlich, kerbig gesägt. Pflanze riecht beim Zerreiben widerlich.
SV: Unkrautbestände. Zerstreut.
A: R. J. Camerarius entdeckte 1694 an einer Bingelkrautart (vermutlich *M. perennis*) die Geschlechtlichkeit der Pflanzen. Er sah, daß weibliche Pflanzen, die getrennt von männlichen kultiviert wurden, zwar Früchte ansetzten, die aber taub waren.

363

Sumpf-Wasserstern
Callitriche palustris
Wassersterngewächse
Callitrichaceae

Juni – Okt.   2–20 cm   G; ♃

SK: Pflanze ist eine schwimmende Blattrosette. Die Blätter können bis 2 cm lang werden und sind etwa schmal zungenförmig. Die Schwimmblattrosette befindet sich an einem untergetauchten, sehr dünnen und fädigen Stengel. Pflanze einhäusig. Blüten sehr unscheinbar.
SV: Langsam fließende oder stehende Gewässer, Landformen gelegentlich auf trockengefallenem Schlamm. Zerstreut.
A: Innerhalb der Art werden zahlreiche Sippen (meist als Kleinarten) unterschieden. Sie sind durch Merkmale des Fruchtbaues gekennzeichnet, z.T. auch durch Feinheiten im Blattzuschnitt.

Gemeiner Tannenwedel
Hippuris vulgaris
Tannenwedelgewächse
Hippuridaceae

Mai – Juli   10–200 cm   G; ♃

SK: Blüten klein und unscheinbar. Sie stehen in den Achseln der oberen Blätter und bestehen nur aus einem Staubblatt und dem Fruchtknoten. Stengel dick, bis zu 1 cm Durchmesser. 4–20 Blätter stehen in einem Quirl. Quirle stehen ziemlich dicht. Blätter nadelartig bzw. zungenförmig. Untergetauchte Blätter schlaff.
SV: Stehende und langsam fließende Gewässer. Selten. Kommt an seinen Standorten meist in Beständen vor.
A: Beim Tannenwedel erfolgt die Vermehrung hauptsächlich durch Ausläufer (daher die meist dichten Bestände) und durch abgerissene Stengelglieder, die sich bewurzeln.

Breit-Wegerich
Plantago major
Wegerichgewächse
Plantaginaceae

Juni – Okt.   15–30 cm   V; ⚄

Spitz-Wegerich
Plantago lanceolata
Wegerichgewächse
Plantaginaceae

Mai – Okt.   5–60 cm   V; ⚄

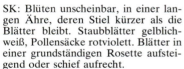

SK: Blüten unscheinbar, in einer langen Ähre, deren Stiel kürzer als die Blätter bleibt. Staubblätter gelblichweiß, Pollensäcke rotviolett. Blätter in einer grundständigen Rosette aufsteigend oder schief aufrecht.
SV: Unkrautbestände an Wegen, Wegrainen, auf Schuttplätzen, Wiesen und Weiden. Stickstoffliebend, trittunempfindlich. Sehr häufig.
A: Innerhalb der Art werden mehrere Unterarten unterschieden, die durch den Blattzuschnitt, die Größe und durch Merkmale der Frucht gegeneinander abgegrenzt werden. Da der Breit-Wegerich Standorte mit extremen Wuchsbedingungen besiedelt, kommen oft Standortsformen vor.

SK: Blüten unscheinbar, in einer kugeligen oder kurz walzlichen Ähre. Staubfäden weißlich, später braun. Die kaum 2 mm langen Blütenblätter sind braun. Stengel aufrecht, gefurcht. Blätter in einer Rosette, mindestens z.T. aufrecht, 3- bis 10mal so lang wie breit, 3- bis 7nervig, beiderseits zerstreut behaart, selten ganz kahl.
SV: Wiesen, Weiden, Wegränder, Schuttplätze. Sehr häufig.
A: Ähnlich: Berg-Wegerich *(P. atrata)*: Blütenähren kugelig oder kurz walzlich, höchstens bis 1,5 cm lang. Blätter in einer Rosette. Stengel ohne jede Rillen. Alpine Weiden und Schneetälchen. Zerstreut.

Ampfer-Knöterich
Polygonum lapathifolium
Knöterichgewächse
Polygonaceae

Juli – Okt. 20–80 cm G; ☉

Einjähriger Knäuel
Scleranthus annuus
Nelkengewächse
Caryophyllaceae

Mai – Okt. 8–20 cm G; ☉

SK: Ähren ziemlich dicht und walzlich. Stengel aufrecht oder aufsteigend, oft reichästig, mit verdickten Knoten. Blätter länglich-lanzettlich, meist im unteren Drittel am breitesten, oft mit dunklem Fleck. Blüten weißlich, rötlich oder grünlich. Blattscheidenrand kahl oder nur kurz wimperig.
SV: Gräben, Ufer, feuchte Wege, Unkrautgesellschaften auf vernäßten Äckern, Ödland. Häufig.
A: Der Ampfer-Knöterich ist sehr formenreich. Man unterscheidet mehrere Unterarten in Mitteleuropa, die sicher zu erkennen oft schwierig ist.

SK: Blüten unscheinbar, in Knäueln in den Blattachseln oder an den Zweigenden. Keine Blütenblätter, nur 5 Kelchblätter, die um 2 mm lang werden. 2–5 Staubblätter, die kaum 1 mm lang werden. Kelchblätter eiförmig, spitz, mit ganz schmalem, trockenhäutigem, weißem Rand. Stengel aufrecht. Blätter gegenständig oder gebüschelt, lineal-pfriemlich.
SV: Unkrautbestände auf Äckern und in Gärten. Bevorzugt Sandboden, der wenigstens schwach sauer ist. Zerstreut.
A: Die Art wird in mehrere Kleinarten gegliedert. Die Unterschiede zwischen ihnen betreffen Merkmale der Frucht und der Kelchblätter.

Stinkende Nieswurz
Helleborus foetidus
Hahnenfußgewächse
Ranunculaceae

März – April   30–50 cm   G; ♃; +

SK: In dem rispig-überhängenden Blütenstand stehen mehrere Blüten, die dadurch nicken. Sie sind glockig. Die Blütenblätter, die sich überdecken, haben vorn oft einen roten Rand. Stengel von unten an beblättert. Blätter handförmig gelappt, im Blütenstand oft nur noch die scheidig erweiterten Blattstiele. Eigentliche Grundblätter fehlen. Die unteren Stengelblätter überwintern. Sie sind 7- bis 9teilig.
SV: Braucht kalkhaltigen, lockeren Boden. Trockenwälder, seltener Halbtrockenrasen. Zerstreut.
A: Die Art erreicht etwa an der Linie Basel – Thüringen – Solling die Ostgrenze ihrer Verbreitung.

Grüne Nieswurz
Helleborus viridis
Hahnenfußgewächse
Ranunculaceae

März – Mai   30–50 cm   G; ♃; +

SK: Nur 2 Grundblätter, die nicht wintergrün sind. Blüten einzeln oder zu wenigen, etwas vornübergebogen, aber nicht hängend. Blütenblätter (nur Kelchblätter vorhanden) breitoval, ausgebreitet, sich am Rand überdeckend. Blätter 7- bis 11teilig, äußere Abschnitte nochmals unterteilt. Abschnitte doppelt gezähnt.
SV: Braucht humosen Kalkboden. Laubwälder. Sehr selten.
A: Die Grüne Nieswurz ist wahrscheinlich nur im äußersten Osten von Mitteleuropa und vielleicht in Südwestdeutschland ursprünglich. Im Mittelalter wurde sie vielfach angepflanzt. Seitdem ist sie an Stellen, die ihr zusagen, verwildert.

367

Bach-Nelkenwurz
Geum rivale
Rosengewächse
Rosaceae

April – Juni   20–50 cm   G; ♃

SK: Mehrere Blüten stehen in einem wenigblütigen, lockeren Blütenstand. Sie nicken. Auffällig sind an ihnen die rotbraunen Kelchblätter. Die Blütenblätter sind rosenrot oder gelblich. Blätter wechselständig, unregelmäßig fiederteilig, obere dreiteilig.
SV: Nasse Wiesen, Flachmoore, Gräben, lichte, nasse Wälder. Häufig.
A: Die Individuen innerhalb der Art differieren nach ihrer Größe recht stark. Jedoch hat man Rassen mit kennzeichnenden Merkmalen noch nicht erkennen können. Ziemlich oft findet man in größeren Beständen „Anomalien": Die Blüten sind gefüllt, die Hochblätter sind in die Blüten einbezogen, die Blüte nickt nicht.

368

Engelwurz
Angelica archangelica
Doldengewächse
Apiaceae (Umbelliferae)

Juni – Juli   50–250 cm   G; ☉; (+)

SK: Blüten in Dolden. Dolden zusammengesetzt. Hauptdolde mit 20–30 „Strahlen"(-Ästen). Stengel im Doldenbereich mehlig. Stengel rund, hohl, oben ästig, am Grund bis armdick. Blattscheiden bauchig aufgetrieben.
SV: Unkrautbestände an Ufern, Röhricht. Selten. Wohl nur verwildert.
A: Ähnlich: Riesen-Bärenklau *(Heracleum mantegazzianum):* Randblüten in den Dolden deutlich vergrößert. Blätter grob dreiteilig, oft über 1 m lang. Ganze Pflanze bis über 3 m hoch. Zierpflanze, kultiviert und in Bachauen verwildert. Beide Arten enthalten Furocumarine, die gegen Licht überempfindlich machen und bei Bestrahlung Hautausschläge hervorrufen können.

Schwarze Tollkirsche
Atropa belladonna
Nachtschattengewächse
Solanaceae

Juni - Juli   5-150 cm   V; ♃; +

SK: Die Blüten stehen einzeln in den Achseln der oberen Blätter. Sie sind grünlich-rot überlaufen und an den Zipfeln kräftig braunrot, braunviolett oder purpurviolett. Stengel aufrecht. Blätter eiförmig, in den Stiel herablaufend. Meist stehen ein großes und ein kleines beieinander.
SV: Lichte Stellen in Wäldern. Braucht nährstoffreichen, eher etwas feuchten Boden. Häufig.
A: Die Schwarze Tollkirsche ist sehr giftig. Sie enthält vor allem das stark giftige Hyoscyamin und in geringeren Mengen das ebenfalls sehr giftige Atropin.

Gemeines Moschuskraut
Adoxa moschatellina
Moschuskrautgewächse
Adoxaceae

März - April   5-10 cm   V; ♃

SK: Die Blüten sitzen in einem dichten, endständigen Köpfchen. Sie sind meist gelbgrün und erreichen einen Durchmesser von etwa 5 mm. Die Gipfelblüte im Köpfchen hat 4 Blütenblätter, alle anderen haben 5 Blütenblattzipfel. Stengel aufrecht. Grundblätter langgestielt, doppelt dreiteilig.
SV: Braucht nährstoffreichen Boden. Feuchte Wälder. Zerstreut. Tritt an seinen Standorten in individuenreichen, aber unauffälligen Beständen auf.
A: „*Adoxa*" frei übersetzt heißt „nicht der Rede wert". Mit dieser Wendung wollte der Benenner der Art, C. v. Linné, zum Ausdruck bringen, daß er sich um die wechselnde Zahl der Blütenblattzipfel nicht kümmere.

369

Sumpf-Blasenbinse
Scheuchzeria palustris
Blasenbinsengewächse
Scheuchzeriaceae

Mai - Juli 10-30 cm M; ⚄

SK: 3–8 Blüten stehen in einer lockeren Traube. Die Blütenstiele werden bis 1 cm lang und stehen schief aufrecht. Die Blüten selbst erreichen nur Durchmesser um 5 mm. Sie sind gelbgrün. Die 6 Staubblätter sind mindestens so lang wie die Blütenblätter. Blätter binsenartig, am Grund scheidig erweitert. Die letztjährigen Laubblätter bilden am Ende des waagrechten Wurzelstocks einen Kranz aus abgestorbenen Blattscheiden.
SV: Hochmoore. Sehr selten.
A: Die Sumpf-Blasenbinse ist über die ganze gemäßigt-kalte Nordhalbkugel verbreitet. Samen von ihr hat man in Ablagerungen gefunden, die aus Zwischeneiszeiten stammen.

Gefleckte Schachblume
Fritillaria meleagris
Liliengewächse
Liliaceae

April - Mai 10-40 cm M; ⚄; +

SK: Stengel aufrecht, mit 3 bis 6 sehr schmalen Laubblättern, diese rinnig, schwach blaugrün. Blüten einzeln oder zu 2 bis 3, nickend, glockig, bis zu 4 cm lang und 2 cm breit, schachbrettartig weiß-purpurbraun gemustert.
SV: Sehr selten in nährstoffreichen, zur Schneeschmelze oft überschwemmten Wiesenauen der Niederungen, bis ins Bergland. Kaum über 800 m Meereshöhe, oft nur angepflanzt. Auf nährstoffreichen, nassen Lehmböden.
A: Oft in Gärten gezogen und daraus verwildert. An den natürlichen Standorten überwiegen zuweilen die Exemplare mit dem größeren Weißanteil. In den Alpen nimmt nach Süden der Anteil der dunkleren Exemplare zu.

Vierblättrige Einbeere
Paris quadrifolia
Liliengewächse
Liliaceae

Mai - Juni   15-30 cm   M; ♃; +

SK: Nur 1 endständige Blüte. Diese kann bis 5 cm Durchmesser erreichen. Blütenstiel über dem Laubblattquirl stets blattlos. Laubblattquirl aus 4 Blättern. Frucht eine etwa kirschgroße, blauschwarze Beere.
SV: Braucht nährstoffreichen, etwas feuchten Boden und Schatten. Wälder. Häufig.
A: Wenn man einen größeren Bestand von Einbeeren durchmustert, findet man immer einzelne, bei denen die Zahl der Blätter im Quirl vermehrt ist (häufig 5, seltener 6 Blätter) oder bei denen die Zahl der Blütenblätter abgeändert ist. Inwieweit hier Erblichkeit oder Umweltbeeinflussung vorliegt, bedarf der Klärung.

Allermannsharnisch
Allium victorialis
Liliengewächse
Liliaceae

Juli - Aug.   30-60 cm   M; ♃

SK: Blütenstand kugelig. Blütenblätter etwa 5 mm lang, stumpflich. Blütenstand vor dem Aufblühen oft nickend, von einer weißhäutigen Hülle umschlossen. Stengel rundlich, in der unteren Hälfte mit 2–3 Blättern. Blätter elliptisch-lanzettlich, 2–5 cm breit, kurz gestielt.
SV: Alpen. Braucht feuchte, nährstoffhaltige, lockere Böden. Besiedelt Krummholzgebüsche und Schutthalden. Selten.
A: Der Wurzelstock ist oft alraunartig geformt. Mit ihm verbinden sich seit alters mystische Vorstellungen. So soll der Besitzer der Alraune unverwundbar werden (Name).

371

Breitblättrige Sitter
Epipactis helleborine
Orchideengewächse
Orchidaceae

Juni - Aug.   20-70 cm   M; ♃

SK: Blüten stehen in einer lockeren Traube. Lippe ohne Sporn, vorn quer eingeschnürt und dadurch deutlich zweiteilig. Blütenblätter neigen deutlich glockig zusammen. Hellgrün oder schwach bräunlich angehaucht. Blätter eiförmig, 1,5- bis 3mal länger als breit, stets 2- bis 3mal länger als der Stengelteil, der zwischen 2 Blättern liegt.
SV: Braucht lockeren Lehmboden. Wälder. Zerstreut.
A: Ähnlich: Purpur-Sitter *(E. purpurata)*: Blüte ausgebreitet, kaum glockig zusammenneigend. Lippe ohne Sporn. Blütenstand 15–25 cm lang, sehr reichblütig und dicht. Ganze Pflanze violett überlaufen. Kalkarme Lehmböden. Wälder. Selten.

372

Großes Zweiblatt
Listera ovata
Orchideengewächse
Orchidaceae

Mai - Juni   20-65 cm   M; ♃

SK: 20–40 Blüten stehen in einer langen, lockeren Traube. Blüten grünlich. Lippe lang herabhängend, zweilappig, ohne Sporn, bis zu 1 cm lang, die übrigen Blütenblätter wesentlich kürzer und helmförmig zusammenneigend. Stengel nur mit 2 gegenständigen, derben, breiteiförmigen Blättern, die bis 10 cm lang werden.
SV: Wälder, Halbtrockenrasen. Zerstreut.
A: Ähnlich: Kleines Zweiblatt *(L. cordata)*: Blüte (außer Lippe) grünlich, Lippe rotviolett. Blütenstand mit nur 5–10 Blüten. Lippe 4–8 mm lang, mit meist spitzen Zipfeln. Nur 2 gegenständige, herzförmige Blätter. Nadelwälder. Sehr selten.

Bräunliche Nestwurz
Neottia nidus-avis
Orchideengewächse
Orchidaceae

Mai - Juni   10-60 cm   M; ♃

SK: Ganze Pflanze gelbbraun. Derber Stengel mit schmal-eiförmigen Blättern. Ähre dicht, vielblütig, langwalzlich. Blüten ohne Sporn. Unterlippe zweilappig, obere Blütenblätter halbkugelig zusammengeneigt.
SV: In Laub- und Mischwäldern, seltener in reinen Nadelforsten. Liebt lehmige, kalk- und nährstoffreiche Böden und wertet mit Hilfe von Pilzen die organischen Stoffe im Mull aus. Häufig, aber gern übersehen.
A: Der unterirdische Wurzelstock trägt viele, eng miteinander verflochtene Wurzeln. Deren nestartiges Aussehen war der Grund für den Namen, der in manchen Gegenden auch in „Vogelnest-Orchidee" abgeändert wurde.

Grüne Hohlzunge
Coeloglossum viride
Orchideengewächse
Orchidaceae

Mai - Juni   10-30 cm   M; ♃

SK: Blütenstand 3–10 cm lang und ziemlich dicht. Obere Blütenblätter helmförmig zusammenneigend, Helm etwa 5 mm im Durchmesser. Lippe herabhängend, etwa 8 mm lang, ungeteilt, zungenförmig, nur vorn mit 3 Zähnen. Sporn kurz. Stengel kantig, mit 2–5 wechselständigen Blättern.
SV: Zumindest oberflächlich versauerte, feuchte Magerrasen, Mittelgebirge, alpine Matten. Sehr selten.
A: Ähnlich: Einknollige Honigorchis *(Herminium monorchis)*: Nur 5–10 cm hoch, 10–30 kleine Blüten, die deutlich nach Honig duften. Lippe kaum 5 mm lang, dreispaltig. Stengel mit meist 2 schmaleiförmigen Blättern. Flachmoore. Selten.

373

Hummel-Ragwurz
Ophrys holosericea
Orchideengewächse
Orchidaceae

Juni – Juli   15–30 cm   M; ♃

Spinnen-Ragwurz
Ophrys sphegodes
Orchideengewächse
Orchidaceae

Mai – Juni   15–30 cm   M; ♃

SK: In einer armblütigen, fast einseitswendigen Ähre sitzen die Blüten sehr locker. Äußere Blütenblätter ausgebreitet, weiß oder rötlich. Lippe ohne Sporn, samtig behaart, schwach gewölbt und etwa so breit wie lang. Lippe purpur-braunrot bis tief braun, gelblich gezeichnet, an der Spitze mit einem aufwärts gebogenen Anhängsel. Blätter länglich-eiförmig, wechselständig.
SV: Halbtrockenrasen, magere, ungenutzte Wiesen, Lichtungen in Trockenwäldern. Braucht warmes Klima. Sehr selten.
A: Wo die Hummel-Ragwurz vermischt mit anderen Arten der Gattung vorkommt, gibt es nicht allzu selten Bastarde.

SK: In einer lockeren und fast einseitswendigen Ähre sitzen nur 2–3, selten bis 8 Blüten. Äußere Blütenblätter ausgebreitet, grünlich oder grüngelb. Lippe ohne Sporn, samtig behaart, stark gewölbt, etwa so breit wie lang. Lippe dunkelbraun mit blauer Zeichnung, die an ein H oder ein Hufeisen erinnert, ohne Anhängsel. Blätter länglich-eiförmig, wechselständig.
SV: Halbtrockenrasen, magere, ungenutzte Wiesen, Lichtungen in Trockenwäldern. Braucht warmes Klima. Sehr selten.
A: Wo die Spinnen-Ragwurz vermischt mit anderen Arten der Gattung vorkommt, gibt es nicht allzu selten Bastarde.

Fliegen-Ragwurz
Ophrys insectifera
Orchideengewächse
Orchidaceae

Mai – Juli 10–40 cm M; ♃

SK: 2–15 Blüten stehen in einer lockeren, fast einseitswendigen Ähre. Äußere Blütenblätter ausgebreitet, grünlich bis gelbgrün. Lippe ohne Sporn, samtig behaart, länger als breit, dreilappig.
SV: Halbtrockenrasen und lichte Stellen in Trockenwäldern. Selten.
A: Die Blüte erscheint offenbar nicht nur dem Menschen insektenähnlich, sondern auch den Männchen bestimmter Hautflügler. Sie versuchen nämlich die Unterlippe zu begatten. Dabei übertragen sie Pollen von Blüte zu Blüte und besorgen so die Befruchtung. Zwischen den Ragwurz-Arten unterscheiden sie aber nicht streng. Daher kommt es häufig zu Bastarden.

Bienen-Ragwurz
Ophrys apifera
Orchideengewächse
Orchidaceae

Juni – Juli 15–30 cm M; ♃

SK: 1–10 Blüten stehen in einer lockeren, fast einseitswendigen Ähre. Äußere Blütenblätter ausgebreitet, weiß oder rötlich. Lippe ohne Sporn, samtig behaart, länger als breit, gewölbt, vorn mit zurückgeschlagenem Anhängsel, braunrot, gelblich gezeichnet. Laubblätter schmal eiförmig, wechselständig.
SV: Halbtrockenrasen, lichte Stellen in Trockenwäldern. Sehr selten.
A: Zwischen den Ragwurz-Arten kommt es häufig zu Bastardierungen. Das hängt mit der Bestäubung der Blüten zusammen. Sie wird von den Männchen bestimmter Hautflügler besorgt. Offenbar verwechseln diese die Blütenlippen mit ihren Weibchen.

Ohnhorn
Aceras anthropophorum
Orchideengewächse
Orchidaceae

Mai – Juni   20-30 cm   M; ♃

SK: Blütenstand eine schmale, meist 5–15 cm lange Ähre. Blüten ohne Sporn. Äußere Blütenblätter neigen helmförmig zusammen (Helm etwa 5 mm Durchmesser). Sie sind grün, haben eine rote oder violette Ader und einen gleichfarbenen Rand. Lippe etwa 1 cm lang, in schmale Zipfel zerteilt.
SV: Halbtrockenrasen, lichte Gebüsche und Wälder. Wärmeliebend. Ausschließlich in Südwestdeutschland.
A: Mit viel Phantasie vermag man in der stark zerteilten Lippe die Gliedmaßen eines hängenden Menschen zu erblicken. Der wissenschaftliche Artname (*anthropophorum* = menschentragend) verweist hierauf.

Bocks-Riemenzunge
Himantoglossum hircinum
Orchideengewächse
Orchidaceae

April – Juni   20-80 cm   M; ♃

SK: Blütenstand eine sehr lockere Ähre, die 15–25 cm lang wird! Äußere Blütenblätter hellgrün, helmförmig zusammenneigend, an den Rändern oft miteinander verklebt, deutlich rot geadert und rot gerändert. Lippe dreiteilig: Seitenlappen 5–7 mm (!) lang, meist bräunlich. Mittellappen 5–7 cm (!) lang, vorn zweispaltig, gedreht.
SV: Halbtrockenrasen und lichte Gebüsche. Wärmeliebend. Erreicht in Thüringen und am Main die Nordgrenze ihrer Verbreitung. Sehr selten.
A: Auf dem Balkan kommt eine Sippe vor, die meist als Art (Balkan-Riemenzunge, *H. calcaratum*) angesehen wird. Sie wird größer, die Lippe ist schmaler und viel tiefer gespalten.

Geflügelte Braunwurz
Scrophularia umbrosa
Braunwurzgewächse
Scrophulariaceae

Juni – Aug.   20–120 cm   V; ♃; (+)

SK: Zahlreiche kleine Blüten stehen in einer verhältnismäßig dichten, pyramidenförmigen oder eiförmigen Rispe. Blüten um 7 mm lang. Stengel aufrecht oder aufsteigend, breit geflügelt (Flügel messen gut 1/3 der Stengelbreite). Blätter am Grund gestutzt, ohne kleine Fiederblättchen am Stiel.
SV: Röhricht, Gräben. Zerstreut.
A: Ähnlich: Wasser-Braunwurz *(S. auriculata):* Blüten knapp 1 cm lang. Stengel aufrecht, mit nur geflügelten Kanten (Flügel kaum 1/6-1/5 der Stengelbreite, nur deutliche Hautleiste). Blätter mit Lappen, die wie Fiederblättchen aussehen. Röhricht, wärmeliebend. Erreicht im Rheintal ihre Ostgrenze. Selten.

Knotige Braunwurz
Scrophularia nodosa
Braunwurzgewächse
Scrophulariaceae

Juni – Sept.   60–140 cm   V; ♃; (+)

SK: Blüten in endständiger Rispe, um 8 mm lang, trüb braunrot. Stengel vierkantig, aber nicht geflügelt. Die kreuzgegenständigen Blätter sind ungeteilt.
SV: Wälder auf nährstoffreichem Boden. Zerstreut.
A: Sehr selten kommen bei der Knotigen Braunwurz Mutanten in der Blütenfarbe vor. Die Blüten sind dann gelblich, seltener weiß. Gegen die gelbgrün blühende Frühlings-Braunwurz können solche Formen gut abgegrenzt werden. Die Frühlings-Braunwurz *(S. vernalis)* hat doldige Teilblütenstände in den Blattachseln und keine ausgeprägte endständige Rispe. Nur vereinzelt in Mitteleuropa (z. B. Marburg); sonst warme Alpentäler.

Europäisches Pfaffenhütchen
Euonymus europaea
Spindelbaumgewächse
Celastraceae

Mai   1–3 m   G; ♄; +

SK: Blüten mit meist 4 Blütenblättern, unscheinbar, grünlich (ohne rote Punkte), in gestielten kleinen Dolden achselständig. Äste grün, vierkantig, ohne Warzen. Blätter 3,5–5 cm lang. Kapsel karminrot, vierlappig. Samen mit orangefarbenem Fleischmantel.
SV: Waldränder, Ufergestrüpp. Zerstreut.
A: Ähnlich: Breitblättriger Spindelbaum *(E. latifolia)*: Blüten mit meist 5 Blütenblättern. Äste ohne Warzen. Blätter 7–12 cm lang. Bergwälder, Alpen, Alpenvorland. Selten. – Warziger Spindelbaum *(E. verrucosa)*: Blätter mit meist 4 Blütenblättern, die grünlich und rot punktiert sind. Äste mit Warzen. Südöstliche Alpen. Selten.

Purgier-Kreuzdorn
Rhamnus cathartica
Kreuzdorngewächse
Rhamnaceae

Mai – Juni   3–6 m   G; ♄; (+)

SK: Blüten klein und unscheinbar mit 4 Blütenblättern, in kleinen, doldenähnlichen und blattachselständigen Blütenständen. Zweige oft mit gabeligen Dornen. Blätter eilanzettlich, 4–6 cm lang. Nebenblätter meist rasch abfallend. Blattstiel stets länger als die Nebenblätter.
SV: Steinige, kalkreiche, sommerwarme Böden. Waldränder, trockene Gebüsche. Selten.
A: Ähnlich: Felsen-Kreuzdorn *(R. saxatilis)*: Blätter nur 1–3 cm lang. Blattstiel kürzer oder allenfalls so lang wie die Nebenblätter (Nebenblätter fallen oft rasch ab). Trockengebüsche, felsige Hänge in den Mittelgebirgen und den Alpen. Sehr selten.

Faulbaum
Frangula alnus
Kreuzdorngewächse
Rhamnaceae

Mai – Juni   1-4 m   G; ♄

SK: 2–10 Blüten stehen in doldenartigen Teilblütenständen in den Blattachseln. Sie erreichen um 4 mm im Durchmesser und sind grünlichweiß. Zweige stets ohne Dornen oder Dornspitzen. Blätter eiförmig ganzrandig, 4–7 cm lang und etwa halb so breit, auf der Unterseite mit 7–12 stark hervortretenden Seitennerven. Beerenähnliche Steinfrucht (nur 1 Same), die erst rot, später schwarz ist.
SV: Waldränder, Schläge. Zerstreut.
A: Ähnlich Felsen-Faulbaum *(F. rupestris)*: Niederer Strauch, der meist nur 1 m, selten 2 m hoch wird. Zweige wirken knorrig. Blätter unregelmäßig gezähnt. Nur 4–8 Seitennerven. Südketten der Alpen, östliche Alpen. Selten.

Heidelbeere
Vaccinium myrtillus
Heidekrautgewächse
Ericaceae

Mai – Juni   15-40 cm   V; ♄

SK: Die Blüten stehen einzeln in den Blattachseln. Sie sind kugelig-glockig, grünlich und meist rot überlaufen. Blätter sommergrün, länglich-eiförmig, spitz. Blätter schwach gekerbt, beiderseits grün. Stengel kantig.
SV: Braucht nährstoffarmen, fast kalkfreien Boden. Häufig.
A: Ähnlich: Rauschbeere *(V. uliginosum)*: Blüten zylindrisch-glockig, meist zu mehreren endständig. Blätter stumpf, unterseits blaugrün. Stengel rund. Moore und moorige Wälder. Zerstreut. Beeren sind (möglicherweise nur durch Befall mit einem Pilz) mindestens in größerer Menge giftig (Name!).

379

Alpen-Johannisbeere
Ribes alpinum
Steinbrechgewächse
Saxifragaceae

April - Juni   1–2,5 m   G; ♄

Stachelbeere
Ribes uva-crispa
Steinbrechgewächse
Saxifragaceae

April - Mai   50–120 cm   G; ♄

SK: Blüten in aufrechten Trauben. Trauben meist mit 20–30 Blüten. Blüten gelegentlich eingeschlechtlich, unscheinbar, grünlichgelb. Zweige stachellos. Blätter 2–4 cm lang, 3- bis 5lappig. Lappen gekerbt. Beeren rot, fad und schleimig schmeckend.
SV: Braucht steinige, kalkhaltige Lehmböden. Besiedelt trockene und mäßig feuchte Bergwälder, sowohl in den Mittelgebirgen (mit Kalkuntergrund) als auch in den Alpen. Selten.
A: Da die Alpen-Johannisbeere ziemlich unempfindlich gegen Luftverunreinigung ist, pflanzt man sie neuerdings häufig als Heckenpflanze. Neben der Wildform verwendet man auch Mutanten.

SK: Blüten zu 1–3 in den Blattachseln. Sie sind glockig, grüngelb, häufig rot überlaufen, mit rückwärts abstehenden Kelchblättern. Zweige mit einfachen, seltener mit dreifachen Stacheln. Blätter im Umriß rundlich, 2–6 cm breit, oft gebüschelt, 3- bis 5lappig. Frucht mehr oder minder steifhaarig, bei den Wildformen grün, bei Kultursorten auch rot oder gelb.
SV: Waldränder, Schluchtwälder, Steinschutthalden. Zerstreut.
A: Von der Stachelbeere sind zahlreiche Kultursorten bekannt. Diese sind z.T. aus Kreuzungen mit amerikanischen Arten entstanden. Wuchsform und andere Eigentümlichkeiten variieren dadurch beträchtlich.

Berg-Ahorn
Acer pseudoplatanus
Ahorngewächse
Aceraceae

April   10–30 m   G; ♄

SK: Blüten hängen in einer dichtblütigen, 5-15 cm langen Traube. Die Blüten können männlich, weiblich oder zwittrig in ein und demselben Blütenstand sein. Der Durchmesser der Blüten ist meist deutlich kleiner als 1 cm. Blätter mit 5 Lappen, die kerbig gezähnt, jedoch nie mit langer Spitze versehen sind. Buchten zwischen den Blattlappen spitz.
SV: Braucht feuchten, nährstoffreichen Boden. Schluchtwälder, Auwälder. Zerstreut.
A: Der Berg-Ahorn wird neuerdings in kleineren Ziergehölzen (Parkanlagen, Grünanlagen) in Städten gepflanzt. Er wächst verhältnismäßig rasch, bekommt aber keine massige Krone.

Efeu
Hedera helix
Efeugewächse
Araliaceae

Aug. – Okt.   50 cm – 20 m   G; ♄; +

SK: Blüten unscheinbar, grünlichgelb, in kugeligen Dolden, die oft traubig gehäuft am Ende der Stengel stehen. Blätter immergrün. Strauch kriecht oder klettert. Blühende Pflanzen haben neben gelappten Blättern ganzrandige, birnbaumähnliche Blätter. Früchte blauschwarze Beeren.
SV: Liebt Halbschatten und luftfeuchtes Klima. Laubwälder, Schluchtwälder. Zerstreut, örtlich in auffallenden Beständen.
A: Beim Efeu unterscheiden sich die nichtblühenden und die blühenden Zweige beträchtlich.

Hinweise auf Bücher

EHRENDORFER, F.: Liste der Gefäßpflanzen Mitteleuropas. 2. erw. Aufl., Stuttgart 1973
HEGI, G.: Illustrierte Flora von Mitteleuropa. Hamburg, Berlin 1906 ff.
MÜLLER, T. und D. KAST: Die geschützten Pflanzen Deutschlands. Stuttgart 1969
OBERDORFER, E.: Pflanzensoziologische Exkursionsflora. Stuttgart 1979
ROTHMALER, W.: Exkursionsflora. II. Gefäßpflanzen. Berlin 1972
SCHMEIL, O. und J. FITSCHEN: Flora von Deutschland und seinen angrenzenden Gebieten. Heidelberg 1976
TUTIN, HEYWOOD u. a.: Flora Europaea. Cambridge 1964 ff. In englischer Sprache.

Das Kosmos-Pflanzenbestimmungswerk

AICHELE, D.: Was blüht denn da?
AICHELE, D. und H.-W. SCHWEGLER: Blumen der Alpen und der nordischen Länder
AICHELE, D. und H.-W. SCHWEGLER: Bunte Welt der Alpenblumen
AICHELE, D. und H.-W. SCHWEGLER: Der Kosmos-Pflanzenführer
AICHELE, D. und H.-W. SCHWEGLER: Unsere Gräser
AICHELE, D. und H.-W. SCHWEGLER: Unsere Moos- und Farnpflanzen
AICHELE, D. und H.-W. SCHWEGLER: Welcher Baum ist das?
ENDERLE, M. und H. LAUX: Pilze auf Holz
HAAS, H. und G. GOSSNER: Pilze Mitteleuropas
HAAS, H. und H. SCHREMPP: Pilze, die nicht jeder kennt
HAAS, H. und H. SCHREMPP: Pilze in Wald und Flur
PHILLIPS, R.: Das Kosmos-Buch der Bäume
PHILLIPS, R.: Das Kosmos-Buch der Wildpflanzen
SCHÖNFELDER, P. und I.: Der Kosmos-Heilpflanzenführer

Register

Acer campestre 200
Acer platanoides 200
Acer pseudoplatanus 381
Aceras anthropophorum 261, 376
Achillea millefolium 92, 244
Achillea ptarmica 92
Achtblättrige Silberwurz 86
Acinos arvensis 345
Acker-Brombeere 112
Acker-Ehrenpreis 298
Acker-Gänsedistel 173
Acker-Gauchheil 306
Acker-Glockenblume 318
Acker-Goldstern 157
Acker-Hahnenfuß 134
Acker-Hellerkraut 42
Acker-Hornkraut 52
Acker-Hundskamille 90
Ackerklee, Gelber 185
Ackerkohl, Weißer 38
Acker-Kratzdistel 328
Acker-Minze 296
Ackernüßchen 123
Acker-Ochsenzunge 314
Acker-Rettich 38, 120
Acker-Ringelblume 169
Ackerröte, Gemeine 302
Acker-Schmalwand 39
Acker-Schotendotter 121
Acker-Senf 120
Acker-Sinau 360
Acker-Spark 53
Acker-Steinsame 74
Acker-Vergißmeinnicht 312
Acker-Wachtelweizen 279
Acker-Winde 233
Acker-Witwenblume 349
Aconitum lycoctonum 180
Aconitum napellus 331
Aconitum vulparia 180
Acorus calamus 352
Actaea spicata 35
Adenostyles alliariae 242
Adenostyles glabra 242
Adonis aestivalis 240
Adonis autumnalis 240
Adonis flammea 240
Adonis vernalis 158
Adonisröschen, Flammen- 240
Adonisröschen, Frühlings- 158
Adonisröschen, Sommer- 240
Adoxa moschatellina 369
Aegopodium podagraria 67
Ähren-Christophskraut 35
Ährige Minze 296
Ährige Teufelskralle 77
Ästige Graslilie 79
Affen-Knabenkraut 257
Agrimonia eupatoria 142
Agrimonia procera 142
Ahorn, Berg- 381
Ahorn, Feld- 200
Ahorn, Spitz- 200
Ajuga genevensis 341
Ajuga pyramidalis 341
Ajuga reptans 341
Akazie, Falsche 117
Akelei, Alpen- 304
Akelei, Kleinblütige 304

Akelei, Schwarze 304
Akelei, Wald- 304
Akeleiblättrige Wiesenraute 292
Alant, Dürrwurz- 161
Alant, Stinkender 161
Alant, Weiden- 161
Alchemilla vulgaris 360
Alectorolophus hirsutus 195
Alectorolophus minor 195
Alisma gramineum 32, 206
Alisma lanceolatum 32, 206
Alisma plantago-aquatica 32, 206
Allermannsharnisch 371
Alliaria officinalis 36
Alliaria petiolata 36
Allium sphaerocephalum 239
Allium ursinum 80
Allium victorialis 371
Allium vineale 239
Almrausch, Behaarter 290
Almrausch, Rostroter 290
Almveilchen, Gelbes 190
Aloëblättrige Krebsschere 33
Alpen-Akelei 304
Alpen-Ampfer 356
Alpen-Aurikel 148
Alpen-Bärentraube 114
Alpendost, Grauer 242
Alpendost, Kahler 242
Alpen-Fettkraut 103
Alpen-Flockenblume 249
Alpen-Glockenblume 316
Alpenhelm, Gemeiner 345
Alpen-Johannisbeere 380
Alpen-Kratzdistel 170
Alpen-Küchenschelle 86
Alpen-Kugelorchis 254
Alpenlattich, Filziger 243
Alpenlattich, Roter 243
Alpen-Leinkraut 346
Alpen-Milchlattich 329
Alpen-Mohn, Weißer 36
Alpen-Pestwurz 243
Alpen-Süßklee 270
Alpen-Troddelblume 326
Alpenveilchen, Wald- 232
Alpen-Vergißmeinnicht 313
Alpen-Wachsblume 152
Alpen-Zeitlose 238
Alpen-Ziest 276
Alpen-Zwergbuchs 205
Alyssum alyssoides 122
Alyssum calycinum 122
Alyssum montanum 122
Alyssum saxatile 122
Amaranthus albus 359
Amaranthus blitoides 359
Amaranthus hybridus 359
Amaranthus lividus 359
Amaranthus retroflexus 359
Amelanchier ovalis 107
Amelanchier rotundifolia 107
Amelanchier vulgaris 107
Ampfer, Alpen- 356
Ampfer, Blut- 354
Ampfer, Kleiner 207
Ampfer, Knäuel- 354
Ampfer-Knöterich 49, 214, 366
Ampfer, Krauser 355

Ampfer, Meer- 355
Ampfer, Sauer- 207
Ampfer, Stumpfblättriger 355
Ampfer, Teich- 355
Anacamptis pyramidalis 253
Anagallis arvensis 231
Anagallis arvensis f. azurea 306
Anagallis foemina 306
Anchusa arvensis 314
Andromeda polifolia 288
Androsace chamaejasme 72
Androsace helvetica 72
Androsace lactea 72
Anemone × lipsiensis 133
Anemone narcissiflora 56
Anemone nemorosa 85
Anemone hepatica 325
Anemone ranunculoides 133
Anemone sylvestris 57
Angelica archangelica 368
Angelica sylvestris 69, 229
Antennaria carpatica 244
Antennaria dioica 244
Anthemis arvensis 90
Anthericum liliago 79
Anthericum ossifragum 156
Anthericum ramosum 79
Anthriscus sylvestris 68
Anthyllis vulneraria 184
Apfel, Garten- 106, 286
Apfel, Wilder 106, 286
Aphanes arvensis 360
Aphanes microcarpa 360
Aquilegia alpina 304
Aquilegia atrata 304
Aquilegia einseleana 304
Aquilegia vulgaris 304
Arabidopsis thaliana 39
Arabis glabra 38, 121
Arctium lappa 250
Arctium minus 250
Arctium nemorosum 250
Arctium tomentosum 249
Arctostaphylos alpina 114
Arctostaphylos uva-ursi 114
Aristolochia clematitis 180
Armblütige Teufelskralle 321
Armeria maritima 232
Arnica montana 165
Arnika 165
Aronstab, Gefleckter 34, 352
Artemisia vulgaris 164
Arum maculatum 34, 352
Aruncus dioicus 64
Aruncus silvester 64
Aruncus sylvestris 64
Aruncus vulgaris 64
Arznei-Primel 149
Asarum europaeum 353
Asperula odorata 45
Aster amellus 326
Aster, Berg- 326
Aster, Strand- 326
Aster tripolium 326
Astlose Graslilie 79
Astragalus glycyphyllos 182
Atriplex hastata 358
Atriplex litoralis 358
Atriplex oblongifolia 358
Atriplex patula 358
Atropa belladonna 236, 369

383

Attich 76
Aufgeblasenes Leimkraut 55
Aufrechte Osterluzei 180
Aufrechter Igelkolben 118, 350
Aufrechtes Fingerkraut 126
Augentrost, Steifer 103
Augentrost, Wiesen- 103
Aurikel, Alpen- 148
Aurikel, Behaarte 148
Aurikel, Garten- 148
Ausdauerndes Sandglöckchen 321
Ausdauerndes Silberblatt 293

Bachbungen-Ehrenpreis 297
Bach-Nelkenwurz 222, 368
Bärenklau, Riesen- 368
Bärenklau, Wiesen- 68
Bären-Lauch 80
Bärenschote, Süße 182
Bärentraube, Alpen- 114
Bärentraube, Echte 114
Bärtige Glockenblume 316
Baldrian, Berg- 76, 236
Baldrian, Echter 237
Baldrian, Kleiner 237
Baldrian, Knolliger 237
Baldrian, Stein- 76, 236
Baldrian, Wiesen- 237
Balfours Springkraut 271
Balkan-Riemenzunge 261, 376
Ballota nigra 274
Barbarakraut, Echtes 120
Barbarakraut, Mittleres 120
Barbarakraut, Steifes 120
Barbarea intermedia 120
Barbarea stricta 120
Barbarea vulgaris 120
Bart-Nelke 216
Bartsia alpina 345
Bastard-Fuchsschwanz 359
Bastard-Luzerne 183
Bastard-Taubnessel 275
Batunge, Behaarte 276
Batunge, Heil- 276
Batunge, Steife 276
Bauernsenf, Sand- 39
Bayerisches Vermeinkraut 48
Behaarte Aurikel 148
Behaarte Batunge 276
Behaarte Platterbse 267
Behaarter Almrausch 290
Behaarter Ginster 203
Behaartes Hartheu 144
Behaartes Knopfkraut 89
Behaartes Veilchen 339
Beifuß, Gemeiner 164
Beinbrech, Europäischer 156
Beinwell, Gemeiner 153, 234, 310
Bellis perennis 91
Benediktenkraut 139
Berberis vulgaris 202
Berberitze 202
Berg-Ahorn 381
Berg-Aster 326
Berg-Baldrian 76, 236
Berg-Distel 245
Bergflachs 278
Berg-Flockenblume 327
Berghähnlein 56
Berg-Hartheu 144
Berg-Holunder 201
Berg-Klee 99
Berg-Kuckucksstendel 94
Berg-Lungenkraut 311

384

Berg-Nelkenwurz 139
Berg-Platterbse 269, 333
Berg-Sandglöckchen 321
Berg-Spitzkiel 332
Berg-Steinkraut 122
Berg-Ulme 285
Bergveilchen, Gelbes 190
Berg-Wegerich 365
Berg-Weidenröschen 213
Berg-Wohlverleih 165
Berg-Ziest 101
Berufkraut, Kanadisches 88
Beschreikraut 101
Besenginster, Gemeiner 204
Betonica hirsuta 276
Betonica officinalis 276
Betonica stricta 276
Betonienblättrige Teufelskralle 320
Bibernelle, Große 69
Bibernelle, Kleine 69
Bidens frondosa 163
Bidens melanocarpa 163
Bidens radiata 163
Bidens tripartitus 163
Bienen-Ragwurz 375
Bienensaug, Weißer 100
Bilsenkraut, Schwarzes 153
Bingelkraut, Eiblättriges 363
Bingelkraut, Schutt- 363
Bingelkraut, Wald- 363
Birnbaum, Wilder 106
Birne, Holz- 106
Birne, Wild- 106
Biscutella laevigata 124
Bitteres Kreuzblümchen 336
Bitteres Schaumkraut 41
Bitterklee 73
Bitterkraut, Habichtskraut- 171
Bittersüßer Nachtschatten 315
Blasenbinse, Sumpf- 370
Blasser Fingerhut 196
Blasses Knabenkraut 178
Blaßgelber Lerchensporn 181
Blattloser Widerbart 96
Blauer Eisenhut 331
Blauer Gauchheil 306
Blauer Lattich 329
Blauer Natternkopf 340
Blaustern, Nickender 323
Blaustern, Schöner 323
Blaustern, Zweiblättriger 323
Bleiches Waldvögelein 95
Blut-Ampfer 354
Blutauge, Sumpf- 223
Blutroter Storchschnabel 226
Blutrute 105
Blutströpfchen, Herbst- 240
Blut-Weiderich 241
Blutwurz 126
Bocksbart 64
Bocksbart, Wiesen- 172
Bocks-Riemenzunge 261, 376
Bologneser Glockenblume 318
Borsten-Glockenblume 319
Bräunliche Nestwurz 179, 373
Brand-Knabenkraut 96, 255
Brassica nigra 121
Braune Haselwurz 353
Braunelle, Großblütige 343
Braunelle, Kleine 343
Braunelle, Weiße 343

Brauner Storchschnabel 227
Braunwurz, Frühlings- 377
Braunwurz, Geflügelte 377
Braunwurz, Knotige 377
Braunwurz, Wasser- 377
Breitblättrige Glockenblume 318
Breitblättrige Kuckucksblume 259
Breitblättrige Sitter 94, 372
Breitblättrige Wolfsmilch 128
Breitblättriger Rohrkolben 350
Breitblättriger Spindelbaum 378
Breitblättriges Kreuzlabkraut 131
Breitschuppige Distel 245
Breit-Wegerich 365
Brennender Hahnenfuß 137
Brennessel, Große 354
Brennessel, Kleine 354
Brennesselblättrige Glockenblume 318
Brillenschötchen, Glattes 124
Brittingers Knöterich 214
Brombeere, Acker- 112
Brombeere, Echte 112
Brombeere, Stein- 61
Brunnenkresse, Echte 41
Brustlattich 165
Brustwurz, Wald- 69, 229
Bryonia alba 77
Bryonia dioica 77
Buchsbaum, Immergrüner 198
Buchsblättriges Kreuzblümchen 205
Bucklige Wasserlinse 351
Büschel-Glockenblume 319
Büschel-Nelke 216
Büschelschön 310
Buglossoides arvensis 74
Buglossoides purpurocaerulea 313
Bunte Flockenblume 327
Bunte Kronwicke 263
Bunter Hohlzahn 191
Buntes Läusekraut 194
Buphthalmum salicifolium 162
Bupleurum falcatum 147
Busch-Nelke 217, 218
Busch-Rose 287
Busch-Windröschen 85
Butomus umbellatus 238
Butterblume 172
Buxus sempervirens 198

Cakile maritima 37, 209
Calamintha acinos 345
Calendula arvensis 169
Calendula officinalis 169
Calla palustris 34
Callitriche palustris 364
Calluna vulgaris 291
Caltha palustris 132
Calystegia sepium 74
Calystegia soldanella 74
Campanula alpina 316
Campanula barbata 316
Campanula bononiensis 318
Campanula cervicaria 319
Campanula glomerata 319
Campanula latifolia 318
Campanula patula 317
Campanula persicifolia 318
Campanula ramosissima 319
Campanula rapunculoides 318
Campanula rotundifolia 317

Campanula scheuchzeri 317
Campanula thyrsoidea 155
Campanula trachelium 318
Capsella bursa-pastoris 42
Cardamine amara 41
Cardamine enneaphyllos 119
Cardamine flexuosa 40
Cardamine hirsuta 40
Cardamine impatiens 40, 208
Cardamine pratensis 40, 208, 294
Cardamine sylvatica 40
Cardaria draba 39
Carduus defloratus 245
Carduus platylepis 245
Carduus nutans 245
Carlina acaulis 91
Carlina vulgaris 169
Carum carvi 67
Centaurea alpestris 249
Centaurea cyanus 327
Centaurea jacea 248
Centaurea montana 327
Centaurea nigra 248
Centaurea scabiosa 249
Centaurea triumfetti 327
Centaurium erythraea 233
Centaurium pulchellum 233
Cephalanthera alba 95
Cephalanthera damasonium 95
Cephalanthera ensifolia 95
Cephalanthera grandiflora 95
Cephalanthera latifolia 95
Cephalanthera longifolia 95
Cephalanthera pallens 95
Cephalanthera rubra 252
Cerastium arvense 52
Cerastium brachypetalum 52
Cerastium caespitosum 52
Cerastium fontanum 52
Cerastium glomeratum 52
Cerastium holosteoides 52
Cerastium semidecandrum 52
Cerastium tomentosum 52
Cerastium triviale 52
Cerastium vulgatum 52
Cerasus avium 110
Cerinthe glabra 152
Chaenarrhinum minus 347
Chaerophyllum aureum 68
Chamaebuxus alpestris 205
Chamaespartium sagittalis 181
Cheiranthus cheiri 121
Chelidonium majus 119
Chenopodium album 357
Chenopodium bonus-henricus 357
Christophskraut, Ähren- 35
Christrose 56
Chrysanthemum corymbosum 93
Chrysanthemum leucanthemum 93
Chrysanthemum tanacetum 164
Chrysanthemum vulgare 164
Chrysosplenium alternifolium 125
Chrysosplenium oppositifolium 125
Circaea alpina 44
Circaea intermedia 44
Circaea lutetiana 44
Cicerbita alpina 329
Cicerbita muralis 174
Cicerbita plumieri 329

Cichorium intybus 328
Cirsium acaule 247
Cirsium arvense 328
Cirsium oleraceum 170
Cirsium palustre 246
Cirsium spinosissimum 170
Cirsium vulgare 246
Clematis vitalba 104
Clusius Primel 230
Coeloglossum viride 373
Colchicum alpinum 238
Colchicum autumnale 238
Colchicum bulbocodium 238
Comarum palustre 223
Conringia orientalis 38
Consolida ajacis 330
Consolida regalis 330
Convallaria majalis 82
Convolvulus arvensis 233
Conyza canadensis 88
Corallorhiza innata 97
Corallorhiza trifida 97
Cornus mas 199
Cornus sanguinea 105
Coronilla vaginalis 187
Coronilla varia 263
Corydalis cava 97, 262
Corydalis intermedia 97, 262
Corydalis lutea 181
Corydalis ochroleuca 181
Corydalis solida 262
Cotoneaster integerrimus 286
Cotoneaster tomentosus 286
Crambe maritima 37
Crataegus laevigata 109
Crataegus monogyna 109
Crataegus oxyacantha 109
Crepis biennis 175
Crepis capillaris 175
Crepis mollis 175
Crepis virens 175
Crocus albiflorus 84, 324
Crocus neapolitanus 324
Cruciata chersonensis 131
Cruciata laevipes 131
Cupularia graveolens 161
Cuscuta epilinum 234
Cuscuta epithymum 234
Cuscuta europaea 234
Cyclamen purpurascens 232
Cymbalaria muralis 346
Cynanchum vincetoxicum 73
Cypripedium calceolus 178
Cytisus nigricans 204
Cytisus scoparius 204
Cytisus sagittalis 181

Dactylorhiza fuchsii 258
Dactylorhiza incarnata 259
Dactylorhiza maculata 258
Dactylorhiza majalis 259
Dactylorhiza sambucina 179, 258
Daphne cneorum 283
Daphne mezereum 282
Daphne petraea 282
Daphne striata 282
Daucus carota 69
Dentaria bulbifera 209, 294
Dentaria enneaphyllos 119
Deutsche Mispel 107
Deutscher Ginster 203
Deutsches Geißblatt 117
Dianthus armeria 216
Dianthus barbatus 216
Dianthus carthusianorum 216
Dianthus deltoides 217

Dianthus gratianopolitanus 217
Dianthus plumarius 218, 304
Dianthus seguieri 217, 218
Dianthus superbus 218, 304
Dianthus sylvestris 217
Dictamnus albus 271
Digitalis ambigua 196
Digitalis grandiflora 196
Digitalis lutea 196
Digitalis × purpurascens 196
Digitalis purpurea 280
Dillenius' Ehrenpreis 300
Dingel, Violetter 330
Dipsacus fullonum 303
Dipsacus laciniatus 303
Diptam, Weißer 271
Dirlitze 199
Distel, Berg- 245
Distel, Breitschuppige 245
Distel, Nickende 245
Doldige Schwanenblume 238
Doldiger Milchstern 78
Doppeltgefiederter Reiherschnabel 223
Dornige Hauhechel 291
Dotterblume, Sumpf- 152
Dost, Wilder 278
Draba aizoides 124
Drachenwurz 34
Dreiblättriger Fieberklee 73
Dreifurchige Wasserlinse 351
Dreihörniges Labkraut 47
Dreinervige Nabelmiere 53
Dreiteiliger Ehrenpreis 299
Dreiteiliger Zweizahn 163
Drosera anglica 59
Drosera intermedia 59
Drosera × obovata 59
Drosera rotundifolia 59
Drüsiger Ehrenpreis 299
Dryas octopetala 86
Dünnästige Grundfeste 175
Dünnästiger Pippau 175
Dünnsporiges Fettkraut 347
Dürlitze 199
Dürrwurz-Alant 161
Duftende Schlüsselblume 149
Dunkles Lungenkraut 235, 311
Durchwachsenes Hellerkraut 42

Eberesche 109
Eberwurz, Große 91
Eberwurz, Kleine 169
Echium italicum 340
Echium vulgare 340
Echte Bärentraube 114
Echte Brombeere 112
Echte Brunnenkresse 41
Echte Goldrute 160
Echte Hauswurz 240
Echte Kamille 90
Echte Nachtnelke 54
Echte Nachtviole 293
Echte Nelkenwurz 139
Echte Schlüsselblume 149
Echte Sternmiere 51
Echte Weißwurz 81
Echter Baldrian 237
Echter Erdrauch 263
Echter Kalmus 352
Echter Steinklee 182
Echter Seinsame 74
Echter Wau 126, 159
Echtes Barbarakraut 120
Echtes Eisenkraut 235, 314

385

Echtes Geißblatt 117
Echtes Labkraut 131
Echtes Lungenkraut 235, 311
Echtes Mädesüß 64
Echtes Seifenkraut 55, 221
Echtes Springkraut 189
Echtes Steinkraut 122
Echtes Tausendgüldenkraut 233
Edel-Gamander 272
Efeu 381
Efeu-Ehrenpreis 298
Efeu-Gundermann 340
Ehrenpreis, Acker- 298
Ehrenpreis, Bachbungen- 297
Ehrenpreis, Dillenius' 300
Ehrenpreis, Dreiteiliger 299
Ehrenpreis, Drüsiger 299
Ehrenpreis, Efeu- 298
Ehrenpreis, Feld- 300
Ehrenpreis, Früher 299
Ehrenpreis, Frühlings- 300
Ehrenpreis, Gamander- 301
Ehrenpreis, Glänzender 298
Ehrenpreis, Glanzloser 298
Ehrenpreis, Großer 301
Ehrenpreis, Nesselblättriger 301
Ehrenpreis, Persischer 299
Ehrenpreis, Quendel- 44
Ehrenpreis, Wald- 300
Ehrenpreis, Wasser- 297
Eiblättriges Bingelkraut 363
Einbeere, Vierblättrige 371
Einblütiges Moosauge 70
Einblütiges Wintergrün 70
Einfacher Igelkolben 118
Eingriffliger Weißdorn 109
Einjähriger Knäuel 366
Einknollige Honigorchis 373
Einseitswendiges Wintergrün 71
Eisenhut, Blauer 331
Eisenhut, Wolfs- 180
Eisenhutblättriger Hahnenfuß 57
Eisenkraut, Echtes 235, 314
Eisenkraut-Salbei 344
Elsbeere 108
Empetrum nigrum 288
Englischdorn 202
Englischer Ginster 203
Engelwurz 229, 368
Engelwurz, Wald- 69
Enzian, Frühlings- 309
Enzian, Gelber 152
Enzian, Großblütiger 309
Enzian, Kreuz- 295
Enzian, Lungen- 308
Enzian, Purpur- 152
Enzian, Tüpfel- 152
Enzian, Schwalbenwurz- 308
Enzian, Stengelloser 309
Enzian, Ungarn- 152
Epilobium alpestre 210
Epilobium angustifolium 211
Epilobium collinum 213
Epilobium dodonaei 211
Epilobium fleischeri 211
Epilobium hirsutum 212
Epilobium montanum 213
Epilobium parviflorum 212
Epilobium roseum 210
Epipactis atrorubens 253
Epipactis helleborine 94, 372
Epipactis palustris 94
Epipactis purpurata 253, 372

Epipogium aphyllum 96
Erdbeere, Knack- 62
Erdbeere, Wald- 62
Erdbeere, Zimt- 62
Erdbeer-Fingerkraut 63
Erdnuß-Platterbse 268
Erdrauch, Echter 263
Erdrauch, Kleiner 263
Erdrauch, Schleichers 263
Erdrauch, Vaillants 263
Erica carnea 284
Erica tetralix 284
Erigeron canadensis 88
Erodium bipinnatum 223
Erodium cicutarium 223
Erophila verna 39
Eruca sativa 121
Eryngium campestre 66
Eryngium maritimum 306
Erysimum cheiranthoides 121
Erythronium dens-canis 232
Esels-Wolfsmilch 129
Esparsette, Felsen- 266
Esparsette, Saat- 266
Esparsette, Sand- 266
Essig-Rose 287
Etangs-Hartheu 145
Euonymus europaea 378
Euonymus latifolia 378
Euonymus verrucosa 378
Eupatorium cannabinum 242
Euphorbia amygdaloides 127
Euphorbia cyparissias 129
Euphorbia dulcis 362
Euphorbia esula 129
Euphorbia exigua 129
Euphorbia falcata 129
Euphorbia helioscopia 128
Euphorbia peplus 129
Euphorbia platyphyllos 128
Euphorbia stricta 128
Euphorbia verrucosa 127
Euphrasia rostkoviana 103
Euphrasia stricta 103
Europäische Korallenwurz 97
Europäische Trollblume 159
Europäischer Beinbrech 156
Europäischer Meersenf 37, 209
Europäischer Siebenstern 87
Europäisches Pfaffenhütchen 378

Färber-Ginster 203
Färber-Resede 126, 159
Färber-Scharte 247
Färber-Waid 123
Fallopia convolvulus 48
Fallopia dumetorum 48
Falsche Akazie 117
Falsche Kamille 90
Faulbaum 379
Faulbaum, Felsen- 379
Feder-Nelke 218, 304
Feigwurz 158
Felberich, Wald- 151
Feld-Ahorn 200
Feld-Ehrenpreis 300
Feld-Klee 185
Feld-Mannstreu 66
Feld-Rittersporn 330
Feld-Thymian 278
Feld-Ulme 285
Feld-Windenknöterich 48
Felsenbirne, Gemeine 107

Felsenblümchen, Immergrünes 124
Felsen-Esparsette 266
Felsen-Faulbaum 379
Felsen-Kreuzdorn 199, 378
Felsen-Seidelbast 282
Felsen-Steinkraut 122
Ferkelkraut, Gemeines 171
Fetthenne, Große 138, 222
Fetthenne, Milde 138
Fetthenne, Scharfe 138
Fettkraut, Alpen- 103
Fettkraut, Dünnsporniges 347
Fettkraut, Gemeines 347
Ficaria verna 158
Fichtenspargel, Gewöhnlicher 130
Fieberklee, Dreiblättriger 73
Filipendelwurz 87
Filipendula hexapetala 87
Filipendula ulmaria 64
Filipendula vulgaris 87
Filzige Klette 249
Filzige Zwergmispel 286
Filziger Alpenlattich 243
Filziges Hornkraut 52
Fingerhut, Blasser 196
Fingerhut, Gelber 196
Fingerhut, Großblütiger 196
Fingerhut, Roter 280
Fingerkraut, Aufrechtes 126
Fingerkraut, Erdbeer- 63
Fingerkraut, Flaum- 140
Fingerkraut, Frühlings- 140
Fingerkraut, Gänse- 141
Fingerkraut, Gestrecktes 141
Fingerkraut, Gold- 140
Fingerkraut, Kriechendes 141
Fingerkraut, Liegendes 141
Fingerkraut, Ostalpen- 63
Fingerkraut, Rötliches 140
Fingerkraut, Sand- 140
Fingerkraut, Stengel- 63
Fingerkraut, Weißes 63
Fingerkraut, Zottiges 140
Fingerkraut, Zwerg- 140
Finkensame, Rispen- 123
Flammen-Adonisröschen 240
Flatter-Ulme 285
Flaum-Fingerkraut 140
Fleischrote Kuckucksblume 259
Fliegen-Ragwurz 375
Flockenblume, Alpen- 249
Flockenblume, Berg- 327
Flockenblume, Bunte 327
Flockenblume, Schwarze 248
Flockenblume, Skabiosen- 249
Flockenblume, Wiesen- 248
Floh-Knöterich 49, 214
Flohkraut, Großes 161
Flügel-Hartheu 145
Flügel-Ginster 181
Flügelginster, Pfeil- 181
Flutender Hahnenfuß 58
Fragaria moschata 62
Fragaria vesca 62
Fragaria viridis 62
Frangula alnus 379
Frangula rupestris 379
Fransen-Kleinenzian 295
Französischer Milchlattich 329
Frauenflachs 197
Frauenmantel, Gemeiner 360
Frauenschuh, Rotbrauner 178
Frauenspiegel, Kleiner 320
Frauenspiegel, Venus- 320

Fritillaria meleagris 82, 370
Froschbiß, Gemeiner 33
Froschlöffel, Gemeiner 32, 206
Froschlöffel, Gras- 32, 206
Froschlöffel, Lanzett- 32, 206
Früher Ehrenpreis 299
Frühlings-Adonisröschen 158
Frühlings-Braunwurz 377
Frühlings-Ehrenpreis 300
Frühlings-Enzian 309
Frühlings-Fingerkraut 140
Frühlings-Greiskraut 167
Frühlings-Hungerblümchen 39
Frühlings-Knotenblume 83
Frühlings-Kreuzkraut 167
Frühlings-Krokus 84, 324
Frühlings-Küchenschelle 85
Frühlings-Platterbse 269, 333
Frühlings-Scharbockskraut 158
Frühlings-Teufelsauge 158
Frühlings-Zahntrost 279
Fuchs' Kuckucksblume 258
Fuchsschwanz, Bastard- 359
Fuchsschwanz, Melden- 359
Fuchsschwanz, Weißer 359
Fuchsschwanz, Wilder 359
Fuchsschwanz, Zurückgekrümmter 359
Fünfmänniger Spark 53
Fumaria officinalis 263
Fumaria parviflora 263
Fumaria schleicheri 263
Fumaria vaillantii 263
Futter-Wicke 266

Gabel-Leimkraut 54
Gänseblümchen, Mehrjähriges 91
Gänsedistel, Acker- 173
Gänsedistel, Kohl- 173
Gänsedistel, Rauhe 173
Gänsedistel, Sumpf- 173
Gänse-Fingerkraut 141
Gänsefuß, Weißer 357
Gagea arvensis 157
Gagea lutea 157
Gagea pratensis 157
Gagea villosa 157
Galanthus nivalis 83
Galeobdolon luteum 192
Galeopsis pubescens 273
Galeopsis segetum 191
Galeopsis speciosa 191
Galeopsis tetrahit 273
Galinsoga ciliata 89
Galinsoga parviflora 89
Galinsoga quadriradiata 89
Galium aparine 46
Galium aristatum 46
Galium cruciata 131
Galium hercynicum 47
Galium mollugo 47
Galium odoratum 45
Galium palustre 47
Galium × pomeranicum 131
Galium pusillum 47
Galium rotundifolium 46
Galium scabrum 46
Galium schultesii 46
Galium sylvaticum 46
Galium tricorne 47
Galium tricornutum 47
Galium uliginosum 47
Galium verum 131
Gamander, Edel- 272
Gamander-Ehrenpreis 301
Gamander, Knoblauch- 272
Gamander, Salbei- 191
Garten-Apfel 106, 286
Garten-Aurikel 148
Garten-Ringelblume 169
Garten-Rittersporn 330
Garten-Silberblatt 293
Garten-Wolfsmilch 362
Gaspeldorn 202
Gauchheil, Acker- 306
Gauchheil, Blauer 306
Gauchheil, Roter 231
Gebirgs-Hexenkraut 44
Gefingerter Lerchensporn 262
Gefleckte Kuckucksblume 258
Gefleckte Schachblume 82, 370
Gefleckte Taubnessel 274
Gefleckter Aronstab 34, 352
Geflügelte Braunwurz 377
Geflügeltes Hartheu 145
Gegenblättriges Milzkraut 125
Gehörnter Sauerklee 142
Geißblatt, Deutsches 117
Geißblatt, Echtes 117
Geißbart, Wald- 64
Geißklee 204
Geißklee, Schwarzer 204
Geißklee, Schwarzwerdender 204
Gelbe Resede 126, 159
Gelbe Spargelerbse 187
Gelbe Taubnessel 192
Gelbe Wiesenraute 118
Gelber Ackerklee 185
Gelber Enzian 152
Gelber Fingerhut 196
Gelber Hartriegel 199
Gelber Lerchensporn 181
Gelber Nachtschatten 75
Gelber Wau 126, 159
Gelbes Almveilchen 190
Gelbes Bergveilchen 190
Gelbes Sonnenröschen 143
Gelbes Veilchen 190
Gelbes Windröschen 133
Gelbklee 183
Gemeine Ackerröte 302
Gemeine Felsenbirne 107
Gemeine Grasnelke 232
Gemeine Küchenschelle 325
Gemeine Kuhblume 172
Gemeine Nachtkerze 130
Gemeine Pechnelke 220
Gemeine Pfeilkresse 39
Gemeine Schafgarbe 92, 244
Gemeine Vogelkirsche 110
Gemeine Wassernuß 43
Gemeine Weißwurz 81
Gemeine Zwergmispel 286
Gemeiner Alpenhelm 345
Gemeiner Beifuß 164
Gemeiner Beinwell 153, 234, 310
Gemeiner Besenginster 204
Gemeiner Frauenmantel 360
Gemeiner Froschbiß 33
Gemeiner Froschlöffel 32, 206
Gemeiner Gilbweiderich 150
Gemeiner Hopfen 353
Gemeiner Hornklee 186
Gemeiner Huflattich 165
Gemeiner Liguster 105
Gemeiner Pastinak 147
Gemeiner Queller 356
Gemeiner Rainfarn 164
Gemeiner Rainkohl 174
Gemeiner Schneeball 116
Gemeiner Tannenwedel 364
Gemeiner Teufelsabbiß 303
Gemeiner Wasserdarm 51
Gemeiner Wasserdost 242
Gemeiner Wasser-Hahnenfuß 58
Gemeiner Wundklee 184
Gemeines Ferkelkraut 171
Gemeines Fettkraut 347
Gemeines Greiskraut 166
Gemeines Habichtskraut 177
Gemeines Hirtentäschelkraut 42
Gemeines Hornkraut 52
Gemeines Kreuzblümchen 270, 336
Gemeines Lauchkraut 36
Gemeines Leimkraut 55
Gemeines Leinkraut 197
Gemeines Moschuskraut 369
Gemeines Rindsauge 162
Gemeines Zimbelkraut 346
Gentiana acaulis 309
Gentiana asclepiadea 308
Gentiana clusii 309
Gentiana cruciata 295
Gentiana lutea 152
Gentiana pannonica 152
Gentiana pneumonanthe 308
Gentiana punctata 152
Gentiana purpurea 152
Gentiana verna 309
Gentianella ciliata 295
Genista anglica 203
Genista germanica 203
Genista pilosa 203
Genista sagittalis 181
Genista tinctoria 203
Genistella sagittalis 181
Germer, Weißer 78
Geruchlose Strandkamille 90
Gestrecktes Fingerkraut 141
Gewöhnliche Kugelblume 348
Gewöhnlicher Fichtenspargel 130
Gewöhnlicher Seidelbast 282
Gewöhnlicher Stechginster 202
Geranium columbinum 224
Geranium dissectum 224
Geranium lividum 227
Geranium palustre 226
Geranium phaeum 227
Geranium pratense 305
Geranium purpureum 225
Geranium pyrenaicum 225
Geranium robertianum 225
Geranium sanguineum 226
Geranium sylvaticum 227, 305
Germer, Weißer 78
Geum montanum 139
Geum reptans 139
Geum rivale 222, 368
Geum urbanum 139
Giersch, Zaun- 67
Gift-Hahnenfuß 136
Gift-Lattich 176
Gilbweiderich, Gemeiner 150
Gilbweiderich, Hain- 151
Gilbweiderich, Pfennig- 151
Gilbweiderich, Punkt- 150
Gilbweiderich, Strauß- 150
Ginster, Behaarter 203
Ginster, Deutscher 203
Ginster, Englischer 203
Ginster, Färber- 203
Ginster, Flügel- 181

387

Ginster, Pfeil- 181
Gipskraut, Kriechendes 215
Gipskraut, Mauer- 215
Gladiolus imbricatus 252
Gladiolus palustris 252
Glänzende Skabiose 348
Glänzende Teichrose 84
Glänzende Wiesenraute 118
Glänzender Ehrenpreis 298
Glanzloser Ehrenpreis 298
Glattes Brillenschötchen 124
Glattes Habichtskraut 177
Glattes Labkraut 46
Glaux maritima 231
Glechoma hederacea 340
Globularia nudicaulis 348
Globularia punctata 348
Glockenblume, Acker- 318
Glockenblume, Alpen- 316
Glockenblume, Bärtige 316
Glockenblume, Bologneser 318
Glockenblume, Borsten- 319
Glockenblume, Breitblättrige 318
Glockenblume, Brennesselblättrige 318
Glockenblume, Büschel- 319
Glockenblume, Pfirsichblättrige 319
Glockenblume, Rundblättrige 317
Glockenblume, Scheuchzers 317
Glockenblume, Strauß- 155
Glockenblume, Verzweigte 319
Glockenblume, Wiesen- 317
Glocken-Heide 284
Gnadenkraut, Gottes- 102
Gnaphalium sylvaticum 89
Golddistel 169
Gold-Fingerkraut 140
Goldschopf-Hahnenfuß 133
Gold-Kälberkropf 68
Gold-Klee 184
Gold-Lack 121
Gold-Milzkraut 125
Goldnessel 192
Goldrute, Echte 160
Goldrute, Kanadische 160
Goldrute, Riesen- 160
Goldstern, Acker- 157
Goldstern, Wald- 157
Goldstern, Wiesen- 157
Gold-Taubnessel 192
Goodyera repens 95
Gottes-Gnadenkraut 102
Gottvergeß, Schwarzer 274
Gränke, Polei- 288
Grannen-Labkraut 46
Gras-Froschlöffel 32, 206
Graslilie, Ästige 79
Graslilie, Astlose 79
Grasnelke, Gemeine 232
Gras-Sternmiere 50
Gratiola officinalis 102
Grauer Alpendost 242
Greiskraut, Frühlings- 167
Greiskraut, Gemeines 166
Greiskraut, Hain- 168
Greiskraut, Jakobs- 168
Greiskraut, Klebriges 166
Greiskraut, Moor- 167
Greiskraut, Raukenblättriges 168
Greiskraut, Spatelblättriges 167

Greiskraut, Wald- 166
Grönländischer Porst 114
Großblütige Braunelle 343
Großblütige Königskerze 155
Großblütiger Enzian 309
Großblütiger Fingerhut 196
Großblütiges Waldvögelein 95
Große Bibernelle 69
Große Brennessel 354
Große Eberwurz 91
Große Fetthenne 138, 222
Große Händelwurz 260
Große Klette 250
Große Mummel 132
Große Traubenhyazinthe 322
Großer Ehrenpreis 301
Großer Klappertopf 195
Großer Krokus 324
Großer Odermennig 142
Großer Wasserschlauch 197
Großer Wiesenknopf 210, 361
Großes Flohkraut 161
Großes Hexenkraut 44
Großes Immergrün 307
Großes Schöllkraut 119
Großes Zweiblatt 372
Grüne Hohlzunge 373
Grüne Nieswurz 367
Grünliche Waldhyazinthe 94
Grünliches Wintergrün 71
Grundfeste, Dünnästige 175
Günsel, Heide- 341
Günsel, Kriechender 341
Günsel, Pyramiden- 341
Gundermann, Efeu- 340
Guter Heinrich 357
Gymnadenia conopsea 260
Gymnadenia odoratissima 260
Gypsophila muralis 215
Gypsophila repens 215

Habichtskraut-Bitterkraut 171
Habichtskraut, Gemeines 177
Habichtskraut, Glattes 177
Habichtskraut, Hoppes 176
Habichtskraut, Kleines 176
Habichtskraut, Öhrchen- 176
Habichtskraut, Orangerotes 251
Habichtskraut, Savoyer 177
Habichtskraut, Schirm- 177
Habichtskraut, Wald- 177
Habichtskraut, Wiesen- 251
Händelwurz, Große 260
Händelwurz, Wohlriechende 260
Hahnenfuß, Acker- 134
Hahnenfuß, Brennender 137
Hahnenfuß, Eisenhutblättriger 57
Hahnenfuß, Flutender 58
Hahnenfuß, Goldschopf- 133
Hahnenfuß, Gift- 136
Hahnenfuß, Knolliger 135
Hahnenfuß, Kriechender 135
Hahnenfuß, Platanen- 57
Hahnenfuß, Rauher 135
Hahnenfuß, Sardinischer 135
Hahnenfuß, Scharfer 134
Hahnenfuß, Schlaffer 58
Hahnenfuß, Spreizender 58
Hahnenfuß, Wald- 134
Hahnenfuß, Wasser-, Gemeiner 58
Hahnenfuß, Wolliger 136
Hahnenfuß, Zungen- 137
Hain-Gilbweiderich 151

Hain-Greiskraut 168
Hain-Klette 250
Hain-Wachtelweizen 193
Hallers Teufelskralle 320
Hartheu, Behaartes 144
Hartheu, Berg- 144
Hartheu, Etangs- 145
Hartheu, Flügel- 145
Hartheu, Geflügeltes 145
Hartheu, Kanten- 145
Hartheu, Niederliegendes 143
Hartheu, Rauhes 144
Hartheu, Schönes 146
Hartheu, Tüpfel- 146
Hartriegel, Gelber 199
Hartriegel, Roter 105
Harz-Labkraut 47
Haselwurz, Braune 353
Hasen-Klee 98
Hasenlattich, Roter 251
Hasenohr, Sichel- 147
Hauhechel, Dornige 291
Hauhechel, Kriechende 291
Hauswurz, Echte 240
Hauswurz, Spinnweben- 240
Heckenkirsche, Rote 116, 205
Heckenkirsche, Ruprechts- 116, 205
Heckensame 202
Hecken-Windenknöterich 48
Hedera helix 381
Hederich 38, 122
Hedysarum hedysaroides 270
Heide, Glocken- 284
Heide-Günsel 341
Heidekraut 291
Heide-Labkraut 47
Heidelbeere 289, 379
Heide-Nelke 217
Heide, Schnee- 284
Heide-Wicke 100
Heil-Batunge 276
Heinrich, Guter 357
Helianthemum nummularium 143
Helianthus tuberosus 162
Helleborus foetidus 367
Helleborus niger 56
Helleborus viridis 367
Hellerkraut, Acker- 42
Hellerkraut, Durchwachsenes 42
Hellerkraut, Rundblättriges 43, 292
Helm-Knabenkraut 255
Helmkraut, Kappen- 342
Helmkraut, Kleines 342
Helmkraut, Spießblättriges 342
Hepatica nobilis 325
Heracleum mantegazzianum 368
Heracleum sphondylium 68
Herbst-Blutströpfchen 240
Herbst-Löwenzahn 171
Herbst-Zeitlose 238
Herlitze 199
Herminium monorchis 373
Herzblatt, Sumpf- 60
Hesperis matronalis 293
Hexenkraut, Gebirgs- 44
Hexenkraut, Großes 44
Hexenkraut, Mittleres 44
Hieracium aurantiacum 251
Hieracium auricula 176
Hieracium caespitosum 251
Hieracium hoppeanum 176
Hieracium lachenalii 177

Hieracium laevigatum 177
Hieracium murorum 177
Hieracium pilosella 176
Hieracium sabaudum 177
Hieracium sylvaticum 177
Hieracium umbellatum 177
Hieracium vulgatum 177
Himantoglossum calcaratum 261, 376
Himantoglossum hircinum 261, 376
Himbeere 112
Himmelhopfen 184, 185
Himmelsschlüssel 149
Hippocrepis comosa 187
Hippuris vulgaris 364
Hirschholder 201
Hirtentäschelkraut, Gemeines 42
Hohe Wiesenraute 118
Hoher Steinklee 182
Hohler Lerchensporn 97, 262
Hohlzahn, Bunter 191
Hohlzahn, Saat- 191
Hohlzahn, Stechender 273
Hohlzahn, Weicher 273
Hohlzunge, Grüne 373
Holunder, Berg- 201
Holunder-Kuckucksblume 179, 258
Holunder, Roter 201
Holunder, Schwarzer 115
Holunder, Trauben- 201
Holunder, Zwerg- 76
Holzapfel 106, 286
Holz-Birne 106
Homogyne alpina 243
Homogyne discolor 243
Honigduftklee 265
Honigorchis, Einknollige 373
Hopfen, Gemeiner 353
Hopfenklee 183
Hopfen-Luzerne 183
Hoppes Habichtskraut 176
Hornklee, Gemeiner 186
Hornklee, Schoten- 187
Hornklee, Sumpf- 186
Hornkraut, Acker- 52
Hornkraut, Filziges 52
Hornkraut, Gemeines 52
Hornkraut, Kleinblütiges 52
Hornkraut, Knäuel- 52
Hornkraut, Sand- 52
Hornstrauch 105
Hottonia palustris 72
Hügel-Klee 264
Hügel-Veilchen 339
Hügel-Weidenröschen 213
Hülsen, Stech- 104
Hufeisenklee, Schopf- 187
Huflattich, Gemeiner 165
Hummel-Ragwurz 374
Humulus lupulus 353
Hundskamille, Acker- 90
Hunds-Rose 287
Hunds-Veilchen 338
Hundswurz, Pyramiden- 253
Hunds-Zahnlilie 232
Hungerblümchen, Frühlings- 39
Hydrocharis morsus-ranae 33
Hydrocotyle vulgaris 70
Hyoscyamus niger 153
Hypericum acutum 145
Hypericum desetangsii 145
Hypericum hirsutum 144
Hypericum humifusum 143

Hypericum maculatum 145
Hypericum montanum 144
Hypericum perforatum 146
Hypericum pulchrum 146
Hypericum tetrapterum 145
Hypochoeris radicata 171

Igelkolben, Aufrechter 118, 350
Igelkolben, Einfacher 118
Igelkolben, Kleiner 118, 350
Igelkolben, Schmalblättriger 118, 350
Ilex aquifolium 104
Immenblatt, Melissen- 102, 272
Impatiens balfourii 271
Impatiens glandulifera 271
Impatiens noli-tangere 189
Impatiens parviflora 189
Immergrün, Großes 307
Immergrün, Kleines 307
Immergrüner Buchsbaum 198
Immergrünes Felsenblümchen 124
Indisches Springkraut 271
Inkarnat-Klee 265
Inula conyza 161
Inula graveolens 161
Inula salicina 161
Iris pseudacorus 157
Iris sibirica 323
Isatis tinctoria 123
Italienischer Natternkopf 340

Jakobs-Greiskraut 168
Japanischer Liguster 105
Jasione laevis 321
Jasione montana 321
Jelängerjelieber 117
Johannisbeere, Alpen- 380
Johanniskraut 146

Kälberkropf, Gold- 68
Kahler Alpendost 242
Kahles Turmkraut 38, 121
Kalaminthe 345
Kalmus, Echter 352
Kamille, Echte 90
Kamille, Falsche 90
Kamille, Strahlenlose 163
Kanadische Goldrute 160
Kanadischer Katzenschweif 88
Kanadisches Berufkraut 88
Kanten-Hartheu 145
Kappen-Helmkraut 342
Karde, Schlitzblättrige 303
Karde, Wilde 303
Karlszepter-Läusekraut 194
Karpaten-Katzenpfötchen 244
Karthäuser-Nelke 216
Katzenpfötchen, Karpaten- 244
Katzenpfötchen, Zweihäusiges 244
Katzenschweif, Kanadischer 88
Kelch-Simsenlilie 156
Kelch-Steinkraut 122
Kerbel, Wiesen- 68
Kies-Weidenröschen 211
Klappertopf, Großer 195
Klappertopf, Kleiner 195
Klappertopf, Zottiger 195
Klatsch-Leimkraut 55
Klatsch-Mohn 208

Klebriger Salbei 192
Klebriges Greiskraut 166
Klebriges Kreuzkraut 166
Klee, Berg- 99
Klee, Feld- 185
Klee, Gold- 184
Klee, Hasen- 98
Klee, Hügel- 264
Klee, Inkarnat- 265
Klee, Kleiner 185
Klee, Persischer 265
Klee, Purpur- 265
Klee, Rot- 264
Klee, Schweden- 99
Klee, Weiß- 98
Klee, Zickzack- 264
Kleinblütige Akelei 304
Kleinblütige Königskerze 154
Kleinblütiges Hornkraut 52
Kleinblütiges Knopfkraut 89
Kleinblütiges Springkraut 189
Kleinblütiges Weidenröschen 212
Kleine Bibernelle 69
Kleine Braunelle 343
Kleine Brennessel 354
Kleine Eberwurz 169
Kleine Klette 250
Kleine Malve 229
Kleine Traubenhyazinthe 322
Kleine Wachsblume 152
Kleine Wasserlinse 351
Kleine Wolfsmilch 129
Kleinenzian, Fransen- 295
Kleiner Ampfer 207
Kleiner Baldrian 237
Kleiner Erdrauch 263
Kleiner Frauenspiegel 320
Kleiner Igelkolben 118, 350
Kleiner Klappertopf 195
Kleiner Klee 185
Kleiner Odermennig 142
Kleiner Wegerich 302
Kleiner Wiesenknopf 361
Kleines Habichtskraut 176
Kleines Helmkraut 342
Kleines Immergrün 307
Kleines Knabenkraut 254
Kleines Leinkraut 347
Kleines Löwenmäulchen 197
Kleines Mädesüß 87
Kleines Springkraut 189
Kleines Wintergrün 71
Kleines Zweiblatt 372
Kleinfrüchtiger Sinau 360
Kleinginster, Pfeil- 181
Kleinköpfiger Pippau 175
Klette, Filzige 249
Klette, Große 250
Klette, Hain- 250
Klette, Kleine 250
Kletten-Labkraut 47
Knabenkraut, Affen- 257
Knabenkraut, Blasses 178
Knabenkraut, Brand- 96, 255
Knabenkraut, Helm- 255
Knabenkraut, Kleines 254
Knabenkraut, Lockerblütiges, 256
Knabenkraut, Purpur- 256
Knabenkraut, Stattliches 257
Knabenkraut, Sumpf- 255
Knabenkraut, Wanzen- 96, 255
Knack-Erdbeere 62
Knäuel-Ampfer 354
Knäuel, Einjähriger 366
Knäuel-Hornkraut 52

389

Knautia arvensis 349
Knautia dipsacifolia 349
Knoblauch-Gamander 272
Knoblauchsrauke 36
Knöllchen-Steinbrech 60
Knöterich, Ampfer- 49, 214, 366
Knöterich, Brittingers 214
Knöterich, Floh- 49, 214
Knöterich-Laichkraut 351
Knöterich, Milder 206
Knöterich, Pfeffer- 206
Knöterich, Schlangen- 215
Knöterich, Vogel- 49, 214
Knollen-Mädesüß 87
Knolliger Baldrian 237
Knolliger Hahnenfuß 135
Knopfkraut, Kleinblütiges 89
Knotenblume, Frühlings- 83
Knotenblume, Sommer- 83
Knotenfuß, Stengelumfassender 80
Knotige Braunwurz 377
Kölme, Stein- 345
Königskerze, Großblütige 155
Königskerze, Kleinblütige 154
Königskerze, Mehlige 75
Königskerze, Motten- 154
Königskerze, Schwarze 154
Königskerze, Windblumen- 155
Kohl, Senf- 121
Kohldistel 170
Kohl-Gänsedistel 173
Kohl-Kratzdistel 170
Kohlröschen, Schwarzes 260
Kohlröschen, Rotes 260
Kompaß-Lattich 176
Korallenwurz, Europäische 97
Kornblume 327
Kornelkirsche 199
Krähenbeere, Schwarze 288
Krähenfuß-Wegerich 45
Kratzdistel, Acker- 328
Kratzdistel, Alpen- 170
Kratzdistel, Kohl- 170
Kratzdistel, Lanzett- 246
Kratzdistel, Stengellose 247
Kratzdistel, Sumpf- 246
Krauser Ampfer 355
Krebsschere, Aloëblättrige 33
Kreuzblümchen, Bitteres 336
Kreuzblümchen, Buchsblättriges 205
Kreuzblümchen, Gemeines 270, 336
Kreuzblümchen, Quendel- 337
Kreuzblümchen, Schopfiges 270
Kreuzblümchen, Sumpf- 336
Kreuzdorn, Felsen- 199, 378
Kreuzdorn, Purgier- 199, 378
Kreuz-Enzian 295
Kreuzkraut, Frühlings- 167
Kreuzkraut, Klebriges 166
Kreuzkraut, Raukenblättriges 168
Kreuzkraut, Spatelblättriges 167
Kreuz-Labkraut 131
Kreuzlabkraut, Breitblättriges 131
Kriechende Hauhechel 291
Kriechende Nelkenwurz 139
Kriechende Rose 110
Kriechender Günsel 341
Kriechender Hahnenfuß 135

Kriechendes Fingerkraut 141
Kriechendes Gipskraut 215
Kriechendes Netzblatt 95
Kriechstendel 95
Krokus, Frühlings- 84, 324
Krokus, Großer 324
Kronwicke, Bunte 263
Kronwicke, Scheiden- 187
Kuckucksblume, Breitblättrige 259
Kuckucksblume, Fleischrote 259
Kuckucksblume, Fuchs' 258
Kuckucksblume, Gefleckte 258
Kuckucksblume, Holunder- 179, 258
Kuckucks-Lichtnelke 220
Kuckucksstendel, Berg- 94
Küchenschelle, Alpen- 86
Küchenschelle, Frühlings- 85
Küchenschelle, Gemeine 325
Kümmel-Silge 69
Kümmel, Wiesen- 67
Kugelblume, Gewöhnliche 348
Kugelblume, Nacktstengelige 348
Kugelkopf-Lauch 239
Kugelorchis, Alpen- 254
Kugel-Teufelskralle 321
Kuhblume, Gemeine 172
Kunigundenkraut 242

Labkraut, Dreihörniges 47
Labkraut, Echtes 131
Labkraut, Glattes 46
Labkraut, Grannen- 46
Labkraut, Harz- 47
Labkraut, Heide- 47
Labkraut, Kletten- 47
Labkraut, Kreuz- 131
Labkraut, Moor- 47
Labkraut, Rundblatt- 46
Labkraut, Sumpf- 47
Labkraut, Wald- 46
Labkraut, Wiesen- 47
Labkraut, Wohlriechendes 45
Lack, Gold- 121
Lactuca muralis 174
Lactuca perennis 329
Lactuca scariola 176
Lactuca serriola 176
Lactuca virosa 176
Lämmerklee 183
Läusekraut, Quirlblättriges 280
Läusekraut, Sumpf- 281
Läusekraut, Wald- 281
Laichkraut, Knöterich- 351
Laichkraut, Schwimmendes 351
Lamiastrum galeobdolon 192
Lamium album 100
Lamium amplexicaule 275
Lamium galeobdolon 192
Lamium hybridum 275
Lamium maculatum 274
Lamium purpureum 275
Langblättrige Melde 358
Langblättrige Minze 296
Langblättrige Sternmiere 50
Langblättriger Sonnentau 19
Langblättriges Waldvögelein 95
Langblütige Primel 230
Lanzett-Froschlöffel 32, 206
Lanzett-Kratzdistel 246

Lapsana communis 174
Lathraea squamaria 281
Lathyrus aphaca 188
Lathyrus hirsutus 267
Lathyrus linifolius 269, 333
Lathyrus maritimus 267
Lathyrus niger 268
Lathyrus pratensis 188
Lathyrus sylvestris 267
Lathyrus tuberosus 268
Lathyrus vernus 269, 333
Lattich 174
Lattich, Blauer 329
Lattich, Gift- 176
Lattich, Kompaß 176
Lattich, Stachel- 176
Lattich, Wilder 176
Laubholz-Mistel 198
Laubiger Zweizahn 163
Lauch, Bären- 80
Lauch, Kugelkopf- 239
Lauch, Weinbergs- 239
Lauchkraut, Gemeines 36
Läusekraut, Buntes 194
Läusekraut, Karlszepter- 194
Läusekraut, Reichblättriges 194
Leberblümchen 325
Ledum groenlandicum 114
Ledum palustre 114
Legousia hybrida 320
Legousia speculum-veneris 320
Leimkraut, Aufgeblasenes 55
Leimkraut, Gabel- 54
Leimkraut, Gemeines 55
Leimkraut, Klatsch- 55
Leimkraut, Nickendes 54
Leimkraut, Stengelloses 219
Leimkraut, Taubenkropf- 55
Leimkraut, Ungestieltes 219
Leimkraut, Weißes 54
Lein-Seide 234
Lein, Wiesen- 65
Leinkraut 48
Leinkraut, Alpen- 346
Leinkraut, Gemeines 197
Leinkraut, Kleines 347
Leinkraut, Stein- 346
Lembotropis nigricans 204
Lemna gibba 351
Lemna minor 351
Lemna trisulca 351
Leontodon autumnalis 171
Leontodon hispidus 171
Lerchensporn, Blaßgelber 181
Lerchensporn, Gefingerter 262
Lerchensporn, Gelber 181
Lerchensporn, Hohler 97, 262
Lerchensporn, Mittlerer 97, 262
Leucanthemum corymbosum 93
Leucanthemum vulgare 93
Leucojum aestivum 83
Leucojum vernum 83
Lichtblume 238
Lichtnelke 54, 219
Lichtnelke, Kuckucks- 220
Liegendes Fingerkraut 141
Liguster, Gemeiner 105
Liguster, Japanischer 105
Ligustrum ovalifolium 105
Ligustrum vulgare 105

Lilie, Türkenbund- 239
Lilium martagon 239
Limodorum abortivum 330
Limonium vulgare 307
Linaria alpina 346
Linaria minor 347
Linaria petraea 346
Linaria vulgaris 197
Linde, Sommer- 201
Linde, Winter- 201
Linum catharticum 65
Listera cordata 372
Listera ovata 372
Lithospermum arvense 74
Lithospermum officinale 74
Lockerblütiges Knabenkraut 256
Löwenmäulchen, Kleines 197
Löwenmäulchen, Wildes 197
Löwenzahn 172
Löwenzahn, Herbst- 171
Löwenzahn, Rauher 171
Lonicera caprifolium 117
Lonicera periclymenum 117
Lonicera ruprechtiana 116, 205
Lonicera xylosteum 116, 205
Lotus pedunculatus 186
Lotus siliquosus 187
Lotus uliginosus 186
Lunaria annua 293
Lunaria rediviva 293
Lungen-Enzian 308
Lungenkraut, Berg- 311
Lungenkraut, Dunkles 235, 311
Lungenkraut, Echtes 235, 311
Lungenkraut, Schmalblättriges 311
Lupine, Vielblättrige 331
Lupinus polyphyllus 331
Luzerne 332
Luzerne, Bastard- 183
Luzerne, Hopfen- 183
Luzerne, Sichel- 183
Lychnis flos-cuculi 220
Lychnis viscaria 220
Lycopsis arvensis 314
Lysimachia nemorum 151
Lysimachia nummularia 151
Lysimachia punctata 150
Lysimachia thyrsiflora 150
Lysimachia vulgaris 150
Lythrum salicaria 241
Lythrum virgatum 241

Mädesüß, Echtes 64
Mädesüß, Kleines 87
Mädesüß, Knollen- 87
Märzenbecher 83
März-Veilchen 339
Mahonia aquifolium 104
Mahonie 104
Maianthemum bifolium 35
Maiglöckchen 82
Malachium aquaticum 51
Malus domestica 106, 286
Malus sylvestris 106, 286
Malva alcea 228
Malva moschata 228
Malva neglecta 229
Malva pusilla 229
Malva sylvestris 228
Malve, Kleine 229
Malve, Moschus- 228
Malve, Rosen- 228
Malve, Weg- 229

Malve, Wilde 228
Mandelblättrige Wolfsmilch 127
Mandel-Wolfsmilch 127
Mannsschild, Milchweißer 72
Mannsschild, Schweizer 72
Mannsschild, Zwerg- 72
Mannstreu, Feld- 66
Margerite 93
Maßholder 200
Matricaria chamomilla 90
Matricaria corymbosum 93
Matricaria discoidea 163
Matricaria inodora 90
Matricaria matricarioides 163
Matricaria suaveolens 163
Mauer-Gipskraut 215
Mauerlattich, Zarter 174
Mauerpfeffer 138
Medicago falcata 183
Medicago lupulina 183
Medicago sativa 183, 332
Medicago varia 183
Meer-Ampfer 355
Meerkohl, Wilder 37
Meersenf, Europäischer 37, 209
Meer-Strandkamille 90
Mehlbeere 108
Mehlige Königskerze 75
Mehl-Primel 230
Mehrjähriges Gänseblümchen 91
Meister, Wald- 45
Melampyrum arvense 279
Melampyrum pratense 193
Melampyrum nemorosum 193
Melampyrum sylvaticum 193
Melandrium album 54
Melandrium noctiflorum 54
Melandrium rubrum 219
Melde, Langblättrige 358
Melde, Spieß- 358
Melde, Spreizende 358
Melde, Strand- 358
Melden-Fuchsschwanz 359
Melilotus alba 99
Melilotus altissima 182
Melilotus officinalis 182
Melissen-Immenblatt 102, 272
Melittis melissophylium 102, 272
Mentha aquatica 213, 296
Mentha arvensis 296
Mentha longifolia 296
Mentha × *piperita* 213
Mentha spicata 296
Menyanthes trifoliata 73
Mercurialis annua 363
Mercurialis ovata 363
Mercurialis perennis 363
Mespilus germanica 107
Milchkraut 231
Milchlattich 174
Milchlattich, Alpen- 329
Milchlattich, Französischer 329
Milchstern, Doldiger 78
Milchstern, Schmalblättriger 78
Milchweißer Mannsschild 72
Milde Fetthenne 138
Milder Knöterich 206
Milzkraut, Gegenblättriges 125
Milzkraut, Gold- 125
Milzkraut, Schwefel- 125

Milzkraut, Wechselblättriges 125
Minze, Acker- 296
Minze, Ährige 296
Minze, Langblättrige 296
Minze, Pfeffer- 213
Minze, Roß- 296
Minze, Wasser- 213, 296
Mispel, Deutsche 107
Mistel 198
Mistel, Laubholz- 198
Mistel, Tannen- 198
Mittlerer Lerchensporn 97, 262
Mittlerer Sonnentau 59
Mittleres Barbarakraut 120
Mittleres Hexenkraut 44
Mittleres Wintergrün 71
Möhre, Wilde 69
Moehringia trinervia 53
Mohn, Alpen-, Weißer 36
Mohn, Klatsch- 208
Mohn, Saat- 208
Moneses uniflora 70
Monotropa hypopitys 130
Moor-Greiskraut 167
Moor-Labkraut 47
Moor-Veilchen 337
Moosauge, Einblütiges 70
Moosbeere 283
Mooswurz 95
Moschuskraut, Gemeines 369
Moschus-Malve 228
Motten-Königskerze 154
Mummel, Große 132
Mummel, Zwerg- 132
Muscari botryoides 322
Muscari comosum 322
Muscari neglectum 322
Muscari racemosum 322
Mycelis muralis 174
Myosotis alpestris 313
Myosotis arvensis 312
Myosotis caespitosa 312
Myosotis palustris 312
Myosotis sylvatica 312, 313
Myosoton aquaticum 51

Nabelkraut, Wasser- 70
Nabelmiere, Dreinervige 53
Nachtkerze, Gemeine 130
Nachtkerze, Ufer- 130
Nachtnelke, Echte 54
Nachtnelke, Rote 219
Nachtnelke, Weiße 54
Nachtschatten, Bittersüßer 315
Nachtschatten, Gelber 75
Nachtschatten, Schwarzer 75
Nachtviole, Echte 293
Nacktstengelige Kugelblume 348
Narthecium ossifragum 156
Narzissenblütiges Windröschen 56
Nasturtium officinale 41
Natternkopf, Blauer 340
Natternkopf, Italienischer 340
Naumburgia thyrsiflora 150
Nelke, Bart- 216
Nelke, Büschel- 216
Nelke, Busch- 217, 218
Nelke, Feder- 218, 304
Nelke, Heide- 217
Nelke, Karthäuser- 216
Nelke, Pfingst- 217

391

Nelke, Pracht- 218, 304
Nelke, Stein- 217
Nelkenwurz, Bach- 222, 368
Nelkenwurz, Berg- 139
Nelkenwurz, Echte 139
Nelkenwurz, Kriechende 139
Neottia nidus-avis 179, 373
Neslia paniculata 123
Nestwurz, Bräunliche 179, 373
Nesselblättriger Ehrenpreis 301
Nessel-Seide 234
Netzblatt, Kriechendes 95
Nickende Distel 245
Nickender Blaustern 323
Nickendes Leimkraut 54
Nickendes Wintergrün 71
Niederliegendes Hartheu 143
Nieswurz, Grüne 367
Nieswurz, Schwarze 56
Nieswurz, Stinkende 367
Nigritella nigra 260
Nigritella rubra 260
Nuphar luteum 132
Nuphar pumila 132
Nymphaea alba 84
Nymphaea candida 84
Nymphoides peltata 33

Ochsenauge 162
Ochsenzunge, Acker- 314
Odermennig, Großer 142
Odermennig, Kleiner 142
Odontites rubra 279
Odontites verna 279
Öhrchen-Habichtskraut 176
Oenothera biennis 130
Oenothera muricata 130
Oenothera parviflora 130
Ohnhorn 261, 376
Onobrychis arenaria 266
Onobrychis saxatilis 266
Onobrychis viciifolia 266
Ononis repens 291
Ononis spinosa 291
Ophrys apifera 375
Ophrys holosericea 374
Ophrys insectifera 375
Ophrys sphegodes 374
Orangerotes Habichtskraut 251
Orchidee, Vogelnest- 179, 373
Orchis coriophora 96, 255
Orchis laxiflora 256
Orchis mascula 257
Orchis militaris 255
Orchis morio 254
Orchis pallens 178
Orchis palustris 256
Orchis purpurea 256
Orchis simia 257
Orchis ustulata 96, 255
Origanum vulgare 278
Ornithogalum gussonei 78
Ornithogalum umbellatum 78
Orthilia secunda 71
Ostalpen-Fingerkraut 63
Osterluzei, Aufrechte 180
Ovalblättriger Sonnentau 59
Oxalis acetosella 65
Oxalis corniculata 142
Oxalis europaea 142
Oxalis fontana 142
Oxalis stricta 142
Oxytropis helvetica 332
Oxytropis montana 332
Oxytropis pyrenaica 332

Papaver alpinum ssp. *sendtneri* 36
Papaver dubium 208
Papaver rhoeas 208
Paris quadrifolia 371
Parnassia palustris 60
Pastinaca sativa 147
Pastinak, Gemeiner 147
Pechnelke, Gemeine 220
Pedicularis foliosa 194
Pedicularis oederi 194
Pedicularis palustris 281
Pedicularis sceptrum-carolinum 194
Pedicularis sylvatica 281
Pedicularis verticillata 280
Persischer Ehrenpreis 299
Persischer Klee 265
Pestwurz, Alpen- 243
Pestwurz, Rote 243
Pestwurz, Weiße 88
Petasites albus 88
Petasites hybridus 243
Petasites paradoxus 243
Petersbart 139
Pfaffenhütchen, Europäisches 378
Pfeffer-Knöterich 206
Pfeffer-Minze 213
Pfeil-Flügelginster 181
Pfeil-Ginster 181
Pfeil-Kleinginster 181
Pfeilkraut, Spitzes 32
Pfeilkresse, Gemeine 39
Pfennig-Gilbweiderich 151
Pfingst-Nelke 217
Pfirsichblättrige Glockenblume 319
Phacelia tanacetifolia 310
Phyteuma betonicifolium 320
Phyteuma globulariifolium 321
Phyteuma hemisphaericum 321
Phyteuma nigrum 320
Phyteuma orbiculare 321
Phyteuma ovatum 320
Phyteuma spicata 77
Picris hieracioides 171
Pimpinella major 69
Pimpinella saxifraga 69
Pinguicula alpina 103
Pinguicula leptoceras 347
Pinguicula vulgaris 347
Pippau, Dünnästiger 175
Pippau, Kleinköpfiger 175
Pippau, Weicher 175
Pippau, Wiesen- 175
Pirola secunda 71
Pirola uniflora 70
Pirus communis 106
Plantago atrata 365
Plantago coronopus 45
Plantago intermedia 302
Plantago lanceolata 365
Plantago major 365
Plantago media 302
Platanen-Hahnenfuß 57
Platanthera bifolia 94
Platanthera chlorantha 94
Platterbse, Behaarte 267
Platterbse, Berg- 269, 333
Platterbse, Erdnuß- 268
Platterbse, Frühlings- 269, 333
Platterbse, Ranken- 188
Platterbse, Schwarzwerdende 268

Platterbse, Strand- 267
Platterbse, Wald- 267
Platterbse, Wiesen- 188
Polei-Gränke 288
Polygala amara 336
Polygala amarella 336
Polygala chamaebuxus 205
Polygala comosa 270
Polygala serpyllifolia 337
Polygala vulgaris 270, 336
Polygaloides alpestris 205
Polygonatum odoratum 81
Polygonatum officinale 81
Polygonatum multiflorum 81
Polygonatum verticillatum 81
Polygonum aequale 214
Polygonum aviculare 49, 214
Polygonum bistorta 215
Polygonum brittingeri 214
Polygonum hydropiper 206
Polygonum lapathifolium 49, 214, 366
Polygonum mite 206
Polygonum persicaria 49, 214
Porst, Grönländischer 114
Porst, Sumpf- 114
Potamogeton oblongus 351
Potamogeton natans 351
Potentilla alba 63
Potentilla anglica 141
Potentilla anserina 141
Potentilla arenaria 140
Potentilla aurea 140
Potentilla brauneana 140
Potentilla caulescens 63
Potentilla clusiana 63
Potentilla crantzii 140
Potentilla erecta 126
Potentilla fragariastrum 63
Potentilla heptaphylla 140
Potentilla neumannia 140
Potentilla palustris 223
Potentilla procumbens 141
Potentilla pusilla 140
Potentilla reptans 141
Potentilla sterilis 63
Potentilla supina 141
Potentilla tabernaemontani 140
Potentilla tormentilla 126
Potentilla verna 140
Pracht-Nelke 218, 304
Preiselbeere 113, 289
Prenanthes purpurea 251
Primel, Arznei- 149
Primel, Clusius 230
Primel, Langblütige 230
Primel, Mehl- 230
Primel, Stengellose 148
Primel, Wald- 149
Primel, Wiesen- 149
Primula acaulis 148
Primula auricula 148
Primula clusiana 230
Primula elatior 149
Primula farinosa 230
Primula halleri 230
Primula hirsuta 148
Primula hortensis 148
Primula officinalis 149
Primula × *pubescens* 148
Primula veris 149
Primula vulgaris 148
Prunella grandiflora 343
Prunella laciniata 343
Prunella vulgaris 343
Prunus avium 110

Prunus padus 111
Prunus serotina 111
Prunus spinosa 111
Pulicaria dysenterica 161
Pulmonaria angustifolia 311
Pulmonaria mollis 311
Pulmonaria obscura 235, 311
Pulmonaria officinalis 235, 311
Pulsatilla alpina 86
Pulsatilla vernalis 85
Pulsatilla vulgaris 325
Punkt-Gilbweiderich 150
Purgier-Kreuzdorn 199, 378
Purpur-Enzian 152
Purpur-Klee 265
Purpur-Knabenkraut 256
Purpur-Sitter 372
Purpur-Storchschnabel 225
Purpurrote Taubnessel 275
Pusteblume 172
Pyramiden-Günsel 341
Pyramiden-Hundswurz 253
Pyrenäen-Spitzkiel 332
Pyrenäen-Storchschnabel 225
Pyrenäen-Vermeinkraut 48
Pyrola chlorantha 71
Pyrola media 71
Pyrola minor 71
Pyrola rotundifolia 71
Pyrola secunda 71
Pyrola uniflora 70
Pyrus communis 106

Queller 231
Queller, Gemeiner 356
Quendel-Ehrenpreis 44
Quendel-Kreuzblümchen 337
Quendel-Seide 234
Quendel, Stein- 345
Quirlblättrige Weißwurz 81
Quirlblättrige Zahnwurz 119
Quirlblättriges Läusekraut 280
Quirlblättriges Weidenröschen 210
Quirlblütiger Salbei 344

Radblättrige Seekanne 33
Ragwurz, Bienen- 375
Ragwurz, Fliegen- 375
Ragwurz, Hummel- 374
Ragwurz, Spinnen- 374
Rainfarn, Gemeiner 164
Rainkohl, Gemeiner 174
Ramischia secunda 71
Ranken-Platterbse 188
Ranunculus aconitifolius 57
Ranunculus acris 134
Ranunculus aquatilis 58
Ranunculus arvensis 134
Ranunculus auricomus 133
Ranunculus bulbosus 135
Ranunculus circinatus 58
Ranunculus ficaria 158
Ranunculus flammula 137
Ranunculus fluitans 58
Ranunculus lanuginosus 136
Ranunculus lingua 137
Ranunculus nemorosus 134
Ranunculus platanifolius 57
Ranunculus repens 135
Ranunculus sardous 135
Ranunculus sceleratus 136
Ranunculus trichophyllus 58

Raphanus raphanistrum 38, 120
Rapünzchen, Salat- 315
Rapunzel 77
Rauhe Gänsedistel 173
Rauher Hahnenfuß 135
Rauher Löwenzahn 171
Rauhes Hartheu 144
Rauhhaarige Wicke 334
Rauhhaariges Schaumkraut 40
Rauhhaariges Weidenröschen 212
Rauke, Wege- 121
Raukenblättriges Greiskraut 168
Raukenblättriges Kreuzkraut 168
Raukenkohl 121
Rauschbeere 113, 289, 379
Reichblättriges Läusekraut 194
Reichenbachs Veilchen 338
Reiherschnabel, Doppeltgefiederter 223
Reiherschnabel, Schierlings- 223
Reseda lutea 126, 159
Reseda luteola 126, 159
Resede, Gelbe 126, 159
Resede, Färber- 126, 159
Rettich, Acker- 38, 120
Rhamnus cathartica 378
Rhamnus saxatilis 199, 378
Rhinanthus alectorolophus 195
Rhinanthus crista-galli 195
Rhinanthus glaber 195
Rhinanthus major 195
Rhinanthus minor 195
Rhinanthus serotinus 195
Rhododendron ferrugineum 290
Rhododendron hirsutum 290
Ribes alpinum 380
Ribes uva-crispa 380
Riemenzunge, Balkan- 261, 376
Riemenzunge, Bocks- 261, 376
Riesen-Bärenklau 368
Riesen-Goldrute 160
Rindsauge, Gemeines 162
Ringelblume, Acker- 169
Ringelblume, Garten- 169
Rispen-Finkensame 123
Rittersporn, Feld- 330
Rittersporn, Garten- 330
Rivinus' Veilchen 338
Robinia pseudacacia 117
Robinie, Weiße 117
Rötliche Schuppenwurz 281
Rötliches Fingerkraut 109
Rohrkolben, Breitblättriger 350
Rohrkolben, Schmalblättriger 350
Rosa arvensis 110
Rosa canina 287
Rosa dumetorum 287
Rosa gallica 287
Rosa obtusifolia 287
Rosa repens 110
Rosa squarrosa 287
Rosarotes Weidenröschen 210
Rose, Busch- 287

Rose, Essig- 287
Rose, Hunds- 287
Rose, Kriechende 110
Rose, Stumpfblättrige 287
Rosen-Malve 228
Rosmarin-Seidelbast 283
Rosmarin-Weidenröschen 211
Rostroter Almrausch 290
Rotblauer Steinsame 313
Rotbrauner Frauenschuh 178
Rote Heckenkirsche 116, 205
Rote Nachtnelke 219
Rote Pestwurz 243
Rote Zaunrübe 77
Roter Alpenlattich 243
Roter Fingerhut 280
Roter Gauchheil 231
Roter Hartriegel 105
Roter Hasenlattich 251
Roter Holunder 201
Rotes Kohlröschen 260
Rotes Seifenkraut 221
Rotes Waldvögelein 252
Rot-Klee 264
Roß-Minze 296
Rubus caesius 112
Rubus fruticosus 112
Rubus idaeus 112
Rubus saxatilis 61
Rührmichnichtan 189
Rufkraut 101
Ruhrkraut, Wald- 89
Rumex acetosa 207
Rumex acetosella 207
Rumex alpinus 356
Rumex conglomeratus 354
Rumex crispus 355
Rumex hydrolapathum 355
Rumex maritimus 355
Rumex obtusifolius 355
Rumex sanguineus 354
Rundblatt-Labkraut 46
Rundblättrige Glockenblume 317
Rundblättriger Sonnentau 59
Rundblättriger Steinbrech 60
Rundblättriges Hellerkraut 43, 292
Rundblättriges Wintergrün 71
Runzel-Schneeball 115
Ruprechts-Heckenkirsche 116, 205
Ruprechts-Storchschnabel 225
Ruten-Weiderich 241

Saat-Esparsette 266
Saat-Hohlzahn 191
Saat-Mohn 208
Sagittaria sagittifolia 32
Salat-Rapünzchen 315
Salbei, Eisenkraut- 344
Salbei-Gamander 191
Salbei, Klebriger 192
Salbei, Quirlblütiger 344
Salbei, Wiesen- 344
Salicornia europaea 356
Salomonssiegel 81
Salvia glutinosa 192
Salvia pratensis 344
Salvia verbenaca 344
Salvia verticillata 344
Sambucus ebulus 76
Sambucus nigra 115
Sambucus racemosa 201

393

Sand-Bauernsenf 39
Sand-Esparsette 266
Sand-Fingerkraut 140
Sandglöckchen, Ausdauerndes 321
Sandglöckchen, Berg- 321
Sand-Hornkraut 52
Sanguisorba minor 361
Sanguisorba officinalis 210, 361
Sanicula europaea 66
Sanikel, Wald- 66
Sanikel, Wilder 139
Saponaria ocymoides 221
Saponaria officinalis 55, 221
Sardinischer Hahnenfuß 135
Sarothamnus scoparius 204
Satureja acinos 345
Satureja calamintha 345
Sauer-Ampfer 207
Sauerdorn 202
Sauerklee, Gehörnter 142
Sauerklee, Steifer 142
Sauerklee, Wald- 65
Savoyer Habichtskraut 177
Saxifraga aizoon 61
Saxifraga granulata 60
Saxifraga paniculata 61
Saxifraga rotundifolia 60
Scabiosa columbaria 348
Scabiosa lucida 348
Schachblume, Gefleckte 82, 370
Schafgarbe, Gemeine 92, 244
Schafgarbe, Sumpf- 92
Scharbockskraut, Frühlings- 158
Scharfe Fetthenne 138
Scharfer Hahnenfuß 134
Scharte, Färber- 247
Scharte, Wolfs- 247
Schattenblume, Zweiblättrige 35
Schaumkraut, Bitteres 41
Schaumkraut, Rauhhaariges 40
Schaumkraut, Spring- 40, 208
Schaumkraut, Wald- 40
Schaumkraut, Wiesen- 40, 208, 294
Scheiden-Kronwicke 187
Scheinakazie 117
Scheuchzers Glockenblume 317
Scheuchzeria palustris 370
Schierlings-Reiherschnabel 223
Schildkraut 122
Schirm-Habichtskraut 177
Schlaffer Hahnenfuß 58
Schlaffes Vergißmeinnicht 312
Schlangen-Knöterich 215
Schlehe 111
Schleichers Erdrauch 263
Schlitzblättrige Karde 303
Schlitzblättriger Storchschnabel 224
Schlüsselblume 149
Schlüsselblume, Duftende 149
Schlüsselblume, Echte 149
Schlüsselblume, Stengellose 148
Schmalblättrige Teufelskralle 321

Schmalblättrige Wicke 266, 335
Schmalblättriger Igelkolben 118, 350
Schmalblättriger Milchstern 78
Schmalblättriger Rohrkolben 350
Schmalblättriges Lungenkraut 311
Schmalblättriges Weidenröschen 211
Schmalwand, Acker- 39
Schneckenklee 183
Schneeball, Gemeiner 116
Schneeball, Runzel- 115
Schneeball, Wolliger 115
Schneeglöckchen 83
Schnee-Heide 284
Schneerose 56
Schöllkraut, Großes 119
Schöner Blaustern 323
Schönes Hartheu 146
Schöterich 121
Schopf-Hufeisenklee 187
Schopfige Traubenhyazinthe 322
Schopfiges Kreuzblümchen 270
Schotendotter, Acker- 121
Schoten-Hornklee 187
Schotenklee, Sumpf- 186
Schuppenwurz, Rötliche 281
Schutt-Bingelkraut 363
Schwalbenwurz-Enzian 308
Schwalbenwurz, Weiße 73
Schwanenblume, Doldige 238
Schwarzdorn 111
Schwarze Akelei 304
Schwarze Flockenblume 248
Schwarze Nieswurz 56
Schwarze Königskerze 154
Schwarze Krähenbeere 288
Schwarze Teufelskralle 320
Schwarze Tollkirsche 236, 369
Schwarzer Geißklee 204
Schwarzer Gottvergeß 274
Schwarzer Holunder 115
Schwarzer Nachtschatten 75
Schwarzes Bilsenkraut 153
Schwarzes Kohlröschen 260
Schwarzrote Sitter 253
Schwarzwerdende Platterbse 268
Schwarzwerdender Geißklee 204
Schweden-Klee 99
Schwefel-Milzkraut 125
Schweizer Mannsschild 72
Schweizer Spitzkiel 332
Schwertlilie, Sibirische 323
Schwertlilie, Wasser- 157
Schwimmendes Laichkraut 351
Scilla amoena 323
Scilla bifolia 323
Scilla sibirica 323
Scleranthus annuus 366
Scrophularia auriculata 377
Scrophularia nodosa 377
Scrophularia umbrosa 377
Scrophularia vernalis 377
Scutellaria galericulata 342
Scutellaria hastifolia 342
Scutellaria minor 342
Sedum acre 138

Sedum boloniense 138
Sedum mite 138
Sedum sexangulare 138
Sedum telephium 138, 222
Seekanne, Radblättrige 33
Seerose 84
Seide, Lein- 234
Seide, Nessel- 234
Seide, Quendel- 234
Seidelbast, Felsen- 282
Seidelbast, Gewöhnlicher 282
Seidelbast, Rosmarin- 283
Seifenkraut, Echtes 55, 221
Seifenkraut, Rotes 221
Selinum carvifolia 69
Sempervivum arachnoideum 240
Sempervivum tectorum 240
Senecio erucifolius 168
Senecio helenites 167
Senecio jacobaea 168
Senecio nemorensis 168
Senecio spathulifolius 167
Senecio sylvaticus 166
Senecio tubicaulis 167
Senecio vernalis 167
Senecio viscosus 166
Senecio vulgaris 166
Senf, Acker- 120
Senf-Kohl 121
Serratula tinctoria 247
Serratula vulpii 247
Sherardia arvensis 302
Sibirische Schwertlilie 323
Sichel-Hasenohr 147
Sichel-Luzerne 183
Sichel-Wolfsmilch 129
Siebenstern, Europäischer 87
Siegwurz, Sumpf- 252
Siegwurz, Ziegel- 252
Silberblatt, Ausdauerndes 293
Silberblatt, Garten- 293
Silberdistel 91
Silberwurz, Achtblättrige 86
Silene acaulis 219
Silene alba 54
Silene cucubalus 55
Silene dichotoma 54
Silene dioica 219
Silene exscapa 219
Silene inflata 55
Silene noctiflorum 54
Silene nutans 54
Silene vulgaris 55
Silge, Kümmel- 69
Simsenlilie, Kelch- 156
Simsenlilie, Sumpf- 156
Sinapis arvensis 120
Sinau, Acker- 360
Sinau, Kleinfrüchtiger 360
Sisymbrium officinale 121
Sitter, Breitblättrige 94, 372
Sitter, Purpur- 372
Sitter, Schwarzrote 253
Sitter, Sumpf- 94
Sitter, Violette 253
Skabiose, Glänzende 348
Skabiose, Tauben- 348
Skabiosen-Flockenblume 249
Solanum dulcamara 315
Solanum luteum 75
Solanum nigrum 75
Soldanella alpina 326
Soldanella minima 241, 326
Soldanella pusilla 241
Solidago canadensis 160

Solidago gigantea 160
Solidago serotina 160
Solidago virgaurea 160
Sommer-Adonisröschen 240
Sommer-Knotenblume 83
Sommer-Linde 201
Sommer-Ziest 101
Sonchus arvensis 173
Sonchus asper 173
Sonchus oleraceus 173
Sonchus paluster 173
Sonnenblume, Topinambur- 162
Sonnenröschen, Gelbes 143
Sonnentau, Langblättriger 59
Sonnentau, Mittlerer 59
Sonnentau, Ovalblättriger 59
Sonnentau, Rundblättriger 59
Sonnwendkraut 146
Sonnenwend-Wolfsmilch 128
Sorbus aria 108
Sorbus aucuparia 109
Sorbus latifolia 108
Sorbus torminalis 108
Später Zahntrost 279
Spät-Traubenkirsche 111
Sparganium angustifolium 118, 350
Sparganium emersum 118
Sparganium erectum 118, 350
Sparganium minimum 118, 350
Spargelbohne 187
Spargelerbse, Gelbe 187
Spargelschote 187
Spark, Acker- 53
Spark, Fünfmänniger 53
Spatelblättriges Greiskraut 167
Spatelblättriges Kreuzkraut 167
Spergula arvensis 53
Spergula pentandra 53
Spießblättriges Helmkraut 342
Spieß-Melde 358
Spindelbaum, Breitblättriger 378
Spindelbaum, Warziger 378
Spinnen-Ragwurz 374
Spinnweben-Hauswurz 240
Spitz-Ahorn 200
Spitzes Pfeilkraut 32
Spitzkiel, Berg- 332
Spitzkiel, Pyrenäen- 332
Spitzkiel, Schweizer 332
Spitz-Wegerich 365
Spreizende Melde 358
Spreizender Hahnenfuß 58
Springkraut, Balfours 271
Springkraut, Echtes 189
Springkraut, Indisches 271
Springkraut, Kleinblütiges 189
Springkraut, Kleines 189
Springkraut, Wald- 189
Spring-Schaumkraut 40, 208
Springwurz 81
Stachelbeere 380
Stachel-Lattich 176
Stachys alpina 276
Stachys annua 101
Stachys palustris 277
Stachys recta 101
Stachys sylvatica 277
Stattliches Knabenkraut 257

Stechender Hohlzahn 273
Stechginster, Gewöhnlicher 202
Stech-Hülsen 104
Stechpalme 104
Steife Batunge 276
Steife Wolfsmilch 128
Steifer Augentrost 103
Steifer Sauerklee 142
Steifes Barbarakraut 120
Stein-Baldrian 76, 236
Steinbrech, Knöllchen- 60
Steinbrech, Rundblättriger 60
Steinbrech, Trauben- 61
Stein-Brombeere 61
Steinklee, Echter 182
Steinklee, Hoher 182
Steinklee, Weißer 99
Stein-Kölme 345
Steinkraut, Berg- 122
Steinkraut, Echtes 122
Steinkraut, Felsen- 122
Steinkraut, Kelch- 122
Stein-Leinkraut 346
Stein-Nelke 217
Stein-Quendel 345
Steinröschen 282
Steinsame, Acker- 74
Steinsame, Echter 74
Steinsame, Rotblauer 313
Stellaria diffusa 50
Stellaria graminea 50
Stellaria holostea 51
Stellaria longifolia 50
Stellaria media 50, 53
Stellaria nemorum 51
Stellaria palustris 51
Stengel-Fingerkraut 63
Stengellose Kratzdistel 247
Stengellose Primel 148
Stengellose Schlüsselblume 148
Stengelloser Enzian 309
Stengelloses Leimkraut 219
Stengelumfassende Taubnessel 275
Stengelumfassender Knotenfuß 80
Sternmiere, Echte 51
Sternmiere, Gras- 50
Sternmiere, Langblättrige 50
Sternmiere, Sumpf- 51
Sternmiere, Vogel- 50, 53
Sternmiere, Wald- 51
Stinkende Nieswurz 367
Stinkender Alant 161
Storchschnabel, Blutroter 226
Storchschnabel, Brauner 227
Storchschnabel, Purpur- 225
Storchschnabel, Pyrenäen- 225
Storchschnabel, Ruprechts- 225
Storchschnabel, Schlitzblättriger 224
Storchschnabel, Sumpf- 226
Storchschnabel, Tauben- 224
Storchschnabel, Wald- 227, 305
Storchschnabel, Wiesen- 305
Storchschnabel, Violetter 227
Strahlender Zweizahn 163
Strahlenlose Kamille 163
Strand-Aster 326
Stranddistel 306
Strandkamille, Geruchlose 90

Strandkamille, Meer- 90
Strand-Melde 358
Strandnelke, Violette 307
Strand-Platterbse 267
Strand-Zaunwinde 74
Stratiodes aloides 33
Strauß-Gilbweiderich 150
Strauß-Glockenblume 155
Streptopus amplexifolius 80
Stumpfblättrige Rose 287
Stumpfblättriger Ampfer 355
Succisa inflexa 303
Succisa pratensis 303
Süße Bärenschote 182
Süße Wolfsmilch 362, 379
Süßholz-Tragant 182
Süßholz, Wildes 182
Süßklee, Alpen- 270
Sumpf-Blasenbinse 370
Sumpf-Blutauge 223
Sumpf-Dotterblume 132
Sumpf-Gänsedistel 173
Sumpf-Herzblatt 60
Sumpf-Hornklee 186
Sumpf-Knabenkraut 256
Sumpf-Kratzdistel 246
Sumpf-Kreuzblümchen 336
Sumpf-Labkraut 47
Sumpf-Läusekraut 281
Sumpf-Porst 114
Sumpf-Schafgarbe 92
Sumpf-Schotenklee 186
Sumpf-Siegwurz 252
Sumpf-Simsenlilie 156
Sumpf-Sitter 94
Sumpf-Sternmiere 51
Sumpf-Storchschnabel 226
Sumpf-Teufelsabbiß 303
Sumpf-Veilchen 337
Sumpf-Vergißmeinnicht 312
Sumpf-Wasserfeder 72
Sumpf-Wasserstern 364
Sumpf-Ziest 277
Swida sanguinea 105
Symphytum officinale 153, 234, 310

Tanacetum corymbosum 93
Tanacetum vulgare 164
Tannen-Mistel 198
Tannenwedel, Gemeiner 364
Taraxacum officinale 172
Taubenkropf-Leimkraut 55
Tauben-Skabiose 348
Tauben-Storchschnabel 224
Taubnessel, Bastard- 275
Taubnessel, Gefleckte 274
Taubnessel, Gelbe 192
Taubnessel, Gold- 192
Taubnessel, Purpurrote 275
Taubnessel, Stengelumfassende 275
Taubnessel, Weiße 100
Tausendgüldenkraut, Echtes 233
Tausendgüldenkraut, Zierliches 233
Teesdalea nudicaulis 39
Teich-Ampfer 355
Teichrose, Glänzende 84
Teichrose, Weiße 84
Tetragonolobus maritimus 187
Teucrium chamaedrys 272
Teucrium scordium 272
Teucrium scorodonia 191
Teufelsabbiß, Gemeiner 303

Teufelsabbiß, Sumpf- 303
Teufelsauge, Frühlings- 158
Teufelskralle, Ährige 77
Teufelskralle, Armblütige 321
Teufelskralle, Betonienblättrige 320
Teufelskralle, Hallers 320
Teufelskralle, Kugel- 321
Teufelskralle, Schmalblättrige 321
Teufelskralle, Schwarze 320
Thalictrum aquilegifolium 292
Thalictrum flavum 118
Thalictrum lucidum 118
Thalictrum morisonii 118
Thesium bavarum 48
Thesium montanum 48
Thesium pyrenaicum 48
Thlaspi arvensis 42
Thlaspi perfoliatum 42
Thlaspi rotundifolium 43, 292
Thymian, Feld- 278
Thymus serpyllum 278
Tilia cordata 201
Tilia platyphyllos 201
Tofieldia calyculata 156
Tofieldia ossifraga 156
Tofieldia palustris 156
Tofieldia pusilla 156
Tollkirsche, Schwarze 236, 369
Topinambur-Sonnenblume 162
Tormentilla erecta 126
Tormentillwurzel 126
Tragant, Süßholz- 182
Tragopogon pratensis 172
Trapa natans 43
Trauben-Holunder 201
Traubenhyazinthe, Große 322
Traubenhyazinthe, Kleine 322
Traubenhyazinthe, Schopfige 322
Traubenhyazinthe, Übersehene 322
Traubenkirsche 111
Traubenkirsche, Späte 111
Trauben-Steinbrech 61
Trauben-Wucherblume 93
Traunsteinera globosa 254
Trientalis europaea 87
Trifolium agrarium 184
Trifolium alpestre 264
Trifolium arvense 98
Trifolium aureum 184
Trifolium campestre 185
Trifolium dubium 185
Trifolium filiforme 185
Trifolium hybridum 99
Trifolium incarnatum 265
Trifolium medium 264
Trifolium minus 185
Trifolium montanum 99
Trifolium pratense 264
Trifolium procumbens 185
Trifolium repens 98
Trifolium resupinatum 265
Trifolium rubens 265
Trifolium strepens 184
Trifolium suaveolens 265
Tripleurospermum inodorum 90
Tripleurospermum maritimum 90
Troddelblume, Alpen- 326

Troddelblume, Winzige 241, 326
Troddelblume, Zwerg- 241
Trollblume, Europäische 159
Trollius europaeus 159
Tüpfel-Enzian 152
Tüpfel-Hartheu 146
Tüpfelstern 150
Türkenbund-Lilie 239
Turmkraut, Kahles 38, 121
Turritis glabra 38
Tussilago farfara 165
Typha angustifolia 350
Typha latifolia 350

Übersehene Traubenhyazinthe 322
Übersehener Wasserschlauch 197
Ufer-Nachtkerze 130
Ufer-Zaunwinde 74
Ulex europaeus 202
Ulme, Berg- 285
Ulme, Feld- 285
Ulme, Flatter- 285
Ulmus glabra 285
Ulmus laevis 285
Ulmus minor 285
Ungarn-Enzian 152
Ungestieltes Leimkraut 219
Urtica dioica 354
Urtica urens 354
Utricularia australis 197
Utricularia neglecta 197
Utricularia vulgaris 197

Vaccinium myrtillus 289, 379
Vaccinium oxycoccus 283
Vaccinium uliginosum 113, 289, 379
Vaccinium vitis-idaea 113, 289
Vaillants Erdrauch 263
Valeriana dioica 237
Valeriana montana 76, 236
Valeriana officinalis 237
Valeriana pratensis 237
Valeriana tripteris 76, 236
Valeriana tuberosa 237
Valerianella locusta 315
Venus-Frauenspiegel 320
Veilchen, Behaartes 339
Veilchen, Gelbes 190
Veilchen, Hügel- 339
Veilchen, Hunds- 338
Veilchen, März- 339
Veilchen, Moor- 337
Veilchen, Reichenbachs 338
Veilchen, Rivinus' 338
Veilchen, Sumpf- 337
Veilchen, Wald- 338
Veilchen, Wohlriechendes 339
Veilchen, Zweiblütiges 190
Veratrum album 78
Verbascum blattaria 154
Verbascum densiflorum 155
Verbascum lychnitis 75
Verbascum nigrum 154
Verbascum phlomoides 155
Verbascum thapsiforme 155
Verbascum thapsus 154
Verbena officinalis 235, 314
Vergißmeinnicht, Acker- 312
Vergißmeinnicht, Alpen- 313

Vergißmeinnicht, Schlaffes 312
Vergißmeinnicht, Sumpf- 312
Vergißmeinnicht, Wald- 312, 313
Vermeinkraut 101
Vermeinkraut, Bayerisches 48
Vermeinkraut, Pyrenäen- 48
Veronica acinifolia 299
Veronica agrestis 298
Veronica anagallis-aquatica 297
Veronica arvensis 300
Veronica austriaca 301
Veronica beccabunga 297
Veronica chamaedrys 301
Veronica dillenii 300
Veronica hederifolia 298
Veronica officinalis 300
Veronica opaca 298
Veronica persica 299
Veronica polita 298
Veronica praecox 299
Veronica serpyllifolia 44
Veronica teucrium 301
Veronica triphyllos 299
Veronica urticifolia 301
Veronica verna 300
Verzweigte Glockenblume 319
Viburnum lantana 115
Viburnum opulus 116
Viburnum rhytidiophyllum 115
Vicia angustifolia 266
Vicia cracca 335
Vicia hirsuta 334
Vicia orobus 100
Vicia sativa 266
Vicia sepium 334
Vicia sylvatica 100
Vicia tenuifolia 335
Vicia tenuissima 334
Vicia tetrasperma 334
Vicia villosa 335
Vielblättrige Lupine 331
Vielblütige Weißwurz 81
Vierblättrige Einbeere 371
Viersamige Wicke 334
Vierstrahliges Knopfkraut 89
Vinca major 307
Vinca minor 307
Vincetoxicum hirundinaria 73
Vincetoxicum officinale 73
Viola biflora 190
Viola canina 338
Viola collina 339
Viola epipsila 337
Viola hirta 339
Viola odorata 339
Viola palustris 337
Viola reichenbachiana 338
Viola riviniana 338
Viola sylvestris 338
Violette Sitter 253
Violette Strandnelke 307
Violetter Dingel 330
Violetter Storchschnabel 227
Viscum album 198
Viscum austriacum 198
Viscum laxum 198
Vogelbeere 109
Vogelia paniculata 123
Vogelkirsche, Gemeine 110

Vogel-Knöterich 49, 214
Vogelnest-Orchidee 179, 373
Vogel-Sternmiere 50, 53
Vogel-Wicke 335

Wachsblume, Alpen- 152
Wachsblume, Kleine 152
Wachtelweizen, Acker- 279
Wachtelweizen, Hain- 193
Wachtelweizen, Wald- 193
Wachtelweizen, Wiesen- 193
Waid, Färber- 123
Wald-Akelei 304
Wald-Alpenveilchen 232
Waldbart 64
Wald-Bingelkraut 363
Wald-Brustwurz 69, 229
Wald-Ehrenpreis 300
Wald-Engelwurz 69
Wald-Erdbeere 62
Wald-Felberich 151
Wald-Geißbart 64
Wald-Goldstern 157
Wald-Greiskraut 166
Wald-Habichtskraut 177
Wald-Hahnenfuß 134
Waldhyazinthe, Grünliche 94
Waldhyazinthe, Zweiblättrige 94
Wald-Labkraut 46
Wald-Läusekraut 281
Wald-Meister 45
Wald-Platterbse 267
Wald-Primel 149
Waldrebe, Weiße 104
Wald-Ruhrkraut 89
Wald-Sanikel 66
Wald-Sauerklee 65
Wald-Schaumkraut 40
Wald-Springkraut 189
Wald-Sternmiere 51
Wald-Storchschnabel 227, 305
Wald-Veilchen 338
Wald-Vergißmeinnicht 312, 313
Waldvögelein, Bleiches 95
Waldvögelein, Großblütiges 95
Waldvögelein, Langblättriges 95
Waldvögelein, Rotes 252
Waldvögelein, Weißes 95
Wald-Wachtelweizen 193
Wald-Weidenkraut 151
Wald-Wicke 100
Wald-Windröschen 57
Wald-Witwenblume 349
Waldwurz 229
Wald-Ziest 277
Wanzen-Knabenkraut 96, 255
Warzen-Wolfsmilch 127
Warziger Spindelbaum 378
Wasser-Braunwurz 377
Wasserdarm, Gemeiner 51
Wasserdost, Gemeiner 242
Wasser-Ehrenpreis 297
Wasserfeder, Sumpf- 72
Wasser-Hahnenfuß, Gemeiner 58
Wasserlinse, Bucklige 351
Wasserlinse, Dreifurchige 351
Wasserlinse, Kleine 351
Wasser-Minze 213, 296
Wasser-Nabelkraut 70
Wassernuß, Gemeine 43

Wasserpfeffer 206
Wasserrose 84
Wasserschlauch, Großer 197
Wasserschlauch, Übersehener 197
Wasser-Schwertlilie 157
Wasserstern, Sumpf- 364
Wau, Echter 126, 159
Wau, Gelber 126, 159
Wau, Wilder 126, 159
Wechselblättriges Milzkraut 125
Wege-Rauke 121
Wegerich, Berg- 365
Wegerich, Breit- 365
Wegerich, Kleiner 302
Wegerich, Krähenfuß- 45
Wegerich, Spitz- 365
Wegerich, Weide- 302
Weg-Malve 229
Wegwarte 328
Weicher Pippau 175
Weicher Hohlzahn 273
Weiden-Alant 161
Weidenkraut, Wald- 151
Weidenröschen, Berg- 213
Weidenröschen, Hügel- 213
Weidenröschen, Kies- 211
Weidenröschen, Kleinblütiges 212
Weidenröschen, Quirlblättriges 210
Weidenröschen, Rauhhaariges 212
Weidenröschen, Rosarotes 210
Weidenröschen, Rosmarin- 211
Weidenröschen, Schmalblättriges 211
Weiderich, Blut- 241
Weiderich, Ruten- 241
Weide-Wegerich 302
Weinbergs-Lauch 239
Weißdorn, Eingriffliger 109
Weißdorn, Zweigriffliger 109
Weiße Braunelle 343
Weiße Nachtnelke 54
Weiße Pestwurz 88
Weiße Robinie 117
Weiße Schwalbenwurz 73
Weiße Taubnessel 100
Weiße Teichrose 84
Weiße Waldrebe 104
Weiße Wucherblume 93
Weiße Zahnwurz 119
Weiße Zaunrübe 77
Weißer Ackerkohl 38
Weißer Alpen-Mohn 36
Weißer Bienensaug 100
Weißer Diptam 271
Weißer Fuchsschwanz 359
Weißer Gänsefuß 357
Weißer Germer 78
Weißer Meerkohl 37
Weißer Steinklee 99
Weißes Fingerkraut 63
Weißes Leimkraut 54
Weißes Waldvögelein 95
Weiß-Klee 98
Weißwurz, Echte 81
Weißwurz, Gemeine 81
Weißwurz, Quirlblättrige 81
Weißwurz, Vielblütige 81
Wetterdistel 91
Wicke, Futter- 266
Wicke, Heide- 100

Wicke, Rauhhaarige 334
Wicke, Schmalblättrige 266, 335
Wicke, Viersamige 334
Wicke, Vogel- 335
Wicke, Wald- 100
Wicke, Zaun- 334
Wicke, Zierliche 334
Wicke, Zottige 335
Widerbart, Blattloser 96
Wiesen-Augentrost 103
Wiesen-Bärenklau 68
Wiesen-Baldrian 237
Wiesen-Bocksbart 172
Wiesen-Flockenblume 248
Wiesen-Glockenblume 317
Wiesen-Goldstern 157
Wiesen-Habichtskraut 251
Wiesen-Kerbel 68
Wiesenknopf, Großer 210, 361
Wiesenknopf, Kleiner 361
Wiesen-Kümmel 67
Wiesen-Labkraut 47
Wiesen-Lein 65
Wiesen-Pippau 175
Wiesen-Platterbse 188
Wiesen-Primel 149
Wiesenraute, Akeleiblättrige 292
Wiesenraute, Gelbe 118
Wiesenraute, Glänzende 118
Wiesenraute, Hohe 118
Wiesen-Salbei 344
Wiesen-Schaumkraut 40, 208, 294
Wiesen-Storchschnabel 305
Wiesen-Wachtelweizen 193
Wild-Birne 106
Wilde Karde 303
Wilde Malve 228
Wilde Möhre 69
Wilder Apfel 106, 286
Wilder Birnbaum 106
Wilder Dost 278
Wilder Fuchsschwanz 359
Wilder Lattich 176
Wilder Sanikel 139
Wilder Wau 126, 159
Wildes Löwenmäulchen 197
Wildes Süßholz 182
Windblumen-Königskerze 155
Winde, Acker- 233
Windenknöterich, Feld- 48
Windenknöterich, Hecken- 48
Windröschen, Busch- 85
Windröschen, Gelbes 133
Windröschen, Narzissenblütiges 56
Windröschen, Wald- 57
Wintergrün, Einblütiges 70
Wintergrün, Einseitswendiges 71
Wintergrün, Grünliches 71
Wintergrün, Kleines 71
Wintergrün, Mittleres 71
Wintergrün, Nickendes 71
Wintergrün, Rundblättriges 71
Winter-Linde 201
Winzige Troddelblume 241, 326
Witwenblume, Acker- 349
Witwenblume, Wald- 349
Wohlriechende Händelwurz 260
Wohlriechendes Labkraut 45

397

Wohlriechendes Veilchen 339
Wohlverleih, Berg- 165
Wolfs-Eisenhut 180
Wolfsmilch, Breitblättrige 128
Wolfsmilch, Esels- 129
Wolfsmilch, Garten- 362
Wolfsmilch, Kleine 129
Wolfsmilch, Mandel- 127
Wolfsmilch, Mandelblättrige 127
Wolfsmilch, Sichel- 129
Wolfsmilch, Sonnenwend- 128
Wolfsmilch, Steife 128
Wolfsmilch, Süße 362
Wolfsmilch, Warzen- 127
Wolfsmilch, Zypressen- 129
Wolfs-Scharte 247
Wolliger Hahnenfuß 136
Wolliger Schneeball 115
Wucherblume, Trauben- 93
Wucherblume, Weiße 93
Wundklee, Gemeiner 184

Zahnlilie, Hunds- 232
Zahntrost, Frühlings- 279
Zahntrost, Später 279

Zahnwurz, Quirlblättrige 119
Zahnwurz, Weiße 119
Zahnwurz, Zwiebel- 209, 294
Zarter Mauerlattich 174
Zaun-Giersch 67
Zaunrübe, Rote 77
Zaunrübe, Weiße 77
Zaun-Wicke 334
Zaunwinde, Strand- 74
Zaunwinde, Ufer- 74
Zeitlose, Alpen- 238
Zeitlose, Herbst- 238
Zickzack-Klee 264
Ziegel-Siegwurz 252
Zierliche Wicke 334
Zierliches Tausendgüldenkraut 233
Ziest, Berg- 101
Ziest, Alpen- 276
Ziest, Sommer- 101
Ziest, Sumpf- 277
Ziest, Wald- 277
Zimbelkraut, Gemeines 346
Zimt-Erdbeere 62
Zottige Wicke 335
Zottiger Klappertopf 195
Zottiges Fingerkraut 140
Zungen-Hahnenfuß 137

Zurückgekrümmter Fuchsschwanz 359
Zweiblatt, Großes 372
Zweiblatt, Kleines 372
Zweiblättrige Schattenblume 35
Zweiblättrige Waldhyazinthe 94
Zweiblättriger Blaustern 323
Zweiblütiges Veilchen 190
Zweigriffliger Weißdorn 109
Zweihäusiges Katzenpfötchen 244
Zweizahn, Dreiteiliger 163
Zweizahn, Laubiger 163
Zweizahn, Strahlender 163
Zwergbuchs, Alpen- 205
Zwerg-Fingerkraut 140
Zwerg-Holunder 76
Zwerg-Mannsschild 72
Zwergmispel, Filzige 286
Zwergmispel, Gemeine 286
Zwerg-Mummel 132
Zwerg-Troddelblume 241
Zwiebel-Zahnwurz 209, 294
Zypressen-Wolfsmilch 129

Vier repräsentative, hervorragend ausgestattete Bildbände von Roger Phillips:

Das Kosmosbuch der Wildpflanzen
Hier werden mehr als 1000 einheimische Wildpflanzen in ungewöhnlich schönen, naturgetreuen Farbaufnahmen vorgestellt. Die überwiegend ganzseitigen Farbtafeln folgen dem jahreszeitlichen Entwicklungsablauf der Natur. Für jede Jahreszeit werden die Pflanzen nach Standorten getrennt erfaßt. Ein wertvolles Buch für jeden Pflanzenliebhaber! 208 Seiten, 1069 Farbfotos.

Das Kosmosbuch der Bäume
In über 1400 hervorragenden Farbfotos zeigt er die typischen Merkmale einzelner Baumarten: Form und Größe der Blätter, Blüten und Früchte, charakteristische Rindenformen. Mit Hilfe eines einfachen Bestimmungsschlüssels, der von den Blattformen ausgeht, sowie zahlreicher ergänzender Farbfotos wird hier die Bestimmung eines Baumes zum vergnüglichen und lehrreichen Spiel. 223 Seiten, 1491 Farbfotos, 486 Zeichnungen.

Das Kosmosbuch der Pilze
Ein Bestimmungsbuch, das sich von vielen anderen Pilzbüchern abhebt: Über 900 einheimische Arten sind großformatig, farbig und naturgetreu in verschiedenen Entwicklungsstadien abgebildet. Der Text bringt alles über Kennzeichen, Standorte, Sammelzeiten und Verwendung der Pilze. Ein zuverlässiger, schöner und repräsentativer Band für alle Pilzfreunde!
288 Seiten, 932 Farbfotos.

Das Kosmosbuch der Gräser, Farne, Moose, Flechten
Die unauffälligen Gräser, Farne, Moose und Flechten gehören zu den weniger bekannten Pflanzen unserer einheimischen Flora. In diesem Bestimmungsbuch werden mehr als 450 Arten in großformatigen, hervorragend gelungenen Farbaufnahmen vorgestellt. Name, Bestimmungsmerkmale, Standorte, Verbreitung und Häufigkeit sind im Begleittext angegeben. Dieser große Kosmos-Naturführer offenbart die Schönheit einer überraschend vielgestaltigen Welt! 191 Seiten, 608 Farbfotos.

Dieser Kosmos-Naturführer ist das Standard-Bestimmungsbuch für Naturfreunde! Die Einteilung nach Blütenfarben und die exakten farbigen Abbildungen helfen, in kurzer Zeit Namen, Gattung und Art wildwachsender Blütenpflanzen festzustellen. Die Gliederung nach Farbe, Blütenform, Standort und Blütezeit ermöglicht die zuverlässige Bestimmung der Arten, die Anordnung der Texte gestattet es, mit einem Blick alle wichtigen Kennzeichen und Besonderheiten zu erfassen. Über 500 000 zufriedene Käufer benutzen dieses Leitbild aller Kosmos-Naturführer!
Bereits 44. Auflage, 400 Seiten, 1200 Farb- und 110 SW-Zeichnungen.

Mit den Wildkräutern gibt uns die Natur ein vielfältiges Angebot an heilenden, kräftigenden oder auch wohlschmeckenden Pflanzen. Man muß sie allerdings gut kennen und richtig verwenden. 402 Farbzeichnungen und prägnante Texte helfen dem Naturfreund, sich genauer über die arzneiliche und kulinarische Bedeutung einheimischer Pflanzen zu informieren und vom Kräutertee bis zum Wildpflanzensalat gesunde Kost selbst zuzubereiten.
285 Seiten. 402 Farb- und 49 SW-Zeichnungen.

Orchideen sind wohl die faszinierendsten Blütenpflanzen in der Natur. Sämtliche in Europa und seinen Randgebieten vorkommenden Orchideenarten werden auf hervorragenden, ganzseitigen Farbfotos dargestellt und genau beschrieben. Für jede Art ist eine großformatige Verbreitungskarte abgebildet. Eine Augenweide für jeden Freund heimischer Orchideen!
432 Seiten, 249 Farbfotos, 191 farbige Verbreitungskarten, 40 SW-Zeichnungen.

Kosmos-Naturführer sind ein Begriff für alle, die Lebewesen und vielfältige Formen der Natur kennenlernen und richtig bestimmen möchten!

Fragen Sie Ihren Buchhändler – er zeigt Ihnen diese Bücher gerne!

Kosmos-Verlag, Postfach 640, 7000 Stuttgart 1